扫码领取"发测题库"

中级会计实务

试题册

2025年全国中级会计资格考试
模底检测卷

目　录

2024年全国中级会计资格考试《中级会计实务》检测卷	1
2023年全国中级会计资格考试《中级会计实务》检测卷	9
2022年全国中级会计资格考试《中级会计实务》检测卷	17
《中级会计实务》金题密押卷	25

2024 年全国中级会计资格考试
《中级会计实务》检测卷

一、单选题

（本类题共 10 小题，每小题 1.5 分，共 15 分。每小题备选答案中，只有一个符合题意的正确答案。错选、不选均不得分。）

1. 2×23 年 1 月 1 日，甲公司采用分期付款方式从乙公司购入一项总价为 1 000 万元的专利技术，款项分 4 期支付，每年年初支付 250 万元。当日，甲公司支付第一期付款额 250 万元，为使该项专利技术达到预定用途，甲公司另支付专业服务费 20 万元。2×23 年 1 月 1 日，该专利技术达到预定用途，假定甲公司以增量借款年利率 5% 作为折现率。已知（P/A，5%，3）=2.723 2，不考虑其他因素，该专利技术的初始入账成本为（　　）万元。
   A. 1 000　　　　　　B. 930.8　　　　　　C. 950.8　　　　　　D. 1 020

2. 下列各项关于政府会计的表述中，正确的是（　　）。
   A. 预算会计要素包括预算收入、预算支出和预算结余
   B. 财务会计实行收付实现制
   C. 政府会计主体以权责发生制为基础编制决算报告
   D. 行政事业单位对纳入部门预算管理的现金收支业务，仅需进行财务会计核算

3. 2×22 年 1 月 1 日，甲公司以 200 万元的价格向乙公司销售其生产的一台设备，双方约定甲公司应于 2×24 年 1 月 1 日以 220 万元的价格回购该设备，甲公司将该交易作为融资业务进行会计处理，未确认销售收入。甲公司对该交易的会计处理遵循的会计信息质量要求是（　　）。
   A. 及时性　　　　　　　　　　　　　B. 可比性
   C. 实质重于形式　　　　　　　　　　D. 重要性

4. 甲公司 2×23 年度财务报告的批准报出日为 2×24 年 4 月 20 日，不考虑其他因素，下列各项关于甲公司 2×24 年发生的对财务状况有重大影响的交易或事项中，应作为 2×23 年资产负债表日后调整事项的是（　　）。
   A. 2 月 20 日，因火灾造成存货严重毁损
   B. 4 月 10 日，上年度已全额确认收入的商品因质量问题被部分退回
   C. 1 月 20 日，发行公司债券
   D. 3 月 10 日，政府相关部门出台减税政策

5. 2×23 年 1 月 1 日，甲公司出资 40 000 万元自非关联方处取得乙公司 40% 的有表决权股份，能够对乙公司施加重大影响。当日，乙公司可辨认净资产的账面价值为 80 000 万元，各项可辨认资产、负债的公允价值与账面价值均相等。2×23 年 8 月 1 日，甲公司将一批成本为 6 000 万元的 M 产品以

5 000万元的价格出售给乙公司，有确凿证据表明该差额1 000万元为M产品发生的减值损失。截至2×23年12月31日，乙公司尚未将该批M产品对外销售，乙公司2×23年度实现净利润3 000万元，未宣告发放股利。不考虑其他因素，甲公司2×23年对乙公司股权投资应确认的投资收益金额为（　　）万元。

  A. 800   B. 1 600   C. 1 200   D. 0

6. 甲公司按照净利润的10%提取法定盈余公积，2×23年财务报告批准报出日为2×24年4月20日。2×23年7月11日，甲公司研发的财务软件达到预定用途，当日甲公司将2×23年费用化的研究阶段支出600万元，调整计入财务软件的初始入账成本，该财务软件的预计使用年限为5年，预计净残值为0，采用直线法摊销。2×24年3月31日，甲公司对该前期差错进行更正。不考虑所得税等其他因素，该差错更正对甲公司2×24年度所有者权益变动表中年初未分配利润的影响金额为（　　）万元。

  A. -480   B. -6 000   C. -432   D. -486

7. 企业将对外出租的以公允价值模式进行后续计量的办公楼转为自用时，转换日的公允价值大于账面价值的差额应计入（　　）。

  A. 公允价值变动损益   B. 其他综合收益
  C. 其他业务成本   D. 投资收益

8. 企业购入以外币计价的债券，将其分类为以公允价值计量且其变动计入当期损益的金融资产。在资产负债表日，该金融资产折算后的记账本位币金额与原记账本位币金额之间的差额应列入的报表项目是（　　）。

  A. 财务费用   B. 其他综合收益
  C. 公允价值变动收益   D. 资本公积

9. 下列各项交易中，企业应按照非货币性资产交换准则进行会计处理的是（　　）。

  A. 以公允价值为40万元的管理用轿车换入公允价值为60万元的货车，并支付20万元补价
  B. 以公允价值为300万元的生产用设备换入公允价值为300万元的专利权
  C. 以公允价值为500万元的自产空调作为福利发给职工
  D. 以公允价值为2 000万元的办公大楼偿还公允价值为2 000万元的长期借款

10. 2×23年12月1日，甲公司与乙公司签订了一份不可撤销的销售合同，双方约定，2×24年1月10日甲公司按20万元/件的价格向乙公司销售100件M产品。2×23年12月31日，甲公司库存300件M产品，单位成本为19.6万元，当日市场销售价格为19.7万元/件，假定甲公司向所有客户销售M产品的销售费用均为0.3万元/件。不考虑其他因素，M产品在甲公司2×23年12月31日资产负债表中列报的金额为（　　）万元。

  A. 5 840   B. 5 850   C. 5 880   D. 5 820

二、多选题

（本类题共10小题，每小题2分，共20分。每小题备选答案中，有两个或两个以上符合题意的正确答案。请至少选择两个答案，全部选对得满分，少选得相应分值，多选、错选、不选均不得分。）

1. 下列关于对外币资产进行减值测试时，预计未来现金流量及其现值的相关表述中，正确的有（　　）。
   A. 应将未来各期外币现金流量按未来各期的即期汇率进行折算
   B. 应当以外币为基础预计未来现金流量
   C. 应当以外币适用的折现率对未来各期外币现金流量进行折现
   D. 应当按照外币折现后的金额乘以减值当日的即期汇率折算为记账本位币

2. 2×21年1月1日，甲公司向其200名研发人员每人授予1万股股票期权，协议约定这些人员自2×21年起在甲公司连续服务3年，即可以每股5元购买1万股甲公司股票，甲公司估计每股股票期权在授予日的公允价值为10元。截至2×23年12月31日，共有20名研发人员离职。2×24年1月10日，未离职的180名研发人员全部行权，甲公司向这些人员定向发行普通股180万股，每股面值为1元，甲公司收到款项共计900万元，并完成相关股票登记手续。不考虑其他因素，下列各项关于甲公司对研发人员股票期权行权的会计处理表述中，正确的有（　　）。
   A. 资本公积（其他资本公积）减少1 800万元
   B. 资本公积（股本溢价）增加2 520万元
   C. 股本增加180万元
   D. 应付职工薪酬减少1 800万元

3. 企业发生的下列各项交易或事项中，影响营业利润的有（　　）。
   A. 因正常出售办公大楼产生的净损失
   B. 行政管理用办公楼发生的日常维修费
   C. 设备因洪水浸泡产生的毁损损失
   D. 因丧失使用功能导致设备报废产生的净损失

4. 2×22年5月1日，甲公司以800万元的价格购入一项专有技术用于生产M产品，预计使用该专有技术可生产M产品1 000万吨。采用产量法对该专有技术进行摊销。2×22年度，甲公司共生产M产品60万吨。截至2×22年12月31日，M产品尚未对外出售。2×23年1月1日，甲公司调整经营战略，将M产品的未来产量调整为800万吨。2×23年度，甲公司共生产M产品100万吨。2×23年12月31日，经减值测试，该专有技术的可收回金额为600万元。不考虑其他因素，下列各项关于该专有技术会计处理的表述中，正确的有（　　）。
   A. 2×23年度确认与该专有技术相关的资产减值损失为58万元
   B. 2×23年12月31日该专有技术在资产负债表中的列报金额为600万元
   C. 2×23年度该专有技术的摊销金额为100万元
   D. 2×22年度因该专有技术的摊销而减少2×22年度营业利润48万元

5. 下列各项关于指定为以公允价值计量且其变动计入其他综合收益的非交易性权益工具投资的会计处理中，正确的有（　　）。

A. 终止确认时将持有期间的公允价值累计变动额转入留存收益

B. 持有期间取得的股利收入计入其他综合收益

C. 持有期间的公允价值变动计入其他综合收益

D. 取得投资时发生的交易费用计入投资收益

6. 2×23年4月1日，甲公司为建造一栋办公楼从银行借入一笔专门借款6 000万元，借款期限为2年，合同年利率与实际年利率均为5%。2×23年4月1日，甲公司即开工建造办公楼，并于当日支付首期工程款5 000万元。2×23年6月1日，甲公司支付工程款1 000万元。2×23年7月1日，由于非正常原因导致建造工程停工，于2×23年12月1日恢复施工。甲公司将专门借款中尚未动用的部分用于固定收益债券短期投资，该短期投资月收益率为0.1%。不考虑其他因素，下列关于甲公司2×23年与该建造工程相关的会计处理中，正确的有（ ）。

A. 确认资本化金额98万元
B. 确认投资收益2万元
C. 确认财务费用125万元
D. 确认资本化期间为4个月

7. 2×23年12月1日，甲公司与乙公司签订了一份租赁合同，将一台塑钢机出租给乙公司，甲公司将该租赁分类为融资租赁。下列各项中，属于甲公司租赁收款额的有（ ）。

A. 乙公司按年支付的固定租金
B. 塑钢机的未担保余值
C. 乙公司支付的租赁保证金
D. 乙公司的母公司提供的担保余值

8. 2×23年12月31日，甲公司与非关联方乙公司签订股权转让协议。协议约定，甲公司于2×24年6月1日将其全资子公司丙公司100%的股权、全资子公司丁公司60%的股权出售给乙公司，出售后甲公司将丧失对丙公司和丁公司的控制权，但仍然能够对丁公司施加重大影响。假定拟出售股权在2×23年12月31日均满足划分为持有待售类别的条件。下列各项关于甲公司对该事项会计处理的表述中，正确的有（ ）。

A. 2×23年个别资产负债表中，将拟出售的丁公司的60%股权划分为持有待售资产

B. 2×23年个别资产负债表中，将拟出售的丙公司的100%股权划分为持有待售资产

C. 2×23年合并资产负债表中，将丁公司60%的资产和负债划分为持有待售类别

D. 2×23年合并资产负债表中，将丙公司的所有资产和负债划分为持有待售类别

9. 下列各项中，企业应作为无形资产核算的有（ ）。

A. 收到投资者投入的特许权

B. 非同一控制下的吸收合并中，企业合并成本大于合并中取得的被购买方可辨认净资产公允价值份额的差额

C. 已出租的土地使用权

D. 外购自用建筑物且支付的价款中包括土地使用权和建筑物的价值，其中的土地使用权部分

10. 甲公司适用的企业所得税税率为25%，2×23年度财务报表批准报出日为2×24年3月15日，企业所得税汇算清缴于2×24年5月15日完成。2×23年12月31日，甲公司对一项未决诉讼计提700万元预计负债并确认了相关递延所得税影响。2×24年2月1日，人民法院判决甲公司败诉并赔偿800万元。甲公司服从判决并立即支付了赔偿款。假定税法规定，诉讼损失在实际发生时才允许税前

抵扣。不考虑其他因素，下列各项关于上述诉讼判决对甲公司2×23年财务报表项目影响的表述中，正确的有（　　）。

A. 所得税费用减少200万元
B. 其他应付款增加800万元
C. 预计负债减少700万元
D. 营业外支出增加100万元

三、判断题

（本类题共10小题，每小题1分，共10分。请判断每小题的表述是否正确。每小题答题正确的得1分，错答、不答均不得分，也不扣分。）

1. 债务人以固定资产清偿债务，固定资产账面价值与债务账面价值之间的差额应计入资产处置损益。（　　）

2. 使用权资产的入账价值需要考虑未来将租赁资产恢复至租赁条款约定状态预计将发生的成本。（　　）

3. 对于使用寿命不确定的无形资产，在不存在减值迹象时，企业无须进行减值测试。（　　）

4. 递延所得税负债应以相关应纳税暂时性差异产生当期适用的所得税税率计量。（　　）

5. 母公司以上市子公司的股票授予本公司高管作为股权激励的，母公司在其个别财务报表中应按以权益结算的股份支付进行会计处理。（　　）

6. 民间非营利组织的董事会、理事会或类似权力机构对净资产的使用作出限定性决策的，该净资产不应作为限定性净资产。（　　）

7. 与收益相关的政府补助如果用于补偿企业以后期间的相关成本或损失，企业采用净额法核算的，应于收到时计入当期损益。（　　）

8. 企业生产经营期间正常出售固定资产产生的净损益应计入营业外支出。（　　）

9. 可比性要求同一企业不同时期发生的相同或者相似的交易或者事项，应当采用一致的会计政策，不得随意变更。（　　）

10. 因出售部分股权丧失控制权，企业将按成本法核算的长期股权投资改按权益法核算的，属于会计政策变更。（　　）

四、计算分析题

（本类题共2小题，共22分。凡要求计算的，应列出必要的计算过程；计算结果出现两位以上小数的，均四舍五入保留小数点后两位小数。凡要求编制会计分录的，除题中有特殊要求外，只需写出一级科目。答案中的金额单位用万元表示。）

1. 甲公司系一家建筑公司，2×23年至2×24年，甲公司发生的与收入有关的交易或事项如下：

资料一：2×23年1月1日，甲公司与乙公司签订一项总价款为2 500万元的固定造价合同，在乙公司的自有土地上建造一栋厂房，工程期限为两年，预计总成本为2 000万元，该建筑服务属于在某一时段内履行的履约义务，甲公司按累计发生的成本占预计总成本的比例确定履约进度。

资料二：截至2×23年12月31日，工程累计实际发生成本1 200万元。2×23年12月31日，甲公司与乙公司结算合同价款1 000万元，并于当日将收到的价款1 000万元存入银行。

资料三：2×24年1月1日，甲公司与乙公司同意更改厂房设计，双方对该合同进行了变更，合同价款增加600万元，预计总成本增加500万元。

本题不考虑相关税费及其他因素。

要求：

（1）计算甲公司截至2×23年12月31日的工程履约进度，并分别编制确认收入和结转成本的相关会计分录。

（2）分别编制2×23年12月31日甲公司与乙公司进行合同结算和收到价款的相关会计分录。

（3）计算2×24年1月1日合同变更日的工程履约进度，并编制与合同变更相关的会计分录。

2. 甲公司适用的企业所得税税率为25%，预计未来期间适用的企业所得税税率不会发生变化，未来期间能够产生足够的应纳税所得额用以抵减可抵扣暂时性差异。2×23年1月1日，甲公司递延所得税资产、递延所得税负债的余额均为0。2×23年度，甲公司发生的相关交易或事项如下：

资料一：2×23年1月1日，甲公司对一项初始入账成本为500万元的行政管理用固定资产开始计提折旧，该固定资产预计使用年限为10年，预计净残值为0，甲公司采用年限平均法对该固定资产计提折旧。该固定资产的初始入账成本与计税基础相同，会计上的折旧年限、预计净残值与税法相同。根据税法规定，甲公司在计税时采用双倍余额递减法计提折旧。

资料二：2×23年6月30日，甲公司与乙公司签订销售合同，约定以20万元的价格向乙公司出售一批产品，全部款项已于2×23年6月30日收存银行，该批产品将于2×24年1月10日交付。假定税法规定，该类业务应于收到货款时计入当期应纳税所得额。

资料三：按照甲公司与客户签订的销售合同，甲公司承诺对销售的所有产品提供1年期的免费售后服务，该免费售后服务不属于单项履约义务。2×23年甲公司根据当年销售额计提了与产品售后服务相关的预计负债15万元，当年实际支付产品售后服务费11万元，预计负债的期末余额为4万元。假设税法规定，产品售后服务费在企业实际支付时允许税前扣除。

资料四：甲公司2×23年度实现的利润总额为900万元。

本题不考虑除企业所得税以外的税费及其他因素。

要求：

（1）分别计算2×23年12月31日甲公司固定资产的账面价值和计税基础，并编制确认相关递延所得税资产或负债的会计分录。

（2）分别编制甲公司2×23年6月30日收取货款和确认递延所得税影响的相关会计分录。

（3）编制甲公司2×23年计提产品售后服务费的会计分录，并计算2×23年12月31日该预计负债的计税基础。

（4）分别计算甲公司2×23年应交所得税、所得税费用的金额。

五、综合题

（本类题共2小题，共33分。凡要求计算的，应列出必要的计算过程；计算结果出现两位以上小数的，均四舍五入保留小数点后两位小数。凡要求编制会计分录的，除题中有特殊要求外只需写出一级科目。答案中的金额单位用万元表示。）

1. 甲公司系一家非金融类上市公司，2×22年至2×24年，甲公司发生的交易或事项如下：

   资料一：2×22年1月1日，甲公司为建造办公楼向A银行借入专门借款20 000万元，借款期限为2年，合同年利率与实际年利率均为4%，按年计息并于次年1月1日支付，到期偿还本金。甲公司将专门借款中的闲置资金全部存放银行，月利率为0.2%。

   资料二：2×22年1月1日，甲公司开工建造办公楼，并分别于2×22年1月1日和2×22年7月1日支付工程进度款5 000万元和15 000万元。2×23年1月1日，甲公司以银行存款支付该专门借款的第一年利息。

   资料三：2×23年9月30日，该办公楼建造完成，达到预定可使用状态。

   资料四：2×24年1月1日，甲公司因经营困难与A银行协商进行债务重组。双方商定甲公司向A银行增发每股面值为1元的普通股股票2 000万股，用于抵偿债务本金与所欠的第二年利息。增发的股票占甲公司发行在外的有表决权股份的1%。当日，双方办妥债转股相关手续。甲公司每股股票的公允价值为9元。

   假定全年按360天计算，每月按30天计算。不考虑相关税费及其他因素。

   要求：

   （1）编制甲公司2×22年1月1日取得专门借款的会计分录。

   （2）计算甲公司2×22年专门借款利息应予资本化的金额并编制会计分录。

   （3）编制甲公司2×23年1月1日支付专门借款利息的会计分录。

   （4）分别计算甲公司2×23年专门借款利息应予资本化和费用化的金额。

   （5）计算甲公司2×23年9月30日该办公楼达到预定可使用状态时的入账成本，并编制相关会计分录。

   （6）计算甲公司债务重组损益金额并编制相关会计分录。

2. 甲公司原持有乙公司30%的有表决权股份，对该项股权投资采用权益法核算。2×23年甲公司发生的与股权投资相关的交易或事项如下：

   资料一：2×23年1月1日，甲公司以银行存款3 000万元自非关联方处进一步取得乙公司50%的有表决权股份，累计持有乙公司发行在外80%的有表决权股份，能够对乙公司实施控制。当日，甲公司原持有乙公司30%的有表决权股份的账面价值为900万元（其中，投资成本为700万元，损益调整为200万元），公允价值为1 800万元。甲公司取得乙公司30%的有表决权股份和后续取得50%的有表决权股份不构成"一揽子"交易。

   资料二：2×23年1月1日，乙公司所有者权益的账面价值为4 500万元（其中，股本为2 500万元，资本公积为1 000万元，盈余公积为250万元，未分配利润为750万元），可辨认净资产的公允价值为5 000万元，除一项管理用固定资产公允价值高于账面价值500万元外，乙公司其他各项可辨认资产和负债的公允价值与账面价值均相同。该固定资产预计尚可使用 10 年，预计净残值为 0，采用年限平均法计提折旧。

资料三：2×23 年 9 月 1 日，甲公司将一批成本为 100 万元的商品以 150 万元的价格出售给乙公司，乙公司将其作为存货核算。截至 2×23 年 12 月 31 日，乙公司购入的该批商品已对外售出 60%。

资料四：2×23 年，乙公司实现净利润为 1 000 万元，无其他所有者权益变动事项。

甲公司、乙公司均以公历年度作为会计年度，采用相同的会计政策。甲公司以甲公司、乙公司个别财务报表为基础编制合并财务报表。不考虑相关税费和其他因素。

要求：

（1）计算甲公司 2×23 年 1 月 1 日取得乙公司控制权时长期股权投资的初始投资成本并编制相关会计分录。

（2）分别计算甲公司 2×23 年 1 月 1 日取得乙公司控制权时的合并成本和商誉。

（3）编制甲公司 2×23 年 1 月 1 日合并工作底稿中长期股权投资与乙公司所有者权益的抵销分录。

（4）编制甲公司 2×23 年 12 月 31 日合并工作底稿中与内部存货交易相关的抵销分录。

（5）编制甲公司 2×23 年 12 月 31 日合并工作底稿中将长期股权投资由成本法调整为权益法的调整分录。

（6）计算甲公司 2×23 年 12 月 31 日合并资产负债表中少数股东权益的金额。

2023年全国中级会计资格考试
《中级会计实务》检测卷

扫码做真题对答案

一、单选题

（本类题共10小题，每小题1.5分，共15分。每小题备选答案中，只有一个符合题意的正确答案。错选、不选均不得分。）

1. 房地产开发企业将作为存货的房屋转换为采用公允价值模式计量的投资性房地产时，应将转换日该房屋的公允价值大于账面价值的差额计入（　　）。
   A. 公允价值变动损益
   B. 投资收益
   C. 其他综合收益
   D. 留存收益

2. 甲公司以人民币作为记账本位币，乙公司为其境外子公司，以美元作为记账本位币。甲公司在将乙公司财务报表折算为人民币反映的财务报表时，下列各项报表项目中，应当采用资产负债表日即期汇率折算的是（　　）。
   A. 财务费用
   B. 应付债券
   C. 盈余公积
   D. 股本

3. 甲公司系增值税一般纳税人，适用的增值税税率为13%。2×22年12月31日，甲公司以其生产的50台空调作为节日福利发放给公司总部管理人员，每台空调的售价和计税价格均为0.6万元，成本为0.4万元。不考虑其他因素，该项非货币性福利对甲公司2×22年营业利润的影响金额为（　　）万元。
   A. -30
   B. 10
   C. -23.9
   D. -33.9

4. 甲公司持有乙公司60%有表决权的股份，能够对乙公司实施控制，甲公司没有其他子公司。2×22年度，甲公司收到乙公司发放的现金股利48万元。甲公司2×22年度个别现金流量表中"取得投资收益收到的现金"项目的列报金额为300万元，乙公司2×22年度个别现金流量表中"取得投资收益收到的现金"项目的列报金额为90万元。不考虑其他因素，甲公司2×22年度合并现金流量表中"取得投资收益收到的现金"项目列报的金额为（　　）万元。
   A. 342
   B. 354
   C. 306
   D. 356

5. 下列各项中，属于企业会计估计变更的是（　　）。
   A. 把发出存货的计价方法由先进先出法变更为移动加权平均法
   B. 因追加投资将长期股权投资的核算方法由权益法变更为成本法
   C. 无形资产的预计使用年限由6年变更为4年
   D. 投资性房地产的后续计量方法由成本模式变更为公允价值模式

6. 2×21年1月5日，甲公司因建造厂房向银行申请一笔2年期借款。2×21年2月1日，甲公司外购一批钢材用于建造。2×21年4月10日，甲公司的专门借款申请通过银行审批当日收到。2×22年3月1日，建造完工，厂房达到预定可使用状态。2×22年4月1日，公司办理竣工决算并正式使用，专门借款利息应予资本化期间是（　　）。

A.2×21年4月10日至2×22年4月1日　　　　B.2×21年4月10日至2×22年3月1日

C.2×21年2月1日至2×22年4月1日　　　　D.2×21年2月1日至2×22年3月1日

7. 甲公司和乙公司均为丙公司创立的子公司，2×22年1月5日甲公司以银行存款800万元和一项账面价值为1 200万元、公允价值为1 500万元的固定资产作为合并对价，获得乙公司80%的有表决权股份。该合并为同一控制下的企业合并，甲公司能够对乙公司实施控制。2×22年1月5日，乙公司可辨认净资产的公允价值为4 600万元，其所有者权益在最终控制方丙公司的合并财务报表中的账面价值为4 500万元。不考虑其他因素，甲公司2×22年1月5日购入该长期股权投资的初始投资成本为（　　）万元。

A.2 000　　　　B.2 300　　　　C.3 680　　　　D.3 600

8. 甲公司适用企业所得税税率25%，预计未来能产出足够的应纳税所得额用以抵扣可抵扣暂时性差异，甲公司2×22年的利润总额为1 000万元，国债利息收入50万元，违法支出60万元，当年新增一台初始入账成本与计税基础为600万元的行政管理设备，当年计提60万元折旧，税法允许扣除的折旧金额为40万元。假设税法规定，国债利息收入免税，违法支出不允许税前扣除，甲公司2×22年所得税费用的列报金额为（　　）万元。

A.247.5　　　　B.250　　　　C.252.5　　　　D.257.5

9. 甲公司适用的所得税税率为25%，2×22年度所得税汇算清缴于2×23年5月15日完成。2×21年12月31日，甲公司与承租方乙公司签订写字楼租赁合同。租赁期限为2×22年1月1日至2×23年12月31日，月租金为10万元，并于每月月末支付。2×23年4月10日，甲公司发现2×22年度租金收入漏计，甲公司将该重要差错采用追溯重述法进行差错更正。该差错更正对2×23年年初留存收益产生的影响为（　　）万元。

A.90　　　　B.120　　　　C.-90　　　　D.-120

10. 2×21年12月31日，甲建筑公司与乙公司签订一项建造工程合同，合同约定建造期限为2×22年1月1日至2×23年12月31日。2×22年12月31日，甲公司确认的与建造合同相关的营业收入为12 000万元，与乙公司结算的合同价款为11 000万元。2×23年12月31日，甲公司确认的与该建造合同相关的营业收入为11 000万元，与乙公司结算的合同价款为11 800万元。假定不考虑其他因素，2×23年甲公司与该建造合同相关的合同资产项目金额为（　　）万元。

A.200　　　　B.800　　　　C.1 000　　　　D.1 800

二、多选题

（本类题共10小题，每小题2分，共20分。每小题备选答案中，有两个或两个以上符合题意的正确答案。请至少选择两个答案，全部选对得满分，少选得相应分值，多选、错选、不选均不得分。）

1. 下列各项中，企业应按政府补助准则进行会计处理的有（　　）。

　　A.收到政府无偿给予的价值120万元的环保设备

　　B.收到增值税出口退税800万元

C. 收到政府无偿拨款 500 万元

D. 收到政府贴息 200 万元

2. 甲公司 2×22 年度财务报告于 2×23 年 3 月 20 日经董事会批准报出，下列对甲公司财务报告状况具有重大影响的交易或事项中，属于 2×22 年度资产负债表日后调整事项的有（　　）。

   A. 2×23 年 1 月 5 日，上年度已全额确认收入商品因质量问题被全部退回

   B. 2×23 年 2 月 20 日，发现上年度重大会计差错

   C. 2×23 年 3 月 1 日，以资本公积转增资本

   D. 2×23 年 2 月 10 日，外汇汇率发生重大变化

3. 按照我国《会计人员职业道德规范》，新时代会计人员应当遵守的职业道德有（　　）。

   A. 坚持准则，守责敬业　　　　　　B. 坚持诚信，守法奉公

   C. 坚持学习，守正创新　　　　　　D. 坚持惯例，守护传统

4. 下列各项关于企业职工薪酬会计处理的表述中，正确的有（　　）。

   A. 企业实施职工内部退休计划的，在职工正式退休之前，比照辞退福利处理

   B. 企业计提的工会经费，应按职工提供服务的受益对象计入当期损益或相关资产成本

   C. 与未行使的短期累积带薪缺勤权利相关的职工薪酬，应以累积未行使权利而增加的预期支付金额计量

   D. 与短期非累积带薪缺勤相关的职工薪酬应在职工实际发生缺勤的会计期间确认

5. 甲公司为增值税一般纳税人，2×23 年 2 月 1 日，甲公司委托乙公司加工一批 M 产品（属于应税消费品，非黄金饰品）。2×23 年 3 月 15 日，甲公司回收并直接销售，应计入 M 成本的有（　　）。

   A. 向乙公司支付的不含税加工费 6 万元

   B. 发出用于委托加工的原材料成本 30 万元

   C. 向乙公司支付与加工费相关的增值税 0.38 万元，取得增值税专用发票

   D. 向乙公司支付的代收代缴消费税 4 万元

6. 下列各项中，应计入制造费用的有（　　）。

   A. 为乙生产管理部门人员缴纳的基本养老保险

   B. 丙生产部门管理人员的辞退补偿金

   C. 为甲生产管理部门人员缴纳的住房公积金

   D. 为丁生产管理部门人员无偿提供住房的本企业房屋的折旧费

7. 下列各事项中，应计入制造型企业投资性房地产的有（　　）。

   A. 准备增值后转让的企业自有土地使用权

   B. 建设完成并以经营租赁方式出租的办公楼

   C. 租入后转租的仓库

   D. 以经营租赁方式出租的自有土地使用权

8. 下列各项关于合同履约成本的相关表述中，正确的有（　　）。

   A. 与一份当前或预期取得的合同直接相关

B. 应采用与该合同履约成本相关的收入确认相同的基础摊销并计入当期损益

C. 初始确认时摊销期限不超过1年或1个正常营业周期的，应在资产负债表中列示为存货

D. 已计提的资产减值准备以后期间不得转回

9. 企业某固定资产成本为1 000万元，2×21年计提折旧100万元，减值准备20万元，2×22年计提折旧50万元。2×22年12月31日，公允价值减处置费用后的净额为800万元，未来现金流量现值为810万元（税前），预计处置资产发生相关税费为4万元。2×23年重新计提折旧，预计剩余使用年限为5年，净残值为0，采用年限平均法计提折旧。不考虑其他因素，下列说法正确的有（   ）。

A. 2×22年12月31日，固定资产减值准备余额为44万元

B. 2×22年12月31日，可收回金额为810万元

C. 2×23年折旧金额为161.2万元

D. 2×22年12月31日计提减值损失20万元

10. 甲公司排放污水污染环境被当地居民起诉到法院，当地居民要求其赔偿损失200万元。甲公司调查发现，污水排放不达标系所购乙公司污水处理设备质量问题所致，经协商，乙公司同意补偿甲公司的诉讼赔偿款。至2×22年12月31日，法院尚未对该诉讼作出判决，甲公司预计其很可能败诉，将要支付的赔偿款金额为110万元至130万元的某一金额，且该区间内每个金额的可能性相同；同时，基本确定能从乙公司获得诉讼补偿款100万元。不考虑其他因素，下列关于甲公司对该未决诉讼会计处理的表述中，正确的有（   ）。

A. 确认利润总额减少20万元

B. 确认一项资产100万元

C. 确认营业外支出110万元

D. 确认预计负债120万元

三、判断题

（本类题共10小题，每小题1分，共10分。请判断每小题的表述是否正确。每小题答题正确的得1分，错答、不答均不得分，也不扣分。）

1. 母公司在编制合并资产负债表时，子公司持有母公司的长期股权投资应视为企业集团的库存股。（   ）

2. 不可撤销亏损合同存在标的资产的，如果预计亏损超过标的资产的减值损失，企业应将超过部分确认为预计负债。（   ）

3. 如果在资产负债表日没有证据表明企业合并中形成的商誉存在减值迹象，则企业无须对该商誉进行减值测试。（   ）

4. 售后租回交易中的资产转让属于销售的，承租人应按照租赁期开始日尚未支付的租赁付款额的现值加上承租人发生的初始直接费用计量使用权资产。（   ）

5. 企业持有待售的无形资产的处置损益在利润表中应当以终止经营损益列报。（   ）

6. 如果本期存货可变现净值高于成本的影响因素不是以前减记存货价值的影响因素，则不允许转回计提

的存货跌价准备。（ ）

7. 在非同一控制下的控股合并中，购买方应将合并成本大于合并中取得的被购买方可辨认净资产公允价值份额的差额，在其个别财务报表中列报为商誉。（ ）

8. 以公允价值计量且其变动计入其他综合收益的非交易性权益工具投资转为权益法核算的长期股权投资时，已计入其他综合收益的公允价值变动转入投资收益。（ ）

9. 对比较财务报表可比期间以前的会计政策变更的累积影响数，企业应调整比较财务报表最早期间的期初留存收益。（ ）

10. 甲公司为建造一栋办公楼占用一笔外币一般借款，该笔借款在资本化期间的本金和利息所产生的汇兑差额应当资本化。（ ）

四、计算分析题

（本类题共2小题，共22分。凡要求计算的，应列出必要的计算过程；计算结果出现两位以上小数的，均四舍五入保留小数点后两位小数。凡要求编制会计分录的，除题中有特殊要求外，只需写出一级科目。答案中的金额单位用万元表示。）

1. 2×22年，甲公司发生的与租赁相关的交易或事项如下：

资料一：2×22年1月1日，承租人甲公司与出租人乙公司签订了租赁期限为10年的写字楼租赁协议。协议规定，该写字楼的年租金为200万元，于每年1月1日支付，甲公司于第五年年末享有终止租赁选择权。

资料二：2×22年1月1日，甲公司经评估合理确定将不会行使终止租赁选择权，并于当日支付第一年的租金，同时收到乙公司租金激励10万元。甲公司在评估是否签订协议时发生的差旅费为5万元，并支付中介人员佣金15万元。全部以银行存款支付，假定甲公司无法确定租赁内含利率，其增量租赁借款利率为每年6%。

资料三：甲公司租入该写字楼用作行政管理，该写字楼的剩余使用年限为30年。

其他资料：（P/A，6%，4）=3.465 1，（P/A，6%，9）=6.801 7，本题不考虑相关税费及其他因素。

要求：（"租赁负债"科目应写出必要的明细科目）

（1）确定甲公司该项租赁的租赁期，并说明理由。

（2）计算甲公司2×22年1月1日租赁负债的初始入账金额。

（3）计算甲公司2×22年1月1日使用权资产的初始入账金额，并编制相关会计分录。

（4）确定甲公司使用权资产的折旧年限，并编制2×22年年末与折旧相关的会计分录。

（5）计算甲公司2×22年12月31日应确认的租赁负债利息费用。

2. 甲公司研发A专利技术用于生产产品，相关资料如下：

资料一：从2×20年9月1日开始，甲公司自行研发A专利技术，发生材料费20万元、研发人员职工薪酬30万元、研发设备计提折旧50万元。至2×20年12月31日，该研发仍处于研究阶段。

资料二：2×21年1月1日开始进入开发阶段，开发阶段期间发生相关费用如下：材料费30万元，研发人员薪酬 40 万元，专用设备折旧 100 万元，以银行存款支付其他费用 70 万元。2×21 年 6 月 30 日研发完成，以上支出均满足资本化条件。2×21 年 7 月 1 日无形资产达到预定可使用状态，按年采用直线法摊销，预计使用年限为 4 年，预计净残值为 0。

资料三：2×21 年 12 月 31 日，A 专利技术出现减值迹象，预计可收回金额为 200 万元。经复核，剩余可用年限为 2 年，预计净残值为 0，仍按年采用直线法摊销。

资料四：2×23 年 1 月 1 日，甲公司以 70 万元的价格将 A 专利技术对外出售，价款已收存银行。

本题不考虑增值税等相关税费及其他因素。

要求：（"研发支出"科目应写出必要的明细科目）

（1）计算 2×20 年发生研发支出的金额，并编制相关会计分录。

（2）计算 2×21 年发生研发支出的金额，并编制相关会计分录。

（3）判断 2×21 年 12 月 31 日 A 专利技术是否发生了减值。如果发生减值的话，计算甲公司对 A 专利技术应计提减值准备的金额，并编制相关会计分录。

（4）计算 2×22 年 A 专利技术应摊销的金额，并编制相关会计分录。

（5）计算 2×23 年 1 月 1 日对外出售 A 专利技术应确认的损益金额，并编制相关会计分录。

五、综合题

（本类题共 2 小题，共 33 分。凡要求计算的，应列出必要的计算过程；计算结果出现两位以上小数的，均四舍五入保留小数点后两位小数。凡要求编制会计分录的，除题中有特殊要求外，只需写出一级科目。答案中的金额单位用万元表示。）

1. 甲公司适用的企业所得税税率为 25%，预计未来期间适用的企业所得税税率不会发生变化。假设未来的可抵扣暂时性差异有足够的应纳税所得额可以抵扣，年初的递延所得税资产和递延所得税负债余额为 0，2×22 年发生的相关交易或事项如下：

资料一：2×22 年 2 月 10 日，甲公司以 10 元/股的价格购入乙公司 100 万股股票，并支出相关交易费用 20 万元，已用银行存款支付。甲公司将其分类为以公允价值计量且其变动计入当期损益的金融资产。假设税法规定，该金融资产的初始入账金额与计税基础相等。

资料二：2×22 年 5 月 10 日，乙公司做出利润分配计划，宣告每股派发 2 元股利。5 月 20 日，甲公司已收到股利 200 万元。假设税法规定，在境内设立的企业之间的股息、红利不计入应纳税所得额。

资料三：2×22 年 12 月 31 日，甲公司持有乙公司的股票价格变为 14 元/股。假设税法规定股票的公允价值变动不计入当期应纳税所得额，待转让时将转让收入扣除初始投资成本的差额计入当期的应纳税所得额。

资料四：2×22 年 12 月 10 日，甲公司收到购买环保设备的补助款 600 万元，采用总额法核算。至年末，该项资产未计提折旧。假设税法规定，收到的政府补助应当于收到当年计入应纳税所得额。

资料五：2×22 年 12 月 31 日，甲公司因提供产品质量保证确认主营业务成本 100 万元。假设税法规定，尚未实际发生的质量保证支出不得计入应纳税所得额，待将来实际支付时，纳入应纳税所得额。

资料六：甲公司 2×22 年实现的利润总额为 4 000 万元。

本题不考虑其他因素。

要求：

（1）编制甲公司2×22年2月10日购入乙公司股票的相关会计分录。

（2）编制甲公司2×22年5月10日因公司宣告分派现金股利和2×22年5月20日收到发放现金股利的会计分录。

（3）编制甲公司2×22年12月31日因股票公允价值变动及确定递延所得税影响的会计分录。

（4）编制甲公司2×22年12月10日收到政府补助及确认递延所得税影响的会计分录。

（5）编制甲公司2×22年计提产品保修费用及确认递延所得税影响的会计分录。

（6）计算甲公司2×22年度应交所得税的金额。

2. 甲公司适用的所得税税率为25%，预计未来期间适用的企业所得税税率不会发生变化，未来期间能够产生足够的应纳税所得额用以抵减可抵扣暂时性差异。甲公司2×22年的财务报告批准报出日为2×23年3月20日，所得税汇算清缴于2×23年4月30日完成。2×22年至2×23甲公司发生的相关交易或事项如下：

资料一：2×22年12月1日，甲公司向乙公司销售一批商品，符合收入确认条件，销售价格为3 000万元，款项尚未收到。甲公司以摊余成本计量该项交易形成的应收账款。2×22年12月31日，甲公司按预期信用损失法对该项应收账款计提坏账准备300万元。假定税法规定资产减值损失在实际发生时才允许在税前扣除。

资料二：2×23年2月1日，甲公司于2×22年12月1日形成的应收乙公司账款的公允价值为2 500万元。当日，甲乙公司签订债务重组合同，甲公司同意乙公司以一台机器设备抵偿欠款，甲公司取得机器设备的所有权，并确认为固定资产。

资料三：2×23年4月1日，甲公司向丙公司销售1 000件商品，单位销售价格是1万元，单位成本是0.8万元，丙公司当日已收到货款并存入银行。根据合同约定，丙公司有权在2×23年6月1日之前无条件退货。甲公司根据以往经验估计退货率为20%。假定税法规定销售退回货物冲减退回当期的应纳税所得额。

资料四：2×23年6月1日退货期满，甲公司收到丙公司退回的商品150件，以银行存款支付相关的退货款。

假定本题不考虑除所得税以外的相关税费及其他因素。

要求：

（1）判断甲公司2×23年2月1日与乙公司的债务重组是否属于资产负债表日后调整事项。如果属于调整事项，编制相关的会计分录；如果属于非调整事项，简要说明理由。

（2）编制甲公司2×23年2月1日与乙公司进行债务重组的相关会计分录。

（3）编制甲公司2×23年4月1日向丙公司销售商品时确认收入结转成本、确认递延所得税的相关会计分录。

（4）编制甲公司2×23年6月1日收到丙公司退回商品及确认所得税影响的相关会计分录。

2022年全国中级会计资格考试
《中级会计实务》检测卷

一、单选题

（本类题共10小题，每小题1.5分，共15分。每小题备选答案中，只有一个符合题意的正确答案。错选、不选均不得分。）

1. 下列各项中，属于企业会计政策变更的是（   ）。
   A. 将建造合同的履约进度由50%变更为55%
   B. 将固定资产的折旧方法由年数总和法变更为工作量法
   C. 将无形资产的预计使用寿命由8年变更为5年
   D. 将存货的计价方法由先进先出法变更为个别计价法

2. 甲公司与非关联方乙公司发生的下列各项交易或事项中，应按照非货币性资产交换准则进行会计处理的是（   ）。
   A. 以固定资产换取乙公司持有的丁公司30%股份，对丁公司实施重大影响
   B. 增发股份换取乙公司的投资性房地产
   C. 以无形资产换取乙公司的存货，收取的补价占换出无形资产公允价值的30%
   D. 以应收账款换取乙公司持有的丙公司80%股份，对丙公司实施控制

3. 甲公司系乙公司的母公司。2×21年10月1日，乙公司将一批成本为200万元的库存商品，以300万元的价格出售给甲公司，甲公司当年对外售出该库存商品的40%。2×21年12月31日，甲公司和乙公司个别资产负债表中存货项目的列报金额分别为2 000万元、1 000万元。不考虑其他因素，2×21年12月31日，甲公司合并资产负债表中存货项目的列报金额为（   ）万元。
   A. 2 900   B. 3 000   C. 2 960   D. 2 940

4. 2×21年12月1日，甲公司一台设备的初始入账金额为200万元，已计提折旧90万元，已计提减值准备20万元。2×21年12月31日，甲公司对该设备计提当月折旧2万元。因该设备存在减值迹象，甲公司对其进行减值测试，预计可收回金额为85万元。不考虑其他因素，2×21年12月31日，甲公司对该设备应确认的减值损失金额为（   ）万元。
   A. 25   B. 3   C. 23   D. 5

5. 甲公司对政府补助采用总额法进行会计处理，甲公司2×21年5月收到下列各项政府补助款中，应在收到时确认为递延收益的是（   ）。
   A. 上月用电补助款21万元
   B. 新型实验设备购置补助款50万元

C. 失业保险稳岗返还款 31 万元

D. 即征即退的增值税款 20 万元

6. 2×21 年 3 月 20 日，甲公司将原自用的土地使用权转换为采用公允价值模式计量的投资性房地产。转换日，该土地使用权的初始入账金额为 650 万元，累计摊销为 200 万元，该土地使用权的公允价值为 500 万元。不考虑其他因素，下列关于甲公司该土地使用权转换的会计处理的表述中，正确的是（　）。

   A. 确认投资性房地产累计摊销 200 万元

   B. 确认公允价值变动损益 250 万元

   C. 确认投资性房地产 450 万元

   D. 确认其他综合收益 50 万元

7. 甲公司适用的企业所得税税率为 25%。2×20 年 12 月 31 日，甲公司一项以公允价值模式计量的投资性房地产的账面价值为 600 万元，计税基础为 580 万元。2×21 年 12 月 31 日，该投资性房地产的账面价值为 620 万元，计税基础为 500 万元。不考虑其他因素，2×21 年 12 月 31 日，甲公司递延所得税负债的期末余额为（　）万元。

   A. 20　　　　　　B. 5　　　　　　C. 30　　　　　　D. 25

8. 甲公司为建造一栋写字楼借入一笔两年期专门借款 4 000 万元，期限为 2×20 年 1 月 1 日至 2×21 年 12 月 31 日，合同年利率与实际年利率均为 7%。2×20 年 1 月 1 日甲公司开始建造该写字楼，并分别于 2×20 年 1 月 1 日和 2×20 年 10 月 1 日支付工程进度款 2 500 万元和 1 600 万元，超出专门借款的工程款由自有资金补充。甲公司将专门借款中尚未动用的部分用于固定收益债券短期投资，该短期投资月收益率为 0.25%。2×21 年 5 月 31 日，该写字楼建设完毕并达到预定可使用状态。假定全年按 360 天计算，每月按 30 天计算，不考虑其他因素，甲公司 2×20 年专门借款利息应予资本化的金额为（　）万元。

   A. 246.25　　　　B. 287　　　　　C. 280　　　　　D. 235

9. 2×22 年 1 月 1 日，甲公司发行面值为 5 000 万元，公允价值为 30 000 万元的普通股股票，从其最终控制方取得乙公司 80% 有表决权的股份，能够对乙公司实施控制，该合并属于同一控制下的企业合并。当日，在最终控制方合并财务报表中，乙公司净资产的账面价值为 20 000 万元，与乙公司相关的商誉金额为 0，乙公司个别财务报表中净资产的账面价值为 15 000 万元。不考虑其他因素，甲公司该长期股权投资的初始入账金额为（　）万元。

   A. 30 000　　　　B. 16 000　　　　C. 12 000　　　　D. 5 000

10. 2×21 年 1 月 5 日，甲公司以 2 070 万元的价格购入一项法律保护期限为 20 年的专利技术，在检测该专利技术能否正常发挥作用的过程中支付测试费 30 万元。2×21 年 1 月 10 日，该专利技术达到预定用途，甲公司预计专利技术经济利益的期限为 10 年，预计净残值为 0，采用直线法摊销。不考虑其他因素，甲公司 2×21 年度该专利技术的摊销金额为（　）万元。

    A. 105　　　　　B. 103.5　　　　C. 207　　　　　D. 210

二、多选题

（本类题共10小题，每小题2分，共20分。每小题备选答案中，有两个或两个以上符合题意的正确答案。请至少选择两个答案，全部选对得满分，少选得相应分值，多选、错选、不选均不得分。）

1. 下列各项关于企业境外经营财务报表折算的会计处理的表述中，正确的有（   ）。
   A. 短期借款项目采用资产负债表日的即期汇率折算
   B. 未分配利润项目采用发生时的即期汇率折算
   C. 实收资本项目采用发生时的即期汇率折算
   D. 固定资产项目采用资产负债表日的即期汇率折算

2. 下列各项中，企业对固定资产进行减值测试时，预计其未来现金流量应考虑的因素有（   ）。
   A. 与所得税收付有关的现金流量
   B. 资产使用寿命结束时处置资产所收到的现金流量
   C. 筹资活动产生的现金流量
   D. 资产持续使用过程中产生的现金流量

3. 下列各项关于企业职工薪酬会计处理的表述中，正确的有（   ）。
   A. 对总部管理层实施短期利润分享计划时，应将当期利润分享金额计入利润分配
   B. 将自有房屋免费提供给行政管理人员使用时，应将该房屋计提的折旧金额计入管理费用
   C. 对专设销售机构销售人员实施辞退计划时，应将预计补偿金额计入管理费用
   D. 对生产工人实行累积带薪缺勤制度时，应将累积未行使权利而增加的预期支付金额计入当期损益

4. 下列各项与企业以自营方式建造办公楼相关的支出中，应计入该办公楼成本的有（   ）。
   A. 领用工程物资的实际成本
   B. 建造过程中发生的机械施工费
   C. 建造期间发生的符合资本化条件的借款费用
   D. 通过出让方式取得土地使用权时支付的土地出让金

5. 下列各项中，应将之前计入其他综合收益的累计利得或损失从其他综合收益转入当期损益的有（   ）。
   A. 出售以公允价值计量且其变动计入其他综合收益的债券投资
   B. 将以公允价值计量且其变动计入其他综合收益的债券投资重分类为以公允价值计量且其变动计入当期损益的金融资产
   C. 将以公允价值计量且其变动计入其他综合收益的债券投资重分类为以摊余成本计量的金融资产
   D. 出售指定为以公允价值计量且其变动计入其他综合收益的非交易性权益工具投资

6. 甲基金会系民间非营利组织。2×21年12月1日，甲基金会与乙公司签订了一份捐赠协议。协议约定，乙公司向甲基金会捐赠100万元用于购买防疫物资以资助社区的防疫工作。2×21年12月10日，甲基金会收到乙公司捐赠的100万元，并于当日购买80万元防疫物资发放给有关社区。2×21年12月31日，甲基金会与乙公司签订补充协议，结余的20万元捐赠款由甲基金会自由支配。不考虑其他因素，下列各项关于甲基金会对捐赠收入会计处理的表述中，正确的有（   ）。

A. 2×21年12月31日，确认限定性净资产100万元

B. 2×21年12月10日，收到捐款时确认捐赠收入100万元

C. 2×21年12月10日，发放物资时确认业务活动成本80万元

D. 2×21年12月1日，无须进行账务处理

7. 下列各项关于企业政府补助会计处理的表述中，正确的有（　　）。

A. 收到以名义金额计量的非货币性资产政府补助，应计入当期损益

B. 初始确认时冲减相关资产账面价值的政府补助，在退回时应调整资产账面价值

C. 收到与企业日常活动相关的政府补助，应计入营业外收入

D. 对于同类政府补助业务，通常只能选用一种会计处理方法

8. 下列各项关于企业所得税会计处理的表述中，正确的有（　　）。

A. 免税合并下，商誉初始确认产生的应纳税暂时性差异不应确认递延所得税负债

B. 对于按照税法规定可以结转以后年度的未弥补亏损，应作为可抵扣暂时性差异处理

C. 未来期间适用的企业所得税税率发生变化的，企业应对已确认的递延所得税资产和递延所得税负债进行重新计量

D. 与直接计入所有者权益的交易或事项相关的递延所得税应计入所有者权益

9. 2×20年12月31日，甲公司以4 800万元取得一栋写字楼并立即投入使用，预计使用年限为10年，预计净残值为0，采用年限平均法计提折旧。2×21年6月30日，甲公司与乙公司签订协议，约定3个月内以4 600万元的价格将该写字楼出售给乙公司，当日该写字楼符合划分为持有待售类别的条件。2×21年10月1日，因乙公司受疫情影响出现财务困难，双方协商解除该协议。甲公司继续积极寻求购买方，2×21年12月31日，甲公司与丙公司签订协议，约定3个月内以4 500万元的价格将该写字楼出售。不考虑其他因素，下列各项关于甲公司会计处理的表述中，正确的有（　　）。

A. 2×21年度，计提持有待售资产折旧480万元

B. 2×21年6月30日，确认持有待售资产初始入账金额4 560万元

C. 2×21年12月31日，计提持有待售资产减值准备60万元

D. 2×21年6月30日，确认固定资产处置损益40万元

10. 甲公司持有乙公司80%有表决权的股份，能够对乙公司实施控制。不考虑其他因素，下列各项甲公司发生的内部交易中，影响甲公司合并利润表中少数股东损益的有（　　）。

A. 乙公司将一项设备以低于账面价值的价格销售给甲公司，甲公司作为固定资产核算

B. 甲公司将一笔闲置资金免息提供给乙公司使用

C. 乙公司将一批存货以高于成本的价格销售给甲公司，年末甲公司全部未对外售出该批存货

D. 甲公司将一批存货以高于成本的价格销售给乙公司，年末乙公司全部未对外售出该批存货

三、判断题

（本类题共 10 小题，每小题 1 分，共 10 分。请判断每小题的表述是否正确。每小题答题正确的得 1 分，错答、不答均不得分，也不扣分。）

1. 企业报废无形资产时，应将其账面价值转入资产处置损益。（　　）

2. 企业对持有待售资产计提的减值准备在以后期间不允许转回。（　　）

3. 对于在用的机器设备，企业可以按其生产产品实现的收入为基础计提折旧。（　　）

4. 企业持有的以公允价值计量且其变动计入当期损益的外币债权投资，资产负债表日折算后的记账本位币金额与原记账本位币金额之间的差额应计入当期损益。（　　）

5. 民间非营利组织取得的仅被限制用途的固定资产，应按该固定资产各期计提折旧的金额将相关限定性资产转化为非限定性净资产。（　　）

6. 子公司少数股东以货币资金对子公司增加权益性投资，母公司在合并现金流量表中应将该现金流入分类为投资性活动产生的现金流量。（　　）

7. 在非同一控制下的吸收合并中，购买方合并成本大于合并中取得的被购买方可辨认净资产公允价值的差额，应确认为商誉。（　　）

8. 企业对投资性房地产进行日常维护所发生的支出，应当在发生时计入投资性房地产成本。（　　）

9. 投资方取得对联营企业的投资后，如果初始投资成本小于投资时应享有联营企业可辨认净资产公允价值份额，应按其差额调整长期股权投资的账面价值，同时确认营业外收入。（　　）

10. 企业发现上一会计年度接受捐赠收到的一项固定资产尚未入账，该固定资产盘盈应按照前期差错更正进行会计处理。（　　）

四、计算分析题

（本类题共 2 小题，共 22 分。凡要求计算的，应列出必要的计算过程；计算结果出现两位以上小数的，均四舍五入保留小数点后两位小数。凡要求编制会计分录的，除题中有特殊要求外，只需写出一级科目。答案中的金额单位用万元表示。）

1. 2×21 年，甲公司发生的与租赁相关的交易或事项如下：

资料一：2×21 年 1 月 1 日，承租方甲公司与出租方乙公司签订一栋写字楼的租赁合同，双方约定该写字楼的年租金为 1 000 万元，于每年年末支付，不可撤销的租赁期限为 6 年，不存在续租选择权，租赁手续于当日完成，租赁期开始日为 2×21 年 1 月 1 日。甲公司无法确定租赁内含利率，其增量借款年利率为 5%。

资料二：甲公司于租赁期开始日将该写字楼作为行政管理大楼投入使用，当月开始采用直线法对使用权资产计提折旧，折旧年限与租赁期相同。

资料三：2×21 年 12 月 31 日，甲公司以银行存款支付租金 1 000 万元。

已知（P/A，5%，6）=5.075 7，不考虑相关税费及其他因素。

要求：（"租赁负债"科目应写出必要的明细科目）

（1）分别计算甲公司2×21年1月1日租赁负债和使用权资产的初始入账金额，并编制相关会计分录。

（2）计算甲公司2×21年应计提的使用权资产折旧金额，并编制相关会计分录。

（3）计算甲公司2×21年度应确认的租赁负债利息费用，并编制相关会计分录。

（4）编制甲公司2×21年12月31日支付租金的会计分录。

2. 2×21年，甲公司发生的与股份投资相关的交易或事项如下：

资料一：2×21年2月1日，甲公司以银行存款2 000万元从二级市场购入乙公司2%有表决权的股份，将其指定为以公允价值计量且其变动计入其他综合收益的非交易性权益工具投资。

资料二：2×21年4月10日，乙公司宣告发放现金股利5 000万元。2×21年4月20日，甲公司收到乙公司发放的现金股利100万元。

资料三：2×21年6月30日，甲公司持有的乙公司2%有表决权股份的公允价值为1 850万元。

资料四：2×21年8月10日，甲公司为实现与乙公司的战略协议，以银行存款5 500万元进一步购入乙公司5%有表决权的股份，已办妥股份转让手续。当日，甲公司原持有的乙公司2%有表决权股份的公允价值为2 200万元，乙公司可辨认净资产的公允价值为110 000万元。至此，甲公司持有乙公司7%有表决权的股份，能够对乙公司施加重大影响，对该投资采用权益法核算。

本题不考虑相关税费、提取盈余公积及其他因素。

要求：（"其他权益工具投资"科目应写出必要的明细科目）

（1）编制甲公司2×21年2月1日取得乙公司2%有表决权股份的会计分录。

（2）编制甲公司2×21年4月10日确认应收股利和2×21年4月20日收到现金股利的会计分录。

（3）编制甲公司2×21年6月30日确认所持乙公司2%有表决权股份公允价值变动的会计分录。

（4）计算甲公司2×21年8月10日对乙公司长期股权投资的初始投资成本，并编制相关会计分录。

五、综合题

（本类题共2小题，共33分。凡要求计算的，应列出必要的计算过程；计算结果出现两位以上小数的，均四舍五入保留小数点后两位小数。凡要求编制会计分录的，除题中有特殊要求外只需写出一级科目。答案中的金额单位用万元表示。）

1. 甲公司系增值税一般纳税人，适用的企业所得税税率为25%，按净利润的10%计提法定盈余公积，甲公司2×21年所得税汇算清缴于2×22年2月20日完成，2×21年财务报告批准报出日为2×22年3月15日，未来期间能够产生足够的应纳税所得额用于抵减可抵扣暂时性差异。2×21年至2×22年，甲公司发生的相关交易或事项如下：

资料一：2×21年11月1日，甲公司以银行存款450万元购入一批商品，并已验收入库，采用实际成本法核算。2×22年2月1日，该批商品因火灾全部毁损。

资料二：2×21年12月1日，甲公司收到法院通知，由于未能按期履行销售合同被乙公司起诉。2×21年12月31日，案件尚未判决，甲公司预计败诉的可能性为75%，预计的赔偿金额区间为70万元至100万元，且该区间内每个金额发生的可能性大致相同。

资料三：2×22年2月10日，法院对乙公司起诉甲公司案件作出判决。甲公司被判赔偿乙公司90万元，双方均表示不再上诉。当日，甲公司以银行存款向乙公司支付赔款。

资料四：2×22年3月1日，甲公司股东大会审议通过2×21年度股利分配方案，决定以公司2×21年年末总股本为基数，每10股配送0.5元，共分派现金股利2 500万元。

本题不考虑除企业所得税以外的税费及其他因素。

要求：

（1）判断甲公司2×22年2月1日发生的商品毁损是否属于2×21年资产负债表日后调整事项。如果为调整事项，编制相关会计分录；如果为非调整事项，简要说明理由。

（2）计算甲公司2×21年12月31日确认的预计负债金额，并分别编制甲公司确认预计负债和相关递延所得税的会计分录。

（3）判断甲公司2×22年2月10日收到法院判决是否属于2×21年资产负债表日后调整事项。如果为调整事项，编制相关会计分录；如果为非调整事项，简要说明理由。

（4）判断甲公司2×22年3月1日审议通过股权分配方案是否属于2×21年资产负债表日后调整事项。如果为调整事项，编制相关会计分录；如果为非调整事项，简要说明理由。

2. 甲公司系增值税一般纳税人。2×21年1月1日，甲公司存货的余额为0，采用实际成本法核算。2×21年，甲公司发生的存货相关交易或事项如下：

资料一：2×21年2月1日，甲公司购入2 000件A商品，取得的增值税专用发票上注明的价款为95万元，增值税税额为12.35万元，甲公司支付该批商品运费取得的增值税专用发票上注明的价款为5万元，增值税税费为0.45万元。当日，A商品已验收入库，款项均以银行存款支付。

资料二：2×21年4月5日，甲公司与乙公司签订委托代销合同，委托乙公司对外销售500件A商品，合同约定，甲公司按照不含增值税销售价款的一定比例向乙公司支付代销手续费，当日A商品已发出。2×21年4月30日，甲公司收到乙公司开具的代销清单，乙公司已对外销售400件A商品，甲公司与乙公司结算相应货款，向乙公司开出的增值税专用发票上注明的价款为22万元，增值税税额为2.86万元，收到的货款当日存入银行。

资料三：2×21年6月10日，甲公司向丙公司销售200件A商品，合同约定丙公司以其生产的B设备作为非现金对价进行支付。当日，甲公司将A商品的控制权转移给丙公司，并将收到的B设备作为固定资产核算，200件A商品的市场价格与计税价格均为11万元，B设备公允价值为11万元，双方按照公允价值为对方开具增值税专用发票，增值税税额均为1.43万元。

资料四：2×21年6月20日，甲公司与丁公司签订债务重组协议，以600件A商品抵偿所欠丁公司的应付账款40万元。2×21年8月25日，甲公司将A商品的控制权转移给丁公司，开具的增值税专用发票上注明的价款为33万元，增值税税额为4.29万元，债务重组合同履行完毕。

资料五：2×21年12月31日，甲公司库存A商品的成本为40万元，预计销售价格为38万元，销售费用为2万元。

本题不考虑增值税以外的税费及其他因素。

要求：

（1）分别计算甲公司2×21年2月1日取得A商品的初始入账金额和单位成本，并编制相关的会计分录。

（2）编制甲公司 2×21 年 4 月 5 日发出委托代销商品的会计分录。

（3）编制甲公司 2×21 年 4 月 30 日收到代销清单时确认收入和结转成本的会计分录。

（4）编制甲公司 2×21 年 6 月 10 日销售 A 商品时确认收入和结转成本的会计分录。

（5）计算甲公司 2×21 年 8 月 25 日应确认的债务重组损益，并编制相关会计分录。

（6）计算甲公司 2×21 年 12 月 31 日应计提的存货跌价准备金额，并编制相关的会计分录。

《中级会计实务》金题密押卷

一、单选题

（本类题共10小题，每小题1.5分，共15分。每小题备选答案中，只有一个符合题意的正确答案。错选、不选均不得分。）

1. 甲公司持有乙公司80%的股份，对乙公司能够实施控制。2×23年12月30日，乙公司向甲公司销售一件产品，实际成本为152万元，销售价格为200万元。甲公司将该批产品作为管理用固定资产使用，采用年限平均法计提折旧，预计使用年限8年，无残值。2×24年，乙公司按购买日公允价值持续计算的净利润为400万元。假定不考虑所得税等因素的影响，甲公司2×24年合并利润表中应确认的少数股东损益为（　　）万元。

   A. 80　　　　　　B. 81.2　　　　　　C. 70.4　　　　　　D. 69.6

2. 下列各项中，属于会计政策变更的是（　　）。

   A. 将一项固定资产的净残值由30万元变更为8万元

   B. 将产品保修费用的计提比例由销售收入的4%变更为2%

   C. 将发出存货的计价方法由移动加权平均法变更为个别计价法

   D. 将一台生产设备的折旧方法由年限平均法变更为双倍余额递减法

3. 甲公司2×23年年末库存A原材料的账面余额为150万元；年末计提跌价准备前库存A原材料计提的跌价准备的账面余额为0。库存A原材料将全部用于生产乙产品，预计乙产品的市场价格总额为165万元，预计生产乙产品还需发生除A原材料以外的加工成本45万元，预计为销售乙产品发生的相关税费总额为8.25万元。乙产品销售中有固定销售合同的占80%，合同价格总额为135万元。甲公司2×23年12月31日库存A原材料应计提的存货跌价准备为（　　）万元。

   A. 35.25　　　　　B. 37.5　　　　　　C. 45.45　　　　　　D. 10.2

4. 2×24年1月1日，甲公司与乙公司签订租赁合同，将其一栋建筑物租赁给乙公司作为办公楼使用。根据合同约定，建筑物的租金为每年1 000万元，于每年年末支付；不可撤销的租赁期为5年，自合同签订日开始算起，假定租赁内含利率为5%。不考虑其他因素，乙公司因该交易或事项在2×24年度应确认的利息费用的金额是（　　）万元。[（P/A，5%，4）=3.546 0，（P/A，5%，5）=4.329 5]

   A. 177.3　　　　　B. 216.48　　　　　C. 4 329.5　　　　　D. 4 546

5. 企业进行的下列交易或事项中，不属于政府补助的是（　　）。

   A. 甲公司收到的先征后返的增值税300万元

   B. 企业从政府取得的经济来源是企业商品或服务的对价

   C. 因鼓励企业投资，丙公司收到当地政府无偿划拨的款项5 000万元

   D. 丁公司取得政府无偿划拨的土地，用于开发建厂

6. 甲公司的记账本位币为人民币。2×24年12月1日，甲公司以750万美元购入50万份乙公司B股股票作为交易性金融资产，当日即期汇率为1美元=6.8元人民币。2×24年12月31日，乙公司股票市价为每股18美元，当日即期汇率为1美元=6.6元人民币。假定不考虑相关税费，上述业务对甲公司2×24年12月损益的影响金额是（　　）万元。

   A. 150 B. 840 C. 180 D. 0

7. 2×24年12月31日，乙公司涉及的一项未决诉讼案，败诉的可能性为80%。如果胜诉，不需支付任何费用；如果败诉，需支付赔偿金及诉讼费共计100万元，同时很可能从保险公司获得70万元的赔偿。当日，乙公司应确认预计负债的金额为（　　）万元。

   A. 30 B. 100 C. 0 D. 96

8. 甲公司发生的下列交易事项中，应当按照非货币性资产交换进行会计处理的是（　　）。

   A. 开出商业承兑汇票购买一项设备
   B. 以本公司一项商标权换入生产用专利技术
   C. 以长期股权投资换入债权投资
   D. 定向发行本公司股票取得乙公司35%股权

9. 甲公司为建造固定资产于2×24年1月1日借入3年期、年利率为10%的专门借款2 000万元。此外，甲公司在建造固定资产过程中，还占用了一笔一般借款（于当年11月1日借入的2年期、年利率为8%的一般借款2 500万元）。甲公司无其他借款。该工程于当年1月1日开始建造，至10月末累计发生工程支出1 800万元，11月1日发生工程支出1 200万元，12月1日发生工程支出400万元，年末工程尚未完工。甲公司2×24年一般借款利息资本化的金额为（　　）万元。

   A. 16 B. 17 C. 13.33 D. 2.67

10. 甲公司自行研发一项新技术，累计发生研究开发支出1 600万元，其中符合资本化条件的支出为1 000万元。研发成功后向国家专利局提出专利权申请并获得批准，实际发生注册登记费16万元；为使用该项新技术发生的有关人员培训费为12万元。不考虑其他因素，甲公司该项无形资产的入账价值为（　　）万元。

    A. 1 016 B. 1 028 C. 1 616 D. 1 628

二、多选题

（本类题共10小题，每小题2分，共20分。每小题备选答案中，有两个或两个以上符合题意的正确答案。请至少选择两个答案，全部选对得满分，少选得相应分值，多选、错选、不选均不得分。）

1. 下列各项关于政府单位特定业务会计核算的一般原则中，正确的有（　　）。

   A. 政府单位财务会计实行权责发生制
   B. 除另有规定外，单位预算会计采用收付实现制
   C. 对于纳入部门预算管理的现金收支业务，同时进行财务会计和预算会计核算
   D. 对于单位应上缴财政的现金所涉及的收支业务，进行预算会计处理

2. 下列关于合并报表中的相关处理，表述正确的有（　　）。

   A. 合并财务报表是以企业集团为会计主体编制的财务报表
   B. 非同一控制的控股合并，购买方各资产、负债应按合并中确定的有关资产、负债的公允价值调账

C. 同一控制的控股合并，被合并方各资产、负债应按合并中确定的有关资产、负债的账面价值确认

D. 非同一控制的控股合并，被购买方各资产、负债需要按照合并中确认的公允价值调整相关资产、负债的价值

3. 下列关于以公允价值计量且其变动计入其他综合收益的金融资产重分类的会计处理中，正确的有（ ）。

A. 企业将一项以公允价值计量且其变动计入其他综合收益的金融资产重分类为以公允价值计量且其变动计入当期损益的金融资产的，应当将之前计入其他综合收益的累计利得或损失从其他综合收益转入当期损益

B. 企业将一项以公允价值计量且其变动计入其他综合收益的金融资产重分类为以摊余成本计量的金融资产的，应当以其在重分类日的账面价值作为新的账面余额

C. 企业将一项以公允价值计量且其变动计入其他综合收益的金融资产重分类为以摊余成本计量的金融资产的，应当将之前计入其他综合收益的累计利得或损失转出，调整该金融资产在重分类日的公允价值，并以调整后的金额作为新的账面价值

D. 企业将一项以公允价值计量且其变动计入其他综合收益的金融资产重分类为以摊余成本计量的金融资产的，该金融资产重分类不影响其实际利率和预期信用损失的计量

4. 下列关于企业递延所得税负债会计处理的表述中，正确的有（ ）。

A. 承租人在租赁期开始日初始确认租赁负债并计入使用权资产的租赁交易，以及因固定资产等存在弃置义务而确认预计负债并计入相关资产成本的交易等，企业对该单项交易因资产和负债的初始确认所产生的应纳税暂时性差异和可抵扣暂时性差异，应当根据所得税准则等有关规定，在交易发生时分别确认相应的递延所得税负债和递延所得税资产

B. 与损益相关的应纳税暂时性差异确认的递延所得税负债应计入所得税费用

C. 应纳税暂时性差异转回期间超过一年的，相应的递延所得税负债应以现值进行计量

D. 递延所得税负债以相关应纳税暂时性差异转回期间适用的企业所得税税率计量

5. 下列各项有关企业债务重组会计处理的表述中，正确的有（ ）。

A. 债务人以自产产品清偿负债的，应根据收入准则确认收入

B. 以修改合同条款进行债务重组的，债权人应当按照修改后的条款以公允价值计量新的金融资产

C. 债务人以单项或多项长期股权投资清偿债务的，债务的账面价值与偿债长期股权投资账面价值的差额，记入"投资收益"科目

D. 采用债务转为权益工具方式进行债务重组的，债务人在对权益工具进行初始计量时，应当采用权益工具的公允价值，权益工具公允价值不能可靠计量的，则采用清偿债务的公允价值

6. 2×24年海蓝公司发生与职工薪酬有关的交易或事项如下：（1）以公司生产的产品作为福利发放给职工，产品生产成本500万元，市场价1 000万元；（2）代职工缴纳100万元个人所得税；（3）根据职工入职期限，分别可以享受5至15天年假，当年未用完的带薪休假权利取消，海蓝公司职工平均日工资为500元/人；（4）对管理人员实施2×24年度的利润分享计划，按当年度利润实现情况，相关管理人员可分享利润500万元。不考虑其他因素，下列各项关于甲公司2×24年与

职工薪酬有关会计处理的表述中，正确的有（　　）。
A. 以产品作为福利发放给员工按 500 万元计入相关成本费用
B. 管理人员应分享的利润应借记"利润分配"，贷记"应付职工薪酬"
C. 对于职工未享受的休假权利无须进行会计处理
D. 代职工缴纳的个人所得税从应付职工工资中扣除，借记"应付职工薪酬"

7. 下列各项中，属于民间非营利组织反映业务活动情况的会计要素的有（　　）。
   A. 收入　　　　　B. 费用　　　　　C. 利润　　　　　D. 所有者权益

8. 下列关于附等待期的股份支付会计处理的表述中，正确的有（　　）。
   A. 以权益结算的股份支付，相关权益性工具的公允价值在授予日后不再调整
   B. 附市场条件的股份支付，应在市场及非市场条件均满足时确认相关成本费用
   C. 现金结算的股份支付在授予日不作会计处理，权益结算的股份支付授予日应予处理
   D. 业绩条件为非市场条件的股份支付，等待期内应根据后续信息调整对可行权情况的估计

9. 下列有关长期股权投资成本法减资后转为权益法个别报表核算的说法中，正确的有（　　）。
   A. 按处置或收回投资的比例结转应终止确认的长期股权投资成本
   B. 应当比较剩余的长期股权投资成本与按照剩余持股比例计算处置或收回时应享有被投资单位可辨认净资产公允价值的份额，属于投资作价中体现的商誉部分，不调整长期股权投资的账面价值
   C. 应当比较剩余的长期股权投资成本与按照剩余持股比例计算原投资时应享有被投资单位可辨认净资产公允价值的份额，属于投资成本小于应享有被投资单位可辨认净资产公允价值的份额的，在调整长期股权投资成本的同时，调整投资收益
   D. 对于处置投资当期期初至处置投资之日被投资单位实现净损益中享有的份额，调整当期损益

10. 下列关于企业存货初始计量的说法中，正确的有（　　）。
    A. 生产车间季节性停工期间发生的停工损失应计入存货成本
    B. 超定额的废品损失应计入存货成本
    C. 委托加工物资用于连续生产应税消费品的，受托方代收代缴的消费税不计入存货成本；委托加工物资直接用于销售的，受托方代收代缴的消费税计入存货成本
    D. 存货入库后发生的仓储费用应计入存货成本

三、判断题

（本类题共 10 小题，每小题 1 分，共 10 分。请判断每小题的表述是否正确。每小题答题正确的得 1 分，错答、不答均不得分，也不扣分。）

1. 对于集团结算的股份支付中，接受服务企业没有结算义务或授予本企业职工的是其本身权益工具的，应当将该股份支付交易作为权益结算的股份支付处理。（　　）

2. 分析并判断事项是否涉及会计确认、计量基础选择或列报项目的变更，当至少涉及其中一项划分基础变更的，该事项是会计估计变更。（　　）

3. 债权人受让多项非金融资产，或者包括金融资产、非金融资产在内的多项资产的，应当按照《企业会计准则第 22 号——金融工具确认和计量》的规定确认和计量受让的金融资产；按照受让的金融资产以外的各项资产在债务重组合同生效日的公允价值比例，对放弃债权在合同生效日的公允价值扣除受让金融资产当日公允价值后的净额进行分配，并以此为基础分别确定各项资产的成本。（　　）

4. 调整事项均通过"以前年度损益调整"科目调整。（　　）

5. 售后租回交易中的资产转让不属于销售的，出租人应确认被转让资产。（　　）

6. 对于违反会计行为准则并承担刑事责任的人员，单位不得任用其从事会计工作。（　　）

7. 对于企业在一段时间内履行的履约义务，在采用产出法计量履约进度时，如果企业为履行该履约义务实际发生的成本超过了按照产出法确定的成本，这些成本应当作为资产确认。（　　）

8. 终止经营的相关损益作为持续经营损益列报。（　　）

9. 资产的可收回金额应当根据资产的公允价值减去处置费用后的净额与资产预计未来现金流量的现值两者之间较低者确定。（　　）

10. 企业对不同会计期间发生的相同交易或事项可以采用不同的会计政策。（　　）

四、计算分析题

（本类题共 2 小题，共 22 分。凡要求计算的，应列出必要的计算过程；计算结果出现两位以上小数的，均四舍五入保留小数点后两位小数。凡要求编制会计分录的，除题中有特殊要求外，只需写出一级科目。答案中的金额单位用万元表示。）

1. 2×22 年 7 月 10 日，甲公司与乙公司签订股权转让合同，以 1 300 万元的价格受让乙公司所持丙公司 2% 股权。同日，甲公司向乙公司支付股权转让款 1 300 万元；丙公司的股东变更手续办理完成。受让丙公司股权后，甲公司将其指定为以公允价值计量且其变动计入其他综合收益的金融资产。

2×22 年 8 月 5 日，甲公司从二级市场购入丁公司发行在外的股票 100 万股（占丁公司发行在外有表决权股份的 1%），支付价款 1 100 万元，另支付交易费用 0.5 万元。根据丁公司股票的合同现金流量特征及管理丁公司股票的业务模式，甲公司持购入的丁公司股票作为以公允价值计量且其变动计入当期损益的金融资产核算。

2×22 年 12 月 31 日，甲公司所持上述丙公司股权的公允价值为 1 400 万元，所持上述丁公司股票的公允价值为 1 350 万元。

2×23 年 5 月 6 日，丙公司股东会批准利润分配方案，向全体股东共计分配现金股利 300 万元，2×23 年 7 月 12 日，甲公司收到丙公司分配的股利 6 万元。

2×23 年 12 月 31 日，甲公司所持上述丙公司股权的公允价值为 1 600 万元。所持上述丁公司股票的公允价值为 1 200 万元。

2×24 年 9 月 6 日，甲公司将所持丙公司 2% 股权予以转让，取得款项 1 650 万元，2×24 年 12 月 4 日，甲公司将所持上述丁公司股票全部出售，取得款项 1 225 万元。

其他有关资料：

资料一：甲公司对丙公司和丁公司不具有控制、共同控制或重大影响。

资料二：甲公司按实际净利润的10%计提法定盈余公积，不计提任意盈余公积。

资料三：不考虑税费及其他因素。

要求：

（1）根据上述资料，编制甲公司与购入、持有及处置丙公司股权相关的全部会计分录。

（2）根据上述资料，编制甲公司与购入、持有及处置丁公司股权相关的全部会计分录。

（3）根据上述资料，计算甲公司处置所持丙公司股权及丁公司股票对其2×24年度净利润和2×24年12月31日所有者权益的影响。

2. 2×21年1月1日，经股东大会批准，鸿运上市公司（以下简称鸿运公司）与其50名高级管理人员签署股份支付协议。协议规定：

（1）鸿运公司向50名高级管理人员每人授予1万份股票期权，行权条件为这些高级管理人员从授予股票期权之日起连续服务满3年，且鸿运公司3年平均净利润增长率达到10%。

（2）符合行权条件后，每持有1股股票期权可以自2×24年1月1日起1年内，以每股5元的价格购买鸿运公司1股普通股股票，在行权期间内未行权的股票期权将失效。鸿运公司估计授予日每股股票期权的公允价值为12元。2×21年至2×24年，鸿运公司与股票期权有关的资料如下：

资料一：2×23年11月，鸿运公司自市场回购本公司股票50万股，共支付款项1 000万元，作为库存股待行权时使用。

资料二：2×21年，鸿运公司有1名高级管理人员离开公司，本年净利润增长率为8%。该年年末，鸿运公司预计未来两年将有1名高级管理人员离开公司，预计3年平均净利润增长率将达到10%；每股股票期权的公允价值为11元。

资料三：2×22年，鸿运公司有2名高级管理人员离开公司，本年净利润增长率为12%。该年年末，鸿运公司预计未来1年将有2名高级管理人员离开公司，预计3年平均净利润增长率将达到10%；每股股票期权的公允价值为13元。

资料四：2×23年，鸿运公司没有高级管理人员离开公司，本年净利润增长率为15%。该年年末，每股股票期权的公允价值为15元。

资料五：2×24年1月，47名高级管理人员全部行权，鸿运公司共收到款项235万元，相关股票的变更登记手续已办理完成。剩余库存股进行冲销，假设鸿运公司有足够的资本公积。

不考虑税费及其他因素。

要求：

（1）编制鸿运公司回购本公司股票时的相关会计分录。

（2）计算鸿运公司2×21年、2×22年、2×23年因股份支付应确认的费用，并编制相关会计分录。

（3）编制鸿运公司高级管理人员行权时及剩余库存股的冲销的相关会计分录。

五、综合题

（本类题共2小题，共33分。凡要求计算的，应列出必要的计算过程；计算结果出现两位以上小数的，均四舍五入保留小数点后两位小数。凡要求编制会计分录的，除题中有特殊要求外只需写出一级科目。

答案中的金额单位用万元表示。）

1. 2×24年9月至12月，甲公司发生的部分交易或事项如下。

   资料一：2×24年9月1日，甲公司向乙公司销售1 000件A产品，单位销售价格为0.4万元，单位成本为0.3万元，销售货款已收存银行，根据销售合同约定，乙公司在2×24年10月31日之前有权退还A产品。2×24年9月1日，甲公司根据以往经验估计该批A产品的退货率为10%；2×24年9月30日，甲公司对该批A产品的退货率重新评估为5%；2×24年10月31日，甲公司收到退回的60件A产品，并以银行存款退还相应的销售款。

   资料二：2×24年12月1日，甲公司向客户销售成本为150万元的B产品，售价200万元已收存银行。客户为此获得62.5万个奖励积分，每个积分可在2×25年购物时抵减1元。根据历史经验，甲公司估计该积分的兑换率为80%。

   资料三：2×24年12月10日，甲公司向联营企业丙公司销售成本为50万元的C产品，售价75万元已收存银行。至2×24年12月31日，该批产品未向外部第三方售出。甲公司在2×23年11月20日取得丙公司20%有表决权股份，当日，丙公司各项可辨认资产、负债的公允价值均与其账面价值相同。甲公司采用的会计政策、会计期间与丙公司的相同。丙公司2×24年度实现净利润1 525万元。

   资料四：2×24年12月31日，甲公司根据产品质量保证条款，对其2×24年第四季度销售的D产品计提保修费。根据历史经验，所售D产品的80%不会发生质量问题；15%将发生较小质量问题，其修理费为销售收入的3%；5%将发生较大质量问题，其修理费为销售收入的6%；2×24年第四季度，甲公司D产品的销售收入为750万元。D产品转移给客户，控制权随之转移。

   不考虑相关税费及其他因素。

   要求：

   （1）根据资料一，分别编制甲公司2×24年9月1日确认A产品销售收入并结转销售成本，9月30日重新评估A产品退货率，10月31日实际发生A产品销售退回时的相关会计分录。

   （2）根据资料二，计算甲公司2×24年12月1日应确认的收入和合同负债的金额，并编制确认收入、结转成本的会计分录。

   （3）根据资料三，计算甲公司2×24年持有丙公司股权应确认投资收益的金额，并编制相关会计分录。

   （4）根据资料四，计算甲公司2×24年第四季度应确认保修费的金额，并编制相关会计分录。

2. 甲公司适用的企业所得税税率为25%，预计未来期间适用的企业所得税税率不会发生变化，未来期间能够产生足够的应纳税所得额用于抵减可抵扣暂时性差异。2×24年1月1日，甲公司递延所得税资产的年初余额为75万元，递延所得税负债无期初余额。2×24年度，甲公司发生的与企业所得税有关的交易或事项如下：

   资料一：2×24年2月1日，甲公司以银行存款400万元购入乙公司的股票并指定为以公允价值计量且其变动计入其他综合收益的金融资产，该金融资产的初始入账金额与计税基础一致。2×24年12月31日，该股票投资的公允价值为560万元。

   资料二：2×24年度甲公司在自行研发A新技术的过程中发生支出500万元，其中满足资本化条件的研发支出为 300 万元，至 2×24 年 12 月 31 日，A 新技术研发活动尚未结束。税法规定，企业费用化的研发支出在据实扣除的基础上再加计 100% 税前扣除，资本化的研发支出按资本化金额的 200% 确定应予税前摊销扣除的金额。

资料三：2×24 年 9 月，甲公司以银行存款支付产品保修费用 300 万元，同时冲减了预计负债年初贷方余额 300 万元。2×24 年年末，保修期结束，甲公司不再预提保修费。税法规定，保修费用待实际发生准予扣除。

资料四：甲公司 2×24 年度的利润总额为 3 000 万元。

本题不考虑除企业所得税以外的税费及其他因素。

要求：

（1）计算甲公司 2×24 年度的应纳税所得额和应交所得税。

（2）分别编制甲公司 2×24 年 12 月 31 日对乙公司股票投资按公允价值计量及确认递延所得税的会计分录。

（3）判断甲公司 2×24 年 12 月 31 日 A 新技术研发支出的资本化部分形成的是应纳税暂时性差异还是可抵扣暂时性差异，并判断是否需要确认递延所得税资产，并说明理由。

（4）编制 2×24 年的保修费用支出的分录及其对递延所得税影响的会计分录。

（5）计算甲公司利润表中应列示的 2×24 年度所得税费用。

2025 年全国中级会计资格考试
摸底检测卷

中级会计实务

解析点拨册

扫码领取"必刷题库"

目 录

2024 年考情解读及 2025 年学习建议   1

2024 年真题答案速览客观题答案速查   13

2024 年全国中级会计资格考试《中级会计实务》检测卷 解析点拨   14

2023 年真题答案速览客观题答案速查   28

2023 年全国中级会计资格考试《中级会计实务》检测卷 解析点拨   29

2022 年真题答案速览客观题答案速查   42

2022 年全国中级会计资格考试《中级会计实务》检测卷 解析点拨   43

2025 年金题密押卷答案速览客观题答案速查   55

《中级会计实务》金题密押卷 解析点拨   56

目

2024 年考情解读及 2025 年学习建议

一、2024 年考情说明

2024 年中级会计实务三场考试已经落下帷幕，今年的考试题型、题量及分值与去年保持一致。今年的考试呈现如下特点：

1. 考核范围广，注重基础

2024 年中级会计实务考试的考核范围较广，考点分布几乎覆盖全书；其中，客观题侧重考查基础知识，考试题目难度不大。

2. 重点恒重，逢新必考

2024 年中级会计实务考试依旧钟爱"考重""考新"，对冷门、偏门考点考查较少。股份支付、非货币性资产交换、债务重组、租赁等仍属于比较新的内容，热度不减：第一场考试中，债务重组结合借款费用考查了计算分析题；第二场考试中，非货币性资产交换结合存货考查了综合题；第三场考试中，租赁单独考查了计算分析题。

3. 跨章节"拼盘"题目，考查形式更加灵活

近年来，中级会计实务考试常考查"拼盘式"综合题，虽然考试形式更加灵活，但对于考生来说，却是一个利好消息。"拼盘式"综合题的特点是在一道主观题里考查不同的知识点，以不同的资料呈现；以往一道综合题考一个大考点，如果不会做，那么就完全无法拿分，而现在出现这种"拼盘式"综合题，无形中提高了考生拿分的概率。

二、2024 年考点回忆及分析

1. 第一章　总论

本章属于非重点章节，以考查基础概念为主，从历年真题看，本章以客观题为主要考查形式，考点主要集中在"会计信息质量要求"和"会计要素及其确认条件"，题目会结合后面章节的内容来考，出题比较灵活，建议考生记忆常见的案例。2024 年考试中，考到了"会计人员职业道德规范"和"会计信息质量要求"，这两个考点分别为 2023 年新增和 2024 年补充，也印证了中级会计实务考试依旧钟爱"考新"这一特点。

本章具体考情分析如下：

考点	考查说明	题型	分值
会计信息质量要求	考查售后租回属于哪种信息质量要求、考查可比性要求的概念	客观题	1~1.5 分
会计人员职业道德规范	考查会计人员职业道德规范包含的内容（三坚三守）	客观题	

2. 第二章 存货

本章属于非重点章节，难度一般，从历年真题看，本章以客观题为主要考查形式，考点集中在"存货的初始计量"和"存货的期末计量"，且几乎年年都考。2024年考试中，不出意外地考到了"原材料可变现净值的计算"，平时只要做过对应的真题，本题即送分题。

本章具体考情分析如下：

考点	考查说明	题型	分值
存货的期末计量	考查原材料可变现净值的计算（涉及有合同部分和无合同部分）	客观题	1~2分

3. 第三章 固定资产

本章属于基础章节，难度较低，从历年真题看，本章以客观题为主要考查形式，在主观题中也会单独考查或者与"政府补助""资产减值损失"和"所得税"等章节内容结合考查。2024年考试中，考到了本章中自行建造固定资产成本的构成以及处置固定资产影响到的损益类科目和金额计算。

本章具体考情分析如下：

考点	考查说明	题型	分值
固定资产初始计量	考查自行建造固定资产成本的构成（涉及联合试车费用、高温补贴、可行性研究费用、工程物资盘亏）	主观题	6分
固定资产后续计量	考查出售固定资产产生净损失的会计处理	客观题	

4. 第四章 无形资产

本章属于基础章节，难度较低，无形资产在核算上与固定资产相似。近年来，无形资产在计算分析题中的考查频率有上升的趋势，考查方式一般以时间为线索，涉及无形资产的取得、摊销、减值和转让各个环节的会计处理。2024年考试中，本章主要以客观题形式考查无形资产定义辨析、无形资产取得及存续期间的核算。

本章具体考情分析如下：

考点	考查说明	题型	分值
无形资产的辨析	考查属于无形资产的有哪些（涉及土地使用权、商誉和特许权）	客观题	
无形资产的初始计量	考查分期付款购买的无形资产入账价值的确定	客观题	3分
无形资产的后续计量	考查无形资产摊销、减值等对营业利润影响金额的计算	客观题	

5. 第五章 投资性房地产

本章属于基础章节，相比前面的"固定资产"和"无形资产"章节而言，本章学习难度较大，涉及的会计分录也比较多，从历年真题看，本章以主观题为主要考查形式。2024年考试中，考到了本章中投资性房地产的范围辨析、投资性房地产转换及后续计量模式变更的会计处理，均以客观题形式进行考查。

本章具体考情分析如下：

考点	考查说明	题型	分值
投资性房地产的范围	考查属于投资性房地产的有哪些（涉及销售的商品房、土地使用权、转租的写字楼等）	客观题	1.5~2分
投资性房地产的转换	考查公允价值模式计量的投资性房地产转为自用，公允价值与账面价值差额的处理	客观题	
投资性房地产后续计量模式变更	考查影响当期损益的业务有哪些（投资性房地产后续计量模式变更与投资性房地产转换结合）	客观题	

6. 第六章 长期股权投资和合营安排

本章属于重点章节，内容烦琐，难度高，且每年必考，属于必须掌握的章节，从历年真题看，本章在客观题、主观题中均有涉及。近年来，以长期股权投资的初始计量、长期股权投资的后续计量、长期股权投资核算方法的转换为主要考点。2024年考试中，客观题考到了权益法下投资收益的计算，综合题考查到了长期股权投资转换的会计处理。

本章具体考情分析如下：

考点	考查说明	题型	分值
长期股权投资的后续计量	考查权益法下投资收益的计算（涉及固定资产评估增值、内部交易损失由减值导致）	客观题	7~8分
长期股权投资的转换	考查金融工具（其他权益工具投资）转换到长期股权投资权益法的会计处理；考查长期股权投资权益法转换到长期股权投资成本法的会计处理（以发行股票的方式取得子公司合并成本的计算）	主观题	

7. 第七章 资产减值

本章属于基础章节，计算比较多，但是有固定的计算步骤，总体难度不大；本章难点集中在"资产组减值测试"和"总部资产减值测试"这两个考点上。2024年考试中，考到了可收回金额相关的文字表述和固定资产减值金额的计算，还在一道主观题中考到了资产组减值计算。

本章具体考情分析如下：

考点	考查说明	题型	分值
可收回金额	考查预计未来现金流量应考虑的因素有哪些	客观题	3分
固定资产减值	考查固定资产减值金额的计算	客观题	
总部资产减值	考查总部资产减值测试和减值金额的计算	主观题	

8. 第八章 金融资产和金融负债

本章属于重点章节，与长期股权投资、所得税的知识都有一定的关联性，2019年官方教材根据新会计准则对本章内容进行了重新编写，近几年都是考查的重点。2024年教材将本章涉及的"应收利息"科目，根据金融资产的分类，分别改为"债权投资——应计利息""其他债权投资——应计利息"等，在做主观题时需要关注这些细节。2024年考试中，考到了本章中其他权益工具投资、其他债权投资以及交易性金融资产的相关处理。

本章具体考情分析如下：

考点	考查说明	题型	分值
其他权益工具投资	考查其他权益工具投资的账务处理原则（文字描述类），结合长期股权投资转换考查账务处理	客观题 主观题	5~6分
其他债权投资	考查其他债权投资的账务处理（取得、后续计量及处置）	主观题	
交易性金融资产	考查持有交易性金融资产对营业利润影响金额的计算	客观题	

9. 第九章　职工薪酬

本章属于非重点章节，知识点比较简单，从历年真题看，本章以客观题为主要考查形式。2024年考试中，考到了短期薪酬、设定受益计划和其他长期福利。

本章具体考情分析如下：

考点	考查说明	题型	分值
短期薪酬的确认和计量	考查销售人员职工薪酬的会计处理（涉及累计带薪缺勤、非货币性福利、辞退福利）	客观题	1~1.5分
设定受益计划	考查重新计量设定受益计划产生的其他综合收益能否转损益的判断	客观题	
其他长期福利	考查长期残疾福利的确认期间	客观题	

10. 第十章　股份支付

本章是2024年中级会计实务的新增章节，属于重点章节。2024年考试中，虽未考查主观题，但是在每场考试中均有2道客观题。主要考点为权益结算股份支付和现金结算股份支付的辨析，以及两者的会计处理。

本章具体考情分析如下：

考点	考查说明	题型	分值
股份支付的分类	考查股份支付类型的判断	客观题	2.5~3分
权益结算的股份支付	考查权益结算的股份支付会计处理原则和金额的计算（涉及等待期成本费用的计算、行权日的处理）	客观题	
现金结算的股份支付	考查现金结算的股份支付会计处理原则和金额的计算（计算第一年的金额、可行权日后的处理）	客观题	

11. 第十一章　借款费用

本章属于非重点章节，知识点比较简单，计算量较大，从历年真题看，本章以客观题为主要考查形式，部分年份会考查计算分析题。2024年考试中，借款费用在"拼盘式"综合题中考查了专门借款资本化金额的计算，还在客观题里考查了资本化期间的判断，与外币结合考查汇兑差额是否予以资本化的判断。

本章具体考情分析如下：

考点	考查说明	题型	分值
借款费用的确认	考查资本化期间的判断（正常中断超过3个月）	客观题	5~6分
借款费用的计量	考查专门借款资本化金额的计算和相关的会计处理	主观题	
	考查外币专门借款汇兑差额是否予以资本化	客观题	

12. 第十二章 或有事项

本章属于非重点章节，内容较少，难度不大，考试时比较容易得分，从历年真题看，本章以客观题为主要考查形式，考点主要集中在或有事项的具体应用。2024年考试中，考到了本章中预计负债金额确定的有关表述和亏损合同的账务处理。

本章具体考情分析如下：

考点	考查说明	题型	分值
预计负债	考查预计负债金额确定的有关表述	客观题	1.5~2分
亏损合同	考查亏损合同的账务处理	主观题	

13. 第十三章 收入

本章属于重点章节，难度较高，与其他章节之间的关联性不是很强，通常独立考查，偶尔也会涉及资产负债表日后事项相关的内容，从历年真题看，本章在客观题、主观题中均有所涉及，以主观题为主要考查形式。2024年考试中，三场考试均涉及了本章的主观题，其中，建造合同单独考了一道计算分析题，附有销售退回条款的销售在另外两场考试中都有所涉及，还考到了交易价格的确定和分摊。

本章具体考情分析如下：

考点	考查说明	题型	分值
建造合同	考查履约进度的计算和建造合同的会计处理	主观题	10~11分
附有销售退回条款的销售	考查账务处理	主观题	
额外购买选择权		主观题	
交易价格的确定和分摊	考查交易价格的确定和分摊（可变对价）	主观题	

14. 第十四章 政府补助

本章属于非重点章节，难度中等，只要能熟练掌握政府补助的分类以及处理思路，考试中关于政府补助的题目就能迎刃而解。2024年考试中，本章还是以"政府补助的定义及其特征""与资产有关的政府补助"和"与收益相关的政府补助"这三个考点为主要考查方向。

本章具体考情分析如下：

考点	考查说明	题型	分值
政府补助的辨析	考查适用政府补助准则进行处理的事项有哪些	客观题	3~4分
	考查无法区分与资产相关还是与收益相关的政府补助的处理	客观题	
政府补助的会计处理	考查与收益相关的政府补助，净额法下的会计处理	客观题	
	考查总额法下政府补助的会计处理（涉及购买固定资产、补偿以前期间设备研发费用）	主观题	

15. 第十五章 非货币性资产交换

本章在2020年教材中被删除，2022年重新增加，考查概率较高，在历年考试中，客观题和主观题均可能出现。2024年考试中，非货币性资产交换在"拼盘式"综合题里考查了账务处理，还在客观题里考查了非货币性资产交换准则的适用范围和账务处理原则。

本章具体考情分析如下：

考点	考查说明	题型	分值
非货币性资产交换准则的适用范围	考查哪些业务适用非货币性资产交换准则进行处理	客观题	2.5~3分
非货币性资产交换的会计处理	考查公允模式下非货币性资产交换公允价值与账面价值差额的处理	客观题	
	考查固定资产换原材料的账务处理	主观题	

16. 第十六章 债务重组

本章同"第十五章 非货币性资产"交换章节位置，在2020年教材中被删除，2022年重新增加，考查概率较高，从历年真题看，本章在客观题和主观题中均有涉及。客观题通常考查债务重组的定义和方式以及计算债权人和债务人的债务重组损益；主观题通常考查债权人和债务人的会计处理。2024年考试中，债务重组在"拼盘式"综合题里考查了债转股的账务处理，还在客观题里考查了债务人以资产抵债的相关处理。

本章具体考情分析如下：

考点	考查说明	题型	分值
债务重组的会计处理	考查债务人拿固定资产抵债，固定资产公允价值与账面价值差额的处理	客观题	2.5~3分
	考查债务人拿金融资产抵债，债务重组损益科目的判断	客观题	
	考查债转股损益金额的计算和账务处理	主观题	

17. 第十七章 所得税

本章属于重点章节，学习难度比较大，学习本章内容要从会计和税法两个角度去理解，重点掌握暂时性差异、递延所得税资产、递延所得税负债的确认和计量、所得税费用的计算这几个考点，从历年真题看，本章以主观题为主要考查形式。2024年考试中，有两套试卷均考到了所得税的计算分析题，考法与往年真题基本一致，即结合题干给出的具体事项，判断税会差异，最后计算所得税费用的列报金额以及编写相关的会计分录。

本章具体考情分析如下：

考点	考查说明	题型	分值
递延所得税资产/负债的确认和计量	考查税会差异确认递延所得税资产/负债（结合固定资产、产品质量保证和合同中存在重大融资成分）	主观题	7~8分
	考查递延所得税负债确认适用的所得税税率	客观题	
所得税费用的计算	考查所得税费用的计算（给出利润总额和税会差异，要求计算所得税费用的列报金额）	客观题	

18. 第十八章 外币折算

本章属于非重点章节，从历年真题看，本章以客观题为主要考查形式。2024年考试中，其中两场考试分别考了一道涉及本章内容的客观题，考点均为外币交易的会计处理。

本章具体考情分析如下：

考点	考查说明	题型	分值
外币交易的会计处理	考查外币交易性金融资产汇兑差额计入的项目	客观题	1~1.5分
	考查资产负债表日需要进行折算并将其差额计入当期损益的项目	客观题	

19. 第十九章 租赁

本章是2022年新增章节，属于重点章节，考查概率较大。从近两年真题看，本章在客观题和主观题中均有涉及。2024年考试中，有三场考试均涉及本章内容，并在一场考试中单独考了一道计算分析题。从考试内容看，本章重点依然是承租人的会计处理。

本章具体考情分析如下：

考点	考查说明	题型	分值
出租人融资租赁的处理	考查租赁收款额的内容（文字类）	客观题	6分
租赁负债的计量	考查租赁负债初始计量金额的内容（文字类）	客观题	
使用权资产的计量	考查使用权资产的入账金额计算（涉及恢复费用）	客观题	
	考查使用权资产折旧期间的判断		
承租人的会计处理	考查承租人的会计处理（租赁期判断、租赁业务初始计量和后续计量）	主观题	

20. 第二十章 持有待售的非流动资产、处置组和终止经营

本章是2022年新增内容，属于非重点章节，从近两年真题看，本章以客观题为主要考查形式。2024年考试中，本章在"拼盘式"综合题里考查了持有待售非流动资产的会计处理。

本章具体考情分析如下：

考点	考查说明	题型	分值
持有待售长期股权投资	考查处置子公司丧失控制权时个报和合报对持有待售类别的划分	客观题	2~3分
持有待售的会计处理	考查持有待售非流动资产的会计处理	主观题	

21. 第二十一章　企业合并与合并财务报表

本章属于重点章节，综合性强，考点多、考频高，从历年真题看，本章在客观题、主观题中均有涉及。2024年考试中，考到了长期股权投资转换结合合并财务报表的综合题，另外在客观题里还考到了合并成本、商誉、少数股权权益、少数股权损益的计算。

本章具体考情分析如下：

考点	考查说明	题型	分值
非同一控制下企业合并	考查合并成本、商誉的计算	客观题	10~11分
	考查合报中少数股权权益、少数股权损益计算	客观题	
	考查非同一控制下企业合并的会计处理（长投权益法转换到非同一控制下企业合并，计算长投的初始投资成本、合并成本、商誉，以及编制合报中相关的调整抵销分录）	主观题	

22. 第二十二章　会计政策、会计估计变更和差错更正

本章属于非重点章节，难度大，关于"会计政策变更""会计估计变更"和"差错更正"的会计处理容易混淆。本章综合性强，在考试中可以和前面几乎所有的章节结合起来进行考查。2024年考试中，本章考到了会计政策变更和会计估计变更的辨析、会计政策变更和前期差错更正的会计处理，均在客观题中进行考查。

本章具体考情分析如下：

考点	考查说明	题型	分值
会计政策变更和会计估计变更的辨析	考查长投成本法减资到长期权益法是否属于会计政策变更	客观题	3~3.5分
	考查属于会计估计变更的事项	客观题	
会计政策变更的会计处理	考查会计政策变更的会计处理（存货发出方法的变更）	客观题	
差错更正的会计处理	考查差错更正对年初未分配利润影响金额的计算（内部研发无形资产的差错更正）	客观题	

23. 第二十三章　资产负债表日后事项

本章属于非重点章节，其内容综合性较强、难度较大，从历年真题看，本章在主观题、客观题中均有涉及。2024年考试中，本章考到了调整事项与非调整事项的判断和资产负债表日后调整事项的会计处理。

本章具体考情分析如下：

考点	考查说明	题型	分值
资产负债表日后调整事项的辨析	考查属于资产负债表日后调整事项的判断（涉及差错、销售退回等）	客观题	3~3.5分
	考查属于资产负债表日后非调整事项的判断（涉及差错、巨额亏损和自然灾害毁损等）	客观题	
资产负债表日后调整事项的会计处理	考查资产负债表日后调整事项是否通过"以前年度损益调整"科目核算	客观题	

24. 第二十四章 政府会计

本章属于非重点章节，难度大，内容烦琐，从历年真题看，本章以客观题为主要考查形式。2024年考试中，本章主要在客观题里考查了政府会计核算的基本特征和政府单位预算会计期末结转结余的核算。

本章具体考情分析如下：

考点	考查说明	题型	分值
政府会计相关表述的辨析	考查政府会计的核算基础、预算会计要素、决算报告和财务报表的编制基础	客观题	1~1.5分
资产业务	考查事业单位长期股权投资的核算方法	客观题	
预算结转结余及分配业务	考查财政拨款结转结余与非财政拨款结转结余的核算方法	客观题	

25. 第二十五章 民间非营利组织会计

本章属于非重点章节，内容较为简单，难度低，从历年真题看，本章以客观题为主要考查形式，近三年考试考查的主要题型为单项选择题和判断题。2024年考试中，主要在客观题里考查捐赠业务和净资产业务。

本章具体考情分析如下：

考点	考查说明	题型	分值
捐赠业务	考查民间非营利组织接受劳务捐赠的确认	客观题	1~1.5分
	考查民间非营利组织接受非现金资产捐赠的入账价值		
净资产	考查民间非营利组织限定性净资产的判断	客观题	

三、2025年学习建议

从2024年的考试情况来看，中级会计实务考试仍呈现出"考试范围广，注重基础""重点恒重，逢新必考"的趋势，预计2025年度考试难度基本与今年持平，可能会小范围调整，但是整体难度不会过高。因此，在2025年的中级会计实务的备考中，就需要各位考生牢固基础，加强训练。2025年度的备考建议如下：

1. 了解重点章节，做到主次分明

重点章节及核心考点如下：

章	章名	核心考点
第三章	固定资产	①固定资产初始计量； ②固定资产后续计量； ③固定资产的处置
第四章	无形资产	①内部研发无形资产初始计量； ②无形资产的后续计量； ③无形资产的处置
第五章	投资性房地产	①投资性房地产初始计量； ②投资性房地产后续计量； ③投资性房地产后续计量模式变更； ④投资性房地产的转换
第六章	长期股权投资和合营安排	①长期股权投资初始计量； ②长期股权投资后续计量； ③长期股权投资的处置； ④长期股权投资的转换
第八章	金融资产和金融负债	①其他权益工具投资的会计处理； ②交易性金融资产的会计处理； ③其他债权投资的会计处理
第十章	股份支付	①股份支付类型的辨析； ②权益结算股份支付的会计处理； ③现金结算股份支付的会计处理
第十三章	收入	①单项履约义务的判断； ②交易价格的分摊； ③合同中存在重大融资成分的会计处理； ④附有销售退回条款的销售； ⑤委托代销商品的会计处理； ⑥建造合同的会计处理； ⑦主要责任人和代理人
第十五章	非货币性资产交换	①非货币性资产交换准则的适用性； ②非货币性资产交换的账务处理
第十六章	债务重组	债务重组的会计处理
第十七章	所得税	①金融资产暂时性差异的判断； ②所得税费用的确认和计量以及会计处理
第十九章	租赁	①承租人的会计处理； ②特殊租赁业务的会计处理
第二十一章	企业合并与合并财务报表	①合并资产负债表； ②合并利润表； ③合并所有者权益变动表

2. 掌握正确的学习方法，做到事半功倍

具体内容如下：

（1）选定老师，跟上课程节奏。

因中级会计考试报名条件的限制（需要有工作经验），大部分考生都是在职备考，还有很多考生需要同时兼顾家庭、工作和学习，精力相对比较分散，所以建议大家跟着网课学习，因为网课对场地要求不高，时间相对灵活，机构的老师备考经验丰富且熟悉考情，相比自学来说，跟着一位老师学习能起到事半功倍的效果。选定本考季要跟的老师之后，尽量跟上老师的课程节奏，这样也就不用自己再额外做学习计划了。比如该老师是周末上一天直播课，那么尽量把这天时间空出来听课，然后利用其他时间做题巩固复习；如果直播课当天实在无法上课，只要本周课程任务本周能完成也是可以的。

（2）不能"只见树木，不见森林"，学习时要多思考、多总结。

在学习过程中，注重总结并构建知识体系是至关重要的。这不仅有助于加深对知识的理解和记忆，还能提高解决问题的能力和学习效率。思维导图作为一种直观、有效的学习工具，对于整理思路、梳理知识框架具有极大的帮助，绘制思维导图来总结和构建知识体系是一种高效的学习方法，以下是一些关于如何有效利用思维导图进行学习的建议：

①画思维导图时：尽量使用关键词而非完整的句子。这样可以让思维导图更加简洁明了，同时也迫使你提炼出最重要的信息。

②添加符号和颜色：利用不同的符号、颜色和图标来区分不同类别的信息，增加思维导图的视觉吸引力，帮助记忆和区分不同内容。

③自己动手画：虽然现在有很多电子版的思维导图工具非常便捷，但亲手绘制思维导图的过程更能加深印象。

④定期回顾与更新：学习是一个持续的过程，随着知识的积累和理解的深入，你可能需要不断回顾并更新你的思维导图。这样可以帮助你保持对知识的系统性和连贯性。

（3）注重做题，掌握答题技巧。

做题是最有效的学习。备考过程中，不要等到所有课程都学完才开始做题，做题应贯穿于整个学习过程中；当然，不同学习阶段做的题目类型应有所侧重。首先，基础阶段学习做真题就够了，推荐大家做《十年真题研究手册·中级会计实务》，这本书将最近十年的真题按照章节进行了拆分，并且按照考点将题目进行了分类；书中的"私教点拨"模块对每一类考点都进行了总结，还有做题技巧和做题思路的提示，让大家通过做一道题会一类题。其次，在强化阶段，大家可以做授课老师提供的跨章节主观题，这个阶段呈现的题目基本上就是考试的重点，是提分的关键。最后，在冲刺阶段刷套卷和机考练习也是非常有必要的。

3. 做好时间规划

（1）基础备考阶段（从现在到2025年5月）——听课为主，做题为辅。

①听基础班课程，每天坚持1~2小时备考时间，周末延长时间；

②学完一章就把本章对应的真题刷了（做《十年真题研究手册·中级会计实务》或者课程对应的章节习题）；

③绘制本章的思维导图，加深印象和为后面的复习做准备。

（2）巩固提升阶段（2025年6—7月）——做题为主，听课为辅。

①根据新大纲和新教材内容，标记新增和变动内容；

②根据基础阶段绘制的思维导图复习；

③大量刷题，除了按章节刷题，还要注重跨章节题目的训练；这个阶段可以通过做题查漏补缺，对

于自己薄弱的知识点，可以有针对性地再听一下课。

（3）冲刺拔高阶段（2025 年 8 月到考前）——刷套卷，回归教材。

①刷近 3 年真题卷和适当的模拟题套卷，根据做题情况回归教材，吃透每个考点；

②模拟机考练习，熟悉机考公式的录入方法，训练机考答题速度。

2024 年真题答案速览

客观题答案速查

一、单选题

题号	1	2	3	4	5	6	7	8	9	10
答案	C	A	C	B	C	D	A	C	B	A

二、多选题

题号	1	2	3	4	5	6	7	8	9	10
答案	BCD	ABC	AB	AB	AC	ACD	AD	BD	AD	BCD

三、判断题

题号	1	2	3	4	5	6	7	8	9	10
答案	×	√	×	×	×	√	×	×	√	×

错题回顾

考生回忆版真题是考生了解每年命题重点和考法技巧的最重要的来源，考生在刷题阶段一定要建立错题集，将错题分类整理，记录高频出错的知识点和题目，进行反复练习。我们给考生提供了错题分类记录，帮助大家在核对答案时，同步对错题进行定期回顾、反复练习，直到正确率达到100%。

日期	单选题	多选题	判断题
5月6日（示例）	1、4、10	11	22、25

2024年全国中级会计资格考试《中级会计实务》检测卷解析点拨

一、单选题

1. **答案** C **解析** 本题考查无形资产的确认和初始计量。

   购买无形资产的价款超过正常信用条件延期支付，实质上具有融资性质的，无形资产的成本应以购买价款的现值为基础确定，故该专利技术的初始入账成本 =250+250×2.723 2+20=950.8（万元），选项C正确。

   名师点睛 分期付款购买无形资产成本 = **购买价款的现值 + 相关税费 + 直接归属于使该项资产达到预定用途所发生的其他支出**。若年初付款，则购买价款的现值按照**预付年金**处理，即第一期付款无须折现，只需将后续付款进行折现。

2. **答案** A **解析** 本题考查政府会计概述。

   选项B错误，政府会计由预算会计和财务会计构成，预算会计实行收付实现制（国务院另有规定的，从其规定），财务会计实行权责发生制。选项C错误，政府会计主体决算报告的编制主要以收付实现制为基础，以预算会计核算生成的数据为准。选项D错误，单位对于纳入部门预算管理的现金收支业务，在采用财务会计核算的同时，应当进行预算会计核算；对于其他业务，仅需进行财务会计核算。因此，选项A正确。

   名师点睛 政府会计特征总结：

项目		内容
核算模式	双功能	预算会计 + 财务会计（现金业务财务会计、预算会计同时处理）
	双基础	**预算会计实行收付实现制 + 财务会计实行权责发生制**
	双报告	决算报告 + 财务报告

3. **答案** C **解析** 本题考查会计信息质量要求。

   企业因存在与客户的远期安排而负有回购义务的，在销售时点，客户并未取得相关商品的控制权。该交易的实质是甲公司以设备作为质押向乙公司借款200万元，两年后归还本息合计220万元，公司将该交易视为融资交易，体现了实质重于形式的会计信息质量要求。因此，选项C正确。

   名师点睛 常见的实质重于形式的事项：

项目	常见事项
实质重于形式	（1）具有融资性质的售后回购不确认收入（形式上出售，实质上未转移控制权，不确认收入）； （2）附有强制付息义务的优先股实际为负债（形式上为股票实质为负债）； （3）将附有追索权的票据出售作为短期借款（形式上票据出售，实质上附追索权，不能终止确认，相当于质押贷款）

4. **答案** B **解析** 本题考查资产负债表日后调整事项。

选项ACD属于资产负债表日后非调整事项，不符合题意。因此，选项B正确。

名师点睛 常见的日后调整事项：

事项	内容
调整事项 （与过去有关的大事）	（1）资产负债表日已经存在的**诉讼案件**，在资产负债表日后结案； （2）资产负债表日后取得确凿证据，表明某项资产在资产负债表日发生了减值或者需要调整该资产原先确认的减值金额； （3）资产负债表日后进一步确定了资产负债表日前购入资产的成本或售出资产的收入（销售退回、销售折让）； （4）资产负债表日后发现了**财务报表舞弊或差错**

5. **答案** C **解析** 本题考查长期股权投资的后续计量。

采用权益法核算的长期股权投资，投资方在确认应享有（或分担）被投资单位的净利润（或净亏损）时，与被投资单位发生的内部交易损失、按照资产减值准则等规定属于资产减值损失的，应当全额确认，不应当调整，故甲公司2×23年对乙公司股权投资应确认的投资收益金额=3 000×40%=1 200（万元），选项C正确。

名师点睛 投资方与被投资方之间发生的内部交易，内部交易**收益需要按照持股比例抵销；内部交易损失**如果是**减值引起的则无须抵销**，如果是**其他原因引起的则需要抵销**。

6. **答案** D **解析** 本题考查前期差错更正。

2×23年费用化的研究阶段支出不应计入研发财务软件的初始入账成本，差错更正应当调整所研发财务软件的初始入账成本及2×23年度已计提的摊销金额。该差错更正对甲公司2×24年度所有者权益变动表中年初未分配利润的影响金额=-（600-600÷5×6÷12）×（1-10%）=-486（万元）。

相关会计分录如下：

借：以前年度损益调整　　　　　　600
　　贷：无形资产　　　　　　　　　　　600
借：累计摊销　　　　　　　　　　60
　　贷：以前年度损益调整　　　　　　　60
借：盈余公积　　　　　　　　　　54
　　利润分配——未分配利润　　　486
　　贷：以前年度损益调整　　　　　　540

因此，选项D正确。

7. **答案** A **解析** 本题考查投资性房地产的转换。

采用公允价值模式计量的对外出租的办公楼转为自用时，固定资产按照转换日的公允价值入账，公允价值与原账面价值的差额计入公允价值变动损益，选项A正确。

【注意】非投资性房地产转为以公允价值模式进行后续计量的投资性房地产，贷方差额计入其他综合收益。

名师点睛 投资性房地产转换的会计处理总结：

类别	成本模式	公允价值模式
投房→非投房	以账面价值进行互转没有差额，**不影响损益**	差额计入**公允价值变动损益**
非投房→投房		（1）转换当日的公允价值＜原账面价值，差额计入**公允价值变动损益**； （2）转换当日的公允价值＞原账面价值，差额计入**其他综合收益**（唯一的特殊情形）

8. **答案** C **解析** 本题考查外币交易的会计处理。

分类为以公允价值计量且其变动计入当期损益的外币金融资产，其公允价值变动与汇率变动影响统一计入公允价值变动损益，在财务报表中列示的项目为公允价值变动收益。因此，选项 C 正确。

名师点睛 外币交易总结：

项目		内容
资产负债表日或结算日	货币性项目	（1）采用资产负债表日或结算当日即期汇率折算外币货币性项目； （2）汇兑差额计入**财务费用**
	非货币性项目	（1）历史成本计量（固定资产、无形资产、预收账款、预付账款），**无汇兑差额**； （2）以成本与可变现净值孰低计量的存货，汇兑差额计入**资产减值损失**； （3）交易性金融资产的汇兑差额计入**公允价值变动损益**； （4）其他权益工具投资的汇兑差额计入**其他综合收益**

9. **答案** B **解析** 本题考查非货币性资产交换的认定。

选项 A 错误，以固定资产换入固定资产并支付相应补价，补价比例 =20÷60×100%=33.33%，大于 25%，不属于非货币性资产交换，不适用非货币性资产交换准则。选项 B 正确，以固定资产换入无形资产，属于非货币性资产交换，适用非货币性资产交换准则。选项 C 错误，以自产空调作为职工福利发放，属于非货币性福利，不属于非货币性资产交换，不适用非货币性资产交换准则。选项 D 错误，以办公大楼偿还长期借款，适用债务重组准则。

10. **答案** A **解析** 本题考查存货的期末计量。

甲公司库存商品的数量大于签订合同的数量，应区分有合同和无合同部分。（1）100 件签有不可撤销的销售合同，成本 =100×19.6=1 960（万元），可变现净值 =（20-0.3）×100=1 970（万元），有合同部分成本低于可变现净值，因此未发生减值，期末应以成本 1 960 万元列报；（2）无合同部分的 200 件，成本 =200×19.6=3 920（万元），可变现净值 =（19.7-0.3）×200=3 880（万元），无合同部分成本高于可变现净值，因此发生减值，应计提 40 万元（3 920-3 880）的存货跌价准备，期末以可变现净值 3 880 万元列报。因此，M 产品在甲公司 2×23 年 12 月 31 日资产负债表中列报的金额 =1 960+3 880=5 840（万元），选项 A 正确。

名师点睛 可变现净值的计算思路：

存货项目			可变现净值的计算	
产成品	有合同	全部有	可变现净值 = 产品合同价 − 销售产品税费	
		部分有	有合同部分	可变现净值 = 产品**合同价** − 销售产品税费
			无合同部分	可变现净值 = 产品**市场价** − 销售产品税费
	无合同		可变现净值 = 产品**市场价** − 销售产品税费	

续表

存货项目			可变现净值的计算
原材料	生产产品		可变现净值＝产品市场价格－销售产品税费－**加工成本**
	直接出售	有合同	可变现净值＝**原材料合同价**－销售材料税费
		无合同	可变现净值＝**原材料市场价**－销售材料税费

二、多选题

1. **答案** BCD **解析** 本题考查资产可收回金额的计量。

   预计资产的未来现金流量如果涉及外币，企业应当按照下列步骤确定资产未来现金流量及可收回金额：（1）首先，应当以该资产所产生的未来现金流量的结算货币为基础预计其未来现金流量，并按照该货币适用的折现率计算资产预计未来现金流量的现值（选项 BC 正确）；（2）其次，将该外币现值按照计算资产未来现金流量现值当日的即期汇率进行折算，从而折算成按照记账本位币表示的资产未来现金流量的现值（选项 A 错误，选项 D 正确）；（3）最后，在该现值基础上，将其与资产公允价值减去处置费用后的净额相比较，确定其可收回金额，再根据可收回金额与资产账面价值相比较，确定是否需要确认减值损失以及确认多少减值损失。

   名师点睛 计算外币非流动资产的可收回金额，应当**先折现，后折算**。

2. **答案** ABC **解析** 本题考查股份支付的确认和计量。

   甲公司授予员工股票期权为权益结算的股份支付，不确认应付职工薪酬，选项 D 错误。

   等待期内共确认"资本公积——其他资本公积"金额 =180×1×10=1 800（万元），行权时的会计处理如下：

   借：银行存款　　　　　　　　　　900（180×1×5）

   　　资本公积——其他资本公积　　1 800

   　　贷：股本　　　　　　　　　　180

   　　　　资本公积——股本溢价　　2 520　　　　　　　　　　　　　　　　　　　【差额】

   因此，选项 ABC 正确。

3. **答案** AB **解析** 本题考查营业利润的影响因素。

   选项 A，计入资产处置损益，影响营业利润。选项 B，计入管理费用，影响营业利润。选项 CD，计入营业外支出，不影响营业利润。因此，选项 AB 正确。

   名师点睛

   ①**营业利润** = 营业收入 − 营业成本 − 税金及附加 − 期间费用 ± 其他经营损益

   ②**利润总额** = ①营业利润 + 营业外收入 − 营业外支出

   ③**净利润** = ②利润总额 − 所得税费用

   ④**综合收益总额** = ③净利润 + 其他综合收益

4. **答案** AB **解析** 本题考查无形资产的后续计量。

   2×22 年该专有技术应计提的摊销金额 =800÷1 000×60=48（万元），由于 M 产品尚未对外出售，所以该专有技术的摊销应计入 M 产品的成本，不影响营业利润，选项 D 错误。2×22 年 12 月 31 日，该专有技术的账面价值 =800-48=752（万元），2×23 年该专有技术应计提的摊销金额 =752÷800×100=94（万元），选项 C 错误。2×23 年 12 月 31 日，减值测试前该专有技术的账面价值 =752-94=658（万元），可收回金额为 600 万元，应确认的资产减值损失 =658-600=58（万元），选项 A 正确。2×23 年 12 月 31 日，该专有技术在资产负债表中的列报金额 =658-58=600（万元），选项 B 正确。

名师点睛 无形资产的后续计量：

项目	内容
使用寿命有限	规则：**当月增加，当月摊销；当月减少，当月不摊销**
	摊销方法：反映与该项无形资产有关的经济利益的预期消耗方式；无法可靠确定其预期消耗方式的，应当采用直线法摊销
	减值：期末，存在**减值迹象**时进行减值测试，发生减值**计提减值准备**

5. **答案** AC **解析** 本题考查金融资产的计量。

对于其他权益工具投资，取得投资时发生的交易费用应当计入其初始入账金额，持有期间取得的股利收入应当计入投资收益，选项 BD 错误。

名师点睛 其他权益工具投资的账务处理：

项目	其他权益工具投资
投资时含股利	应收股利
初始计量	公允价值 + 交易费用
期末计量	公允价值计量
持有期间发股利	**投资收益**
公允价值变动	其他综合收益
处置影响科目	**留存收益（其他综合收益转留存收益）**

6. **答案** ACD **解析** 本题考查借款费用的计量。

甲公司开始资本化的时点为 2×23 年 4 月 1 日，其中非正常原因导致 2×23 年 7 月 1 日至 2×23 年 12 月 1 日停工时间共计 5 个月，故甲公司 2×23 年借款费用应确认的费用化期间为 5 个月，资本化期间为 4 个月，选项 D 正确。资本化期间专门借款闲置资金产生的收益，应冲减在建工程等相关资产成本，不计入投资收益，选项 B 错误。2×23 年借款费用资本化金额 =6 000×5%×4÷12-1 000×0.1%×2=100-2=98（万元），选项 A 正确。2×23 年费用化金额 =6 000×5%×5÷12=125（万元），应计入财务费用，选项 C 正确。因此，选项 ACD 正确。

名师点睛 对于专门借款来说，计算资本化金额可以按照以下步骤进行：

（1）**找资本化期间**；

（2）计算**资本化期间**专门借款的**闲置金额及持续的月份**，计算闲置收益；

（3）专门借款资本化期间**全部的利息**减去**闲置收益**得到资本化金额。

7. **答案** AD **解析** 本题考查出租人会计处理。

租赁收款额,是指出租人因让渡在租赁期内使用租赁资产的权利而应向承租人收取的款项,包括:(1)承租人需支付的固定付款额及实质固定付款额,存在租赁激励的,应当扣除租赁激励相关金额(选项A)。(2)取决于指数或比率的可变租赁付款额。该款项在初始计量时根据租赁期开始日的指数或比率确定。(3)购买选择权的行权价格,前提是合理确定承租人将行使该选择权。(4)承租人行使终止租赁选择权需支付的款项,前提是租赁期反映出承租人将行使终止租赁选择权。(5)由承租人、与承租人有关的一方以及有经济能力履行担保义务的独立第三方向出租人提供的担保余值(选项D)。因此,选项AD正确。

名师点睛 租赁收款额可以从承租人角度辅助理解,承租人需要支付的对价就是出租人有权收取的对价,所以可以从租赁付款额的角度去理解租赁收款额,但需要注意的是,租赁付款额的担保余值仅包含承租人担保余值中预期会支付的部分,而租赁收款额的担保余值中,包含的是承租人+承租人有关的一方+独立第三方的担保金额(无须考虑预期支付多少,直接按照担保的金额计量)。

8. **答案** BD **解析** 本题考查持有待售的非流动资产、处置组。

出售对子公司的投资导致丧失对子公司的控制权,无论企业是否保留非控制的权益性投资,应当在拟出售的对子公司投资满足持有待售类别划分条件时,在母公司个别财务报表中将对子公司投资整体划分为持有待售类别,而不是仅将拟处置的投资划分为持有待售类别,选项A错误。在合并财务报表中将子公司所有资产和负债划分为持有待售类别,而不是仅将拟处置的投资对应的资产和负债划分为持有待售类别,选项C错误。

名师点睛 与长期股权投资相关的持有待售处理:

项目		内容
对子公司的投资	丧控	个报:对子公司投资**整体**划分为持有待售类别 合报:对子公司**所有资产和负债**划分为持有待售类别
	不丧控	**不确认持有待售资产**
对联营企业和合营企业的投资		如果将部分份额划分为持有待售资产,剩余份额不论还有多少,**仍然按照权益法核算,直到持有待售资产彻底处置掉**

9. **答案** AD **解析** 本题考查无形资产的确认和初始计量。

非同一控制的下吸收合并中,企业合并成本大于合并中取得的被购买方可辨认净资产公允价值份额的差额应确认为商誉,商誉不属于无形资产,选项B错误。已出租的土地使用权应作为投资性房地产核算,选项C错误。

10. **答案** BCD **解析** 本题考查资产负债表日后调整事项。

相关会计分录如下:

借:以前年度损益调整——营业外支出　　100
　　预计负债　　　　　　　　　　　　700
　　贷:其他应付款　　　　　　　　　　　　800
借:以前年度损益调整——所得税费用　　175(700×25%)

贷：递延所得税资产　　　　　　　　　175
借：应交税费——应交所得税　　　　　　200
　　贷：以前年度损益调整——所得税费用　200（800×25%）
借：盈余公积　　　　　　　　　　　　　7.5【假设按照净利润的10%提取盈余公积】
　　利润分配——未分配利润　　　　　　67.5
　　贷：以前年度损益调整　　　　　　　75
借：其他应付款　　　　　　　　　　　　800
　　贷：银行存款　　　　　　　　　　　800

所得税费用减少金额=200-175=25（万元），选项A错误。

因此，选项BCD正确。

【注意】现金流量的变动金额影响2×24年财务报表的数据。

名师点睛　资产负债表日后调整事项的账务处理：

项目		内容（追溯调整法）
涉及损益	使用科目	通过"**以前年度损益调整**"科目核算
	调整所得税 汇算清缴之前	（1）**税法允许**计入应纳税所得额的，调整**报告年度**的应纳所得税额，直接调整"**应交税费——应交所得税**"； （2）**税法不允许**的，应确认为**报告年度**的"**递延所得税资产**"或"**递延所得税负债**"
	调整所得税 汇算清缴之后	调整**本年度**（即报告年度的次年）的应纳所得税额，确认为**报告年度**的"**递延所得税资产**"或"**递延所得税负债**"
	调整完成后	应将"以前年度损益调整"科目的余额转入"利润分配——未分配利润"科目
利润分配调整		直接在"利润分配——未分配利润"科目核算
不涉及损益及利润分配		直接调整相关科目
现金收支项目		**不调整**报告年度资产负债表的货币资金项目和现金流量表各项目

三、判断题

1. **答案**　×　**解析**　本题考查债务重组的会计处理。

债务人以其他非金融资产清偿债务的，应将所清偿债务账面价值与转让资产账面价值之间的差额，统一计入其他收益（以长期股权投资清偿的，计入投资收益）。因此，本题表述错误。

名师点睛　债务人的账务处理：

项目		内容
以金融资产清偿		（1）债务的账面价值与偿债金融资产账面价值之差计入**投资收益**； （2）偿债金融资产已计提减值准备的，应结转计提的减值准备
以非金融资产清偿	单项资产	**不再区分**各类损益，而将所清偿债务账面价值与转让资产账面价值之差计入**其他收益**
	多项资产	将"清偿的债务+处置组中负债的账面价值"与"处置组资产账面价值"之差计入**其他收益**
	长期股权投资	差额计入**投资收益**

2. **答案** √　**解析**　本题考查使用权资产的初始计量。

使用权资产的成本包含：（1）租赁负债的初始计量金额；（2）租赁期开始日或之前支付的租赁付款额；（3）承租人发生的初始直接费用；（4）承租人为将租赁资产恢复至租赁条款约定状态预计将发生的成本。因此，本题表述正确。

名师点睛　使用权资产的初始计量：

项目	使用权资产
初始计量	（1）按照成本对使用权资产进行初始计量。 （2）成本包括： ①**租赁负债的初始计量金额；** ②租赁期开始日或之前支付的租赁付款额； ③承租人发生的**初始直接费用；** ④承租人为将租赁资产**恢复**至租赁条款约定状态预计将发生的**成本**

3. **答案** ×　**解析**　本题考查无形资产的后续计量。

使用寿命不确定的无形资产，无论是否存在减值迹象，都应当至少于每年年度终了进行减值测试。因此，本题表述错误。

名师点睛　应当至少于每年年度终了进行减值测试的资产包括：

（1）使用寿命不确定的无形资产；

（2）尚未达到预定用途的无形资产；

（3）商誉。

4. **答案** ×　**解析**　本题考查递延所得税的计量。

递延所得税负债应以相关应纳税暂时性差异转回期间适用的所得税税率计量。因此，本题表述错误。

5. **答案** ×　**解析**　本题考查股份支付的确认和计量。

结算企业以其本身权益工具结算的，应当将该股份支付交易作为权益结算的股份支付处理；除此之外，应当作为现金结算的股份支付处理。因此，本题表述错误。

名师点睛　股份支付类型判断技巧：看最终**结算的标的**。用自己的股票结算属于权益结算股份支付，用现金或**其他资产**（子公司的股票属于母公司的资产）结算属于现金结算的股份支付。

6. **答案** √　**解析**　本题考查民间非营利组织特定业务的会计核算。

民间非营利组织的董事会、理事会或类似权力机构对净资产的使用所作的限定性决策、决议或拨款限额等，属于民间非营利组织内部管理上对资产使用所作的限制，不属于限定性净资产，因为这种限制是该组织可以自行决定撤销或变更的。因此，本题表述正确。

7. **答案** ×　**解析**　本题考查政府补助的会计处理。

净额法下与收益相关的政府补助，用于补偿企业以后期间的相关成本或损失的，收到相关政府补助时，先计入递延收益，以后成本费用或损失发生时，将递延收益冲减相关成本费用或损失。因此，本题表述错误。

名师点睛　政府补助的账务处理：

情形	总额法	净额法
处理原则	计入**其他收益**或**营业外收入**	**冲减相关成本费用**或**营业外支出**
补偿以后期间	取得时先确认为**递延收益**，然后在确认相关费用的期间计入当期损益或冲减相关成本
补偿已发生	**直接计入**当期损益或冲减相关成本

政府补助的解题思路如下图所示：

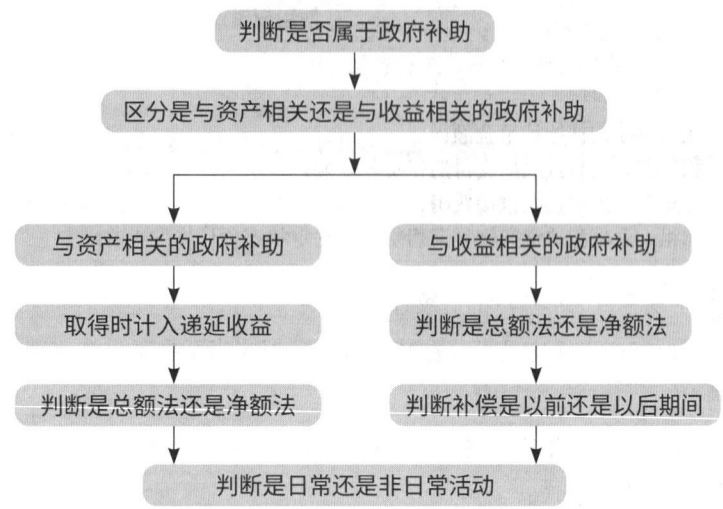

8. 【答案】 ×　【解析】 本题考查固定资产的处置。

企业生产经营期间正常出售固定资产产生的净损益应计入资产处置损益。因此，本题表述错误。

【名师点睛】　固定资产处置包括划分为持有待售类别以及出售、转让、报废或毁损、对外投资、债务重组、非货币性资产交换等。

（1）正常出售、转让产生的净损益计入**资产处置损益**；

（2）因自然灾害发生毁损、已丧失使用功能等原因而报废清理产生的损失计入**营业外支出**。

9. 【答案】 √　【解析】 本题考查会计信息质量要求。

同一企业在不同会计期间采用的会计政策、确认和计量方法应保持一致，以便使用者能够通过对比历史数据，分析企业的财务状况、经营成果和现金流量变化趋势。因此，本题表述正确。

【名师点睛】　企业会计信息的可比性定义应包括：

（1）同一企业不同时期的信息可比（纵向比较）；

（2）不同企业同一会计期间的信息可比（横向比较）。

10. 【答案】 ×　【解析】 本题考查会计政策及其变更。

因出售部分股权丧失控制权，企业将按成本法核算的长期股权投资改按权益法核算的，属于本期发生的交易或者事项与以前相比具有本质差别而采用新的会计政策，不属于会计政策变更。因此，本题表述错误。

【名师点睛】　常见的会计政策变更：

项目	会计政策变更
常见事项	（1）发出存货计价方法的变更； （2）投资性房地产的后续计量由成本模式改为公允价值模式； （3）内部研发项目开发阶段的支出由计入当期损益改为符合资本化条件确认为资产； （4）与资产相关的政府补助由**总额法改为净额法**

四、计算分析题

1. **答案**

（1）甲公司截至2×23年12月31日的工程履约进度=1 200÷2 000×100%=60%。相关会计分录如下：

借：合同结算——收入结转　　　1 500
　　贷：主营业务收入　　　　　　　1 500（2 500×60%）
借：主营业务成本　　　　　　　1 200
　　贷：合同履约成本　　　　　　　1 200

（2）2×23年12月31日甲公司与乙公司进行合同结算和收到价款：

借：应收账款　　　　　　　　　1 000
　　贷：合同结算——价款结算　　　1 000
借：银行存款　　　　　　　　　1 000
　　贷：应收账款　　　　　　　　　1 000

（3）2×24年1月1日合同变更后的合同履约进度=1 200÷（2 000+500）×100%=48%。相关会计分录如下：

借：主营业务收入　　　　　　　12
　　贷：合同结算——收入结转　　　12［1 500-（2 500+600）×48%］

名师点睛 针对建造合同，考生需要掌握三条线的会计处理：

①**收入成本线**：按照履约进度确认收入结转成本；

②**应收账款线**：按照合同约定的付款日期确认应收账款；

③**实际收款线**：按照实际收款时间金额确认应收账款的收回。

2. **答案**

（1）2×23年12月31日甲公司固定资产的账面价值=500-500÷10=450（万元），计税基础=500-500×2÷10=400（万元）。固定资产的账面价值大于计税基础，产生应纳税暂时性差异50万元（450-400），应确认递延所得税负债12.5万元（50×25%）。相关会计分录如下：

借：所得税费用　　　　　　　　12.5
　　贷：递延所得税负债　　　　　　12.5

（2）甲公司2×23年6月30日收取货款和确认递延所得税影响：

借：银行存款　　　　　　　　　20
　　贷：合同负债　　　　　　　　　20

借：递延所得税资产　　　　　　　　　　　　5（20×25%）
　　　贷：所得税费用　　　　　　　　　　　　5
（3）甲公司2×23年计提产品售后服务费：
借：主营业务成本　　　　　　　　15
　　　贷：预计负债　　　　　　　　15
（4）2×23年12月31日该预计负债的计税基础＝账面价值－未来可抵扣金额＝（15-11）-4=0。甲公司2×23年应交所得税＝（900-50+20+4）×25%=218.5（万元），递延所得税费用＝12.5-5-4×25%=6.5（万元），所得税费用＝218.5+6.5=225（万元）。

名师点睛 所得税费用的计算：

项目	内容
当期所得税	当期所得税（应交所得税）＝应纳税所得额×适用税率＝（会计利润＋**纳税调整增加额－纳税调整减少额－弥补以前年度亏损**）×适用税率
递延所得税	递延所得税＝当期递延所得税负债的增加额＋当期递延所得税资产的减少额－当期递延所得税负债的减少额－当期递延所得税资产的增加额
所得税费用	所得税费用＝**当期应交所得税＋递延所得税**

五、综合题

1. 答案
（1）甲公司2×22年1月1日取得专门借款：
借：银行存款　　　　　　　　　　20 000
　　　贷：长期借款——本金　　　　20 000
（2）甲公司2×22年专门借款利息应予资本化的金额＝20 000×4%-（20 000-5 000）×0.2%×6=620（万元）。相关会计分录如下：
借：在建工程　　　　　　　　　　620
　　银行存款　　　　　　　　　　180
　　　贷：长期借款——应计利息　　800
（3）甲公司2×23年1月1日支付专门借款利息：
借：长期借款——应计利息　　　　800
　　　贷：银行存款　　　　　　　　800
（4）甲公司2×23年专门借款利息应予资本化的金额＝20 000×4%×9÷12=600（万元），甲公司2×23年专门借款利息应予费用化的金额＝20 000×4%×3÷12=200（万元）。
（5）甲公司2×23年9月30日该办公楼达到预定可使用状态时的入账成本＝15 000+5 000+620+600=21 220（万元）。相关会计分录如下：
借：固定资产　　　　　　　　　　21 220
　　　贷：在建工程　　　　　　　　21 220

（6）甲公司债务重组损益金额=（20 000+20 000×4%）-2 000×9=2 800（万元）。相关会计分录如下：

借：长期借款——本金　　　　　　　　20 000
　　　　　　——应计利息　　　　　　　800
　　贷：股本　　　　　　　　　　　　　2 000
　　　　资本公积——股本溢价　　　　　16 000
　　　　投资收益　　　　　　　　　　　2 800

名师点睛 借款费用的计量：

情形	专门借款	一般借款
原则	先使用专门借款，专门借款使用完毕再使用一般借款	
计算利息	**资本化金额**=资本化期间（实际发生利息费用-闲置资金的收益） **费用化金额**=费用化期间（实际发生利息费用-闲置资金的收益）	**资本化金额**=累计资产支出超过专门借款部分的资产支出加权平均数×一般借款资本化率 **费用化金额**=一般借款利息总额-一般借款资本化利息费用
是否扣除闲置资金收益	√	×
是否考虑使用资金量	×	√
外币借款汇兑差额	资本化期间：资本化 费用化期间：费用化	全部费用化

2. **答案**

（1）甲公司2×23年1月1日取得乙公司控制权时长期股权投资的初始投资成本=900+3 000=3 900（万元）。相关会计分录如下：

借：长期股权投资　　　　　　　　　　3 900
　　贷：银行存款　　　　　　　　　　　3 000
　　　　长期股权投资——投资成本　　　700
　　　　　　　　　　——损益调整　　　200

（2）甲公司2×23年1月1日取得乙公司控制权时的合并成本=3 000+1 800=4 800（万元），商誉=（3 000+1 800）-5 000×80%=800（万元）。

（3）抵销分录如下：

借：固定资产　　　　　　　　　　　　500
　　贷：资本公积　　　　　　　　　　　500

借：长期股权投资　　　　　　　　　　900（1 800-900）
　　贷：投资收益　　　　　　　　　　　900

借：股本　　　　　　　　　　　　　　2 500
　　资本公积　　　　　　　　　　　　1 500（1 000+500）
　　盈余公积　　　　　　　　　　　　250

未分配利润　　　　　　　　　750
　　商誉　　　　　　　　　　　　800
　　　贷：长期股权投资　　　　　　　　4 800
　　　　少数股东权益　　　　　　　　　1 000

（4）抵销分录如下：

借：营业收入　　　　　　　　　150
　　贷：营业成本　　　　　　　　　　130
　　　　存货　　　　　　　　　　　　20　［（150-100）×（1-60%）］

（5）乙公司调整后的净利润=1 000-500÷10=950（万元）。调整分录如下：

借：长期股权投资　　　　　　　760（950×80%）
　　贷：投资收益　　　　　　　　　　760

（6）甲公司2×23年12月31日合并资产负债表中少数股东权益=［5 000+（1 000-500÷10）］×20%=1 190（万元）。

名师点睛　非同一控制下企业合并的合并报表编制步骤：

项目		内容
1.账面调公允		将子公司资产、负债账面价值调整为公允价值
2.成本调权益	（1）调整基础	子公司调整后的净利润
	（2）调整步骤	①对当期该子公司实现净利润（或亏损），按母公司应享有（或分担）的份额调整； ②对当期收到的现金股利或利润调整； ③对子公司其他综合收益变动，按母公司应分担份额确认； ④对子公司除上述几项外的变动，按母公司应分担份额确认
3.所有者权益的抵销		借：股本/实收资本 　　资本公积 　　其他综合收益 　　盈余公积 　　未分配利润——年末（**期初＋调整后净利润－提取盈余公积－分配股利**） 　　商誉（合并成本－子公司可辨认净资产公允价值份额） 　贷：长期股权投资（**按权益法调整后的账面价值**） 　　　少数股东权益（**子公司期末净资产×少数股东持股比例**）
4.投资收益的抵销		借：投资收益（**子公司调整后的净利润×母公司持股比例**） 　　少数股东损益（**子公司调整后的净利润×少数股东持股比例**） 　　未分配利润——年初 　贷：提取盈余公积 　　　对所有者（或股东）的分配 　　　未分配利润——年末
5.内部债权与债务的抵销		（1）抵销债权债务； （2）抵销债权方确认的坏账准备； （3）个别报表因计提坏账确认的递延转回

续表

项目	内容
6.内部交易的抵销	（1）内部销售未实现损益抵销： 存货→固定资产，营业收入、营业成本； 固定资产→固定资产，**资产处置收益**； （2）抵销多计提折旧； （3）确认递延所得税

2023 年真题答案速览
客观题答案速查

一、单选题

题号	1	2	3	4	5	6	7	8	9	10
答案	C	B	C	A	C	B	D	C	A	A

二、多选题

题号	1	2	3	4	5	6	7	8	9	10
答案	ACD	AB	ABC	ABCD	ABD	ACD	ABD	ABC	BD	ABD

三、判断题

题号	1	2	3	4	5	6	7	8	9	10
答案	√	√	×	×	×	√	×	×	√	×

错题回顾

考生回忆版真题是考生了解每年命题重点和考法技巧的最重要的来源，考生在刷题阶段一定要建立错题集，将错题分类整理，记录高频出错的知识点和题目，进行反复练习。我们给考生提供了错题分类记录，帮助大家在核对答案时，同步对错题进行定期回顾、反复练习，直到正确率达到100%。

日期	单选题	多选题	判断题
5月6日（示例）	1、4、10	11	22、25

2023年全国中级会计资格考试《中级会计实务》检测卷解析点拨

一、单选题

1. **答案** C **解析** 本题考查房地产的转换。

   非投资性房地产（存货）转为采用公允价值模式计量的投资性房地产时，转换日公允价值大于账面价值的差额记入"其他综合收益"科目。因此，选项C正确。

2. **答案** B **解析** 本题考查外币财务报表的折算。

   企业对外币财务报表进行折算时，资产负债表中的资产和负债项目，采用资产负债表日的即期汇率折算，选项B属于负债，符合题意。所有者权益项目除"未分配利润"项目外，其他项目采用发生时的即期汇率折算，选项CD属于所有者权益，不符合题意。利润表中的收入和费用项目，采用交易发生日的即期汇率或即期汇率的近似汇率折算，选项A属于费用，不符合题意。因此，选项B正确。

   名师点睛 外币报表折算：

项目		内容
资产负债表	资产/负债	采用**资产负债表日即期汇率折算**
	所有者权益	除"**未分配利润**"外，其他项目采用**发生时的即期汇率折算**
利润表	收入和费用	**交易发生日的即期汇率折算或即期汇率的近似汇率折算**
外币财务报表折算差额		在"**其他综合收益**"项目列示

3. **答案** C **解析** 本题考查一般短期薪酬的确认和计量。

   该事项对甲公司当年利润的影响金额 $=-50\times0.6\times(1+13\%)+50\times0.6-50\times0.4=-23.9$（万元），选项C正确。

   相关会计分录如下：

   借：管理费用　　　　　　　　　　　　33.9（50×0.6×1.13）
   　　贷：应付职工薪酬　　　　　　　　　33.9
   借：应付职工薪酬　　　　　　　　　　33.9
   　　贷：主营业务收入　　　　　　　　　30
   　　　　应交税费——应交增值税（销项税额）　3.9
   借：主营业务成本　　　　　　　　　　20
   　　贷：库存商品　　　　　　　　　　　20

   名师点睛 自产产品或外购产品发放给员工的会计处理：

自产产品	外购产品
借：应付职工薪酬——非货币性福利 　　贷：主营/其他业务收入等（公允价值） 　　　　应交税费——应交增值税（销项税额） 借：主营业务成本/其他业务成本 　　存货跌价准备（若有） 　　贷：库存商品	借：应付职工薪酬——非货币性福利 　　贷：库存商品（购入的价格） 　　　　应交税费——应交增值税（进项税额转出）

4. **答案** A **解析** 本题考查合并现金流量表。

编制合并现金流量表时，母公司与子公司相互之间产生的现金流量应当抵销。本题中，甲公司由于乙公司发放现金股利收到现金 48 万元，应该抵销。因此，甲公司合并现金流量表中"取得投资收益收到的现金"项目列报的金额 =300+90-48=342（万元），选项 A 正确。

名师点睛 常见的编制合并现金流量表时需要进行抵销的项目如下：

（1）当期以**现金投资**或**收购股权**增加的投资所产生的现金流量；

（2）当期取得**投资收益**收到的现金与分配股利、**利润或偿付利息**支付的现金；

（3）以现金结算债权与债务所产生的现金流量；

（4）当期销售商品所产生的现金流量；

（5）处置固定资产、无形资产和其他长期资产收回的现金净额与购建固定资产、无形资产和其他长期资产支付的现金等。

5. **答案** C **解析** 本题考查会计估计变更的概念。

选项 A 属于会计政策变更；选项 B 属于本期发生的交易或者事项与以前相比具有本质差别而对其采用新的会计政策；选项 C 属于会计估计变更；选项 D，投资性房地产的后续计量模式由成本模式变更为公允价值模式，属于会计政策变更。因此，选项 C 正确。

6. **答案** B **解析** 本题考查借款费用资本化期间的确定。

借款费用开始资本化必须同时满足三个条件：资产支出已经发生（2×21 年 2 月 1 日），借款费用已经发生（2×21 年 4 月 10 日），为使资产达到预定可使用或者可销售状态所必要的购建或者生产活动已经开始（2×21 年 2 月 1 日）。故资本化开始时间为 2×21 年 4 月 10 日。甲公司应于厂房达到预定可使用状态时停止资本化，即 2×22 年 3 月 1 日。因此，选项 B 正确。

名师点睛 资本化期间的判断：

项目	内容
开始时点	同时满足以下 3 个条件： （1）**资本支出已经发生**（不一定是借款的支出，也可以**是自有资金支出**）； （2）**借款费用已经发生**（发生专门借款费用或占用一般借款的借款费用）； （3）为使资产达到预定可使用或销售状态**所必要的构建或生产活动已经开始**
暂停资本化	发生**非正常中断且**中断时间**连续超过 3 个月**
停止资本化	资产达到预定可使用或者可销售状态时

7. **答案** D **解析** 本题考查长期股权投资的初始计量。

同一控制下企业合并，长期股权投资的初始投资成本＝被投资方在最终控制方合并财务报表中净资产账面价值的份额＋商誉＝4 500×80%+0=3 600（万元）。因此，选项D正确。

8. **答案** C **解析** 本题考查所得税费用的计算与列报。

2×22年年末甲公司购入行政管理设备的账面价值＝600-60=540（万元），计税基础＝600-40=560（万元），形成可抵扣暂时性差异，确认递延所得税资产的金额＝（560-540）×25%=5（万元）。甲公司2×22年应纳税所得额＝1 000-50+60+（60-40）=1 030（万元），应交所得税＝1 030×25%=257.5（万元）。因此，应确认所得税费用的金额＝257.5-5=252.5（万元），选项C正确。

名师点睛 所得税费用＝**应交所得税＋递延所得税费用**＝应纳税所得额×当期所得税税率＋（递延所得税负债的变动额－递延所得税资产的变动额）

9. **答案** A **解析** 本题考查前期差错更正的会计处理。

该差错漏记2×22年12个月的租金收入，每月租金是10万元。本题考虑所得税的影响，所以该差错更正对2×23年年初留存收益产生的影响＝10×12×（1-25%）=90（万元）。因此，选项A正确。

名师点睛 差错更正的会计处理：

项目		内容
常见事项		（1）会计记录错误； （2）应用会计政策错误； （3）疏忽或曲解事实以及舞弊产生的影响； （4）存货、**固定资产盘盈**等
会计处理	重要	能够合理确定前期差错累积影响数	采用**追溯重述法**： （1）涉及**以前年度损益**的事项，通过"以前年度损益调整"科目核算； （2）涉及当期损益的事项，直接计入当期损益
		确定前期差错累积影响数**不可行**	（1）可以从可追溯重述的**最早期间**开始调整留存收益的期初余额，并对财务报表其他相关项目期初余额一并进行调整； （2）也可以采用**未来适用法**
	不重要		（1）无须调整财务报表相关项目的期初数，应**调整发现差错当期与前期相同的相关项目的金额**； （2）属于影响损益的，应直接计入本期与上期相同的净损益项目

10. **答案** A **解析** 本题考查履行每一单项履约义务时确认收入。

2×23年甲公司与该建造合同相关的合同资产项目金额＝（12 000-11 000）+（11 000-11 800）=200（万元）。因此，选项A正确。

相关会计分录如下：

2×22年12月31日：

借：合同结算——收入结转　　　　12 000
　　贷：主营业务收入　　　　　　　　　12 000
借：应收账款　　　　　　　　　　11 000
　　贷：合同结算——价款结算　　　　　11 000

2×23年12月31日：

```
借：合同结算——收入结转        11 000
    贷：主营业务收入                  11 000
借：应收账款                    11 800
    贷：合同结算——价款结算          11 800
```

期末，"合同结算"科目余额在借方的，应当在资产负债表中作为"合同资产"项目列示；余额在贷方的，应当在资产负债表中作为"合同负债"项目列示。

二、多选题

1. **答案** ACD　**解析** 本题考查政府补助的定义及其特征。

   政府补助的主要形式包括政府对企业的无偿拨款（选项C）、税收返还、财政贴息（选项D），以及无偿给予非货币性资产（选项A）等。选项B，增值税出口退税实际上是政府退回企业事先垫付的进项税，不属于政府补助。因此，选项ACD正确。

2. **答案** AB　**解析** 本题考查资产负债表日后事项的内容。

   选项A，资产负债表日后进一步确定了资产负债表日前购入资产的成本或售出资产的收入，属于资产负债表日后调整事项。选项B，资产负债表日后发现了财务报告舞弊或差错，属于资产负债表日后调整事项。选项CD，资产负债表日后资本公积转增资本，资产负债表日后外汇汇率发生重大变化，属于资产负债表日后非调整事项。因此，选项AB正确。

   名师点睛 调整事项 vs 非调整事项

   调整事项：是指对资产负债表日已经存在的情况提供了**新的或进一步证据**的事项。非调整事项：是指资产负债表**日后发生**的情况的事项，不影响企业资产负债表日的财务报表数字。但是需要根据事项对财务报告使用者的重要性程度进行不同处理，如果是重要的，则需要进行适当披露。

3. **答案** ABC　**解析** 本题考查会计人员职业道德规范。

   《会计人员职业道德规范》将新时代会计人员职业道德要求总结提炼为三条核心表述，即"坚持诚信，守法奉公""坚持准则，守责敬业""坚持学习，守正创新"。因此，选项ABC正确。

   名师点睛 会计人员职业道德规范提出"三坚三守"，强调了会计人员"坚"和"守"的职业道德特性和价值追求，是对会计人员职业道德要求的集中表达，具体表现为：

   （1）坚持诚信，守法奉公；

   （2）坚持准则，守责敬业；

   （3）坚持学习，守正创新。

4. **答案** ABCD　**解析** 本题考查短期薪酬的确认和计量。

   企业实施职工内部退休计划的，在其正式退休之前应当比照辞退福利处理，在其正式退休之后，应当按照离职后福利处理，选项A表述正确。企业计提的工会经费应当在职工为其提供服务的会计期间，根据规定的计提基础和计提比例计算确定相应的职工薪酬金额，确认相关负债，按照受益对象计入当期损益或相关资产成本，选项B表述正确。企业应当在职工提供了服务从而增加了其未来享有的带薪缺勤权利时，确认与累积带薪缺勤相关的职工薪酬，并以累积未行使权利而增加的预期支付金额计量，选项 C 表述正确。企业应当在职工实际发生缺勤的会计期间确认与非累积带薪缺勤相关的职工薪酬，选项 D 表述正确。

> **名师点睛** 累积带薪缺勤和非累积带薪缺勤的区别：

（1）累积带薪缺勤，**可以结转下期**，未行使的权利年末需要**预估做账**；

（2）非累积带薪缺勤，**不能结转下期**，未行使的权利年末无须预估做账，只需处理当年**实际享受**的部分。

5. **答案** ABD **解析** 本题考查通过进一步加工而取得的存货。

委托加工物资，其成本由采购成本、加工成本构成，选项 A 正确。通过进一步加工取得的存货的成本中采购成本是由所使用或消耗的原材料采购成本转移而来的，选项 B 正确。委托加工的应税消费品直接出售的，委托方应将代收代缴的消费税计入委托加工的应税消费品成本，选项 D 正确。甲公司为增值税一般纳税人，支付的与加工费相关的且取得增值税专用发票的增值税可以抵扣，不计入委托加工应税消费品的成本，选项 C 错误。

> **名师点睛** 委托加工方式取得存货的成本：

取得方式	计入成本	不计入成本
委托加工	成本＋加工费＋运输费＋消费税 （1）实际耗用的原材料或半成品成本； （2）加工费； （3）运输费、装卸费； （4）消费税（**直接出售**）	（1）可以抵扣的进项税； （2）消费税（收回后**继续生产应税消费品**）

6. **答案** ACD **解析** 本题考查一般短期薪酬的确认和计量。

选项 B 属于辞退福利，应计入管理费用。

> **名师点睛** 辞退员工，无论员工是何工种，**均记管理费用**，借记"管理费用"，贷记"应付职工薪酬"。

7. **答案** ABD **解析** 本题考查投资性房地产的范围。

投资性房地产主要包括已出租的土地使用权（选项 D）、持有并准备增值后转让的土地使用权（选项 A）和已出租的建筑物（选项 B）。选项 C，租入后转租的仓库，企业不拥有房产所有权，不属于投资性房地产。因此，选项 ABD 正确。

> **名师点睛** 投资性房地产包括：

（1）**已出租**的土地使用权；

（2）**持有并增值后转让**的土地使用权；

（3）**已出租**的建筑物。

8. **答案** ABC **解析** 本题考查合同履约成本。

合同履约成本计提资产减值准备后，满足条件的可以转回，选项 D 错误。选项 ABC 均表述正确。

> **名师点睛** 合同履约成本：

项目	合同履约成本
含义	为履行合同义务发生的成本，如料、工、费
摊销	确认为资产的，采用与该资产相关的商品收入确认相同基础进行摊销，计入当期损益
减值	按账面价值＞（转让商品预期取得的剩余对价－估计将要发生的成本）差额部分计提减值准备，并确认资产减值损失，减值**可以转回**

9. **答案** BD **解析** 本题考查固定资产折旧、单个资产减值测试。

2×22年12月31日，固定资产计提减值准备前的账面价值=1 000-100-20-50=830（万元），未来现金流量的现值不应考虑所得税收付产生的现金流量，所以其金额为810万元。资产的可收回金额，应当根据资产的公允价值减去处置费用后的净额（800万元）与资产预计未来现金流量的现值（810万元）两者之间较高者确定，即810万元，选项B正确。账面价值830万元＞可收回金额810万元，发生减值，因此，2×22年12月31日计提固定资产减值准备=830-810=20（万元），选项D正确。固定资产减值准备余额=20+20=40（万元），选项A错误。2×23年年末计提折旧金额=810÷5=162（万元），选项C错误。因此，选项BD正确。

名师点睛 资产的可收回金额可以理解为资产可以为企业带来的最大的经济利益，故应当根据资产的公允价值减去处置费用后的净额（**直接处置**）与资产预计未来现金流量的现值（**继续使用**）两者之间**较高者确定**。

10. **答案** ABD **解析** 本题考查未决诉讼及未决仲裁。

2×22年12月31日甲公司确认预计负债的金额为=（110+130）÷2=120（万元），选项D表述正确。甲公司基本确定可从乙公司获得的赔偿款100万元应通过"其他应收款"科目核算，同时冲减"营业外支出"科目，选项B表述正确。营业外支出最终的金额=120-100=20（万元），选项C表述错误。甲公司该未决诉讼事项减少利润总额金额=120-100=20（万元），选项A表述正确。

本题会计分录如下：

借：营业外支出　　　　　　　　120

　　贷：预计负债　　　　　　　　　120

借：其他应收款　　　　　　　　100

　　贷：营业外支出　　　　　　　　100

因此，选项ABD正确。

三、判断题

1. **答案** √ **解析** 本题考查合并资产负债表。

合并财务报表准则规定，子公司持有母公司的长期股权投资，应当视为企业集团的库存股作为所有者权益的减项，在合并资产负债表中所有者权益项目下以"减：库存股"项目列示。因此，本题表述正确。

名师点睛 本题涉及交叉持股的内容，难度较高且实务处理方式不统一，简单掌握教材观点即可，无须深入研究。

2. **答案** √ **解析** 本题考查亏损合同。

对存在标的资产的亏损合同，企业应首先对标的资产进行减值测试，并按规定确认减值损失。在这种情况下，企业通常不需要确认预计负债。如果预计亏损超过该减值损失，应将超过部分确认为预计负债。因此，本题表述正确。

名师点睛 亏损合同的账务处理：

情形	会计处理	
亏损合同	（1）存在标的资产： 借：资产减值损失 　贷：存货跌价准备	预计亏损超过该减值损失部分： 借：**主营业务成本** 　贷：预计负债
	（2）不存在标的资产： 借：**主营业务成本** 　贷：预计负债	
	【提示】预计负债的金额是执行合同发生的成本和未履行合同发生的补偿或处罚两者的**较低者**	

3. **答案** × **解析** 本题考查资产可能发生减值的迹象。

对于企业合并所形成的商誉，无论是否存在减值迹象，至少应当在每年年度终了进行减值测试。因此，本题表述错误。

4. **答案** × **解析** 本题考查售后租回交易。

售后租回交易中的资产转让属于销售的，卖方兼承租人应当按原资产账面价值中与租回获得的使用权有关的部分，计量售后租回所形成的使用权资产。因此，本题表述错误。

名师点睛 售后租回的账务处理：

是否属于销售	卖方兼承租人	买方兼出租人
属于	（1）终止确认转让资产，**仅就转让至买方兼出租人的权利**确认相关利得或损失； （2）应当**按原资产账面价值中与租回获得的使用权有关的部分**，计量售后租回所形成的使用权资产	（1）确认转让资产； （2）出租人账务处理
	合同价款 vs 转让资产公允价值： 合同价款>公允价值：**额外融资**交易； 合同价款<公允价值：**预付租金**交易	
不属于	（1）不得终止确认转让资产； （2）收到的价款确认为**金融负债**（长期应付款）	（1）不确认转让资产； （2）支付的价款确认为**金融资产**（长期应收款）

5. **答案** × **解析** 本题考查终止经营的列报。

持有待售的无形资产不符合终止经营定义中的规模条件，不属于终止经营，所以持有待售的无形资产的处置损益在利润表中应作为持续经营损益列报。因此，本题表述错误。

名师点睛 终止经营是指企业满足下列条件之一的、能够单独区分的组成部分，且该组成部分已经处置或划分为持有待售类别：

（1）该组成部分代表一项**独立的主要业务**或一个**单独的主要经营地区**；

（2）该组成部分是拟对一项独立的主要业务或一个单独的主要经营地区进行处置的一项**相关联计**

划的一部分；

（3）该组成部分是**专为转售而取得**的子公司。

需要强调的是：

（1）划分为持有待售类别的处置组不一定符合终止经营的定义，可能不满足规模条件；

（2）终止经营的相关损益应当作为终止经营损益列报，否则应作为持续经营损益列报。

6. **答案** √ **解析** 本题考查存货跌价准备的计提与转回。

导致存货跌价准备转回的是以前减记存货价值的影响因素的消失，而不是在当期造成存货可变现净值高于其成本的其他影响因素。如果本期导致存货可变现净值高于其成本的影响因素不是以前减记该存货价值的影响因素，则不允许将该存货跌价准备转回。因此，本题表述正确。

名师点睛 存货跌价准备的计提与转回：

（1）计提：资产负债表日，存货可变现净值低于成本时计提存货跌价准备；

（2）转回：原存货减值影响因素已经消失，减记的金额应当予以恢复，存货跌价准备科目余额冲减至零为限；

（3）结转：已计提存货跌价准备的存货对外处置，需将已计提的存货跌价准备结转至主营业务成本。

7. **答案** × **解析** 本题考查非同一控制下企业合并的会计处理原则。

在非同一控制下的控股合并中，购买方合并成本大于合并中取得的被购买方可辨认净资产公允价值份额的差额，在其合并财务报表中列报为商誉。因此，本题表述错误。

8. **答案** × **解析** 本题考查公允价值计量转权益法核算。

以公允价值计量且其变动计入其他综合收益的非交易性权益工具投资转为权益法核算的长期股权投资时，已计入其他综合收益的公允价值变动应转入留存收益。因此，本题表述错误。

名师点睛 公允价值计量转权益法的处理原则：

类型	内容
公→权	（1）处理原则：视同按追加投资日公允价处置原金融资产，重新购入长期股权投资； （2）长期股权投资初始成本 = **金融资产公允价 + 新支付对价公允价**

9. **答案** √ **解析** 本题考查会计政策变更的会计处理。

企业对会计政策变更采用追溯调整法时，会计政策变更的累积影响数应包括在变更当期期初留存收益中。但是，如果提供比较财务报表，对于比较财务报表期间的会计政策变更，应调整该期间净利润各项目和财务报表其他相关项目，视同该政策在比较财务报表期间一直采用。对于比较财务报表可比期间以前的会计政策变更的累积影响数，应调整比较财务报表最早期间的期初留存收益，财务报表其他相关项目的数字也应一并调整。因此，本题表述正确。

10. **答案** × **解析** 本题考查外币专门借款汇兑差额资本化金额的确定。

在资本化期间内，外币专门借款本金及其利息的汇兑差额应当予以资本化，计入符合资本化条件的资产的成本。除外币专门借款之外的其他外币借款本金及其利息所产生的汇兑差额，应当作为财务费用计入当期损益。因此，本题表述错误。

四、计算分析题

1. **答案**

（1）甲公司该项租赁的租赁期为10年。

理由：承租人有终止租赁选择权，但合理确定将不会行使该选择权的，租赁期应当包含终止租赁选择权涵盖的期间。

（2）租赁负债的初始入账金额 =200×（P/A，6%，9）=200×6.801 7=1 360.34（万元）。

（3）使用权资产的初始入账金额 =200+1 360.34+15-10=1 565.34（万元）。

剩余9期租赁付款额 =200×9=1 800（万元）；

未确认融资费用= 剩余9期租赁付款额 - 剩余9期租赁付款额的现值=1 800-1 360.34=439.66（万元）。

相关会计分录如下：

借：使用权资产　　　　　　　　1 560.34（200+1 360.34）

　　租赁负债——未确认融资费用　439.66

　　贷：租赁负债——租赁付款额　　1 800

　　　　银行存款　　　　　　　　　 200

借：使用权资产　　　　　　　　15

　　管理费用　　　　　　　　　　5

　　贷：银行存款　　　　　　　　　20

借：银行存款　　　　　　　　　10

　　贷：使用权资产　　　　　　　　10

（4）使用权资产的折旧年限为10年。

相关会计分录如下：

2×22年年末使用权资产应计提的折旧 =1 565.34÷10=156.53（万元）。

借：管理费用　　　　　　　　　156.53

　　贷：使用权资产累计折旧　　　　156.53

（5）2×22年12月31日应确认的租赁负债利息费用 =（1 800-439.66）×6%=81.62（万元）。

名师点睛 承租人的会计处理：

项目	租赁负债	使用权资产
初始计量	（1）按照租赁期开始日**尚未支付**的租赁付款额的现值进行初始计量。 （2）租赁付款额： ①固定付款额及实质固定付款额； ②可变租赁付款额； ③购买选择权的行权价格； ④终止租赁选择权需支付的款项； ⑤承租人提供的担保余值预计应支付的款项。 （3）折现率： ①采用租赁内含利率； ②采用承租人增量借款利率作为折现率	（1）按照成本对使用权资产进行初始计量。 （2）成本包括： **①租赁负债的初始计量金额；** ②租赁期开始日或之前支付的租赁付款额； ③承租人发生的初始直接费用； ④承租人为将租赁资产恢复至租赁条款约定状态预计将发生的成本

续表

项目	租赁负债	使用权资产
后续计量	（1）确认利息： 借：财务费用/在建工程 　　贷：租赁负债——未确认融资费用 （2）支付租赁付款额： 借：租赁负债——租赁付款额 　　贷：银行存款	（1）计量基础： 采用成本模式对使用权资产进行后续计量。 （2）计提折旧： 借：制造费用/管理费用/销售费用 　　贷：使用权资产累计折旧 （3）计提减值： 计入资产减值损失，一旦计提，**不得转回**

2. **答案**

（1）2×20年发生研发支出的金额=20+30+50=100（万元）。

相关会计分录如下：

借：研发支出——费用化支出　　　　100
　　贷：原材料　　　　　　　　　　　　20
　　　　应付职工薪酬　　　　　　　　　30
　　　　累计折旧　　　　　　　　　　　50
借：管理费用　　　　　　　　　　　100
　　贷：研发支出——费用化支出　　　　100

（2）2×21年发生研发支出的金额=30+40+100+70=240（万元）。

相关会计分录如下：

借：研发支出——资本化支出　　　　240
　　贷：原材料　　　　　　　　　　　　30
　　　　应付职工薪酬　　　　　　　　　40
　　　　累计折旧　　　　　　　　　　100
　　　　银行存款　　　　　　　　　　　70
借：无形资产　　　　　　　　　　　240
　　贷：研发支出——资本化支出　　　　240

（3）2×21年12月31日，A专利技术发生了减值。

2×21年12月31日A专利技术账面价值=240-240÷4×6÷12=210（万元），大于可收回金额200万元，应计提减值准备的金额=210-200=10（万元）。

相关会计分录如下：

借：资产减值损失　　　　　　　　　10
　　贷：无形资产减值准备　　　　　　　10

（4）2×22年A专利技术应摊销的金额=200÷2=100（万元）。

相关会计分录如下：

借：制造费用　　　　　　　　　　　100
　　贷：累计摊销　　　　　　　　　　　100

（5）2×23 年 1 月 1 日对外出售 A 专利技术应确认的损益金额 =70-（240-240÷4×6÷12-10-100）=-30（万元）。

借：银行存款　　　　　　　　　70
　　累计摊销　　　　　　　　　130
　　无形资产减值准备　　　　　10
　　资产处置损益　　　　　　　30
　　贷：无形资产　　　　　　　　240

五、综合题

1. **答案**

（1）2×22 年 2 月 10 日：

借：交易性金融资产——成本　　1 000
　　投资收益　　　　　　　　　20
　　贷：银行存款　　　　　　　　1 020

（2）2×22 年 5 月 10 日：

借：应收股利　　　　　　　　　200
　　贷：投资收益　　　　　　　　200

2×22 年 5 月 20 日：

借：银行存款　　　　　　　　　200
　　贷：应收股利　　　　　　　　200

（3）2×22 年 12 月 31 日：

借：交易性金融资产——公允价值变动　400
　　贷：公允价值变动损益　　　　400

借：所得税费用　　　　　　　　100
　　贷：递延所得税负债　　　　　100

（4）2×22 年 12 月 10 日：

借：银行存款　　　　　　　　　600
　　贷：递延收益　　　　　　　　600

借：递延所得税资产　　　　　　150
　　贷：所得税费用　　　　　　　150

（5）2×22 年 12 月 31 日计提产品保修费用及确认递延所得税影响的会计分录：

借：主营业务成本　　　　　　　100
　　贷：预计负债　　　　　　　　100

借：递延所得税资产　　　　　　25
　　贷：所得税费用　　　　　　　25

（6）2×22年度应交所得税=（4 000-200-400+600+100）×25%=1 025（万元）。

名师点睛 常见资产的账面价值和计税基础：

常见事项	账面价值	计税基础
固定资产	固定资产原价－会计计提的累计折旧－**固定资产减值准备**	固定资产原价－**税法认可**的累计折旧
无形资产	无形资产原价－会计计提的累计摊销－**无形资产减值准备**	无形资产原价（内部开发除外）－**税法认可**的累计摊销
交易性金融资产	账面价值＝期末**公允价值**	计税基础＝**取得时成本**

2. 答案

（1）甲公司2×23年2月1日与乙公司的债务重组不属于资产负债表日后调整事项，属于日后非调整事项。

理由：债务重组是日后期间新发生的事项，在资产负债表日不存在，属于非调整事项。

（2）相关会计分录如下：

借：固定资产　　　　　　　　　2 500
　　坏账准备　　　　　　　　　　300
　　投资收益　　　　　　　　　　200
　　贷：应收账款　　　　　　　3 000

（3）相关会计分录如下：

借：银行存款　　　　　　　　　1 000
　　贷：主营业务收入　　　　　　800
　　　　预计负债　　　　　　　　200
借：主营业务成本　　　　　　　　640
　　应收退货成本　　　　　　　　160
　　贷：库存商品　　　　　　　　800
借：递延所得税资产　　　　　　　50（200×25%）
　　贷：所得税费用　　　　　　　 50
借：所得税费用　　　　　　　　　40
　　贷：递延所得税负债　　　　　 40（160×25%）

（4）相关会计分录如下：

借：库存商品　　　　　　　　　　120
　　预计负债　　　　　　　　　　200
　　主营业务成本　　　　　　　　 40
　　贷：银行存款　　　　　　　　150
　　　　应收退货成本　　　　　　160
　　　　主营业务收入　　　　　　 50
借：所得税费用　　　　　　　　　 50

贷：递延所得税资产　　　　　　　　　　50
借：递延所得税负债　　　　　　　　　40
　　　贷：所得税费用　　　　　　　　　　　40

2022 年真题答案速览
客观题答案速查

一、单选题

题号	1	2	3	4	5	6	7	8	9	10
答案	D	A	D	B	B	D	C	A	B	D

二、多选题

题号	1	2	3	4	5	6	7	8	9	10
答案	ACD	BD	BC	ABC	AB	BCD	ABD	ABCD	BC	AC

三、判断题

题号	1	2	3	4	5	6	7	8	9	10
答案	×	×	×	√	√	×	√	×	√	√

错题回顾

考生回忆版真题是考生了解每年命题重点和考法技巧的最重要的来源，考生在刷题阶段一定要建立错题集，将错题分类整理，记录高频出错的知识点和题目，进行反复练习。我们给考生提供了错题分类记录，帮助大家在核对答案时，同步对错题进行定期回顾、反复练习，直到正确率达到100%。

日期	单选题	多选题	判断题
5月6日（示例）	1、4、10	11	22、25

2022年全国中级会计资格考试《中级会计实务》检测卷解析点拨

一、单选题

1. **答案** D **解析** 本题考查会计政策变更及其条件。
选项ABC属于会计估计变更，不符合题意。选项D，存货计价方法的变更属于会计政策变更，符合题意。因此，选项D正确。

2. **答案** A **解析** 本题考查非货币性资产交换的认定。
选项A，双方资产都属于非货币性资产，不涉及补价和特殊情况，按照非货币性资产交换准则进行会计处理。选项B，增发股份换取乙公司的投资性房地产，相当于以权益工具换入非货币性资产，不能按照非货币性资产交换准则进行会计处理。选项C，收取的补价占换出资产公允价值的比例为30%，大于25%，该交易不属于非货币性资产交换。选项D，应收账款属于货币性资产，该交易不属于非货币性资产交换。因此，选项A正确。

名师点睛 非货币性资产交换的认定步骤：

第一步，看双方资产。

如果双方资产都是非货币性资产，那就属于非货币性资产交换；如果一方资产属于非货币性资产，一方资产涉及货币性资产（补价），则进入第二步。

第二步，计算补价的比例并进行判断。

如果补价比例低于25%（<25%），则属于非货币性资产交换，否则不属于。具体补价的计算如下：（1）收到补价的企业。补价比例=收到的补价÷换出资产公允价值。（2）支付补价的企业。补价比例=支付的补价÷（支付的补价+换出资产公允价值）。

3. **答案** D **解析** 本题考查合并资产负债表。
2×21年12月31日，甲公司合并资产负债表中存货项目的列报金额=2 000+1 000-（300-200）×（1-40%）=2 940（万元），选项D正确。

名师点睛 内部交易产生的存货，合并报表中认可其在销售方账面的成本，故列报金额中需要扣除因内部交易而产生的增值部分。

4. **答案** B **解析** 本题考查资产减值损失的确定及其账务处理。
2×21年12月31日，甲公司该设备的账面价值=200-90-20-2=88（万元），预计可收回金额=85（万元），账面价值＞预计可收回金额，因此，该设备发生减值，应确认的减值损失金额=88-85=3（万元），选项B正确。

5. **答案** B **解析** 本题考查与收益相关的政府补助、与资产相关的政府补助。
企业对政府补助采用总额法进行会计处理，在收到与资产相关的资产补助时，应将收到的政府补助确认为递延收益，然后在资产的剩余使用寿命内按照合理、系统的方法分期计入损益，选项B符合题意。在收到与收益相关的政府补助时，用于补偿企业已发生的相关成本费用或损失的，应当将收到的政府补助直接计入其他收益或营业外收入，选项ACD不符合题意。因此，选项B正确。

名师点睛 政府补助计入的会计科目：

类型		总额法	净额法
与资产相关的政府补助		（1）其他收益（日常）； （2）营业外收入（非日常）	全额冲减取得资产成本
与收益相关的政府补助	补偿已发生	（1）其他收益（日常）； （2）营业外收入（非日常）	（1）冲减相关成本费用（日常）； （2）**营业外支出（非日常）**
	补偿以后	（1）先计入递延收益。 （2）发生时计入： ①其他收益（日常）； ②营业外收入（非日常）	（1）先计入递延收益。 （2）发生时计入： ①冲减相关成本费用（日常）； ②**营业外支出（非日常）**

6. **答案** D **解析** 本题考查房地产的转换。

非投资性房地产（无形资产）转为采用公允价值模式计量的投资性房地产，应按转换日的公允价值500万元计量，转换日公允价值大于账面价值，按其差额，贷记"其他综合收益"科目。相关会计分录如下：

借：投资性房地产——成本　　　　500
　　累计摊销　　　　　　　　　　200
　　贷：无形资产　　　　　　　　　　650
　　　　其他综合收益　　　　　　　　50

因此，选项D正确。

名师点睛 非投资性房地产与公允模式计量的投资性房地产进行转换时，只有非投资性房地产转为投资性房地产时的**贷方差额**计入其他综合收益，其他情况下都是计入公允价值变动损益。

7. **答案** C **解析** 本题考查递延所得税负债的确认和计量。

2×21年12月31日，投资性房地产的账面价值620万元>计税基础500万元，产生应纳税暂时性差异=620-500=120（万元），递延所得税负债的期末余额=120×25%=30（万元），选项C正确。

【注意】若题目问的是2×21年递延所得税负债的发生额，那么选项D正确。影响2×21年递延所得税负债的金额=2×21年年末余额-2×20年年末余额=30-5=25（万元）。其中，2×20年12月31日，投资性房地产的账面价值600万元>计税基础580万元，产生的应纳税暂时性差异=600-580=20（万元），递延所得税负债的期末余额=20×25%=5（万元）。

名师点睛 资产负债的账面价值跟计税基础的差异乘以差异转回时的税率，得到的是递延所得税资产负债的**余额**，如果要计算当年递延所得税资产负债的发生额，还需要与期初递延所得税资产负债的余额比较，**多退少补**。

8. **答案** A **解析** 本题考查借款费用的计量。

甲公司2×20年专门借款利息应予资本化的金额=4 000×7%-（4 000-2 500）×0.25%×9=246.25

44

（万元）。2×20年12月31日的会计分录如下：

借：在建工程　　　　　　　　　246.25
　　应收利息/银行存款　　　　　33.75
　　　贷：长期借款——应计利息　　　　280

因此，选项A正确。

> **名师点睛**　专门借款利息的计算：
> （1）资本化利息=资本化期间的实际利息-资本化期间闲置资金收益。
> （2）费用化利息=费用化期间的实际利息-费用化期间闲置资金收益。

9. **答案** B　**解析**　本题考查长期股权投资的初始计量。
同一控制下企业合并，长期股权投资的初始入账金额=被投资方在最终控制方合并财务报表中可辨认净资产账面价值的份额+商誉=（20 000-0）×80%+0=16 000（万元），选项B正确。

10. **答案** D　**解析**　本题考查无形资产的后续计量。
测试无形资产是否能够正常发挥作用的过程中支付的测试费应计入无形资产的成本，因此，无形资产的入账成本=2 070+30=2 100（万元），无形资产的使用寿命应按照孰短原则确认，故该专利技术的使用寿命为10年，2×21年度该专利技术的摊销金额=2 100÷10=210（万元），选项D正确。

二、多选题

1. **答案** ACD　**解析**　本题考查外币财务报表的折算。
企业对外币财务报表进行折算时，资产负债表中的资产和负债项目，采用资产负债表日的即期汇率折算，选项AD正确。所有者权益项目除"未分配利润"项目外，其他项目采用发生时的即期汇率折算，选项B错误，选项C正确。因此，选项ACD正确。

> **名师点睛**　外币财务报表折算：

报表	项目	折算汇率
资产负债表	资产、负债	**资产负债表日的即期汇率**折算（期末汇率）
	所有者权益	除"未分配利润"外，其他项目采用**发生时的即期汇率**折算。 【注意】未分配利润=期初+本期增加-本期减少，取自所有者权益变动表，不需要进行折算
利润表	收入、费用	**交易发生日的即期汇率折算或即期汇率的近似汇率折算**
报表折算差额	其他综合收益	—

2. **答案** BD　**解析**　本题考查资产可收回金额的确定。
预计资产未来现金流量应考虑的因素不包括筹资活动（选项C）和与所得税收付有关的现金流量（选项A）。因此，选项BD正确。

> **名师点睛**　预计未来现金流量现值的因素：

情形	具体因素
不应当考虑的因素	（1）与**筹资活动**相关的现金流量——不属于经营活动； （2）与**所得税**相关的现金流量（税前）——折现率是**税前**的； （3）**将来**可能会发生的、**尚未作出承诺**的重组事项——不属于当前状况； （4）与**资产改良**有关的预计未来现金流量——不属于当前状况
应当考虑的因素	（1）资产的预计未来现金流量——当期营业现金流量 NCF； （2）资产的使用寿命——期数 n； （3）折现率——实际利率 i

3. **答案** BC **解析** 本题考查短期薪酬的确认和计量。

选项 A 错误，企业对总部管理层实施短期利润分享计划，应当确认相关的应付职工薪酬，并计入管理费用。选项 D 错误，应计入生产成本或制造费用，不是直接计入当期损益。因此，选项 BC 正确。

4. **答案** ABC **解析** 本题考查固定资产的初始计量。

选项 ABC，计入在建工程，完工后结转到固定资产，计入办公楼的成本，符合题意。选项 D，通过出让方式取得土地使用权时支付的土地出让金计入无形资产，不符合题意。因此，选项 ABC 正确。

名师点睛 自行建造固定资产的成本：

方式		入账成本的构成因素
自行建造	自营	成本＝工程物资＋人工成本＋资本化的借款费用等，存货按**实际成本**领用
		达到预定可使用状态时计入固定资产，如未办理竣工决算则暂估入账，并于次月计提折旧，等到竣工决算完成时，**调整原暂估价值，但已计提折旧不追调**
		试运行形成产品的按**收入**原则处理，收入减成本净额不冲减资产成本
	出包	成本＝建筑工程支出＋安装工程支出＋待摊支出 待摊支出：可行性研究费、公证费、监理费、负荷联合试车费等

5. **答案** AB **解析** 本题考查金融资产的后续计量。

选项 A，出售以公允价值计量且其变动计入其他综合收益的债券投资，应将确认的其他综合收益转入投资收益，符合题意。选项 B，重分类时，应将之前计入其他综合收益的累计利得或损失从其他综合收益转入当期损益，符合题意。选项 C，重分类时，应将以前计入其他综合收益的累计利得或损失冲回，对应计入其他债权投资，不应转入当期损益，不符合题意。选项 D，出售指定为以公允价值计量且其变动计入其他综合收益的非交易性权益工具投资，应将确认的其他综合收益转入留存收益，不符合题意。因此，选项 AB 正确。

名师点睛 其他综合收益总结：

（1）**能重分类进损益**的情形：

①其他债权投资公允价值变动时计入的其他综合收益，出售时结转至投资收益；

②非投房（存货/固定资产）→投房（公允价值模式），公允价值＞账面价值，出售时结转至其他业务成本；

③权益法下的长期股权投资按比例确认的其他综合收益来源于"其他债权投资公允价值变动"，长投出售时计入投资收益；

④将其他债权投资重分类为债权投资或交易性金融资产，原计入其他综合收益的利得或损失转入当

期损益。

（2）**不能重分类进损益**的情形（着重记忆）：

①其他权益工具投资公允价值变动时计入的其他综合收益，出售时计入留存收益；

②权益法下的长期股权投资按比例确认的其他综合收益来源于"其他权益工具投资公允价值变动"，长投出售时计入留存收益；

③应付职工薪酬中，重新计量设定受益计划净负债或者净资产所产生的变动计入其他综合收益。

6. **答案** BCD **解析** 本题考查捐赠收入。

2×21年12月1日不满足捐赠收入的确认条件，不需要进行账务处理。

2×21年12月10日收到捐赠款时：

借：银行存款等　　　　　　　　　　100
　　贷：捐赠收入——限定性收入　　　　　　100

2×21年12月10日购买防疫物资时：

借：业务活动成本　　　　　　　　　80
　　贷：银行存款　　　　　　　　　　　　　80

借：捐赠收入——限定性收入　　　　80
　　贷：捐赠收入——非限定性收入　　　　　80

2×21年12月31日：

借：捐赠收入——限定性收入　　　　20
　　贷：捐赠收入——非限定性收入　　　　　20

借：捐赠收入——非限定性收入　　 100
　　贷：非限定性净资产　　　　　　　　　 100

因此，选项BCD正确。

名师点睛 民间非营利组织捐赠收入的账务处理：

项目		内容
捐赠收入	接受捐赠	借：银行存款、存货等 　　贷：**捐赠收入——限定性收入**（有限定用途） 　　　　**捐赠收入——非限定性收入**（无限定用途）
	期末	借：捐赠收入——限定性收入/非限定性收入 　　贷：**限定性净资产/非限定性净资产**

7. **答案** ABD **解析** 本题考查综合性项目政府补助和政府补助退回。

对以名义金额计量的政府补助，在取得时应计入当期损益，选项A正确。已确认的政府补助需要退回，初始确认时冲减相关资产账面价值的，在退回时应调整资产账面价值，选项B正确。收到与企业日常活动相关的政府补助，应当按照经济业务实质，计入其他收益或冲减相关成本费用；与企业日常活动无关的政府补助，计入营业外收支，选项C错误。通常情况下，对同类或类似政府补助业务只能选用一种会计处理方法，选项D正确。因此，选项ABD正确。

8. **答案** ABCD **解析** 本题考查特定交易或事项涉及递延所得税的确认。

非同一控制下免税合并形成的商誉，账面价值＝合并成本－被合并方可辨认净资产公允价值的份额，计税基础＝0（免税合并情况下，税法不认可商誉账面价值），资产账面价值＞计税基础，形成应纳税暂时性差异，会计准则规定不确认相关的递延所得税负债，选项A正确。对于按照税法规定可以结转以后年度的未弥补亏损和税款抵减，应视同可抵扣暂时性差异处理，选项B正确。因适用税收法规的变化，导致企业在某一会计期间适用的所得税税率发生变化的，企业应对已确认的递延所得税资产和递延所得税负债进行重新计量，选项C正确。与当期及以前期间直接计入所有者权益的交易或事项相关的当期所得税及递延所得税应当计入所有者权益，选项D正确。因此，选项ABCD正确。

名师点睛 递延所得税负债和递延所得税资产的确认和计量：

项目	递延所得税负债	递延所得税资产
确认	企业对于所有的应纳税暂时性差异均应确认相关的递延所得税负债（另有规定除外）	以未来期间可能取得的应纳税所得额为限确认递延所得税资产
不确认	（1）**商誉**； （2）除合并外，交易或事项发生时既不影响会计利润，也不影响应纳税所得额的	除合并外，交易或事项发生时既不影响会计利润，也不影响应纳税所得额的，如**内部研发形成的无形资产**
计量	按照**预期清偿该负债期间**的适用税率计量	采用**转回期间**适用的所得税税率为基础计算确定

9. **答案** BC **解析** 本题考查持有待售类别的计量。

固定资产划分为持有待售资产后不计提折旧，选项A错误。2×21年6月30日，持有待售资产的账面价值＝4 800－4 800÷10×6÷12＝4 560（万元），公允价值减去出售费用后的净额为4 600万元，根据孰低原则，应确认持有待售资产初始入账金额4 560万元，选项B正确。2×21年12月31日，持有待售资产的账面价值为4 560万元，公允价值减去出售费用后的净额为4 500万元，计提持有待售资产减值准备＝4 560－4 500＝60（万元），选项C正确。固定资产划分为持有待售类别不应确认资产处置损益，选项D错误。因此，选项BC正确。

名师点睛 持有待售类别的计量：

项目	内容	
划分前	按照相关会计准则规定计量，提折旧、减值	
划分时	账面价值＞（公允价值－出售费用）时，将账面价值减记至公允价值减去出售费用后的净额（最低减记至0），减记的金额确认为**资产减值损失**，计入当期损益	
划分后	持有待售非流动资产	计提减值：资产负债表日账面价值＞（公允价值－出售费用），需计提减值
		减值转回：转回限额＝划分为**持有待售类别后**确认的资产减值损失

10. **答案** AC **解析** 本题考查合并利润表。

选项AC，子公司向母公司出售资产（逆流交易）所发生的未实现内部交易损益，应当按照母公司对该子公司的持股比例在"归属于母公司所有者的净利润"和"少数股东损益"之间分配抵销，符合题意。选项BD，属于顺流交易，不影响少数股东损益，不符合题意。因此，选项AC正确。

三、判断题

1. **答案** ×　**解析**　本题考查无形资产的处置。

   企业报废无形资产时,应将其账面价值转入营业外支出,而非转入资产处置损益。因此,本题表述错误。

   名师点睛　无形资产的处置:

   (1) **出售**:取得价款与账面价值的差额计入**资产处置损益**;

   (2) **报废**:将无形资产予以转销,账面价值转入**营业外支出**。

2. **答案** ×　**解析**　本题考查持有待售类别的计量。

   企业对持有待售资产计提的减值准备可以转回,但划分为持有待售类别前确认的减值不得转回。因此,本题表述错误。

   名师点睛　持有待售相关减值的转回:

资产	划分为持有待售前	划分为持有待售时	划分为持有待售后
流动资产	减值可以转回,不受持有待售准则约束		
持有待售的非流动资产	减值不可以转回	减值可以转回	
商誉	减值只计提,不能转回		

3. **答案** ×　**解析**　本题考查固定资产折旧。

   企业应当根据与固定资产有关的经济利益的预期消耗方式为基础计提折旧。因此,本题表述错误。

4. **答案** √　**解析**　本题考查外币交易的会计处理。

   对于以公允价值计量且其变动计入当期损益的金融资产,折算后的记账本位币金额与原记账本位币金额之间的差额,应作为公允价值变动损益(含汇率变动)计入当期损益。因此,本题表述正确。

   名师点睛　非货币性项目的折算:

   (1) 历史成本计量(固定资产、无形资产、预收账款、预付账款),无汇兑差额;

   (2) 以成本与可变现净值孰低计量的**存货**,汇兑差额计入**资产减值损失**;

   (3) **交易性金融资产**的汇兑差额计入**公允价值变动损益**;

   (4) **其他权益工具投资**的汇兑差额计入**其他综合收益**。

5. **答案** √　**解析**　本题考查净资产。

   对固定资产、无形资产仅设置用途限制的,应当自取得该资产开始,按照计提折旧或计提摊销的金额,分期将相关限定性净资产转为非限定性净资产。因此,本题表述正确。

6. **答案** ×　**解析**　本题考查合并现金流量表。

   对于子公司少数股东增加在子公司中的权益性投资,在合并现金流量表中应当在"筹资活动产生的现金流量"中反映。因此,本题表述错误。

   名师点睛　**经营活动**是与企业日常经营活动相关的活动;**投资活动**是购买、持有、出售一项长期资产带来的现金流变化;**筹资活动**是筹钱及为筹钱付出的代价。因此,少数股东对子公司增加、减少投资,子公司向少数股东支付现金股利或利润都属于筹资活动产生的现金流量。

7. **答案** √ **解析** 本题考查非同一控制下企业合并的会计处理。

商誉为合并成本大于被购买方可辨认净资产公允价值份额的部分,因此,本题表述正确。

8. **答案** × **解析** 本题考查投资性房地产的后续计量。

与投资性房地产有关的后续支出,不满足投资性房地产确认条件的,如企业对投资性房地产进行日常维护所发生的支出,应当在发生时计入当期损益,而非计入投资性房地产成本。因此,本题表述错误。

9. **答案** √ **解析** 本题考查权益法。

对合营企业和联营企业投资应当采用权益法核算,长期股权投资的初始投资成本小于投资时应享有被投资单位可辨认净资产公允价值份额的,应按其差额,借记"长期股权投资"科目,贷记"营业外收入"科目。因此,本题表述正确。

名师点睛 当初始投资成本小于被投资方可辨认净资产公允价值份额时,体现为"负商誉",投资方需要调整长期股权投资的投资成本,同时计入营业外收入。

10. **答案** √ **解析** 本题考查前期差错更正。

盘盈固定资产属于重要的前期差错,应通过"以前年度损益调整"科目核算。因此,本题表述正确。

名师点睛 固定资产盘盈按照**前期差错**处理,固定资产盘亏净损失计入**营业外支出**。

四、计算分析题

1. **答案**

(1) 2×21年1月1日租赁负债的初始入账金额 =1 000×(P/A,5%,6)=5 075.7(万元),2×21年1月1日使用权资产的初始入账金额 =1 000×(P/A,5%,6)=5 075.7(万元)。相关会计分录如下:

借:使用权资产　　　　　　　　　　5 075.7
　　租赁负债——未确认融资费用　　924.3(6 000-5 075.7)
　　　贷:租赁负债——租赁付款额　　6 000(1 000×6)

(2) 甲公司2×21年应计提的使用权资产折旧金额 =5 075.7÷6=845.95(万元)。相关会计分录如下:

借:管理费用　　　　　　　　　　　845.95
　　　贷:使用权资产累计折旧　　　　845.95

(3) 甲公司2×21年度应确认的租赁负债利息费用 =5 075.7×5%=253.79(万元)。相关会计分录如下:

借:财务费用　　　　　　　　　　　253.79
　　　贷:租赁负债——未确认融资费用　253.79

(4) 甲公司2×21年12月31日支付租金的会计分录如下:

借:租赁负债——租赁付款额　　　　1 000
　　　贷:银行存款　　　　　　　　　1 000

2. **答案**

（1）2×21年2月1日取得乙公司2%有表决权股份：

借：其他权益工具投资——成本　　　　　　2 000
　　贷：银行存款　　　　　　　　　　　　　　　2 000

（2）2×21年4月10日确认应收股利：

借：应收股利　　　　　　　　　　　　　　　100
　　贷：投资收益　　　　　　　　　　　　　　　100

2×21年4月20日收到现金股利：

借：银行存款　　　　　　　　　　　　　　　100
　　贷：应收股利　　　　　　　　　　　　　　　100

（3）2×21年6月30日确认所持乙公司2%有表决权股份公允价值变动：

借：其他综合收益　　　　　　　　　　　　　150
　　贷：其他权益工具投资——公允价值变动　　　150

（4）甲公司2×21年8月10日对乙公司长期股权投资的初始投资成本=2 200+5 500=7 700（万元）；乙公司可辨认净资产的公允价值为110 000万元，甲公司所占份额对应金额=110 000×7%=7 700（万元），无须调整入账价值。相关会计分录如下：

借：长期股权投资——投资成本　　　　　　7 700
　　其他权益工具投资——公允价值变动　　　150
　　贷：其他权益工具投资——成本　　　　　　2 000
　　　　银行存款　　　　　　　　　　　　　　5 500
　　　　利润分配——未分配利润　　　　　　　　350

借：利润分配——未分配利润　　　　　　　　150
　　贷：其他综合收益　　　　　　　　　　　　　150

【提示】根据2025年中级会计实务教材第89页【例6-16】的处理方法，第（4）问的会计分录如下：

借：其他权益工具投资——公允价值变动　　　350
　　贷：其他综合收益　　　　　　　　　　　　　350

借：长期股权投资——投资成本　　　　　　7 700
　　贷：银行存款　　　　　　　　　　　　　　5 500
　　　　其他权益工具投资——成本　　　　　　2 000
　　　　　　　　　　　　——公允价值变动　　　200

借：其他综合收益　　　　　　　　　　　　　200
　　贷：利润分配——未分配利润　　　　　　　　200

名师点睛　长期股权投资的解题思路：

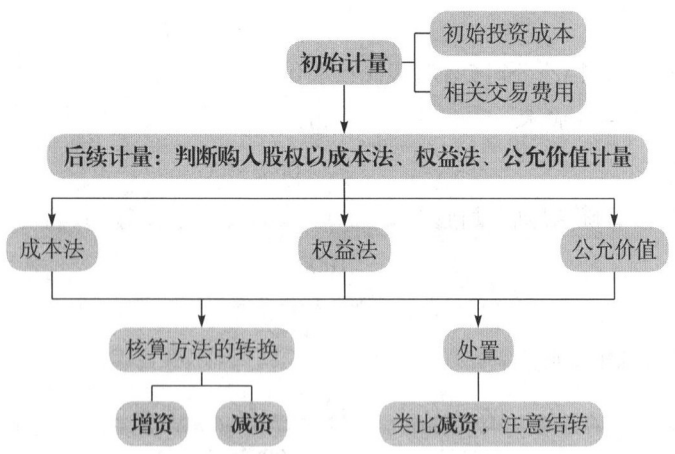

五、综合题

1. **答案**

（1）甲公司2×22年2月1日发生的商品毁损不属于资产负债表日后调整事项。

理由：因资产负债表日后发生火灾导致资产发生重大损失，与资产负债表日已存在的事项无关，因此属于日后非调整事项。

（2）甲公司2×21年12月31日确认的预计负债金额=（70+100）÷2=85（万元）。相关会计分录如下：

借：营业外支出　　　　　　　　　　　　　　85
　　贷：预计负债　　　　　　　　　　　　　　　　　85
借：递延所得税资产　　　　　　　　　　　21.25
　　贷：所得税费用　　　　　　　　　　　　　　　21.25（85×25%）

（3）甲公司2×22年2月10日收到法院判决属于资产负债表日后调整事项。相关会计分录如下：

借：预计负债　　　　　　　　　　　　　　85
　　以前年度损益调整——营业外支出　　　　5
　　贷：其他应付款　　　　　　　　　　　　　　　90
借：其他应付款　　　　　　　　　　　　　90
　　贷：银行存款　　　　　　　　　　　　　　　　90　　【注：该笔分录不是调整分录】
借：以前年度损益调整——所得税费用　　21.25
　　贷：递延所得税资产　　　　　　　　　　　　　21.25
借：应交税费——应交所得税　　　　　　22.5（90×25%）
　　贷：以前年度损益调整——所得税费用　　　　22.5
借：利润分配——未分配利润　　　　　　3.75
　　贷：以前年度损益调整　　　　　　　　　　　　3.75
借：盈余公积　　　　　　　　　　　　　0.38
　　贷：利润分配——未分配利润　　　　　　　　　0.38

（4）甲公司2×22年3月1日审议通过股利分配方案不属于资产负债表日后调整事项。

理由：资产负债表日后，企业利润分配方案中拟分配的以及经审议批准宣告发放的股利或利润并不会使甲公司在资产负债表日（2×21年12月31日）形成现时义务，因此属于日后非调整事项。

名师点睛 资产负债表日后发生的事项，应当分别按照下面的情况进行账务处理：

（1）涉及损益的事项，要通过"以前年度损益调整"科目核算。调整完成后，将"以前年度损益调整"科目余额转入"利润分配——未分配利润"科目。

（2）涉及利润分配调整的事项，直接在"利润分配——未分配利润"科目核算。

（3）其他事项（如资产负债类科目），直接调整对应科目以及金额即可。

（4）涉及现金收支项目的事项，不应调整报告年度资产负债表的货币资金项目和现金流量表各项目。

2. **答案**

（1）A商品的初始入账金额=95+5=100（万元），单位成本=100÷2 000=0.05（万元/件）。相关会计分录如下：

借：库存商品　　　　　　　　　　　　　　100
　　应交税费——应交增值税（进项税额）　12.8（12.35+0.45）
　　贷：银行存款　　　　　　　　　　　　112.8（100+12.8）

（2）2×21年4月5日发出委托代销商品：

借：发出商品　　　　　　　　　　　　　　25（500×0.05）
　　贷：库存商品　　　　　　　　　　　　25

（3）2×21年4月30日收到代销清单时确认收入和结转成本：

借：银行存款　　　　　　　　　　　　　　24.86
　　贷：主营业务收入　　　　　　　　　　22
　　　　应交税费——应交增值税（销项税额）　2.86
借：主营业务成本　　　　　　　　　　　　20（400×0.05）
　　贷：发出商品　　　　　　　　　　　　20

（4）2×21年6月10日销售A商品时确认收入和结转成本：

借：固定资产　　　　　　　　　　　　　　11
　　应交税费——应交增值税（进项税额）　1.43
　　贷：主营业务收入　　　　　　　　　　11
　　　　应交税费——应交增值税（销项税额）　1.43
借：主营业务成本　　　　　　　　　　　　10（200×0.05）
　　贷：库存商品　　　　　　　　　　　　10

（5）甲公司2×21年8月25日应确认的债务重组损益=40-30-4.29=5.71（万元）。相关会计分录如下：

借：应付账款　　　　　　　　　　　　　　40
　　贷：库存商品　　　　　　　　　　　　30（600×0.05）

　　　　应交税费——应交增值税（销项税额）　　　4.29
　　　　其他收益　　　　　　　　　　　　　　　5.71

（6）A商品的可变现净值=38-2=36（万元），成本＞可变现净值，发生减值，应计提的存货跌价准备金额=40-36=4（万元）。相关会计分录如下：

借：资产减值损失　　　　　　　　　　　4
　　贷：存货跌价准备　　　　　　　　　　　　　4

2025年金题密押卷答案速览
客观题答案速查

一、单选题

题号	1	2	3	4	5	6	7	8	9	10
答案	B	C	A	B	B	B	B	B	A	A

二、多选题

题号	1	2	3	4	5	6	7	8	9	10
答案	ABC	ACD	ACD	ABD	CD	CD	AB	AD	AD	AC

三、判断题

题号	1	2	3	4	5	6	7	8	9	10
答案	√	×	√	×	×	√	×	×	×	×

错题回顾

考生回忆版真题是考生了解每年命题重点和考法技巧的最重要的来源,考生在刷题阶段一定要建立错题集,将错题分类整理,记录高频出错的知识点和题目,进行反复练习。我们给考生提供了错题分类记录,帮助大家在核对答案时,同步对错题进行定期回顾、反复练习,直到正确率达到100%。

日期	单选题	多选题	判断题
5月6日(示例)	1、4、10	11	22、25

《中级会计实务》金题密押卷
解析点拨

一、单选题

1. **答案** B **解析** 本题考查合并利润表。

   因内部交易系逆流交易,计算少数股东损益时予以考虑,故应确认少数股东损益=400×20%+〔(200-152)÷8〕×20%=81.2(万元)。因此,选项B正确。

   名师点睛 合并报表中抵销内部交易时,抵销的是**销售资产一方的利润,购买资产一方的资产**,即逆流交易时抵销的是子公司的利润,故子公司全体股东(母公司和少数股东)均需按比例承担净利润的调整。

2. **答案** C **解析** 本题考查属于会计政策变更的情形。

   选项ABD均属于会计估计变更。选项C,存货计价方法的变更属于会计政策变更。因此,选项C正确。

   名师点睛 常见的会计估计:

项目	会计估计
常见事项	(1)存货可变现净值的确定; (2)固定资产的预计使用寿命与净残值、固定资产的折旧方法; (3)使用寿命有限的无形资产的预计使用寿命与净残值; (4)可收回金额按照资产组的公允价值减去处置费用后的净额确定的,确定公允价值减去处置费用后的净额的方法,可收回金额按照资产组预计未来现金流量的现值确定的,预计未来现金流量的确定; (5)建造合同或劳务合同完工进度的确定; (6)公允价值的确定; (7)预计负债初始计量的最佳估计数的确定

3. **答案** A **解析** 本题考查存货跌价准备的计提与转回。

   (1)有合同部分:

   库存A原材料应计提存货跌价准备。库存A原材料的可变现净值=135-45×80%-8.25×80%=92.4(万元);库存A原材料应计提的存货跌价准备=150×80%-92.4=27.6(万元)。

   (2)无合同部分:

   库存A原材料应计提存货跌价准备。库存A原材料的可变现净值=165×20%-45×20%-8.25×20%=22.35(万元);库存A原材料应计提的存货跌价准备=150×20%-22.35=7.65(万元)。

   (3)库存A原材料应计提的存货跌价准备合计=27.6+7.65=35.25(万元)。

   因此,选项A正确。

4. **答案** B **解析** 本题考查租赁负债的后续计量。

   租赁负债=1 000×(P/A,5%,5)=1 000×4.329 5=4 329.5(万元)。

2×24年度租赁负债利息费用=4 329.5×5%=216.48（万元）。因此，选项B正确。

相关会计分录如下：

2×24年1月1日：

借：使用权资产　　　　　　　　　　　　4 329.5

　　租赁负债——未确认融资费用　　　　　670.5

　　贷：租赁负债——租赁付款额　　　　　　　5 000

2×24年12月31日：

借：财务费用　　　　　　　　　　　　　216.48

　　贷：租赁负债——未确认融资费用　　　　　216.48

借：租赁负债——租赁付款额　　　　　　1 000

　　贷：银行存款　　　　　　　　　　　　　　1 000

名师点睛 承租人的后续计量：

项目	租赁负债	使用权资产
后续计量	（1）确认利息： 借：财务费用/在建工程 　　贷：**租赁负债——未确认融资费用** （2）支付租赁付款额： 借：**租赁负债——租赁付款额** 　　贷：银行存款	（1）计量基础： 采用成本模式对使用权资产进行后续计量。 （2）计提折旧： 借：制造费用/管理费用/销售费用 　　贷：**使用权资产累计折旧** （3）计提减值： 计入资产减值损失，一旦计提，**不得转回**

5. **答案** B **解析** 本题考查政府补助的定义及其特征。

选项B，企业从政府取得的经济来源与企业销售商品或提供劳务等活动密切相关，且是企业商品或服务的对价或是对价的组成部分，应当按照收入准则处理；政府补助的主要形式包括政府对企业的无偿拨款（选项C）、税收返还（选项A）、财政贴息，以及无偿给予非货币性资产（选项D）等。因此，选项B正确。

名师点睛 政府补助的特征及主要形式：

政府补助的特征	（1）政府补助是来源于政府的经济资源； （2）政府补助是**无偿**的	
政府补助主要形式	包括	（1）**无偿拨款**； （2）财政贴息； （3）税收返还（如**增值税即征即退**，先征后返等）； （4）**无偿**给予非货币性资产
	不包括	（1）**增值税出口退税**； （2）直接减征、免征、增加计税抵扣额、抵免税额； （3）政府作为投资者投入资本； （4）**政府购买商品或服务**，从政府取得的经济资源为商品或服务对价组成部分

6. **答案** B **解析** 本题考查外币交易性金融资产汇兑损益的计算。

外币的交易性金融资产期末价值调整计入公允价值变动损益,会影响损益。对甲公司 2×24 年 12 月损益的影响金额 =18×50×6.6−750×6.8=840(万元)。因此,选项 B 正确。

7. **答案** B **解析** 本题考查未决诉讼及未决仲裁。

或有事项中仅涉及单个项目,应该按照最可能发生金额确认预计负债,对于获得的补偿,应当在基本确定能够收到时,单独确认为其他应收款,不能冲减预计负债的金额。因此,确认预计负债的金额为 100 万元,选项 B 正确。

名师点睛 最佳估计数的确定:

范围	最佳估计数	举例
连续范围、等概率区间	中间值(算术平均数)	预计未决诉讼的赔偿金额在 100 万元 ~ 200 万元之间,且区间内每个金额发生的可能性相同,则赔偿金额 =(100+200)÷2=150(万元)
单个项目	最可能发生的金额	一项未决诉讼,估计胜诉概率 40%,败诉概率 60%,需要赔偿 100 万元,则赔偿金额为 100 万元(**不需要考虑概率的权重**)
多个项目	期望值(加权平均数)	产品质量保证中提出产品保修条款,发生较小质量问题的概率为 15%,维修费用为销售收入的 1%;发生较大质量问题的概率为 5%,维修费用为销售收入的 2%;不发生质量问题的概率为 80%,则赔偿金额 = 销售收入 ×(1%×15%+2%×5%+0×80%)

8. **答案** B **解析** 本题考查非货币性资产交换的认定。

选项 AC,商业承兑汇票、债权投资属于货币性资产(或负债);选项 D,属于发行权益工具买入非货币性资产(并未换出非货币性资产,而是给出股票即给出权益),不属于非货币性资产交换。因此,选项 B 正确。

名师点睛 常见的不适用非货币性资产交换准则的情形:

事项	适用准则
换出资产为存货	《企业会计准则第 14 号——收入》(高频)
涉及金融资产	《企业会计准则第 22 号——金融工具确认和计量》和《企业会计准则第 23 号——金融资产转移》
涉及企业合并	《企业会计准则第 20 号——企业合并》和《企业会计准则第 33 号——合并财务报表》
涉及使用权资产或应收融资租赁款	《企业会计准则第 21 号——租赁》
交换构成权益性交易	权益性交易的有关规定

9. **答案** A **解析** 本题考查借款费用的计算。

一般借款开始投入工程的时间为 11 月 1 日。

累计支出加权平均数 =(1 200−200)×2/12+400×1/12=200(万元)

由于只有一笔一般借款，因此无须计算一般借款资本化率，直接采用8%即可。

一般借款利息费用的处理：

借：在建工程　　　　　　　　　　　16（200×8%）
　　财务费用　　　　　　　　　　　17.33
　　贷：长期借款——应计利息　　　　33.33（2 500×8%×2/12）

因此，选项A正确。

名师点睛

资产支出加权平均数＝Σ（所占用每笔一般借款本金×每笔一般借款在当期所占用的天数÷当期天数）

一般借款的**资本化率**＝所占用一般借款当期实际发生的利息之和÷所占用一般借款本金加权平均数

若题目中只给出一笔一般借款，则资本化率等于一般借款的实际利率。

10. **答案** A　**解析** 本题考查自行研发无形资产的初始计量。

甲公司该项无形资产入账价值＝1 000+16=1 016（万元），为使用该项新技术发生的有关人员培训费计入当期损益，不构成无形资产的开发成本。因此，选项A正确。

名师点睛 自行研发无形资产的成本核算：

项目	具体内容
计入成本	（1）开发人员的薪酬； （2）材料费； （3）相关设备的折旧、其他专利权和特许权的摊销； （4）资本化的利息支出； （5）注册费等
不计入成本	（1）研究阶段的支出； （2）无法区分研究阶段和开发阶段的支出； （3）开发阶段费用化的支出； （4）无形资产达到预定用途前发生的可辨认的无效和初始运作损失； （5）培训支出等

二、多选题

1. **答案** ABC　**解析** 本题考查政府单位特定业务会计处理。

对于单位应上缴财政的现金所涉及的收支业务，不需要进行预算会计处理。因此，选项D错误，选项ABC正确。

名师点睛 政府单位特定业务的会计核算：

业务事项	会计核算
纳入部门预算管理的现金收支业务	采用"财务会计＋预算会计"的方式
（1）不涉及现金收支的业务； （2）受托代理的现金； （3）应上缴财政的现金	仅需要进行财务会计处理

2. 【答案】ACD 【解析】本题考查企业合并的会计处理原则。

合并财务报表是以企业集团为会计主体编制的财务报表；非同一控制下的控股合并合并报表中，购买方应按合并中确定的有关资产、负债的账面价值确认，选项A正确、选项B错误。同一控制下的控股合并报表中，被购买方应按合并中确定的有关资产、负债的账面价值确认，选项C正确。非同一控制下的控股合并合并报表中，被购买方应按合并中确定的有关资产、负债的公允价值调账，选项D正确。

名师点睛 同一控制下的企业合并，合并报表中认可的是子公司在**最终控制方合并报表中可辨认净资产的账面价值**；非同一控制下的企业合并，合并报表认可的是子公司**可辨认净资产的公允价值**，因此编制合并报表时需要将子公司的资产从账面调整到公允。

3. 【答案】ACD 【解析】本题考查金融资产重分类。

企业将一项以公允价值计量且其变动计入其他综合收益的金融资产重分类为以摊余成本计量的金融资产的，应当将之前计入其他综合收益的累计利得或损失转出，调整该金融资产在重分类日的公允价值，并以调整后的金额作为新的账面价值，即视同该金融资产一直以摊余成本计量。该金融资产重分类不影响其实际利率和预期信用损失的计量，选项B错误。选项ACD均正确。

名师点睛 其他债权投资和债权投资的重分类：

其他债权投资重分类为债权投资	债权投资重分类为其他债权投资
借：债权投资——成本（面值） 　　　　——利息调整 　贷：其他债权投资——成本（面值） 　　　　　　　　——利息调整 借：其他综合收益——信用减值准备 　贷：债权投资减值准备 借：其他综合收益——其他债权投资公允价值变动 　贷：其他债权投资——公允价值变动	借：其他债权投资——成本（面值） 　　　　——利息调整 　贷：债权投资——成本（面值） 　　　　——利息调整 借：债权投资减值准备 　贷：其他综合收益——信用减值准备 借：其他债权投资——公允价值变动 　贷：其他综合收益——其他债权投资公允价值变动

4. 【答案】ABD 【解析】本题考查递延所得税的确认和计量。

承租人在租赁期开始日初始确认租赁负债并计入使用权资产的租赁交易，以及因固定资产等存在弃置义务而确认预计负债并计入相关资产成本的交易等，企业对该单项交易因资产和负债的初始确认所产生的应纳税暂时性差异和可抵扣暂时性差异，应当根据所得税准则等有关规定，在交易发生时分别确认相应的递延所得税负债和递延所得税资产【2024年新增】，选项A正确。无论应纳税暂时性差异转回期间如何，递延所得税负债都不要求折现，选项C说法错误。

名师点睛 《企业会计准则解释第16号》（财会〔2022〕31号）：对于不是企业合并、交易发生时既不影响会计利润也不影响应纳税所得额（或可抵扣亏损）且初始确认的资产和负债导致产生**等额应纳税暂时性差异和可抵扣暂时性差异**的单项交易（包括承租人在租赁期开始日初始确认租赁负债并计入使用权资产的**租赁交易**，以及因固定资产等存在**弃置义务**而确认预计负债并计入相关资产成本的交易等，以下简称适用本解释的单项交易），不适用《企业会计准则第18号——所得税》第十一条（二）、第十三条关于豁免初始确认递延所得税负债和递延所得税资产的规定。企业对该交易因资产和负债的初始确认所产生的应纳税暂时性差异和可抵扣暂时性差异，应当根据《企业会计准则第 18 号——所得税》等有关规定，在交易发生时**分别确认相应的递延所得税负债和递延所得税资产**。

5. **答案** CD **解析** 本题考查债务重组的会计处理。

债务人以自产产品清偿负债的，因债务重组不属于日常活动，不按照收入准则确认收入，选项 A 错误。债务重组采用以修改其他条款方式进行的，如果修改其他条款导致全部债权终止确认，债权人应当按照修改后的条款以公允价值初始计量新的金融资产；债务重组采用以修改其他条款方式进行的，如果修改其他条款未导致债权终止确认，债权人应当根据其分类，继续以摊余成本、以公允价值计量且其变动计入其他综合收益，或者以公允价值计量且其变动计入当期损益进行后续计量，选项 B 错误。债务人以单项或多项长期股权投资清偿债务的，债务的账面价值与偿债长期股权投资账面价值的差额，计入"投资收益"科目【2024 年新修】，选项 C 正确。债务重组采用将债务转为权益工具方式进行的，债务人初始确认权益工具时，应当按照权益工具的公允价值计量，权益工具的公允价值不能可靠计量的，应当按照所清偿债务的公允价值计量，选项 D 正确。因此，选项 CD 正确。

名师点睛 债务人的会计处理：

项目	内容
（1）以金融资产（或长期股权投资）清偿	①将债务的账面价值与偿债金融资产（或长期股权投资）账面价值之差计入投资收益；②偿债金融资产已计提减值准备的，应结转计提的减值准备
（2）以其他非金融资产清偿	单项资产：**不再区分各类损益，而将所清偿债务账面价值与转让资产账面价值之差计入其他收益**
	多项资产：将"清偿的债务＋处置组中负债的账面价值"与"处置组资产账面价值"之差计入**其他收益**
（3）债务转为权益工具	①确认权益工具（实收资本／股本、资本公积）；②权益工具初始确认＝**权益工具的公允价值**（权益工具公允价值不能可靠计量的按照所清偿债务的公允价值计量）；③将清偿债务账面价值与权益工具金额之差计入**投资收益**
（4）修改其他条款	修改导致全部债务终止：①重组负债＝按照**公允价值**计量；②将终止债务账面价值与重组债务确认金额之差计入**投资收益**
	未致债务终止：未终止部分继续以原方式计量

6. **答案** CD **解析** 本题考查职工薪酬的确认和计量。

以产品作为福利发放给员工应该按照产品的公允价值计量，视同销售，选项 A 错误。管理人员应分享的利润应借记"管理费用"，贷记"应付职工薪酬"，选项 B 错误。对于非累积带薪缺勤，企业应当在职工实际发生缺勤的会计期间确认相关的职工薪酬，选项 C 正确。企业代职工缴纳的个人所得税应当从应付工资中扣除，借记"应付职工薪酬"，贷记"应交税费——代扣代缴个人所得税"，选项 D 正确。

名师点睛 短期薪酬的会计处理：

项目		内容	
一般原则		计提时（**受益原则**）	发放时
一般原则		借：制造费用（生产多种产品） 　　管理费用（行政管理人员） 　　销售费用（销售人员） 　　贷：应付职工薪酬	借：应付职工薪酬 　　贷：银行存款
非货币性福利	自产产品	视同销售，按照该产品的**公允价值和相关税费**确定职工薪酬金额，并计入当期损益或相关资产成本	
非货币性福利	外购产品	按照该商品的**公允价值和相关税费**确定职工薪酬金额，并计入当期损益或相关资产成本	

7. **答案** AB **解析** 本题考查民间非营利组织的会计要素。

民间非营利组织反映业务活动情况的会计要素包括收入（选项A）、费用（选项B）。因此，选项AB正确。

名师点睛 民间非营利组织概述：

事项	主要内容
会计要素	资产、负债、净资产、收入、费用（无利润）
会计报表	资产负债表、业务活动表、现金流量表、附注

8. **答案** AD **解析** 本题考查股份支付的账务处理。

选项B错误，员工没有满足市场条件时，只要满足了其他的非市场条件，企业也应当确认相关成本费用。选项C错误，除非是立即可行权，否则不论是现金结算的股份支付还是权益结算的股份支付，在授予日均不作处理。选项AD表述正确。

名师点睛 股份支付的会计处理：

环节	以权益结算的股份支付	以现金结算股份支付
授予日	立即可行权： 借：管理费用等 　　贷：资本公积——其他资本公积 除了立即可行权的，在授予日无账务处理	立即可行权： 借：管理费用等 　　贷：应付职工薪酬 除了立即可行权的，在授予日无账务处理
等待期	借：管理费用 　　贷：资本公积——其他资本公积 金额=**授予日权益工具的公允价值**×预计行权最佳估计数×时间权重－上期余额	借：管理费用等 　　贷：应付职工薪酬 金额=**资产负债表日负债公允价值**×预计行权最佳估计数×时间权重－上期余额
可行权日之后	无	借：公允价值变动损益 　　贷：应付职工薪酬 金额=应付职工薪酬期末余额－期初余额+本期支付的现金

9. **答案** AD **解析** 本题考查成本法转为权益法的会计处理。

对于选项B，应当比较剩余的长期股权投资成本与按照剩余持股比例计算原投资时应享有被投资单位可辨认净资产公允价值的份额，属于投资作价中体现的商誉部分，不调整长期股权投资的账面价值。对于选项 C，应当比较剩余的长期股权投资成本与按照剩余持股比例计算原投资时应享有被投资单位可辨认净资产公允价值的份额，属于投资成本小于应享有被投资单位可辨认净资产公允价值的份额的，在调整长期股权投资成本的同时，调整留存收益。因此，选项 BC 错误，选项 AD 正确。

名师点睛 长期股权投资成本法转换为权益法核算，个报上将收到的对价与处置部分的账面价值计入**投资收益**，同时对剩余股权按照权益法进行追溯调整，视同最开始只取得了剩余部分的股权，因此会涉及权益法核算的**比大小**，调**投资收益**，调**其他综合收益**，调**其他权益变动**，调**股利**等追溯。

10. **答案** AC **解析** 本题考查存货的初始计量。

自行生产的存货的初始成本包括制造费用，制造费用是指企业为生产产品和提供劳务而发生的各项间接费用，包括企业生产部门（如生产车间）管理人员职工薪酬、折旧费、办公费、水电费、机物料消耗、劳务保护费、车间固定资产的修理费用、季节性和修理期间的停工损失（选项 A）等。选项 B，超定额的废品损失计入当期损益，不计入存货的成本。选项 C，委托加工物资用于连续生产应税消费品的，受托方代收代缴的消费税不计入存货成本；委托加工物资直接用于销售的，受托方代收代缴的消费税计入存货成本。选项 D，企业在存货采购入库后发生的仓储费用，应计入当期损益，不计入存货的成本。因此，选项 AC 正确。

名师点睛

取得方式	计入成本	不计入成本
外购	价＋税＋费： （1）购买价款； （2）相关税费； （3）运输费、装卸费、保险费； （4）**入库前**的仓储费、挑选费、运输途中的**合理损耗**	（1）可以抵扣的进项税； （2）验收**入库后**发生的仓储费； （3）因**自然灾害**发生的净损失； （4）**非合理必要支出**
委托加工	成本＋加工费＋运输费＋消费税： （1）实际耗用的原材料或半成品成本； （2）加工费； （3）运输费、装卸费； （4）消费税（**直接出售**）	（1）可以抵扣的进项税； （2）消费税（收回后**继续生产应税消费品**）

三、判断题

1. **答案** √ **解析** 本题考查集团结算股份支付。

对于集团结算的股份支付中，接受服务企业没有结算义务或授予本企业职工的是其本身权益工具的，应当将该股份支付交易作为权益结算的股份支付处理。因此，本题表述正确。

名师点睛 集团股份支付的判断流程：

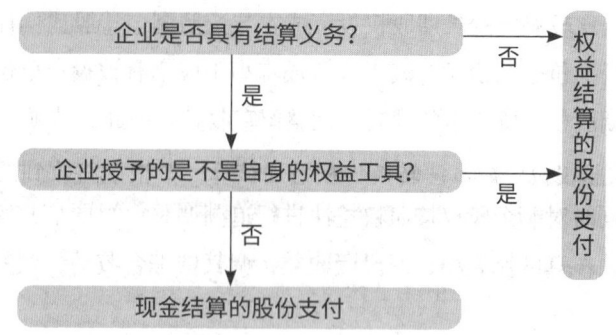

2. **答案** ×　**解析**　本题考查划分会计政策变更和会计估计变更的方法。

分析并判断该事项是否涉及会计确认、计量基础选择或列报项目的变更，当至少涉及其中一项划分基础变更的，该事项是会计政策变更；不涉及这些划分基础变更时，该事项可以判断为会计估计变更。因此，本题表述错误。

3. **答案** √　**解析**　本题考查债权人债务重组处理。

债权人受让多项非金融资产，或者包括金融资产、非金融资产在内的多项资产的，应当按照《企业会计准则第22号——金融工具确认和计量》的规定确认和计量受让的金融资产；按照受让的金融资产以外的各项资产在债务重组合同生效日的公允价值比例，对放弃债权在合同生效日的公允价值扣除受让金融资产当日公允价值后的净额进行分配，并以此为基础分别确定各项资产的成本。因此，本题表述正确。

名师点睛　债权人的会计处理：

项目		内容
（1）以金融资产清偿		①按照金融资产取得日的公允价值确认金融资产； ②金融资产确认金额与债权终止确认日账面价值之差，计入投资收益
（2）以非金融资产清偿	单项资产	①取得非金融资产入账价值=放弃债权的公允价值+可归属于该取得资产的税金、运输、保险费等； ②放弃债权的公允价值与账面价值之差计入投资收益
	多项资产	①涉及**金融资产**的，按**公允价值直接确认入账价值；** ②**剩余的非金融资产**，按合同生效日各非金融资产公允价值比例**分摊债权剩余公允价值；** ③投资收益=放弃债权公允价值-账面价值+金融资产**债务重组日**公允价值-**合同生效日**公允价值
（3）债务转为权益工具		达到控制，按照企业合并处理；达到重大影响或共同控制，按照长期股权投资权益法处理；其他情形，按照金融资产处理
（4）修改其他条款（是否作出实质性修改）	全部债权终止	①按修改后的条款的**公允价值**计量重组债权（新金融资产）； ②新金融资产=修改后条款的公允价值计量； ③**新金融资产**与**债权终止日账面价值**之差计入投资收益
	债权未终止	继续以原方式计量

4. **答案** ×　**解析**　本题考查资产负债表日后调整事项的处理原则。

资产负债表日后调整事项涉及损益的，通过"以前年度损益调整"科目核算。因此，本题表述错误。

5. **答案** ×　**解析**　本题考查售后租回。

售后租回交易中的资产转让不属于销售的，承租人应当继续确认被转让资产，同时确认一项与转让收入等额的金融负债；出租人不确认被转让资产，但应当确认一项与转让收入等额的金融资产，并按照《企业会计准则第22号——金融工具确认和计量》对上述金融负债与金融资产进行会计处理。因此，本题表述错误。

名师点睛　售后租回的会计处理：

事项	承租人（卖方）	出租人（买方）
属于销售	按原资产账面价值中与租回有关的部分，计量售后租回所形成的使用权资产	（1）资产购买按其他会计准则处理；（2）根据《企业会计准则第21号——租赁》对资产出租进行会计处理
不属于销售	不终止确认转让的资产，收到的现金作为**负债**	不确认被转让资产，支付的现金作为**金融资产**

6. **答案** √　**解析**　本题考查会计人员从事会计工作的基本要求。

对于违反会计行为准则并承担刑事责任的人员，单位不得任用其从事会计工作。因此，本题表述正确。

7. **答案** ×　**解析**　本题考查合同成本。

对于企业在一段时间内履行的履约义务，在采用产出法计量履约进度时，如果企业为履行该履约义务实际发生的成本超过了按照产出法确定的成本，这些成本是与过去已履行的履约情况相关的支出，因此，不会增加企业未来用于履行（包括持续履行）履约义务的资源，也不应当作为资产确认【2024年新增】。因此，本题表述错误。

名师点睛　合同履约成本采用产出法计量履约进度时，如果实际发生成本**超过**按照产出法确认的成本，超出的部分不确认资产。

8. **答案** ×　**解析**　本题考查终止经营。

终止经营的相关损益应当作为终止经营损益列报。因此，本题表述错误。

名师点睛　净利润按照经营可持续性具体分为"**持续经营净利润**"和"**终止经营净利润**"两项，其中终止经营的相关损益应作为终止经营净利润列报。

9. **答案** ×　**解析**　本题考查可收回金额。

资产的可收回金额应当根据资产的公允价值减去处置费用后的净额与资产预计未来现金流量的现值两者之间较高者确定。因此，本题表述错误。

名师点睛　可收回金额可以理解为企业持有该项资产所能给企业带来的价值，是继续使用（预计未来现金流量的现值）还是直接处置（公允价值减去处置费用后的净额）划算，因此是按照两者孰高确定的。

10. **答案** ×　**解析**　本题考查可比性。

企业对不同会计期间发生的相同交易或事项应当采用相同的会计政策。因此，本题表述错误。

四、计算分析题

1. **答案**

（1）2×22 年 7 月 10 日：

借：其他权益工具投资——成本　　　　　1 300
　　贷：银行存款　　　　　　　　　　　　　　1 300

2×22 年 12 月 31 日：

借：其他权益工具——公允价值变动　　　100
　　贷：其他综合收益　　　　　　　　　　　　100

2×23 年 5 月 6 日：

借：应收股利　　　　　　　　　　　　　　6
　　贷：投资收益　　　　　　　　　　　　　　　6

2×23 年 7 月 12 日：

借：银行存款　　　　　　　　　　　　　　6
　　贷：应收股利　　　　　　　　　　　　　　　6

2×23 年 12 月 31 日：

借：其他权益工具投资——公允价值变动　200
　　贷：其他综合收益　　　　　　　　　　　　200

2×24 年 9 月 6 日：

借：银行存款　　　　　　　　　　　　　1 650
　　贷：其他权益工具投资——成本　　　　　1 300
　　　　　　　　　　　　——公允价值变动　300
　　　　盈余公积　　　　　　　　　　　　　　5
　　　　利润分配——未分配利润　　　　　　　45

借：其他综合收益　　　　　　　　　　　300
　　贷：盈余公积　　　　　　　　　　　　　　30
　　　　利润分配——未分配利润　　　　　　270

（2）2×22 年 8 月 5 日：

借：交易性金融资产——成本　　　　　　1 100
　　投资收益　　　　　　　　　　　　　　0.5
　　贷：银行存款　　　　　　　　　　　　　1 100.5

2×22 年 12 月 31 日：

借：交易性金融资产——公允价值变动　　250
　　贷：公允价值变动损益　　　　　　　　　　250

2×23 年 12 月 31 日：

借：公允价值变动损益　　　　　　　　　150

贷：交易性金融资产——公允价值变动　　　150
2×24年12月4日：
借：银行存款　　　　　　　　　　　　　1 225
　　　贷：交易性金融资产——成本　　　　　1 100
　　　　　　　　　　——公允价值变动　　　100
　　　　　投资收益　　　　　　　　　　　　25
对2×24年净利润的影响金额为25万元，对所有者权益的影响金额=50+25=75（万元）。

名师点睛　金融资产的处理思路：

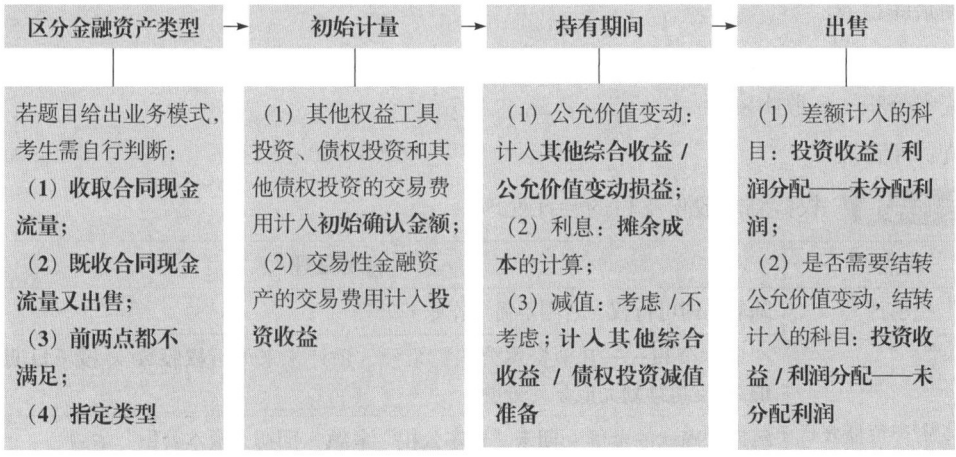

2. **答案**
（1）2×23年11月回购股票。

2×23年11月：

借：库存股　　　　　　　　　　　　　　1 000
　　　贷：银行存款　　　　　　　　　　　1 000

（2）

年份	计算	当期费用（万元）	累计费用（万元）
2×21	（50−1−1）×1×12×1/3	192	192
2×22	（50−1−2−2）×1×12×2/3−192	168	360
2×23	（50−1−2）×1×12−360	204	564

2×21年1月1日不作账务处理。

2×21年12月31日：

借：管理费用　　　　　　　　　　　　　192
　　　贷：资本公积——其他资本公积　　　192

2×22年12月31日：

借：管理费用　　　　　　　　　　　　　168
　　　贷：资本公积——其他资本公积　　　168

2×23年12月31日：

借：管理费用　　　　　　　　　　　　　　204

　　贷：资本公积——其他资本公积　　　　　　204

（3）2×24年1月：

借：银行存款　　　　　　　　　　　　　　235（47×1×5）

　　资本公积——其他资本公积　　　　　564

　　资本公积——股本溢价　　　　　　　141

　　贷：库存股　　　　　　　　　　　　　　940（1 000×47/50）

注销剩余库存股：

借：股本　　　　　　　　　　　　　　　　3〔（50-47）×1〕

　　资本公积——股本溢价　　　　　　　57

　　贷：库存股　　　　　　　　　　　　　　60（1 000×3/50）

名师点睛 权益结算股份支付的会计处理：

时点	账务处理	
授予日	**除非立即可行权**，否则不需要作账务处理	
等待期资产负债表日	"资本公积——其他资本公积"余额=预计未来**可行权股数**×**授予日期权公允价值**×支付计划完成累计进度 每期应确认的金额=**期末"资本公积"余额**－期初"资本公积"余额 借：管理费用等 　　贷：**资本公积——其他资本公积**	
可行权日之后	**不需要作账务处理**	
行权日	增发股票支付	借：银行存款（收到的股票价款） 　　资本公积——其他资本公积 　　贷：**股本** 　　　　**资本公积——股本溢价**
	回购股票支付	**回购股票：** 借：**库存股** 　　贷：银行存款 **行权日：** 借：银行存款 　　资本公积——其他资本公积 　　贷：**库存股** 　　　　**资本公积——股本溢价**

五、综合题

1. **答案**

（1）2×24年9月1日：

借：银行存款　　　　　　　　　　　　　　400

　　贷：主营业务收入　　　　　　　　　　　　360〔1 000×0.4×（1-10%）〕

预计负债	40〔1 000×0.4×10%〕
借：主营业务成本	270〔1 000×0.3×（1-10%）〕
应收退货成本	30〔1 000×0.3×10%〕
贷：库存商品	300

2×24年9月30日：

借：预计负债	20〔1 000×0.4×（10%-5%）〕
贷：主营业务收入	20
借：主营业务成本	15〔1 000×0.3×（10%-5%）〕
贷：应收退货成本	15

2×24年10月31日：

借：预计负债	20
主营业务收入	4（60×0.4-20）
贷：银行存款	24
借：库存商品	18（60×0.3）
贷：主营业务成本	3（60×0.3-15）
应收退货成本	15

名师点睛 附有销售退回条款的销售：

①在客户取得相关商品控制权时，按照因向客户转让商品而预期有权收取的对价金额确认收入；

②按照预期因销售退回将退还的金额确认负债；

③按照预期将退回商品转让时的账面价值减去收回该商品预计发生的成本后的余额，确认为一项资产，按照所转让商品转让时的账面价值，扣除上述资产成本的净额结转成本。

（2）甲公司授予客户的积分为客户提供了一项重大权利，应当作为单项履约义务。2×24年12月1日奖励积分的单独售价为62.5万元（62.5×1），考虑积分的兑换率，甲公司估计积分的单独售价为50万元（62.5×1×80%），甲公司按照商品和积分单独售价的相对比例对交易价格进行分摊：

商品分摊的交易价格=〔200÷（200+50）〕×200=160（万元）；

积分分摊的交易价格=〔50÷（200+50）〕×200=40（万元）。

2×24年12月1日应确认收入为160万元，应确认的合同负债为40万元。

借：银行存款	200
贷：主营业务收入	160
合同负债	40
借：主营业务成本	150
贷：库存商品	150

（3）甲公司2×24年持有丙公司股权应确认投资收益=〔1 525-（75-50）〕×20%=300（万元）。

借：长期股权投资——损益调整	300
贷：投资收益	300

（4）甲公司2×24年第四季度应确认保修费=80%×0×750+15%×3%×750+5%×6%×750=5.63

（万元）。

借：主营业务成本　　　　　　　　　5.63
　　贷：预计负债　　　　　　　　　　　　5.63

2. **答案**

（1）应纳税所得额=3 000-（500-300）×100%（费用化支出加计扣除）-300（预计负债）=2 500（万元）。

应交所得税=2 500×25%=625（万元）。

（2）2×24年12月31日：

借：其他权益工具投资——公允价值变动　　160（560-400）
　　贷：其他综合收益　　　　　　　　　　　160
借：其他综合收益　　　　　　　　　　　　　40
　　贷：递延所得税负债　　　　　　　　　　40（160×25%）

（3）甲公司2×24年12月31日A新技术研发支出资本化部分账面价值为300万元，计税基础=300×200%=600（万元），资产账面价值小于计税基础，产生的是可抵扣暂时性差异，不确认递延所得税资产。

理由：因为该差异并非产生于企业合并，同时在产生时既不影响会计利润也不影响应纳税所得额，按照《企业会计准则第18号——所得税》规定，不确认与该暂时性差异相关的所得税影响。

（4）期末预计负债为0，期末递延所得税资产余额=0，期初递延所得税资产余额=75万元，本期发生额=期末余额-期初余额=0-75=-75（万元）。

借：预计负债　　　　　　　　　　　300
　　贷：银行存款　　　　　　　　　　　300
借：所得税费用　　　　　　　　　　75
　　贷：递延所得税资产　　　　　　　　75

（5）递延所得税=递延所得税负债发生额（对应损益的）-递延所得税资产发生额（对应损益的）=0-（0-75）=75（万元）；

所得税费用=当期所得税+递延所得税=625+75=700（万元）。

名师点睛 特定交易或事项涉及递延所得税的确认：

影响内容	常见事项	对应科目
当期损益	固定资产的折旧、减值产生的税会差异	所得税费用
其他综合收益	（1）非投资性房地产→投资性房地产**贷方差额**计入**其他综合收益**； （2）其他债权投资公允价值变动产生的税会差异； （3）其他权益工具投资公允价值变动产生的税会差异	其他综合收益
留存收益	（1）会计政策变更采用**追溯调整法**调整期初留存收益； （2）前期差错更正采用**追溯重述法**调整期初留存收益	留存收益
资本公积	合并报表中购买日（非同一控制）账面调公允	资本公积

2025 年全国中级会计资格考试
摸底检测卷

经济法

试题册

扫码领取"必刷题库"

目 录

2024 年全国中级会计资格考试《经济法》检测卷　　　　　　　　　　1

2023 年全国中级会计资格考试《经济法》检测卷　　　　　　　　　　11

2022 年全国中级会计资格考试《经济法》检测卷　　　　　　　　　　21

《经济法》金题密押卷　　　　　　　　　　　　　　　　　　　　　　31

2024 年全国中级会计资格考试
《经济法》检测卷

一、单选题

（本类题共 30 小题，每小题 1 分，共 30 分。每小题备选答案中，只有一个符合题意的正确答案。错选、不选均不得分）

1. 甲行政机关拟采购一批设备，该设备具有特殊性，只能从有限范围的供应商处采购。甲行政机关可以选择的政府采购方式是（　　）。
   A. 单一来源采购　　B. 邀请招标　　C. 竞争性谈判　　D. 询价

2. 根据证券法律制度的规定，上市公司报送并公告年度报告的法定截止日期是（　　）。
   A. 3 月 31 日　　B. 4 月 30 日　　C. 5 月 31 日　　D. 6 月 30 日

3. 下列属于行政诉讼受理范围的是（　　）。
   A. M 省人民政府对甲公司土地使用权争议作出的终局裁决行政行为
   B. Q 卫健委对医师钱某吊销执业许可的行政行为
   C. N 省民政厅对孙某作出的年度考核不合格的内部行政决定
   D. P 县公安局依照刑事诉讼法对犯罪嫌疑人赵某执行刑事拘留

4. 根据政府采购法律制度的规定，采购人在中标、成交通知书发出之日起一定期限内，应当与中标、采购供应商签订政府采购合同，该期限是（　　）。
   A. 60 日　　B. 10 日　　C. 30 日　　D. 20 日

5. 2024 年 2 月 1 日，赵某与甲签订机器购买合同，约定 3 月 1 日前交付，机器价款 10 万元，赵某支付定金 3 万元，签订合同后，赵某支付定金。甲公司未按约定时间交付机器，导致赵某发生经营损失 1 万元，赵某可要求甲公司最高返还的金额为（　　）。
   A. 3 万元　　B. 4 万元　　C. 5 万元　　D. 6 万元

6. 王某是甲有限合伙企业的有限合伙人，甲有限合伙企业合伙协议未对有限合伙人权利义务进行约定。下列有关王某的权利义务的说法中，正确的是（　　）。
   A. 王某不能选择参与承办甲公司审计业务的会计师事务所
   B. 王某不能同甲合伙企业交易
   C. 王某不承担竞业禁止义务
   D. 王某不能为甲合伙企业提供担保

7. 甲、乙、丙、丁设立四家有限责任公司，公司注册资本均为 1 000 万元，2023 年税后利润均为 500 万元。下列情形中，公司可以不再提取法定公积金的是（　　）。
   A. 甲公司法定公积金 500 万元，任意公积金为 0

B. 乙公司法定公积金 400 万元，任意公积金 200 万元

C. 丙公司法定公积金 300 万元，任意公积金 300 万元

D. 丁公司法定公积金 200 万元，任意公积金 500 万元

8. 赵某欠李某 10 万元，已到清偿期限，但赵某一直无力偿还，后李某经调查发现，高某欠赵某 8 万元，到期未偿还，赵某怠于行使对高某的债权，李某拟行使代位权。下列表述正确的是（　　）。

   A. 李某将赵某和高某列为共同被告

   B. 若李某胜诉，高某应先将 8 万元还给赵某，再由赵某还给李某

   C. 李某行使代位权的必要费用由赵某负担

   D. 李某可以通过仲裁的方式行使代位权

9. 根据物权法律制度的规定，下列关于最高额抵押权的表述中，错误的是（　　）。

   A. 抵押权人如果实际发生的债权额高于最高限额的，抵押权无效

   B. 最高额抵押权只需首次登记即可设立

   C. 债务人被宣告破产时，最高额抵押权人的债权确定

   D. 最高额抵押担保的债权确定前，部分债权转让的，最高额抵押权一般不得转让

10. 根据物权法律制度的规定，下列关于拾得遗失物的表述中，错误的是（　　）。

    A. 收到遗失物的部门，不知道遗失物权利人的，应当及时发布招领公告

    B. 权利人领取遗失物时，应当向拾得人或者有关部门支付保管遗失物等支出的必要费用

    C. 遗失物自发布招领公告之日起 1 年内无人认领的，归收到遗失物的部门所有

    D. 收到遗失物的部门因重大过失致使遗失物毁损、灭失的，应当承担民事责任

11. 根据《中华人民共和国民法典》的规定，下列情形中，适用诉讼时效规定的是（　　）。

    A. 甲公司对乙公司的出资请求权

    B. 丙对丁的房屋租金请求权

    C. 赵某对银行的存款本金及利息请求权

    D. 钱某对李某的排除妨害请求权

12. 根据物权法律制度的规定，下列关于土地承包经营权的表述中，正确的是（　　）。

    A. 土地承包经营权的转让须经发包方同意

    B. 土地承包经营权的期限届满，土地承包经营权人不得继续承包

    C. 土地承包经营权自土地承包经营权合同登记后设立

    D. 土地承包经营权人不得以入股方式向他人流转土地经营权

13. 根据公司法律制度的规定，下列关于公司为他人取得本公司股份提供财务资助的表述中，正确的是（　　）。

    A. 公司实施员工持股计划时，可以提供财务资助

    B. 董事会作出提供财务资助决议，应当经全体董事一致通过

    C. 为公司利益，经股东会决议，公司可以为他人取得本公司股份提供累计不超过已发行股份总额 20% 的财务资助

D. 公司为他人取得本公司股份提供担保不视为财务资助

14. 根据国有资产管理法律制度的规定，下列关于行政事业性国有资产使用的表述中，不正确的是（ ）。
    A. 各部门及其所属单位应当在确保等价有偿的前提下，推进本单位大型设备等国有资产共享共用工作
    B. 行政单位国有资产应当用于本单位履行职能的需要
    C. 除法律另有规定外，行政单位不得以任何形式将国有资产用于对外投资或者设立营利性组织
    D. 事业单位利用国有资产对外投资应当有利于事业发展和实现国有资产保值增值

15. 根据合伙企业法律制度的规定，甲合伙企业解散进行清算，下列说法中，正确的是（ ）。
    A. 清算人在清算期间应当清理债权债务
    B. 甲企业申请办理企业注销登记，无须向企业登记机关报送清算报告
    C. 清算人员只能由全体合伙人共同担任
    D. 甲企业的财产应当首先用于缴纳所欠税款

16. 根据行政复议法律制度的规定，下列关于申请行政复议的说法中，正确的是（ ）。
    A. 申请行政复议必须采用书面形式
    B. 在行政复议期间可以向人民法院提起行政诉讼
    C. 应当自知道或应当知道具体行政行为之日起 30 日内申请行政复议
    D. 对当场作出的行政处罚不服的，应当先复议后诉讼

17. 甲股份有限公司已发行股份 1 000 万股，赵某持有 100 万股。董事换届选举，股东会决定采用累积投票制，共有 13 个候选人竞选 9 个董事席位，赵某支持的候选人为自己和李某。表决时赵某可以为自己和李某投票最大的数额是（ ）万票。
    A. 900   B. 1 800   C. 1 300   D. 2 600

18. 2024 年 7 月 2 日，张某、王某、赵某、钱某共同出资设立甲有限责任公司（以下简称"甲公司"），章程规定张某任董事长，王某任董事，赵某任监事，钱某任经理。以下四人不能作为甲公司法定代表人的是（ ）。
    A. 张某   B. 王某   C. 赵某   D. 钱某

19. 根据公司法律制度的规定，下列各项中，不属于持有公司 10% 以上股份的股东可以向人民法院提起解散公司诉讼的是（ ）。
    A. 持续 2 年无法召开股东会，公司经营管理陷入严重困难
    B. 持续 2 年无法形成有效的股东会决议，公司经营管理陷入严重困难
    C. 董事之间长期冲突，且无法通过股东会解决，公司经营管理陷入严重困难
    D. 公司拒绝分配利润

20. 有限合伙人新加入某合伙企业，该有限合伙人认缴出资 30 万元，实际缴付 20 万元。入伙前合伙企业欠债 40 万元，有限合伙人入伙后，合伙企业无力偿还。有限合伙人需要承担的责任是（ ）万元。
    A. 0   B. 20   C. 30   D. 40

21. 2023 年 3 月 10 日，甲向乙借款 100 万元，借款期限为 1 年。同日，为担保乙的债权得到履行，丙与乙签订保证合同。2024 年 3 月 15 日，甲无力偿还乙债务 60 万元。随后，人民法院认定甲、乙的

借款合同有效，乙、丙之间的保证合同无效，并且乙和丙都有过错。担保人丙承担的最高赔偿金额是（　　）万元。

　　A. 30　　　　　　　　B. 0　　　　　　　　C. 60　　　　　　　　D. 20

22. 根据物权法律制度的规定，下列关于居住权的表述中，错误的是（　　）。

　　A. 居住权可以转让，但不能超过居住权的剩余期限

　　B. 当事人以书面合同设立居住权的，居住权自登记时设立

　　C. 居住权既可以有偿设立，也可以无偿设立

　　D. 居住权人死亡的，居住权消灭

23. 甲公司向乙公司借款100万元，约定利息10万元。甲公司将一动产质押给乙公司。后甲公司到期无法履行债务，乙公司将该质物拍卖得到价款60万元，其中拍卖手续费5万元。当事人对履行顺位没有约定。乙公司可实现主债权的金额是（　　）万元。

　　A. 45　　　　　　　　B. 50　　　　　　　　C. 55　　　　　　　　D. 60

24. 李某向张某借款，约定本金10万元，借款期限为2023年5月5日至2024年5月5日，年利率为3%。合同未约定逾期利率。下列表述中，正确的是（　　）。

　　A. 因借款合同未约定逾期利率，张某无权主张逾期利息

　　B. 张某主张以2024年5月一年期贷款市场报价利率计算逾期利息的，人民法院应予支持

　　C. 张某主张以2023年5月一年期贷款市场报价利率计算逾期利息的，人民法院应予支持

　　D. 张某主张以年利率3%计算逾期利息的，人民法院应予支持

25. 陈某向甲保险公司投保，陈某为被保险人，陈某指定何某为唯一受益人。保险期间内，陈某和何某乘车出行时，被企图变道的货车撞击，二人当场死亡。经有关部门调查确认，无法确定陈某、何某二人死亡时间的先后顺序，货车司机梁某对事故的发生承担全部责任。下列表述中，正确的是（　　）。

　　A. 保险金全部由陈某的继承人继承

　　B. 保险金由何某的继承人继承

　　C. 保险金由陈某和何某继承人平均分配

　　D. 甲保险公司承担保险责任后对梁某享有代位求偿权

26. 根据证券法律制度的规定，下列人员中，不属于禁止利用内幕信息以外的其他未公开信息进行交易的主体的是（　　）。

　　A. 证券交易场所的从业人员　　　　　　B. 证券公司的从业人员

　　C. 证券登记结算机构的负责人　　　　　D. 上市公司的实际控制人

27. 根据证券法律制度的规定，下列关于私募基金的表述中，正确的是（　　）。

　　A. 设立私募基金管理机构应设行政审批

　　B. 私募基金可以保证投资者投资本金不受损失

　　C. 私募基金可以通过电子方式，向不特定对象宣传推介

　　D. 社会保障基金视为合格投资者

28. 根据国有资产法律制度的规定，下列属于履行出资人职责的机构不可以任免或建议任免的是（　　）。

　　A. 国有资本控股公司中由职工代表担任的监事

　　B. 国有独资公司的董事长

　　C. 国有资本参股公司的董事

　　D. 国有独资企业的财务负责人

29. 甲公司与乙公司签订建设工程合同，由丙公司为工程价款的支付提供保证。下列关于建设工程合同的表述中，正确的是（　　）。

　　A. 建设工程合同属于主民事法律行为

　　B. 建设工程合同属于非要式法律行为

　　C. 建设工程合同属于单方法律行为

　　D. 建设工程合同属于无偿法律行为

30. 根据保险法律制度规定，人寿保险的被保险人或者受益人向保险人请求给付保险金的诉讼时效期限为（　　）。

　　A. 20年　　　　B. 5年　　　　C. 3年　　　　D. 2年

二、多选题

（本类题共15小题，每小题2分，共30分。每小题备选答案中，有两个或两个以上符合题意的正确答案。请至少选择两个答案，全部选对得满分，少选得相应分值，多选、错选、不选均不得分）

1. 下列意思表示中，属于要约邀请的有（　　）。

　　A. 甲公司在报纸上发布的拍卖公告

　　B. 乙公司向客户寄送价目表

　　C. 丙公司发布的招股说明书

　　D. 丁公司发布的符合要约条件的商业广告

2. 根据公司法律制度的规定，下列关于上市公司审计委员会的表述中，正确的有（　　）。

　　A. 上市公司审计委员会成员应当为不在上市公司担任高级管理人员的董事

　　B. 上市公司审计委员会召集人应当由独立董事中的会计专业人士担任

　　C. 上市公司董事会对聘任财务负责人事项作出决议前，应当经审计委员会全体成员一致通过

　　D. 上市公司董事会对披露财务会计报告事项作出决议前，应当经审计委员会全体成员一致通过

3. 李某、张某、王某成立某普通合伙企业，李某是事务执行人。下列表述中，正确的有（　　）。

　　A. 张某、王某有权监督李某执行合伙事务的情况

　　B. 张某、王某有权查阅会计账簿

　　C. 李某可以自行决定以企业名义为他人提供担保

　　D. 李某有义务向张某、王某报告经营情况

4. 根据物权法律制度的规定，下列关于动产占有的表述中，正确的有（   ）。
   A. 占有的动产被侵占的，占有人有权请求返还原物
   B. 动产被占有人占有的，权利人可请求返还原物和孳息
   C. 恶意占有人使用动产导致该动产受到损害，应承担赔偿责任
   D. 占有的动产因毁损获得的保险金，动产的权利人请求赔偿的，占有人可以不返还给权利人

5. 根据政府采购法律制度的规定，下列情形中，属于采购人员应当回避的有（   ）。
   A. 采购人员前3年内与供应商有劳动关系
   B. 采购人员前3年内采购过供应商的商品
   C. 采购人员前3年内是供应商的控股股东
   D. 采购人员前3年内担任过供应商的董事

6. 根据证券法律制度的规定，下列关于公开发行公司债券的表述中，正确的有（   ）。
   A. 募集资金可用于非生产性支出
   B. 改变资金用途，应经债券持有人会议决定
   C. 募集资金不得用于弥补亏损
   D. 发行人应当指定专项账户，用于公司债券资金的接收、存储、划转

7. 根据民事诉讼法律制度的规定，下列关于民事诉讼管辖的表述中，正确的有（   ）。
   A. 先立案的人民法院不得将案件移送给另一个有管辖权的人民法院
   B. 人民法院在立案前发现其他有管辖权的人民法院已先立案的，不得重复立案
   C. 人民法院立案后发现其他有管辖权的人民法院已先立案的，可以裁定将案件移送给上级法院
   D. 原告向两个以上有管辖权的人民法院起诉的，由最先立案的人民法院管辖

8. 根据仲裁法律制度规定，下列各项中，属于仲裁协议无效的有（   ）。
   A. 无民事行为能力人订立的仲裁协议
   B. 仲裁事项未约定，但达成了补充协议
   C. 仲裁事项超出仲裁范围
   D. 被胁迫订立的仲裁协议

9. 根据公司法律制度的规定，关于公司减资补亏，下列说法中，正确的有（   ）。
   A. 应当通知债权人
   B. 减资后，在盈余公积金累计额达到公司注册资本50%前，不得分配利润
   C. 减资时公司不得向股东分配
   D. 减资时不得免除公司缴纳出资的义务

10. 赵某、钱某、孙某和李某拟成立甲有限合伙企业，其中孙某为有限合伙人，赵某、钱某、李某为普通合伙人。下列拟采取的出资中，符合规定的有（   ）。
    A. 赵某以自有的一辆汽车出资
    B. 孙某以劳务出资
    C. 钱某以专利权出资
    D. 李某以自有房屋出资

11. 赵、钱、孙、李、周5人共有一处不动产，各占1/5。孙某欲出售其共有份额给吴某，以书面通知赵某和钱某，向赵某的通知中载明其优先购买权行使期限为20天，向钱某的通知中未载明期限，李某与钱某在一起，与钱某同时得知转让条件，一直未通知周某。下列关于优先购买权行使期限的表述中，正确的有（ ）。

   A. 钱某的优先购买权行使期限为收到通知之日起15日

   B. 赵某的优先购买权行使期限为收到通知之日起20日

   C. 李某优先购买权的行使期限为知道转让条件之日起15日

   D. 周某的优先购买权行使期限为共有份额权属转让之日起2个月

12. 根据合同法律制度的规定，下列关于租赁合同的表述中，正确的有（ ）。

   A. 因租赁物全部毁损，致使不能实现合同目的的，承租人可以解除合同

   B. 租赁期限为6个月以上的，应当采用书面形式

   C. 承租人经出租人同意，可以将租赁物转租给第三人

   D. 租赁期限超过20年的，合同无效

13. 根据证券法律制度的规定，下列主体中，可以向股东征集表决权的有（ ）。

   A. 监事会，自行向股东征集

   B. 董事会，自行向股东征集

   C. 持有2%表决权股份的股东，委托证券公司代为征集

   D. 独立董事，委托证券公司代为征集

14. 根据票据法律制度的规定，下列支票上的记载事项中，可以授权补记的有（ ）。

   A. 出票日期   B. 付款人名称   C. 支票金额   D. 收款人名称

15. 根据预算法律制度的规定，下列关于预算的说法中，正确的有（ ）。

   A. 各级国有资本经营预算年度执行中有超收收入的，可以冲减赤字

   B. 各级一般公共预算年度执行中有超收收入的，只能用于冲减赤字或者补充预算稳定调节基金

   C. 各级一般公共预算的结余资金，应当补充预算稳定调节基金

   D. 各级政府性基金预算年度执行中有超收收入的，可以补充预算稳定调节基金

三、判断题

（本类题共10小题，每小题1分，共10分。请判断每小题的表述是否正确。每小题答题正确的得1分，错答、不答均不得分，也不扣分）

1. 被代理人死亡后，被代理人的继承人承认的委托代理行为仍有效。（   ）

2. 合伙期限届满，即使合伙人同意继续经营，合伙企业也应解散。（   ）

3. 收养子女行为不能通过代理实施。（   ）

4. 赠与人将无权处分的动产赠与善意受赠人，受赠人可以主张善意取得。（   ）

5. 非法人组织不得成为公司的发起人。（   ）

6. 出口产品退税由海关负责办理。（ ）

7. 保险事故发生后，被保险人为防止或者减少保险标的的损失所支付的必要的、合理的费用，由受益人承担。（ ）

8. 行政部门发生重大资产调拨，应对本部门行政事业性国有资产进行清查。（ ）

9. 债务人部分履行债务给债权人增加的费用，由债务人承担。（ ）

10. 被告下落不明的民事诉讼案件，适用简易程序。（ ）

四、简答题

（本类题共 3 小题，共 18 分。凡要求计算的，必须列出计算过程；计算结果出现两位以上小数的，均四舍五入保留小数点后两位小数。凡要求说明理由的，必须有相应的文字阐述）

1. 2023 年 3 月 1 日，甲公司与 P 银行签订借款合同。约定甲公司向 P 银行借款 100 万元，年利率为 3.5%，借款期限为一年，以甲公司所有的一套 M 设备设定抵押，同日该抵押合同生效。3 月 3 日双方办理了抵押登记。3 月 6 日 P 银行将 100 万元转入甲公司银行账户。

   2023 年 7 月 1 日，甲公司与乙公司签订 M 设备的租赁合同，约定乙公司向甲公司每月支付 2 000 元租金，租期一年。

   2024 年 4 月 1 日，因甲公司未按时还款，P 银行向法院申请，M 设备被法院依法扣押，P 银行请求乙公司将 M 设备的后续租金交付给 P 银行，乙公司以未收到甲公司通知为由拒绝。

   2024 年 7 月 15 日，M 设备被拍卖 120 万元，甲公司主张抵押财产只担保主债权，要求 P 银行返还 20 万元。

   已知：P 银行为实现抵押权花费 5 万元，根据借款合同确定的借款利息是 4.8 万元，违约金 2 万元。

   要求：
   根据上述资料和物权法律制度的规定，不考虑其他因素，回答下列问题。
   （1）P 银行抵押权设立日期为哪天？简要说明理由。
   （2）P 银行是否有权请求乙公司把租金交付给自己？简要说明理由。
   （3）P 银行应该返还给甲公司的金额是多少？简要说明理由。

2. 2024 年 7 月 1 日，赵某、钱某、孙某依法设立甲有限责任公司（以下简称"甲公司"），甲公司章程规定：赵某、钱某和孙某认缴出资分别为 10 万元、20 万元和 30 万元，出资期限分别为公司成立之日起 1 个月、2 个月和 3 个月，甲公司章程对股权转让事项未作特别规定。

   2024 年 7 月 3 日，赵某书面通知钱某、孙某，拟将其所持全部股权以 10 万元转让给李某，李某于股权变更登记日当日以现金支付价款，接到通知的股东均未回复。

   2024 年 7 月 4 日，钱某书面通知赵某、孙某，拟将其所持全部股权转让给周某，接到通知的股东均未回复。

   2024 年 8 月 5 日，甲公司将李某记载于股东名册，赵某与李某办理了股权变更登记，赵某未缴纳出资，李某对此知情。8 月 6 日，甲公司将周某记载于股东名册，钱某与周某办理了股权变更登记。8 月 7 日，孙某以赵某和钱某侵犯了其优先购买权为由对上述股权转让行为提出异议。

2024年8月8日，甲公司请求赵某缴纳10万元出资，李某承担连带责任，赵某以股权已经转让给李某为由予以拒绝，李某以股权转让时赵某已过出资期限为由予以拒绝。

2024年9月2日，甲公司请求周某缴纳20万元出资，周某以其与钱某约定由钱某出资为由予以拒绝。

要求：

根据上述资料和公司法律制度的规定，不考虑其他因素，回答下列问题。

（1）孙某以赵某和钱某侵犯了其优先购买权为由，对上述股权转让行为提出异议，是否符合法律规定？简要说明理由。

（2）甲公司请求赵某缴纳10万元出资，李某承担连带责任，是否符合法律规定？简要说明理由。

（3）甲公司请求周某缴纳20万元出资，是否符合法律规定？简要说明理由。

3. 2024年3月1日，张某在甲酒店网站预订了3月1日的海景房一间，网站弹窗提示：订单以酒店电子邮件确认为准，张某需到店支付房费750元。张某点击确认后提交了订单。3月2日，酒店发电子邮件给张某确认订单。3月9日，酒店工作人员李某加张某微信，告知酒店具体位置并要求张某支付100元定金，张某随即支付100元。

3月10日，张某到甲酒店办理入住手续时，甲酒店经理提出，海景房已满，可以免费升级到花园套房。张某不同意，主张：预定海景房主要目的就是为了能在房间拍摄海上日出，酒店不能提供海景房属于违约行为，应3倍返还定金300元。酒店经理见张某态度坚决，与其他客人协商，腾出海景房让张某入住。

张某入住房间后，发现露台上有一个天文望远镜，包装上写着"欢迎酒店客人试用，试用满意可以优惠价2 000元购买"。因繁星满天，张某于是打开包装进行了试用。

3月11日，张某退房时，甲酒店要求张某支付2 000元购买该天文望远镜，张某拒绝。甲酒店要求张某支付使用费200元。张某亦拒绝。

要求：

根据上述资料和合同法律制度的规定，不考虑其他因素，回答下列问题。

（1）张某与甲酒店订房合同成立时间是哪一天？简要说明理由。

（2）张某主张酒店不能提供海景房应3倍返还定金300元，是否符合法律规定？简要说明理由。

（3）甲酒店要求张某支付天文望远镜的使用费200元，是否符合法律规定？简要说明理由。

五、综合题

（本类题共1题，共12分。凡要求计算的，必须列出计算过程；计算结果出现两位以上小数的，均四舍五入保留小数点后两位小数。凡要求说明理由的，必须有相应的文字阐述）

陈某是甲有限责任公司的股东，公司章程约定，陈某应于2024年7月31日前以价值100万元的M设备出资。陈某遂向乙合伙企业（以下简称"乙企业"）订购一台M设备，约定7月20日交付设备，若迟延交付设备需支付4万元违约金。陈某住所地为P县，乙企业住所地为N县，约定的合同履行地为Q县。

7月20日，乙企业未按期交付设备，陈某催告乙企业交付，乙企业表示因核心配件缺失而无法交付。乙企业为支付违约金，向陈某签发一张现金支票，记载付款日期为2024年7月25日。

7月30日，陈某得知乙企业已经生产出M设备，要求乙企业继续履行合同，乙企业以已经支付违约金为由拒绝交付。因乙企业未交付设备，陈某未按期交付出资，甲公司未能按期生产。

8月10日，甲公司要求陈某及时履行出资义务，并就甲公司的损失进行赔偿。

8月15日，陈某聘请搬家公司到乙企业仓库强行运走一台M设备。

8月16日，乙企业更换合伙事务执行人后，向Q县法院起诉主张与陈某的合同无效。理由是前合伙事务执行人超越权限与陈某订立合同，陈某对合伙协议的限制不知情。

要求：

根据上述资料和民事诉讼、公司、合伙企业、物权、合同、票据法律制度的规定，不考虑其他因素，回答下列问题。

（1）支票上记载的付款日期是否有效？简要说明理由。

（2）乙企业以已经支付违约金为由拒绝交付设备，是否符合法律规定？简要说明理由。

（3）陈某强行拉走设备是否享有所有权？简要说明理由。

（4）甲公司要求陈某赔偿损失是否符合法律规定？简要说明理由。

（5）乙企业向Q县法院起诉是否符合法律规定？简要说明理由。

（6）乙企业主张合同无效是否符合法律规定？简要说明理由。

2023年全国中级会计资格考试
《经济法》检测卷

一、单选题

（本类题共30小题，每小题1分，共30分。每小题备选答案中，只有一个符合题意的正确答案。错选、不选均不得分）

1. 根据预算法律制度的规定，甲省预算调整方案由特定部门审查和批准。该特定部门是（ ）。
   A. 全国人民代表大会
   B. 甲省人民代表大会
   C. 全国人民代表大会常务委员会
   D. 甲省人民代表大会常务委员会

2. 根据行政复议法律制度的规定，下列纠纷处理适用行政复议前置的是（ ）。
   A. 甲对市场监督管理局对其作出的降级处分的决定不服
   B. 乙对自然资源部门作出的侵犯其林地使用权的行政处罚不服
   C. 丙对公安局作出的行政拘留决定不服
   D. 丁公司认为税务局对其罚款的处罚决定违法

3. 发行人因欺诈发行、虚假陈述或者其他重大违法行为给投资者造成损失的，发行人的控股股东、实际控制人、相关的证券公司可以委托特定主体，就赔偿事宜与受到损失的投资者达成协议，予以先行赔付。根据证券法律制度的规定，可以委托的主体是（ ）。
   A. 投资者保护机构
   B. 中国证监会
   C. 国务院证券监督管理机构
   D. 证券交易所

4. 根据物权法律制度的规定，张某与甲公司于2022年12月1日签订商品房预售合同，当日进行了预告登记，约定6个月内交付房屋。经催告后，2023年6月30日，甲公司宣布预售房屋达到预定可使用状态。下列选项中，在预告登记有效期限内，最晚进行登记的时间应是（ ）。
   A. 2024年6月30日
   B. 2023年7月30日
   C. 2023年8月29日
   D. 2023年9月28日

5. 根据合同法律制度的规定，债务人享有的下列权利中，可以被代位行使的是（ ）。
   A. 劳动报酬请求权
   B. 养老金请求权
   C. 房屋租金请求权
   D. 扶养费请求权

6. 根据物权法律制度的规定，抵押物折价或者拍卖、变卖所得的价款，当事人没有约定的，按（ ）顺序清偿。
   A. 实现抵押权的费用；主债权的利息；主债权
   B. 实现抵押权的费用；主债权；主债权的利息
   C. 主债权；主债权的利息；实现抵押权的费用

D. 主债权的利息；实现抵押权的费用；主债权

7. 根据合同法律制度的规定，下列各项中，人民法院可以要求债务人继续履行的是（　）。
   A. 表演唱歌　　　　B. 表演话剧　　　　C. 支付房租　　　　D. 归还灭失的古董

8. 甲公司吸收合并乙公司，乙公司解散。下列关于乙公司注销的表述中，说法正确的是（　）。
   A. 乙公司需要进行清算，然后再进行注销登记
   B. 乙公司不必进行清算，但是要注销登记
   C. 乙公司不必进行清算，也不必办理注销登记
   D. 乙公司需要进行清算，不必办理注销登记

9. 张某向甲房地产公司购买一套总价款为500万元的房屋，合同约定定金数额为160万元，张某实际交付定金120万元，在该交易中，能够产生定金效力的数额为（　）万元。
   A. 100　　　　　　B. 150　　　　　　C. 120　　　　　　D. 160

10. 根据国有资产管理法律制度的规定，行政事业性国有资产的下列配置方式中，各部门及其所属单位应当优先采用的是（　）。
    A. 租用　　　　　B. 购置　　　　　C. 调剂　　　　　D. 建设

11. 下列关于有限责任公司股东出资方式的表述中，符合公司法律制度规定的是（　）。
    A. 甲以设定抵押的财产作价出资　　　　B. 乙以劳务作价出资
    C. 丙以特许经营权作价出资　　　　　　D. 丁以专利权作价出资

12. 根据企业国有资产管理制度的规定，下列由履行出资人职责的机构任免的人员是（　）。
    A. 国有独资公司的监事　　　　　　　　B. 国有资本控股公司的董事
    C. 国有资本参股公司的监事　　　　　　D. 国有资本控股公司的监事

13. 根据预算法律制度的规定，下列关于预算支出表述错误的是（　）。
    A. 为全面反映政府各项收支情况，一般公共预算支出按支出功能和支出经济性质两套体系分类编制
    B. 各级一般公共预算支出的编制，应当统筹兼顾，在保证基本公共服务合理需要的前提下，优先安排国家确定的重点支出
    C. 各级预算支出的编制，应当贯彻勤俭节约的原则
    D. 地方各级预算按照量出为入、收支平衡的原则编制

14. 根据合伙企业法律制度的规定，下列关于普通合伙企业合伙协议规定的利润分配，不符合法律规定的是（　）。
    A. 平均分配　　　　　　　　　　　　　B. 按照实缴的出资比例分配利润
    C. 按照认缴的出资比例分配利润　　　　D. 将利润全部分配给某个合伙人

15. 2023年5月10日张某出售汽车给钱某，合同当日生效。2023年5月20日交付价款的时候，钱某同意将汽车借给张某使用一个月。2023年6月10日张某交付汽车，2023年6月25日办理产权登记。则钱某取得汽车所有权的时间是（　）。
    A. 5月10日　　　　B. 5月20日　　　　C. 6月10日　　　　D. 6月25日

16. 下列请求中，属于诉讼时效适用对象的是（ ）。
    A. 支付存款本金请求权
    B. 排除妨碍请求权
    C. 支付抚养费请求权
    D. 支付违约金请求权

17. 甲、乙、丙、丁出资设立某普通合伙企业，各自出资25%。在合伙协议没有约定的情况下，下列合伙人提出的事项中，可以通过的是（ ）。
    A. 甲提出将自己的设备卖给合伙企业，乙、丙同意，丁不同意
    B. 乙提出自己转为有限合伙人，甲、丙同意，丁不同意
    C. 丙提出修改企业的经营范围，甲、乙同意，丁不同意
    D. 丁提出装修企业店面，甲、乙同意，丙不同意

18. 张某与李某约定2月28日交货，2月28日李某如约交货，但此时买受人张某下落不明，于是李某提存货物，后发生不可抗力导致提存货物毁损。则对货物毁损承担责任的是（ ）。
    A. 张某
    B. 李某
    C. 提存机关
    D. 张某和提存机关共同负责

19. 下列各项请求权中，适用诉讼时效规定的是（ ）。
    A. 请求支付合同价款
    B. 请求停止侵害
    C. 请求支付赡养费
    D. 请求返还不动产

20. 根据证券法律制度的规定，下列关于要约收购的说法中，正确的是（ ）。
    A. 要约确定的承诺期限内，收购人可以撤销其收购要约
    B. 收购人持有被收购的上市公司股票，收购行为完成后15个月内不得转让
    C. 收购人在要约收购期内不得采取要约规定以外的形式和超出要约的条件购入被收购公司的股票
    D. 收购要约公告后，收购人可对部分上市公司的股东提高价格收购

21. 甲公司为国有独资公司，根据企业国有资产法律制度的规定，下列不属于甲公司关联方的是（ ）。
    A. 甲公司的经理
    B. 甲公司的财务负责人
    C. 甲公司副经理的朋友李某
    D. 甲公司监事实际控制的乙公司

22. 根据票据法律制度的规定，下列关于汇票背书的表述中，正确的是（ ）。
    A. 背书附条件的，所附条件具有汇票上的效力
    B. 出票人在汇票上记载"不得转让"字样，该汇票不得转让
    C. 背书记载"委托收款"字样的，被背书人取得票据权利
    D. 被拒绝承兑的汇票背书转让的，背书人不承担汇票责任

23. 李某的健康状况不符合保险合同约定的投保条件且足以影响承保决定，但李某的父亲为其投保时，故意隐瞒该情况。保险公司知道投保人未如实告知，仍然收取保险费。保险合同生效后第3年，李某因所隐瞒的疾病死亡。有关本案的下列说法中，正确的是（ ）。
    A. 保险人有权解除合同，但应退还保险费
    B. 保险人不得解除合同，且应当给付保险金

C. 保险人有权解除合同，且不退还保险费

D. 保险人不得解除合同，但可以要求投保人承担违约责任

24. A公司、B公司均为有限责任公司，A公司经理陈某违反公司章程的规定将公司业务发包给不知情的B公司，致使A公司遭受损失。王某是A公司股东，A公司设董事会和监事会。下列关于王某保护A公司利益和股东整体利益的途径的表述中，符合《中华人民共和国公司法》规定的是（　　）。

A. 王某可以书面请求A公司监事会起诉陈某

B. 王某可以书面请求A公司董事会起诉陈某

C. 王某可以书面请求A公司监事会起诉B公司

D. 王某可以书面请求A公司董事会起诉B公司

25. 根据预算法律制度的规定，若国务院和县级以上地方各级人民政府认为下一级人民政府依《中华人民共和国预算法》规定报送备案的决算同法律相抵触，需要撤销批准该预算的决议时，应当提请特定机关审议决定，该特定机关为（　　）。

A. 上一级人民代表大会　　　　　　B. 本级人民代表大会常务委员会

C. 本级人民代表大会　　　　　　　D. 上一级人民政府

26. 甲公司从乙公司处订购一批货物，双方约定甲公司先支付货款，一周后乙公司交付货物。甲公司未在约定期限付款却请求乙公司先交付货物。对于甲公司的请求，乙公司可行使的抗辩权是（　　）。

A. 同时履行抗辩权　　　　　　　　B. 后履行抗辩权

C. 先诉抗辩权　　　　　　　　　　D. 不安抗辩权

27. 根据公司法律制度的规定，下列关于股份有限公司设立条件的表述中，正确的是（　　）。

A. 只有中国公民才可以作为设立股份有限公司的发起人

B. 设立股份有限公司，应当有1人以上200人以下为发起人

C. 采取发起方式设立的，注册资本为在公司登记机关登记的实收股本总额

D. 采取募集方式设立的，注册资本为在公司登记机关登记的全体发起人认购的股本总额

28. 根据物权法律制度的规定，下列关于物的分类的表述中，不正确的是（　　）。

A. 海域属于不动产　　　　　　　　B. 船舶属于动产

C. 汽车和轮胎属于主物和从物　　　D. 存款利息属于法定息

29. 甲公司将一套设备租赁给乙公司使用，租赁期间，经询问确认乙公司无购买意向后，甲公司将该设备卖给丙公司。根据《中华人民共和国公司法》的规定，下列关于买卖合同与租赁合同效力的表述中，正确的是（　　）。

A. 买卖合同无效，租赁合同继续有效

B. 买卖合同有效，租赁合同继续有效

C. 买卖合同有效，租赁合同自买卖合同生效之日起终止

D. 买卖合同有效，租赁合同须经丙公司同意后才能继续有效

30. 根据《中华人民共和国民法典》的规定，合同一方当事人有权解除合同的，未通知另一方当事人，直接向人民法院起诉主张解除合同，人民法院确认该主张的，合同解除的时间起算点为（　　）。

A. 人民法院判决作出时 B. 起诉时
C. 起诉状副本送达时 D. 合同签订时

二、多选题

（本类题共15小题，每小题2分，共30分。每小题备选答案中，有两个或两个以上符合题意的正确答案。请至少选择两个答案，全部选对得满分，少选得相应分值，多选、错选、不选均不得分）

1. 根据物权法律制度规定，下列各项中，自登记时设立的有（ ）。
   A. 土地承包经营权 B. 建设用地使用权
   C. 地役权 D. 不动产抵押权

2. 根据预算法律制度的规定，下列预算收入中，属于政府性基金预算收入的有（ ）。
   A. 国有土地使用权出让金收入 B. 国有资源（资产）有偿使用收入
   C. 国有产权转让收入 D. 国家重大水利建设基金收入

3. 赵某与其子女之间因其赡养问题产生纠纷，下列纠纷解决途径中，适用于赡养纠纷的有（ ）。
   A. 民事诉讼 B. 和解 C. 行政复议 D. 仲裁

4. 甲运输公司因货物在运输中发生事故造成毁损，与乙保险公司发生财产保险合同纠纷，双方在合同中未约定管辖法院，甲运输公司提起诉讼。下列人民法院中，对该诉讼有管辖权的有（ ）。
   A. 货物运输目的地法院 B. 甲运输公司住所地法院
   C. 乙保险公司住所地法院 D. 保险事故发生地法院

5. 根据公司法律制度的规定，有限责任公司作出的下列情形的决议中，股东可以请求人民法院撤销的有（ ）。
   A. 股东会的决议内容违反法律 B. 股东会的会议表决方式违反公司章程
   C. 董事会的决议内容违反公司章程 D. 董事会的会议召集程序违反法律

6. 根据合伙企业法律制度规定，下列企业中，不得成为普通合伙企业合伙人的有（ ）。
   A. 乙国有独资企业 B. 丙个人独资企业
   C. 丁上市公司 D. 甲国有企业

7. 根据合伙企业法律制度，下列关于特殊的普通合伙企业，表述正确的有（ ）。
   A. 应该建立执业风险基金，办理职业保险
   B. 名称中应当标明"特殊普通合伙"字样
   C. 合伙人对于合伙企业债务均应承担无限连带责任
   D. 合伙人对于合伙企业债务均应承担有限责任

8. 根据政府采购法律制度规定，下列属于以不合理的条件对供应商实行差别待遇或歧视的有（ ）。
   A. 指定特定的专利、商标、品牌或供应商
   B. 设定与合同履行有关的资格、技术和商务条件
   C. 就同一采购项目向供应商提供有差别的项目信息

D.对供应商采取不同的资格审查或评审标准

9. 根据合伙企业法律制度的规定,普通合伙企业的合伙人发生的下列情形中,导致其当然退伙的有(　　)。

   A.作为合伙人的自然人死亡　　　　B.作为合伙人的自然人丧失民事行为能力

   C.作为合伙人的自然人丧失偿债能力　　D.作为合伙人的法人资不抵债

10. 2023年3月1日,张某拾得吴某丢失的一幅名贵字画。3月10日,张某将该字画转让给袁某。4月11日,袁某将该字画交给拍卖行拍卖。4月15日,李某通过拍卖取得了该字画。下列表述中,正确的有(　　)。

    A.吴某有权自知道或者应当知道受让人李某之日起2年内向李某请求返还字画

    B.张某无权将字画转让给袁某

    C.吴某有权向张某请求双倍赔偿字画损失

    D.吴某请求李某返还字画时,李某有权请求吴某支付其购买字画的费用

11. 根据合同法律制度规定,下列关于债务免除的表述,正确的有(　　)。

    A.免除债务后,债权的从权利并不随之消灭

    B.免除不得损害第三人的利益

    C.债权人或其代理人应向债务人或者其代理人作出抛弃债权的意思表示

    D.免除人须具备相应的民事行为能力

12. 根据票据法律制度规定,下列关于支票出票的表述中,正确的有(　　)。

    A.支票上的金额可以由出票人授权补记

    B.出票人不得在支票上记载自己为收款人

    C.支票上记载付款日期的,该记载无效

    D.未记载出票人签章的,无效

13. 根据证券法律制度规定,下列关于公司债券受托管理人的表述,正确的有(　　)。

    A.债券持有人会议可以决议变更债券受托管理人

    B.债券发行人未能按期兑付债券本息的,债券受托管理人可以接受全部债券持有人的委托,以自己的名义代表债券持有人提起诉讼

    C.公开发行公司债券的,发行人应当为债券持有人聘请债券受托管理人,并订立债券受托管理协议

    D.受托管理人应当由本次发行的承销机构或者其他经国务院证券监督管理机构认可的机构担任

14. 甲以不合理低价转让财产给丙,影响了乙的债权实现,丙是知情的,仍受让了该财产,乙起诉撤销。下列情形中,正确的有(　　)。

    A.债权人行使撤销权的律师费,由债务人负担

    B.乙将丙作为被告人

    C.向甲住所地人民法院提起诉讼

    D.甲与丙的财产转让行为被撤销,一经撤销自始无效

15. 根据合同法律制度的规定,下列关于融资租赁合同的表述中,说法正确的有(　　)。

    A.承租人未经出租人同意,将租赁物转让、抵押、质押、投资入股或者以其他方式处分的,出租人可以解除融资租赁合同

B. 承租人占有租赁物期间履行维修义务

C. 承租人破产，租赁物属于承租人

D. 承租人占有租赁物期间，租赁物造成第三人的人身伤害或者财产损害的，应由承租人赔偿损失

三、判断题

（本类题共 10 小题，每小题 1 分，共 10 分。请判断每小题的表述是否正确。每小题答题正确的得 1 分，错答、不答均不得分，也不扣分）

1. 全国人民代表大会代表国家行使国有资产所有权。（　）

2. 债务人将部分债务转移给第三人的，无须经债权人同意。（　）

3. 集中采购机构是设区的市级以上人民政府依法设立的非营利事业法人。（　）

4. 法定公积金转增资本后，留存的部分不得少于转增后公司注册资本的 25%。（　）

5. 合伙协议未作特别约定的，有限合伙人可以经营与本企业相竞争的业务。（　）

6. 有限责任公司可以采取募集设立方式。（　）

7. 建设用地使用权抵押后，其地上新增的建筑物属于抵押财产范围。（　）

8. 当事人一方未按照约定履行预约合同约定的订立合同义务，另一方可以请求其承担预约合同的违约责任。（　）

9. 在上市公司收购要约确定的承诺期限内，收购人有权撤销其收购要约。（　）

10. 民事法律行为部分无效，不影响其他部分效力的，其他部分仍然有效。（　）

四、简答题

（本类题共 3 小题，共 18 分。凡要求计算的，必须列出计算过程；计算结果出现两位以上小数的，均四舍五入保留小数点后两位小数。凡要求说明理由的，必须有相应的文字阐述）

1. 2019 年 8 月 1 日，陈某、魏某、刘某和孙某共同出资设立甲有限责任公司（以下简称"甲公司"）。该公司注册资本为 100 万元，四人持股比例分别为 10%、20%、30%、40%。
   陈某和孙某均以货币足额缴纳了出资，魏某认缴 20 万元。根据公司章程规定，出资额应于 2022 年 8 月 1 日前清缴。刘某伪造出资产评估报告，以其所有的一台机器设备作价 30 万元出资。后经评估机构评估，该设备在作价出资时的市场价值为 10 万元。
   2023 年 1 月 5 日，由于魏某经多次催缴后，在合理期限内仍不缴纳出资，甲公司股东会作出了解除魏某股东资格的决议。魏某向人民法院提起诉讼，要求确认该解除行为无效。陈某亦向人民法院提起诉讼，要求魏某承担违约责任。
   2023 年 6 月 10 日，甲公司出现经营危机，无力向乙公司支付 40 万元货款，甲公司请求刘某补足其欠缴出资差额 20 万元。甲公司遂又请求陈某、孙某二人就该 20 万元承担连带责任。
   要求：

根据上述资料和公司法律制度的规定，不考虑其他因素，回答下列问题。

（1）人民法院是否应支持魏某的请求？简要说明理由。

（2）陈某是否有权请求魏某承担违约责任？简要说明理由。

（3）甲公司是否有权请求陈某、孙某就该20万元承担连带责任？简要说明理由。

2. 2023年2月1日，甲公司向乙银行贷款100万元，期限7个月，双方同时签订抵押合同约定，甲公司以现有的和在贷款清偿前可获得的生产设备、原材料、半成品和产品为乙银行设立浮动抵押，抵押合同当天签订并生效。2023年2月10日，办理抵押登记。

2023年6月20日，丙公司将M设备赊销给甲公司。6月22日，甲公司与丙公司签订抵押合同约定：在M设备上设立抵押权，用于担保购买M设备的价款。6月23日，抵押合同生效。6月25日，丙公司交付M设备。6月27日，双方办理了抵押登记。

2023年8月1日，甲公司将M设备出借给丁公司使用，并约定由丁公司承担维修费用。丁公司在使用M设备时出现故障，将M设备送到戊修理厂修理。

2023年8月25日，丁公司不愿支付5万元修理费，戊将M设备留置。甲公司主张M设备不属于丁公司，戊修理厂无权留置。

2023年9月1日，因甲公司无力清偿债务，乙银行和丙公司向人民法院诉讼，其诉讼请求均包含就M设备的拍卖价款优先于其他债权人受偿。

要求：

根据上述资料和物权法律制度的规定，不考虑其他因素，回答下列问题。

（1）丙公司抵押权设立的日期是哪一天？简要说明理由。

（2）甲公司以M设备不属于丁公司为由，主张戊修理厂无权留置，是否符合法律规定？简要说明理由。

（3）乙银行请求就M设备拍卖价款优先于丙公司受偿，是否符合法律规定？简要说明理由。

3. 2023年3月5日，张某自4S店购买一辆汽车，并于当日对该汽车与甲保险公司签订保险合同。保险合同的期限为2023年3月6日至2024年3月5日。甲保险公司已按照保险法规定对免责条款履行了提示和说明义务。2023年5月5日，张某将该汽车转让给王某，并将该转让事项通知甲保险公司，甲保险公司未答复。次日，王某因醉酒驾车发生单方交通事故，王某请求甲保险公司承担赔偿责任。甲保险公司以其并非被保险人为由拒绝承担赔偿责任，并且甲保险公司告知王某，保险合同中的免责条款约定：因醉酒驾车发生交通事故的，甲保险公司不承担赔偿责任。王某以甲保险公司未明确告知自己该免责条款的内容为由，主张该免责条款不属于合同内容。

因该交通事故较小，王某自己承担了维修费用。2023年6月10日，王某认为该商业险并未起到保障作用，于是对甲保险公司提出解除保险合同的请求，甲保险公司以其已经承担保险责任为由拒绝退还保险费。

要求：

根据上述资料和保险法律制度的规定，不考虑其他因素，回答下列问题。

（1）甲保险公司以王某并非被保险人为由拒绝承担赔偿责任，是否符合法律规定？并简要说明理由。

（2）王某以甲保险公司未明确告知该免责条款的内容为由，主张该免责条款不属于合同内容，是否符合法律规定？并简要说明理由。

（3）甲保险公司以其已经承担保险责任为由拒绝退还保险费，是否符合法律规定？并简要说明理由。

五、综合题

（本类题共1题，共12分。凡要求计算的，必须列出计算过程；计算结果出现两位以上小数的，均四舍五入保留小数点后两位小数。凡要求说明理由的，必须有相应的文字阐述）

2022年1月10日，甲公司和乙公司签订租赁合同，约定甲公司将一台机器出租给乙公司，租期2年，乙公司一次性支付租金100万元。次日，甲公司为该机器向丙保险公司投保，保险金额200万元。甲公司的监事赵某怀疑甲公司与乙公司有关联关系，遂请求监事会予以调查，遭到监事会主席拒绝。赵某聘请会计师事务所协助其工作后请求甲公司承担费用，遭到甲公司拒绝。

2022年5月10日，张某因该机器产生的噪音打扰其午休，利用乙公司安保工作的漏洞，将该机器转移至其承包的位于乙公司围墙外的林地中，乙公司调取监控录像后请求张某返还该机器并赔偿其误工损失。

张某以乙公司并非该机器的所有权人为由予以拒绝，乙公司报警后，张某返还了机器，乙公司加装了噪音设施，M市N区公安局派出所对张某作出了拘留3日的行政处罚，张某不服，向M市公安局提起行政复议。

2023年1月10日，因隔壁丁有限合伙企业（以下简称"丁企业"）的厂房发生爆炸，导致该机器全部毁损，乙公司无法继续使用，乙公司请求甲公司退还租金50万元，甲公司以机器毁损与其无关为由拒绝退还。

2023年2月10日，丙保险公司向甲公司支付保险金200万元后向丁企业索赔200万元，丁企业以丙保险公司并非被损毁机器的所有人为由拒绝赔偿。

陈某为丁企业的有限合伙人，认缴出资80万元，实缴出资50万元，2023年1月15日退伙，陈某从丁企业取回20万元现金。后因丁企业无力赔偿其厂房爆炸所导致的债务，丙保险公司向陈某索赔，陈某以其已经退伙为由拒绝赔偿。

要求：

根据上述资料和公司、物权、行政复议、合同、保险、合伙企业法律制度的规定，不考虑其他因素，回答下列问题。

（1）赵某请求甲公司承担其聘请会计师事务所的费用，是否符合法律规定？说明理由。

（2）乙公司请求张某返还机器并赔偿其误工损失，是否符合法律规定？说明理由。

（3）张某向M市公安局提起行政复议，是否符合法律规定？说明理由。

（4）乙公司请求甲公司退还50万元租金，是否符合法律规定？说明理由。

（5）丙保险公司是否有权向丁企业索赔？说明理由。

（6）陈某以其已经退伙为由拒绝赔偿，是否符合法律规定？说明理由。

2022年全国中级会计资格考试
《经济法》检测卷

一、单选题

（本类题共30小题，每小题1分，共30分。每小题备选答案中，只有一个符合题意的正确答案。错选、不选均不得分）

1. 根据预算法律制度的规定，下列关于预算编制的表述中，不正确的是（ ）。
   A. 政府全部收入均应列入预算，不得隐瞒、少列
   B. 地方政府举借的债务可以用于经常性支出
   C. 各级一般公共预算应当设置预备费
   D. 各级一般公共预算可以设置预算周转金

2. 下列争议中，可以提起行政诉讼的是（ ）。
   A. 赵某对甲省人民政府关于自然资源权属作出的复议决定不服
   B. 钱某对乙公安机关对其打架斗殴作出行政拘留15日的决定不服
   C. 丙税务机关工作人员孙某对本单位作出撤销其行政职务的决定不服
   D. 丁财政部门工作人员李某对本单位对其作出年度考核不合格的决定不服

3. 根据合伙企业法律制度的规定，下列关于合伙人除名的表述中，正确的是（ ）。
   A. 被除名人对除名决议有异议的，应当自除名决议作出之日起15日内向人民法院起诉
   B. 被除名人接到除名通知后提出异议的，除名决议不生效
   C. 对合伙人的除名决议应当书面通知被除名人
   D. 发生合伙协议约定事由的自动除名，无须经合伙人决议

4. 甲有限责任公司4位股东的下列非货币财产中，不能用作出资的是（ ）。
   A. 丙公司的某快餐特许经营权   B. 乙公司的非专利技术
   C. 赵某的新能源汽车   D. 钱某的商标权

5. 赵某和钱某为确保借款合同的履行，签订了一份房屋抵押合同。根据法律行为的分类，抵押合同属于（ ）。
   A. 非要式法律行为   B. 从法律行为   C. 单方法律行为   D. 实践法律行为

6. 吴某拟将其对赵某的应收账款出质给林某，吴某于2022年1月10日将拟出质事项以电子邮件方式通知赵某，赵某于1月11日表示无异议。吴某与林某于1月16日签订质押合同，于1月18日办理了出质登记，该质权生效的时间为（ ）。
   A. 2022年1月10日   B. 2022年1月11日
   C. 2022年1月16日   D. 2022年1月18日

7. 甲股份有限公司（以下简称"甲公司"）于2021年1月成立，公司章程对股份转让未作特别规定。作为发起人之一的魏某持有甲公司10%的股份，且未在甲公司任职。2022年3月，魏某拟将所持甲公司1%的股份转让。下列关于转让股份的表述中，正确的是（　　）。

    A. 魏某转让股份无须经其他股东同意

    B. 其他发起人可主张优先购买权

    C. 由于甲公司成立时间不足2年，魏某不得转让股份

    D. 魏某有权要求甲公司收购其股份

8. 甲普通合伙企业（以下简称"甲企业"）的合伙协议对决议规则没有特别约定。下列事项中，不需要经过全体合伙人一致同意的是（　　）。

    A. 甲企业合伙人为甲企业提供担保 B. 改变甲企业的名称

    C. 转让甲企业的知识产权 D. 改变甲企业的经营范围

9. 2022年6月1日，甲公司与乙公司签订一份买卖合同，约定甲公司购买乙公司1 000套印有甲公司标志的运动服，6月24日由甲公司上门提货，合同对货物毁损风险承担未作特别约定。6月24日，甲公司因没安排好车辆未能及时提货。6月25日，乙公司的仓库遭雷击毁损，导致该批运动服全部毁损。下列关于该批运动服毁损风险承担的表述中，正确的是（　　）。

    A. 乙公司承担，因货物是在其控制之下

    B. 甲公司承担，因其没有按时上门提货

    C. 甲公司和乙公司共同承担，因不可抗力造成货物毁损

    D. 乙公司承担，因货物所有权没有转移

10. 孙某将其所有的一辆小汽车出质给钱某。钱某经孙某同意，驾驶该辆小汽车与林某、赵某一起出游。林某驾驶的小汽车是其从甲公司租赁而来。赵某驾驶的小汽车为其同宿舍好友陈某所有，赵某未经陈某同意私自开走，赵某准备在陈某考试结束以后电话告知陈某。下列关于各主体占有类型的表述中，不正确的是（　　）。

    A. 赵某对小汽车的占有属于恶意占有 B. 孙某对小汽车的占有属于间接占有

    C. 林某对小汽车的占有属于自主占有 D. 钱某对小汽车的占有属于有权占有

11. 根据预算法律制度的规定，县级以上地方各级人民政府认为下一级人民政府按规定报送备案的预算有不适当之处，需要撤销批准该预算的决议时，应当提请特定机关审议决定，该特定机关为（　　）。

    A. 上一级人民代表大会 B. 本级人民代表大会常务委员会

    C. 本级人民代表大会 D. 上一级人民政府

12. 根据合伙企业法律制度的规定，下列主体中，可以成为合伙企业普通合伙人的是（　　）。

    A. 乙上市公司 B. 丁普通合伙企业

    C. 丙律师协会 D. 甲国有独资公司

13. 下列当事人的请求权中，属于诉讼时效适用对象的是（　　）。

    A. 丙公司请求股东钱某缴付出资 B. 赵某请求孙某停止侵害

    C. 甲公司请求乙公司支付租金 D. 周某请求丁银行支付存款本金及利息

14. 根据证券法律制度的规定，上市公司中负责组织定期报告披露工作的主体是（　　）。
    A. 董事长　　　　　B. 监事会　　　　　C. 董事会秘书　　　　　D. 董事会

15. 赵某将其所有的一辆自行车借给钱某，借用期间双方于2022年1月10日达成转让协议，约定钱某以1 000元的价格购买该自行车，并于1月25日支付价款。1月11日，钱某将该自行车以1 100元的价格转让给孙某，双方约定钱某以借用人身份继续使用至2月25日再交还孙某。1月13日，钱某向赵某支付价款。下列关于该自行车权属的表述中，正确的是（　　）。
    A. 孙某于2022年1月11日取得自行车所有权
    B. 钱某于2022年1月25日取得自行车所有权
    C. 钱某于2022年1月13日取得自行车所有权
    D. 孙某于2022年2月25日取得自行车所有权

16. 根据政府采购法律制度的规定，招标文件要求投标人提交投标保证金的，投标保证金不得超过采购项目预算金额的一定比例，该比例为（　　）。
    A. 4%　　　　　B. 2%　　　　　C. 3%　　　　　D. 5%

17. 根据企业国有资产法律制度的规定，国家出资企业的下列人员中，不由履行出资人职责的机构任免的是（　　）。
    A. 国有资本参股公司的监事
    B. 国有独资公司的董事长
    C. 国有独资企业的经理
    D. 国有独资企业的财务负责人

18. 根据合伙企业法律制度的规定，下列关于特殊普通合伙企业的表述中，正确的是（　　）。
    A. 合伙人在执业活动中因重大过失造成合伙企业债务的，其他合伙人以出资额为限承担责任
    B. 合伙人在执业活动中因重大过失造成合伙企业债务的，应当按其出资比例承担责任
    C. 合伙人在执业活动中因故意造成合伙企业债务的，其他合伙人不承担责任
    D. 合伙人在执业活动中因故意造成合伙企业债务的，应当承担无限责任或者无限连带责任

19. 赵某对钱某有200万元的到期债权，钱某对孙某享有300万元的到期债权怠于行使，危及赵某债权的实现，赵某为了保障自己的债权，拟向人民法院提起诉讼，请求行使代位权。赵某在起草起诉书时，拟定的下列四种方案中，符合法律规定的是（　　）。
    A. 以自己的名义请求孙某清偿300万元
    B. 以钱某的名义请求孙某清偿200万元
    C. 以钱某的名义请求孙某清偿300万元
    D. 以自己的名义请求孙某清偿200万元

20. 根据公司法律制度的规定，股份有限公司发行新股，股东会应当对特定事项作出决议。下列各项中，不属于特定事项的是（　　）。
    A. 新股发行的起止日期
    B. 新股种类及数额
    C. 承销的证券公司
    D. 新股发行价格

21. 刘某与张某在甲地谈妥买卖合同的主要条款，刘某于乙地在合同上签字，随后张某于丙地在合同上签字，合同在丁地履行，当事人对合同成立地点未作特别约定。该买卖合同的成立地点为（　　）。
    A. 丙地　　　　　B. 甲地　　　　　C. 乙地　　　　　D. 丁地

22. 根据行政复议法律制度的规定，下列关于行政复议申请和受理的表述中，正确的是（ ）。

   A. 公民提起行政诉讼已有人民法院依法受理的，还可以再申请行政复议

   B. 申请行政复议必须采用书面形式

   C. 公民认为具体行政行为侵犯其合法权益的，应当自知道该具体行政行为之日起 15 日内提出行政复议

   D. 行政复议机关受理行政复议申请，不得向申请人收取任何费用

23. 甲公司向乙银行借款 100 万元，将其现有的以及将有的生产设备、原材料、半成品、产品一并抵押给乙银行，但未办理抵押登记。抵押期间，未经乙银行同意，甲公司以市场价格将一台生产设备转让给善意第三人丙公司，并已交付。后甲公司不能向乙银行清偿到期债务。下列关于该抵押权的表述中，正确的是（ ）。

   A. 该抵押权虽已设立但不能对抗丙公司

   B. 乙银行有权对丙公司从甲公司处购买的生产设备行使抵押权

   C. 该抵押权因抵押物不特定而不能设立

   D. 该抵押权因未办理抵押登记而不能设立

24. 上市公司根据公司章程的规定，就甲公司向乙公司投资事项召开董事会会议。甲公司董事长王某之妻林某在乙公司担任董事长。下列关于甲公司董事会会议的表述中，正确的是（ ）。

   A. 王某可以就该项投资决议行使表决权

   B. 林某可以代理王某参加会议并就该项投资决议行使表决权

   C. 王某可以代理其他董事就该项投资决议行使表决权

   D. 若出席会议的无关联关系董事只有 2 人，甲公司应将该事项提交股东会审议

25. 根据政府采购法律制度的规定，下列关于公开招标的表述中，正确的是（ ）。

   A. 地方招标项目招标文件规定的各项技术标准符合地方标准即可

   B. 进行公开招标的地方项目，应当明确只能由当地法人参加投标

   C. 应当采用公开招标方式的项目的具体数额标准，一律由国务院规定

   D. 评标委员会成员人数为 5 人以上的单数

26. 根据民事诉讼法律制度的规定，下列关于审判监督程序的表述中，正确的是（ ）。

   A. 各级人民法院院长对本院已经发生法律效力的判决，发现确有错误的，有权决定再审

   B. 当事人对已经发生法律效力的判决，认为有错误的，只能向原审人民法院申请再审

   C. 上级人民法院对下级人民法院已经发生法律效力的判决，发现确有错误的，有权提审或指令下级法院再审

   D. 当事人对已经发生法律效力的判决申请再审的，应当停止判决的执行

27. 根据政府采购法律制度的规定，下列关于政府采购供应商应当具备条件的表述中，不正确的是（ ）。

   A. 参与政府采购活动前三年内，在经营活动中没有重大违法记录

   B. 必须是企业法人

   C. 具有良好的商业信用和健全的财务会计制度

D.具有履行合同所必需的设备和专业技术能力

28. 张某、李某、王某和赵某共同设立甲普通合伙企业（以下简称"甲企业"），下列关于甲企业事务执行的表述中，正确的是（ ）。

A.若合伙协议约定由张某和李某执行合伙企业事务，则张某对李某执行的事务提出异议时，不停止该项事务的执行

B.若合伙协议约定由张某和李某执行合伙企业事务，王某和赵某不再执行合伙事务

C.若合伙协议未约定合伙事务执行人，则出资最少的张某无权对外代表合伙企业

D.若合伙协议约定由张某执行合伙企业事务，张某不按合伙协议执行事务，其他合伙人不得撤销对张某的委托

29. 2022年3月1日，张某与李某签订借款合同，约定张某向李某借款50万元，年利率为10%。3月5日，李某将45万转账给张某，声明预扣了5万元利息。双方未约定借款期限。下列关于该借款合同效力的表述中，正确的是（ ）。

A.借款合同的成立日期是2022年3月1日

B.因预先扣除借款利息5万元，借款合同无效

C.借款合同的成立日期是2022年3月5日

D.因未约定借款期限，借款合同无效

30. 根据国有资产管理法律的规定，下列关于行政事业性国有资产基础管理的表述中，正确的是（ ）。

A.国务院国有资产监督管理机构负责建立全国行政事业性国有资产管理信息系统

B.各部门及其所属单位根据业务需要可以形成行政事业性国有资产账外资产

C.各部门及其所属单位对有账簿记录但权证手续不全的行政事业性国有资产，应当及时予以报废

D.各部门及其所属单位会计信息严重失真的，应当对行政事业性国有资产进行清查

二、多选题

（本类题共15小题，每小题2分，共30分。每小题备选答案中，有两个或两个以上符合题意的正确答案。请至少选择两个答案，全部选对得满分，少选得相应分值，多选、错选、不选均不得分）

1. 赵某、钱某和孙某共有一套四合院，份额分别为30%、30%和40%。三人约定轮流使用该房屋，对其他事项未作约定。在赵某居住期间，该四合院屋顶瓦片脱落砸伤路人李某，李某请求赔偿。下列关于赔偿责任承担的表述中，正确的有（ ）。

A.若赵某承担了全部赔偿责任，可向钱某和孙某追偿超过其应当承担份额部分的赔偿款

B.李某只能请求赵某、钱某和孙某按各自份额承担赔偿责任

C.李某只能请求赵某承担全部赔偿责任，无权请求钱某和孙某承担赔偿责任

D.赵某、钱某和孙某应对李某所受损害承担连带责任

2. 根据国有资产管理法律制度的规定，下列主体中，其主要负责人应当接受任期经济责任审计的有（ ）。

A.国有独资企业 B.国有资本参股公司

C.国有独资公司 D.国有资本控股公司

3. 根据物权法律制度的规定，下列关于拾得遗失物法律效果的表述中，正确的有（　　）。
   A. 权利人领取遗失物时，应当向拾得人或者有关部门支付保管遗失物等支出
   B. 拾得人侵占遗失物的，无权请求保管遗失物等支出的费用
   C. 遗失物自有关部门发布招领公告之日起 6 个月内无人认领的，归国家所有
   D. 拾得人因重大过失致使遗失物毁损、灭失的，应当承担民事责任

4. 下列法律行为中，可以通过代理实施的有（　　）。
   A. 签订抵押合同
   B. 办理房屋所有权变更登记
   C. 订立遗嘱
   D. 签订收养协议

5. 甲公司以邮政快递的形式向乙公司发出了一份购买 100 台空调的书面要约。下列情形中，甲公司不得撤销要约的有（　　）。
   A. 甲公司在要约中明示要约不可撤销
   B. 甲公司的要约已经到达乙公司法定地址，且乙公司尚未作出承诺
   C. 乙公司有理由认为要约是不可撤销的，且已为履行合同做了合理准备工作
   D. 甲公司在要约中确定了承诺期限

6. 根据公司法律制度的规定，除公司章程另有规定外，下列情形中，股份有限公司应当在 2 个月内召开临时股东会的有（　　）。
   A. 公司未弥补的亏损达全体股东认缴出资金额的 10% 时
   B. 单独或者合计持有公司 10% 以上股份的股东请求时
   C. 监事会提议召开时
   D. 董事会认为必要时

7. 甲公司与乙银行签订借款合同，由丙公司作为连带责任保证人。甲公司与乙银行未征得丙公司书面同意，对借款合同内容进行协议变更。下列关于丙公司承担保证责任的表述中，正确的有（　　）。
   A. 甲公司与乙银行协议减轻债务的，丙公司对变更后的债务承担保证责任
   B. 甲公司与乙银行协议加重债务的，丙公司对原债务承担保证责任
   C. 甲公司与乙银行协议加重债务的，丙公司对加重的部分亦承担保证责任
   D. 甲公司与乙银行协议变更债务的，丙公司不再承担保证责任

8. 陈某、李某和甲股份有限公司签订合伙协议，拟设立一家普通合伙企业，下列关于该普通合伙企业设立的表述中，正确的有（　　）。
   A. 陈某以一套房屋出资，应当办理房屋所有权转移登记
   B. 全体合伙人可以委托法定评估机构评估甲股份有限公司出资的知识产权
   C. 该普通合伙企业自李某向登记机关提交登记资料之日起成立
   D. 该普通合伙企业应当在其名称中标明"普通合伙"字样

9. 张某、李某、王某和孙某共同设立甲普通合伙企业（以下简称"甲企业"），下列表述中，正确的有（　　）。
   A. 若合伙协议中没有约定，也未经全体合伙人同意，孙某不得与甲企业交易

B. 王某为了了解甲企业的财务状况，有权查阅甲企业会计账簿等财务资料

C. 若张某、李某、王某和孙某一致同意，甲企业可以聘任陈某担任经营管理人员

D. 若合伙协议约定全部利润分配给张某和李某，全部亏损由王某和孙某承担，该约定有效

10. 根据证券法律制度的规定，下列关于非公开募集基金的表述中，正确的有（   ）。

    A. 非公开募集基金不得向投资者承诺投资本金不受损失

    B. 社会保障基金视为非公开募集基金的合格投资者

    C. 非公开募集必须设定基金托管人

    D. 中国证监会负责审批非公开募集基金的发行

11. 2022年3月1日，周某以其所有的一辆轿车设立抵押权，向吴某借款10万元，双方签订抵押合同但未办理抵押登记。3月23日，周某为获得李某20万元的借款，又将该轿车抵押给李某，双方签订抵押合同并办理了抵押登记。4月10日，该轿车因故障需要维修，周某将其送至王某处进行维修，周某一直未支付维修费用。上述债务均已到期，因周某无力偿还，该轿车被拍卖，吴某、李某、王某均主张就轿车拍卖价款优先受偿。下列关于债权人受偿顺序的表述中，正确的有（   ）。

    A. 王某优先于李某受偿
    B. 李某优先于吴某受偿
    C. 吴某优先于李某受偿
    D. 李某优先于王某受偿

12. 甲有限责任公司为扩展业务在外地设立乙分公司，下列关于乙分公司法律资格的表述中，正确的有（   ）。

    A. 乙分公司可以领取营业执照

    B. 乙分公司没有独立的财产

    C. 乙分公司可以有独立的公司章程

    D. 乙分公司不能独立承担民事责任

13. 根据民事诉讼法律制度的规定，下列关于两个人民法院均有管辖权的民事诉讼的表述中，正确的有（   ）。

    A. 原告向两个有管辖权的人民法院起诉的，由最先立案的人民法院管辖

    B. 先立案的人民法院可以将案件移送给另一个有管辖权的人民法院

    C. 人民法院在立案前发现另一个有管辖权的人民法院已先立案的，不得重复立案

    D. 人民法院立案后发现另一个有管辖权的人民法院已先立案的，裁定将案件移送给先立案的人民法院

14. 下列行政复议申请情形中，符合行政复议法律制度规定的有（   ）。

    A. 赵某对商务部的具体行政行为不服，应当向国务院申请行政复议

    B. 王某对丙县财政局的具体行政行为不服，可以向丙县人民政府申请行政复议

    C. 张某对甲市乙县人民政府的具体行政行为不服，应当向甲市人民政府申请行政复议

    D. 李某对丁市税务局的具体行政行为不服，可以向丁市人民政府申请行政复议

15. 根据预算法律制度的规定，下列收入中属于一般公共预算收入的有（   ）。

    A. 行政事业性收费收入
    B. 国有土地使用权出让收入
    C. 国有控股公司股息红利收入
    D. 国有资源有偿使用收入

三、判断题

（本类题共10小题，每小题1分，共10分。请判断每小题的表述是否正确。每小题答题正确的得1分，错答、不答均不得分，也不扣分）

1. 因票据权利纠纷提起的诉讼，若被告住所地与票据支付地不一致，当事人只能选择向票据支付地人民法院起诉。（　）
2. 债务人将债务的全部或者部分转移给第三人的，应当经债权人同意。（　）
3. 政府储备物资属于行政事业性国有资产。（　）
4. 行为人代理权终止后以被代理人名义订立的合同，属于无效合同。（　）
5. 普通合伙企业新合伙人对入伙前合伙企业的债务承担无限连带责任。（　）
6. 根据物权法律制度的规定，居住权自登记时设立。（　）
7. 在普通合伙企业中，由一个或数个合伙人执行合伙事务的，执行合伙事务所产生的费用和亏损由合伙企业承担。（　）
8. 各级一般公共预算的结余资金，应当补充预算稳定调节基金。（　）
9. 限制民事行为能力人订立的仲裁协议属于可撤销的仲裁协议。（　）
10. 被二审人民法院发回重审的民事诉讼案件可以适用简易程序审理。（　）

四、简答题

（本类题共3小题，共18分。凡要求计算的，必须列出计算过程；计算结果出现两位以上小数的，均四舍五入保留小数点后两位小数。凡要求说明理由的，必须有相应的文字阐述）

1. 2021年8月17日，赵某因生产经营需要向钱某借款100万元，借款期限一年，年利率为10%，到期一次还本付息。双方同时签订了书面抵押合同，约定以赵某所有的一套价值110万元的房屋设立抵押权，若赵某在2022年8月16日未能按照合同约定向钱某支付本息，该套房屋归钱某所有。

   2021年8月19日，赵某与钱某办理了抵押登记。8月20日，双方达成补充协议，约定该套房屋在抵押期间不得转让，但双方未将该约定进行登记。

   2022年8月15日，赵某因急需周转资金，将该套房屋以105万元的价格转让给善意第三人李某，并办理了房屋所有权转移登记。次日，赵某向钱某偿还15万元。

   钱某多次向赵某催讨剩余借款本息未果，2022年8月31日向人民法院提起诉讼，请求确认赵某的转让行为不发生物权转移效力，该房屋归钱某所有，以抵偿剩余借款本息。

   要求：
   根据上述资料和物权法律制度的规定，不考虑其他因素，回答下列问题。
   （1）钱某对赵某房屋的抵押权何时设立？简要说明理由。
   （2）赵某与钱某的抵押合同约定，若赵某未能按照合同约定支付本息，该套房屋归钱某所有，该约定是否有效？简要说明理由。

（3）2022年8月31日，钱某请求确认赵某的转让行为不发生物权转移效力，人民法院是否应予支持？简要说明理由。

2. 2021年1月10日，甲公司为支付货款向乙公司签发并承兑了一张汇票，到期日为2021年4月10日。乙公司财务人员张某因工作失误而丢失该张汇票。张某因担心受到处分，并未将该情况报告乙公司。2021年1月15日，赵某捡到该汇票，伪造乙公司签章将该汇票背书转让给丙公司，以偿还赵某欠丙公司的货款。丙公司要求提供担保，赵某拟以其担任法定代表人的丁公司为保证人，经丁公司股东会决议同意，并在汇票上记载"保证"字样，在签章时仅加盖丁公司财务专用章。

2021年2月10日，丙公司为支付货款将该汇票背书转让给戊公司。

2021年4月11日，戊公司向甲公司提示付款。甲公司发现乙公司的签章系伪造，以此为由拒绝付款。戊公司随后向丙公司追索，丙公司发现汇票上的金额被变造，变造前的金额为80 000元，变造后的金额180 000元，且无法辨别丙公司签章时间与汇票变造时间的先后，丙公司仅愿意按照80 000元承担票据责任。

要求：

根据上述资料和票据法律制度的规定，不考虑其他因素，回答下列问题。

（1）丁公司在该汇票上的签章是否符合法律规定？简要说明理由。

（2）甲公司以乙公司的签章系伪造为由拒绝付款，是否符合法律规定？简要说明理由。

（3）丙公司仅愿意按照80 000元承担票据责任，是否符合法律规定？简要说明理由。

3. 2018年8月，赵某、钱某、孙某和李某各出资100万元，设立甲有限责任公司（以下简称"甲公司"），四名股东各持股25%，公司章程对股权转让及股权继承未作特别规定，全体股东亦未作特别约定。

2021年9月，赵某因病去世，其女儿周某作为唯一继承人要求继承赵某所持公司全部股权。钱某不同意该股权继承，向周某主张行使优先购买权，提出按照市场公允价值200万元购买该股权，遭到周某拒绝，钱某向人民法院提起诉讼，请求行使优先购买权。

2022年2月，孙某为儿子购买婚房缺少资金，遂与李某签订股权转让协议，将其所持甲公司10%的股权以120万元的价格转让给李某。钱某得知后，不同意该股权转让，主张按照相同条件行使优先购买权或购买孙某所持甲公司5%的股权，遭到孙某拒绝。

2022年5月，因孙某与其他股东在经营理念上的差异越来越大，其他股东在甲公司股东会会议上一致通过甲公司分立的决议，由孙某独立持有一家小公司，其他股东留在甲公司。孙某不愿独立经营，对该项决议投了反对票，甲公司股东会依法通过了公司分立决议。孙某因此对甲公司经营心灰意冷，遂要求甲公司以合理的价格收购股权，以退出公司。

要求：

根据上述资料和公司法律制度的规定，不考虑其他因素，回答下列问题。

（1）2021年9月，钱某请求行使优先购买权，人民法院是否应予支持？简要说明理由。

（2）2022年2月，钱某对孙某转让的股权是否享有优先购买权？简要说明理由。

（3）2022年5月，孙某是否有权请求甲公司以合理价格收购其股权？简要说明理由。

五、综合题

（本类题共 1 题，共 12 分。凡要求计算的，必须列出计算过程；计算结果出现两位以上小数的，均四舍五入保留小数点后两位小数。凡要求说明理由的，必须有相应的文字阐述）

2020 年 5 月 6 日，甲有限责任公司（以下简称"甲公司"）与乙公司就一套 M 设备签订融资租赁合同。合同约定，甲公司享有 M 设备的所有权，乙公司未经甲公司同意，将 M 设备转让、抵押或者投资入股的，甲公司可以解除融资租赁合同，租赁期满，M 设备归乙公司所有；乙公司按月支付租金 20 万元，每月第 10 日为付款日，合同期限为 24 个月。

2020 年 5 月 10 日，乙公司为支付租金向甲公司签发一张金额为 20 万元的汇票，汇票到期日为见票后 3 个月。次日，甲公司为支付货款，将该汇票背书转让给丙公司。丙公司因超过提示承兑期限，被付款人拒绝承兑。丙公司遂向甲公司追索，亦遭到拒绝。

2021 年 10 月 11 日，乙公司在使用 M 设备期间，M 设备造成第三人张某人身伤害。乙公司告知张某，M 设备为甲公司所有，张某于 10 月 18 日向人民法院提起诉讼，请求甲公司承担赔偿责任。

2021 年 11 月 1 日，乙公司因急需资金，将 M 设备以市场价格的 5 折转让给丁公司。丁公司明知乙公司未取得 M 设备的所有权，仍向乙公司支付了价款，并取得 M 设备。

2021 年 11 月 2 日，持有甲公司 5% 股权的股东兼上述融资租赁项目经理李某得知上述情形后，以甲公司的名义要求丁公司交还 M 设备，丁公司以善意取得为由予以拒绝，由于情况紧急，不立即提起诉讼将导致甲公司发生难以弥补的损失。11 月 3 日，李某以自己的名义直接向人民法院提起诉讼，请求丁公司向甲公司交还 M 设备。

2021 年 11 月 10 日，乙公司经甲公司及李某同意与丁公司协商解除了关于 M 设备的买卖合同，乙公司继续履行与甲公司的融资租赁合同，李某撤回起诉。

2022 年 4 月 10 日。乙公司无力支付最后一个月租金 20 万元。经甲公司催告后，乙公司在合理期限内仍无法支付剩余租金，2022 年 4 月 29 日，甲公司通知乙公司解除融资租赁合同，收回 M 设备。M 设备收回时经评估机构估价，M 设备价值 30 万元，甲公司为此支付 2 万元评估及运输费用。2022 年 4 月 30 日，乙公司请求甲公司返还 8 万元。

要求：
根据上述资料和票据、合同、物权、公司法律制度的规定，不考虑其他因素，回答下列问题。
（1）丙公司向付款人提示承兑的最晚日期为哪一天？简要说明理由。
（2）丙公司被拒绝承兑后，是否有权向甲公司追索？简要说明理由。
（3）2021 年 10 月 18 日，张某请求甲公司承担赔偿责任，人民法院是否应予支持？简要说明理由。
（4）2021 年 11 月 2 日，丁公司以善意取得为由拒绝交还 M 设备，是否符合法律规定？简要说明理由。
（5）2021 年 11 月 3 日，李某是否有权以自己的名义直接向人民法院提起诉讼？简要说明理由。
（6）2022 年 4 月 30 日乙公司请求甲公司返还 8 万元，是否符合法律规定？简要说明理由。

《经济法》金题密押卷

(题量：59 总分：100分 时间：120分钟)

一、单选题

（本类题共30小题，每小题1分，共30分。每小题备选答案中，只有一个符合题意的正确答案。错选、不选均不得分）

1. 事业单位拟采购一套照明设备，经过公开招标后没有供应商投标，该事业单位下一步可以采用的采购方式是（　　）。

   A. 询价　　　　　　B. 公开招标　　　　　　C. 邀请招标　　　　　　D. 竞争性谈判

2. 根据政府采购法律制度的规定，下列表述中，正确的是（　　）。

   A. 履约保证金的数额不得超过政府采购合同金额的20%

   B. 政府采购合同不得采用分包方式履行

   C. 实行招标方式采购的，自招标文件开始发出之日起至投标人提交投标文件截止之日止，不得少于10日

   D. 投标人的报价均超过了采购预算，采购人不能支付的，应予废标

3. 根据预算法律制度的规定，下列收入中，不属于转移性收入的是（　　）。

   A. 下级上解收入

   B. 耕地占用税

   C. 按照财政部规定列入转移性收入的无隶属关系政府的无偿援助

   D. 调入资金

4. 下列企业信息中，企业必须向社会公示，不得选择是否公示的是（　　）。

   A. 企业从业人数

   B. 企业负债总额

   C. 企业网站以及从事网络经营的网店的名称、网址等信息

   D. 企业所有者权益合计

5. 甲、乙双方签订了一份订购书，已就合同标的、数量、价款等主要内容达成合意，虽未明确约定在将来一定期限内另行订立合同，但甲公司已按订购书约定开始履行部分义务，乙公司也予以接受。关于该订购书的性质，下列说法正确的是（　　）。

   A. 该订购书仅为预约合同

   B. 该订购书已构成本约合同

   C. 需双方明确约定订立本约合同，订购书才构成本约合同

D. 因未明确约定订立本约合同时间，订购书不构成任何合同

6. 甲公司与乙公司交易，签发一张20万元的支票，并在票据上注明，出票人为甲公司，收款人为乙公司，应乙公司要求未记载出票日期。下列说法中正确的是（　　）。

   A. 支票的出票日期可以授权补记

   B. 甲公司出票时未记载出票日期，乙公司在提示付款前自行记载与甲公司记载具有同等法律效力

   C. 该支票无效

   D. 乙公司持该支票提示付款时，甲公司开户银行应及时与甲公司确认出票时间，若确在10日之内，则应履行付款责任

7. 根据证券法律制度的规定，通过证券交易所的证券交易，投资者及其一致行动人拥有权益的股份达到一个上市公司已发行股份的5%时，应当编制权益变动报告书。完成权益变动报告书的期限是（　　）。

   A. 该事实发生之日起3日内　　　　B. 该事实发生之日起5日内

   C. 该事实发生之日起7日内　　　　D. 该事实发生之日起10日内

8. 赵某收到一张支票，发现记载金额的中文大写和数码不一致。根据票据法律制度的规定，下列关于该支票效力的表述中，正确的是（　　）。

   A. 支票有效，以数码记载为准　　　B. 支票有效，以中文大写记载为准

   C. 支票无效　　　　　　　　　　　D. 将支票金额更改一致后支票有效

9. 甲公司向乙公司借款200万元，借款期间为2020年1月1日起至2022年12月31日止，张某作为保证人。2022年6月5日，甲向乙追加借款100万元，双方约定全部借款于2023年12月31日清偿。张某对甲向乙追加借款与首期借款期限延长之事不知情。对于张某的保证责任，下列表述正确的是（　　）。

   A. 保证责任范围是200万元　　　　B. 保证责任范围是300万元

   C. 张某不再承担保证责任　　　　　D. 以上说法均不正确

10. 甲承租乙的住房，租期未满时，乙准备将该住房出售。下列表述中，正确的是（　　）。

    A. 乙应在出售之前的合理期限内通知甲，甲在同等条件下享有优先购买权

    B. 如果乙对甲隐瞒情况，将房屋出售给丙，甲可以主张乙、丙之间的房屋买卖合同无效

    C. 如果甲放弃优先购买权，当丙购得该住房成为新所有权人后，即使租期未满，也有权要求甲立即迁出该住房

    D. 如果乙的侄子丁想要购买该住房，则甲不得主张优先购买权

11. 甲餐厅承接乙的婚宴。双方约定：婚宴共办酒席20桌，每桌2 000元；乙先行向甲餐厅支付定金1万元；任何一方违约，均应向对方支付违约金5 000元。合同订立后，乙未依约向甲支付定金。婚宴前一天，乙因故通知甲取消婚宴。甲要求乙依约支付1万元定金与5 000元违约金。下列表述中，符合法律规定的是（　　）。

    A. 甲餐厅应在1万元定金与5 000元违约金之间择一向乙主张，因为定金与违约金不能同时适用

    B. 甲餐厅仅有权请求乙支付8 000元定金，因为定金不得超过合同标的额的20%

    C. 甲餐厅无权请求乙支付定金，因为乙未实际交付定金，定金条款尚未成立

    D. 甲餐厅无权请求乙支付定金，因为定金额超过合同标的额的20%，定金条款无效

12. 张某和李某采用合同书面形式签订了一份买卖合同，双方在甲地谈妥合同的主要条款，张某于乙地在合同上签字，李某最后于丙地在合同上按指印，双方约定丁地为合同履行地，但对合同成立地点未作出约定。根据《中华人民共和国民法典》的规定，该合同的成立地点为（ ）。

   A. 甲地　　　　　　B. 乙地　　　　　　C. 丙地　　　　　　D. 丁地

13. 根据物权法律制度的规定，以下关于占有的说法，不正确的是（ ）。

   A. 张某喜欢李某的手机，趁李某不在，拿走了李某的手机，张某为恶意占有

   B. 孙某对于其偷来的钱包是自主占有

   C. 承租人赵某在租赁关系消灭后占有租赁物属于无权占有

   D. 出质人郑某对于质物的占有属于直接占有

14. 根据物权法律制度的规定，下列情形中，甲享有留置权的是（ ）。

   A. 甲为乙修理汽车，乙拒付修理费，待乙前来提车时，甲将该汽车扣留

   B. 甲为了迫使丙偿还欠款，强行将丙的一辆汽车拉走

   C. 甲为丁有偿保管某物，保管期满，丁取走保管物却未付保管费。于是，甲谎称丁取走的保管物有误，要求丁送回调换。待丁送回该物，甲即予以扣留，要求丁支付保管费

   D. 甲为了确保对戊的一项未到期债权能够顺利实现，扣留戊交其保管的某物不还

15. 根据《中华人民共和国民法典》的规定，下列财产可以用于抵押的是（ ）。

   A. 土地所有权　　　　　　　　　　　　B. 被人民法院查封的车辆

   C. 建设用地使用权　　　　　　　　　　D. 所有权有争议的房屋

16. 甲、乙、丙三兄弟共同继承一幅古董字画，由甲保管。甲擅自将该画以市场价出卖于丁并已交付，丁对该画的共有权属关系并不知情。根据物权法律制度的规定，下列表述中，正确的是（ ）。

   A. 经乙和丙中一人追认，丁即可取得该画所有权

   B. 无论乙和丙追认与否，丁均可取得该画的所有权

   C. 丁取得该画的所有权，但须以乙和丙均追认为前提

   D. 无论乙和丙追认与否，丁均不能取得该画的所有权

17. 张三的父母在共同遗嘱中表示，二人共有的位于甲市某房产由张三继承。张三的父母去前，该房由张三的妹妹张四租住，租赁期限未明确。2018年5月，张三的父母先后去世，张三一直未办理该房屋所有权转移登记，也未要求张四搬出房屋。2021年9月，张三因结婚要求张四搬走，张四拒绝搬出。根据物权法律制度的规定，下列说法中，正确的是（ ）。

   A. 张三因未办理房屋所有权转移登记，无权要求张四搬出

   B. 因诉讼时效期间届满，张三要求张四搬走的请求权不受法律保护

   C. 张三已于2018年5月取得房屋所有权，有权要求张四搬出

   D. 张三应当先办理所有权转移登记，凭其产权登记要求张四腾退

18. 李某于2022年8月，以30万元加入甲有限合伙企业，成为有限合伙人。后该合伙企业的另一名有限合伙人退出，李某便成为唯一的有限合伙人。2022年11月，李某不幸发生车祸，已成植物人。关于本案，下列表述中正确的是（ ）。

A. 就李某入伙前该合伙企业的债务，李某仅需以 30 万元为限承担责任

B. 如李某因负债累累而丧失偿债能力，该合伙企业有权要求其退伙

C. 因李某已成植物人，故该合伙企业有权要求其退伙

D. 因唯一的有限合伙人已成为植物人，故该有限合伙企业应当转为普通合伙企业

19. 张三入伙时甲普通合伙企业（下称"甲企业"）负债 50 万元，张三退伙时甲企业已负债 100 万元。后甲企业解散，尚欠 200 万元不能清偿。关于张三对甲企业债务承担责任的下列表述中，正确的是（　　）。

A. 张三对其退伙前的 100 万元债务承担无限连带责任

B. 张三对其入伙前的 50 万元债务承担有限责任

C. 张三已退伙，不再对甲企业债务承担责任

D. 张三对甲企业解散时的 200 万元债务承担无限连带责任

20. 2022 年 6 月，自然人甲、乙、丙设立某合伙企业。合伙协议约定：甲和乙各出资 30 万元，而丙出资 90 万元，三人均应于合伙企业成立之日起 2 年内缴清。合伙协议未约定利润分配事项。2023 年 6 月合伙企业拟分配利润，此时甲、乙已完全履行出资义务，丙已向合伙企业出资 60 万元，在三人未能就利润分配方案达成一致意见的情形下，关于此次利润应如何分配的表述中，下列说法正确的是（　　）。

A. 甲、乙、丙应按 1：1：2 的比例分配　　　　B. 甲、乙、丙应按 1：1：3 的比例分配

C. 甲、乙、丙应按 1：1：1 的比例分配　　　　D. 甲、乙、丙应按各自对合伙企业的贡献度分配

21. 甲是某普通合伙企业的合伙人，因其个人原因欠合伙企业以外的第三人乙 10 万元，而乙欠该合伙企业货款 15 万元。现甲无力以个人财产清偿欠乙的债务。下列说法中，符合合伙企业法律制度规定的是（　　）。

A. 乙以其对甲的债权抵销其欠合伙企业的债务

B. 甲以其从合伙企业中分得的利润偿付欠乙的债务

C. 乙代位行使甲在合伙企业中的各项权利

D. 乙自行接管甲在合伙企业中的财产份额

22. 甲上市公司准备向特定对象发行优先股，发行前公司的普通股股份总数是 5 000 万元，净资产额是 8 000 万元。下列说法正确的是（　　）。

A. 公司拟发行的优先股股份数不得超过 4 000 万元

B. 公司筹资金额不得超过 5 000 万元

C. 同次发行的相同条款优先股，每股发行的条件、价格和票面股息率应当相同

D. 上市公司发行优先股，最近一个会计年度实现的年均可分配利润应当不少于优先股一年的股息

23. 根据公司法律制度的规定，上市公司在 1 年内出售重大资产超过公司资产总额一定比例的，应当由股东会作出决议，并经出席会议的股东所持表决权的 2/3 以上通过。该比例是（　　）。

A. 30%　　　　　　　B. 70%　　　　　　　C. 50%　　　　　　　D. 60%

24. 在甲股份有限公司（以下简称"甲公司"）设立过程中，出资人张某以设立中的甲公司名义与他人

签订一份房屋租赁合同，所租房屋供筹建甲公司使用。甲公司成立后，将该房屋作为公司办公用房。下列有关该房屋租赁合同责任承担的说法中，正确的是（　）。

A. 张某承担
B. 甲公司承担
C. 张某、甲公司承担连带责任
D. 先由张某承担，甲公司承担补充责任

25. 根据公司法律制度的规定，下列属于公司登记事项的是（　）。

A. 公司法定代表人姓名
B. 公司董事
C. 公司章程
D. 公司经营期限

26. 经复议的案件，复议机关决定维持原行政行为的，而当事人对复议结果不服提起行政诉讼的案件，确定被告的规则是（　）。

A. 以复议机关为被告，以作出原行政行为的行政机关为第三人
B. 以作出原行政行为的行政机关和复议机关为共同被告
C. 以作出原行政行为的行政机关为被告，复议机关作为第三人
D. 由当事人选择作出原行政行为的行政机关和复议机关二者之一作为被告

27. 根据行政复议法律制度的规定，下列行政争议中，属于行政复议范围的是（　）。

A. 甲对市场监督管理局对其作出的降级处分的决定不服
B. 乙对公安局作出的行政拘留决定不服
C. 丙某认为国家税务总局制定的部门规章侵犯其权益
D. 丁不服行政机关对其与戊的民事纠纷作出的调解

28. 2023年3月2日，上海市的张三和杭州市的李四签订了买卖香蕉的合同，合同履行地为南京市。后双方在履行该合同过程中发生纠纷，张三欲提起诉讼。根据民事诉讼法律制度的规定，下列表述正确的是（　）。

A. 只能向南京市的人民法院提起诉讼
B. 只能向杭州市的人民法院提起诉讼
C. 若同时向南京市和杭州市的人民法院提起诉讼，则由最先立案的人民法院管辖
D. 若同时向南京市和杭州市的人民法院提起诉讼，则由最先收到起诉状的人民法院管辖

29. 2023年3月，甲公司聘用张三为业务经理，委托其负责与乙公司的业务往来。2023年4月，甲公司将张三解聘，但未收回张三所持盖有甲公司公章的空白合同书，亦未通知乙公司。2023年5月，张三以甲公司业务经理的身份，持盖有甲公司公章的空白合同书，与乙公司签订了一份买卖合同。下列关于该买卖合同效力的说法中，正确的是（　）。

A. 合同无效　　B. 合同有效　　C. 合同效力待定　　D. 合同可撤销

30. 甲欠乙10万元未还，乙索债时，甲对乙称：若不免除债务，必以硫酸毁乙容貌，乙恐惧，遂表示免除其债务。根据《中华人民共和国民法典》的规定，下列关于该债务免除行为效力的表述中，正确的是（　）。

A. 有效　　B. 无效　　C. 可撤销　　D. 效力待定

二、多选题

（本类题共15小题，每小题2分，共30分。每小题备选答案中，有两个或两个以上符合题意的正确答案。请至少选择两个答案，全部选对得满分，少选得相应分值，多选、错选、不选均不得分）

1. 国家出资企业的下列人员中，由履行出资人职责的机构任免的有（　　）。
   A. 国有独资公司的董事
   B. 国有资本控股公司的董事
   C. 国有独资企业的财务负责人
   D. 国有独资公司的监事会主席

2. 根据预算法律制度的相关规定，在预算执行中出现下列情况的，应当进行预算调整的有（　　）。
   A. 需要调出预算稳定调节基金的
   B. 需要增加举借债务数额的
   C. 需要减少预算总支出的
   D. 需要调增预算安排的重点支出数额的

3. 根据保险法律制度的规定，下列关于财产保险合同中代位求偿的说法中，正确的有（　　）。
   A. 保险事故的发生是由第三者的行为引起的
   B. 保险人应以被保险人的名义行使代位求偿权
   C. 被保险人未放弃向第三者的赔偿请求权
   D. 代位求偿权的产生须在保险人支付保险金之前

4. 根据证券法律制度的规定，下列各项中，属于公司首次公开发行股票的基本条件的有（　　）。
   A. 具备健全且运行良好的组织机构
   B. 具有持续经营能力
   C. 发行人及其控股股东、实际控制人最近3年不存在贪污、贿赂、侵占财产、挪用财产或者破坏社会主义市场经济秩序的刑事犯罪
   D. 最近3年财务会计报告被出具无保留意见审计报告

5. 根据合同法律制度的规定，下列关于债权转让的表述中，正确的有（　　）。
   A. 债权转让无须债务人同意
   B. 债务人可与债权人约定债权不得转让
   C. 债权转让应当通知债务人
   D. 债权转让后，受让人不能取得债权的从权利

6. 甲与乙订立买卖合同，约定乙先向甲发货，甲后付款。乙在交货前有确切证据证明甲经营状况严重恶化。乙采取的下列措施中，符合《中华人民共和国民法典》规定的有（　　）。
   A. 可以中止履行合同
   B. 可以要求甲提供适当担保
   C. 乙可以直接通知甲解除合同
   D. 中止履行合同后，若甲在合理期限内未恢复履行能力且未提供适当担保，乙可以解除合同

7. 根据《中华人民共和国民法典》的规定，下列关于格式条款的表述中，正确的有（　　）。
   A. 提供格式条款一方对免除或者限制其责任的内容，应举证其已尽合理提示及说明义务
   B. 对格式条款有两种以上解释的，应当作出有利于提供格式条款一方的解释

C. 格式条款和非格式条款不一致的，应当采用格式条款

D. 提供格式条款一方排除合同对方当事人主要权利的，格式条款无效

8. 甲公司为生产经营需要向乙公司借款 300 万元，由丙公司提供价值 200 万元的房屋作抵押，乙公司、丙公司签订了房屋抵押合同，但未办理抵押登记。另外，甲公司又以一张汇票出质，与乙公司签订了质押合同，甲公司将汇票交付给乙公司，但未办理出质登记。下列说法中，正确的有（ ）。

　　A. 质押合同无效　　　　B. 抵押合同无效　　　　C. 抵押权设立无效　　　　D. 质权设立有效

9. 根据物权法律制度的规定，下列关于土地承包经营权的取得和流转的说法，不正确的有（ ）。

　　A. 可以通过招标、拍卖、公开协商等方式承包荒山等农村土地

　　B. 土地经营权的流转，可以改变土地所有权性质和农业用途

　　C. 土地承包经营权在本集体经济组织之间互换需要进行备案

　　D. 土地承包经营权办理登记后生效

10. 根据物权法律制度的规定，下列属于主物与从物的有（ ）。

　　A. 牛与牛尾巴　　　　B. 机器与维修工具　　　　C. 书与书套　　　　D. 汽车与备用胎

11. 甲、乙、丙、丁共同投资设立一个有限合伙企业，甲、乙为普通合伙人，丙、丁为有限合伙人。下列有关合伙人以财产份额出质的表述中，符合合伙企业法律制度规定的有（ ）。

　　A. 经乙、丙、丁同意，甲可以其在合伙企业中的财产份额出质

　　B. 如果合伙协议没有约定，即使甲、乙均不同意，丁也可以其在合伙企业中的财产份额出质

　　C. 合伙协议可以约定，经 2 个以上合伙人同意，乙可以其在合伙企业中的财产份额出质

　　D. 合伙协议可以约定，未经 2 个以上合伙人同意，丙不得以其在合伙企业中的财产份额出质

12. 根据公司法律制度的规定，清算组在清算期间，可以行使的职权有（ ）。

　　A. 清理公司财产，分别编制资产负债表和财产清单

　　B. 处理公司清偿债务后的剩余财产

　　C. 代表公司参与民事诉讼

　　D. 通知、公告债权人

13. 某公司在选举董事时因人选问题发生了争议，下列可以被选为公司董事的有（ ）。

　　A. 甲，因贪污被判处有期徒刑，3 年前出狱

　　B. 乙，曾为 A 企业董事长，因其决策失误导致 A 企业破产清算，自 A 企业破产清算完结之日起未逾 3 年

　　C. 丙，曾担任因违法被吊销营业执照的企业的法定代表人，5 年前企业已注销

　　D. 丁，曾担任破产企业的厂长，但对企业破产没有责任，该企业已破产 2 年

14. 下列各项中，属于中国社会主义法律体系组成部分的有（ ）。

　　A. 国际法

　　B. 由国务院制定的行政法规

　　C. 由地方人大及其常委会制定的地方性法规

　　D. 由财政部制定的部门规章

15. 根据《中华人民共和国仲裁法》的规定，下列各项中，属于仲裁裁决法定撤销情形的有（ ）。
    A. 裁决的事项不属于仲裁协议的范围或者仲裁委员会无权仲裁的
    B. 裁决所根据的证据是伪造的
    C. 对方当事人隐瞒了足以影响公正裁决的证据的
    D. 没有仲裁协议的

三、判断题

（本类题共10小题，每小题1分，共10分。请判断每小题的表述是否正确。每小题答题正确的得1分，错答、不答均不得分，也不扣分）

1. 各部门所属单位应当每年编制本单位行政事业性国有资产管理情况报告，逐级报送相关部门。（ ）

2. 若强制性规定旨在维护政府的税收、土地出让金等国家利益或者其他民事主体的合法利益而非合同当事人的民事权益，认定合同有效不会影响该规范目的实现，人民法院可以认定该合同不因违反强制性规定无效。（ ）

3. 人寿保险的被保险人或者受益人向保险人请求给付保险金的诉讼时效期间为3年。（ ）

4. 赠与人因受赠人的侵害行为而死亡的，赠与人的继承人行使撤销权的期间是自知道或者应当知道撤销原因之日起1年。（ ）

5. 主合同解除后，担保人对债务人应当承担的民事责任不再承担担保责任。（ ）

6. 根据物权法律制度的规定，宅基地使用权不可以继承。（ ）

7. 物权人行使标的物返还请求权，须举证证明自己是物权人或依法律规定可以行使标的物返还请求权的人。（ ）

8. 根据公司法律制度的规定，资本公积金不可以用于弥补公司亏损。（ ）

9. 根据公司法律制度规定，国有独资公司经理由履行出资人职责的机构聘任或者外聘。（ ）

10. 仲裁裁决生效后，当事人就同一纠纷，不能再申请仲裁，但可以向人民法院提起诉讼。（ ）

四、简答题

（本类题共3小题，共18分。凡要求计算的，必须列出计算过程；计算结果出现两位以上小数的，均四舍五入保留小数点后两位小数。凡要求说明理由的，必须有相应的文字阐述）

1. A公司向B公司购买一批货物。为支付货款，A公司向B公司签发一张以甲银行为承兑人的汇票，甲银行作为承兑人在汇票上签章。B公司收到汇票后，为支付装修款将其背书转让给C公司，并在汇票上注明"不得转让"。C公司又将该汇票背书转让给D公司，用于购买货物。后D公司未向C公司交付约定质量的货物，构成违约。

   汇票到期后，D公司向甲银行提示付款。甲银行以A公司账户余额不足为由拒绝付款。D公司遂向前手追索。B公司以汇票不得转让为由拒绝向D公司承担票据责任。C公司以D公司违约为由拒绝承担票据责任。

要求：

根据上述资料和票据法律制度的规定，不考虑其他因素，回答下列问题。

（1）B 公司拒绝 D 公司追索的理由是否成立？简要说明理由。

（2）甲银行拒绝 D 公司追索的理由是否成立？简要说明理由。

（3）C 公司拒绝 D 公司追索的理由是否成立？简要说明理由。

2. 2023 年 1 月，甲、乙、丙、丁、戊共同出资设立 A 有限合伙企业（简称 A 企业），从事产业投资活动。其中，甲、乙、丙为普通合伙人，丁、戊为有限合伙人，丙负责执行合伙事务。

   2023 年 2 月，丙请丁物色一家会计师事务所，以承办本企业的审计业务。丁在合伙人会议上提议聘请自己曾任合伙人的 B 会计师事务所。对此，丙、戊表示同意，甲、乙则以丁是有限合伙人、不应参与执行合伙事务为由表示反对。A 企业的合伙协议未对聘请会计师事务所的表决办法作出约定。

   2023 年 4 月，戊又与他人共同设立从事产业投资的 C 有限合伙企业（简称 C 企业），并任执行合伙人。后因 C 企业开始涉足 A 企业的主要投资领域，甲、乙、丙认为戊违反竞业禁止义务，要求戊从 A 企业退出。戊以合伙协议并未对此作出约定为由予以拒绝。

   2023 年 5 月，戊以其在 A 企业中的财产份额出质向庚借款 200 万元，但未告知 A 企业的其他合伙人，A 企业的合伙协议对出质未作相关约定。

   要求：

   根据上述资料及相关规定，不考虑其他因素，回答下列问题。

   （1）甲、乙反对丁提议 B 会计师事务所承办 A 企业审计业务的理由是否成立？简要说明理由。

   （2）甲、乙、丙关于戊违反竞业禁止义务的主张是否成立？简要说明理由。

   （3）戊以其在 A 企业中的财产份额向庚出质的行为是否有效？简要说明理由。

3. 甲股份有限公司（简称"甲公司"）为上市公司，2023 年 11 月 1 日甲公司召开董事会会议制定公司 2023 年度利润分配方案。

   甲公司董事会共有董事 11 人，7 人出席会议，其中 5 名董事均对 2023 年的利润分配方案投了赞成票，并决定于 2023 年 12 月 25 日召开临时股东会审议该利润分配方案。

   2023 年 11 月 5 日，已经连续 90 日持有甲公司 12% 股份的郑某书面请求甲公司监事会起诉投票通过上述利润分配方案的 5 名董事损害公司利益，遭到拒绝，郑某遂以自己的名义直接向人民法院起诉 5 名董事。

   要求：

   根据上述资料和公司法律制度的规定，回答下列问题。

   （1）2023 年 11 月 1 日，董事会会议的到会人数是否符合公司法关于召开董事会会议法定人数的规定？并说明理由。

   （2）2023 年 11 月 1 日董事会作出的决议是否获得通过？并说明理由。

   （3）人民法院应否受理郑某的起诉？并说明理由。

五、综合题

（本类题共1题，共12分。凡要求计算的，必须列出计算过程；计算结果出现两位以上小数的，均四舍五入保留小数点后两位小数。凡要求说明理由的，必须有相应的文字阐述。）

2018年1月，张某、李某共同出资设立甲有限责任公司（下称"甲公司"），根据公司章程的记载，股东认缴的出资应在公司成立后的6个月内缴足。

2022年1月，李某认缴的出资经催告仍未足额缴纳，甲公司遂向甲公司住所地人民法院提起诉讼，请求李某补足出资，并承担相应的责任，李某拒绝，理由有二：

（1）按照"原告就被告"的原则，由李某的住所地人民法院管辖；

（2）甲公司的请求已过诉讼时效期间。

2022年2月，甲公司为其一处厂房向A保险公司投保了火灾险。

2022年9月10日，甲公司与乙公司签订合同，将上述厂房转让给乙公司。9月20日，甲公司向乙公司交付了厂房并约定9月25日办理厂房的产权转移登记手续。9月24日夜，厂房发生火灾，全部毁损。10月20日，乙公司向A保险公司提出索赔，A保险公司拒绝支付保险金并提出抗辩：厂房的产权尚未转移登记至乙公司名下，乙公司无权索赔。

2023年1月1日，甲公司购买丙公司1台设备，合同约定：设备价格为1200万元，甲公司在合同签订当日向丙公司支付首期价款400万元。丙公司在收到首期价款后1个月内将设备交付给甲公司；甲公司在之后的8个月内，每月向丙公司支付价款100万元。为防止甲公司未来拖欠价款，丙公司要求甲公司提供担保。2023年1月4日，丙公司与甲公司签订浮动抵押合同，甲公司以其现有的以及将有的原材料、半成品和产品抵押，用于担保丙公司每月的债权。合同约定次日生效。1月6日，丙公司与甲公司办理了抵押登记。

2023年3月15日，甲公司与丁公司签订产品销售合同，合同约定丁公司按市场价格购买甲公司产品。甲公司于次日将产品发送给丁公司，丁公司当日支付价款。2023年3月20日，丙公司得知后将上述产品已经抵押并登记的情况通知丁公司，要求丁公司在3月31日之前不要出售上述产品，遭到丁公司拒绝。

2023年8月2日，由于甲公司连续3个月未支付设备价款300万元，经催告后仍未支付，丙公司要求甲公司一次性支付到期和未到期的全部价款共500万元。甲公司认为丙公司无权要求支付尚未到期的200万元价款，并拒绝支付任何款项。

要求：

根据上述资料和民事诉讼、公司、物权、合同、保险法律制度的规定，回答下列问题。

（1）李某拒绝甲公司诉讼请求的理由（1）是否符合法律规定？简要说明理由。

（2）李某拒绝甲公司诉讼请求的理由（2）是否符合法律规定？简要说明理由。

（3）保险公司的抗辩理由是否成立？简要说明理由。

（4）2023年1月4日，甲公司与丙公司签订浮动抵押合同，丙公司的抵押权设立的日期为哪一天？简要说明理由。

（5）2023年3月20日，丙公司是否有权要求丁公司在3月31日之前不要出售其从甲公司购买的产品？简要说明理由。

（6）甲关于丙无权要求支付尚未到期的 200 万元价款的主张是否成立？简要说明理由。

2025 年全国中级会计资格考试
摸底检测卷

经济法

解析点拨册

扫码领取"必刷题库"

目 录

2024 年考情解读与 2025 年学习建议   1

2024 年检测卷客观题答案速查   8

2024 年检测卷解析点拨   9

2023 年检测卷客观题答案速查   30

2023 年检测卷解析点拨   31

2022 年检测卷客观题答案速查   49

2022 年检测卷解析点拨   50

金题密押卷客观题答案速查   70

金题密押卷解析点拨   71

2024年考情解读与2025年学习建议

一、2024年考情说明

1. 考试范围： 2024年考试范围明显比以前几年更宽，不仅涵盖了历年的高频考点，还涉及一些冷门考点，具体是将这些冷门考点的概念展开进行考核。但是重者恒重，只要对常规考点把握到位，通过考试还是很有希望的。

2. 考试难度： 根据考生的反馈，2024年的考核难度与往年持平。秉持着"逢新必考"原则，也针对当年修订的知识点进行了考核。这也提醒各位考生应当要及时关注每年教材的变动部分，特别是一些新增知识点，以及与以前知识点不一样的地方。

3. 试卷分析： 2024年《经济法》的考试，仍然是以55个客观题和4个主观题结合的方式进行考核，题型、题量、分值与以往年度一样。《经济法》学科要求我们要注重细节，做到精准记忆，加灵活理解。不难看出，客观题绝大部分都是以纯文字的形式进行考核，因此考生在平时的学习过程中，一定要注意理解与记忆相结合。而主观题中，3个简答题以我们往年的重点章节，分章出题；综合题以跨章节方式进行考核，要求考生读懂小案例，并加以分析，后用精准的法条解决问题。因此，考生在平时学习过程中，要注意法条的灵活运用，可以联系一下生活实际加以理解。

二、2024年考点回忆及分析

1. 第一章 总论

本章知识点比较多，属于重点章节，但是考核难度中等，以考查基础概念为主。2024年依旧考查代理、诉讼时效、经济纠纷解决途径等知识点，属于常规考法，难度低。但是，今年教材针对民事诉讼程序、行政复议等相关内容进行了新增、调整，考生需要特别注意。

本章近年具体考情分析如下：

考点	考查的知识点	题型	分值区间
法律行为	要式合同	判断题	1~1.5分
	法律行为的分类	单选题	
无效法律行为	无效民事法律行为	判断题、单选题	1~1.5分
代理	代理的适用范围	判断题	1分
仲裁	仲裁程序	单选题	1.5分
	无效的仲裁协议	多选题	2分
	仲裁	单选题	1.5分
	仲裁法的适用范围	单选题	1.5~2分
		综合题	
	仲裁实行地管辖	判断题	1分

续表

考点	考查的知识点	题型	分值区间
民事诉讼	民事诉讼管辖	多选题	2~4 分
	合同纠纷的诉讼管辖	单选题、综合题	1.5~2 分
	票据纠纷的诉讼管辖	多选题	2 分
	民事诉讼简易程序的适用	判断题	1 分
	民事诉讼审判监督程序	判断题	1 分
	诉讼时效的适用范围	单选题	1.5 分
	诉讼时效期间届满日	单选题	1.5 分
行政复议	行政复议、中止	单选题	1.5~3 分
	行政复议管辖范围	单选题、多选题	1.5~2 分
行政诉讼	行政诉讼适用范围	单选题	1.5~3 分

2. 第二章 公司法律制度

本章知识点今年进行了全新的编写,属于考核的重中之重,考生需要特别注意。本章除了考核客观题,还会涉及简答题和综合题,要求考生用法条解决问题,并熟练写出法条。

本章近年具体考情分析如下:

考点	考查的知识点	题型	分值区间
公司的登记管理	法定代表人	单选题	1.5 分
	公司歇业	单选题	1.5 分
有限责任公司	有限责任公司的设立	简答题、综合题	2~4 分
	股东的出资方式、义务	单选题、多选题、综合题	1.5~4 分
	有限责任公司的股权转让	多选题,简答题	2~4 分
	抽逃出资	单选题	1.5 分
	国家出资企业管理者的选择	单选题	1.5 分
股份有限公司	公司发起人的资格	判断题	1 分
	股份转让	判断题	1 分
	累积投票制	单选题	1.5 分
	上市公司审计委员会	多选题	2 分
公司董监高人员的资格和义务	股东代表诉讼	单选题	1.5 分
公司股票和债券	公司财务资助	单选题	1.5 分
公司财务、会计	法定公积金的提取	单选题	1.5~3 分
	财务会计报告编制、审计	判断题	1 分
公司合并、分立、增资、减资	公司合并	多选题	2 分

续表

考点	考查的知识点	题型	分值区间
公司解散和清算	公司司法解散	单选题	1.5分
	减资补亏	多选题	2分
	公司简易注销	判断题	1分

3. 第三章 合伙企业法律制度

因为第二章为全新编写，合伙企业法律制度作为其姊妹章节，也显得格外重要。除了以案例形式考核常规的客观题，还会涉及主观题。

本章近年具体考情分析如下：

考点	考查的知识点	题型	分值区间
普通合伙企业	普通合伙企业的设立	判断题、单选题	1~1.5分
	普通合伙企业的事务执行	多选题、综合题	2~4分
	合伙人当然退伙	单选题	1.5分
	普通合伙人财产份额出质	单选题	1.5分
	特殊普通合伙企业	单选题	1.5分
	合伙企业的损益分配	综合题	2分
有限合伙企业	有限合伙企业事务执行的特殊规定	单选题	1.5分
	有限合伙人的资格、入伙	单选题、多选题	1.5~5.5分
合伙企业的解散和清算	合伙企业的清算	单选题	1.5分
	合伙企业的解散	判断题	1分
	合伙企业的解散和清算	多选题	2分

4. 第四章 物权法律制度

本章知识点是各种法律考试的重点，与我们的生活实际非常接近，学好本章内容很有必要。2024年依然以基础概念+案例的形式考核，着重考核善意取得、用益物权和担保物权等。根据考生回忆，每套试卷均均匀地涉及了这些考点。

本章近年具体考情分析如下：

考点	考查的知识点	题型	分值区间
物权法通则	物权登记设立	单选题	1.5分
	动产交付	综合题	2分
所有权	拾得遗失物	单选题	1.5分
	善意取得	判断题	1分
	按份共有	多选题	2分
	区分所有权	单选题	1.5分

续表

考点	考查的知识点	题型	分值区间
用益物权	土地承包经营权	单选题	1.5分
	建设用地使用权	单选题	1.5分
	居住权	单选题、多选题	1.5~2分
担保物权	抵押登记	多选题	2分
	最高额抵押权	单选题	1.5分
	抵押权的设立	简答题	6分
	抵押权的孳息		
	抵押担保的范围		
	质权的设立时间	多选题	2分
	动产质权	判断题	1分
	留置权	综合题	2分
占有	占有制度	多选题	2分

5. 第五章 合同法律制度

本章知识点也是各种法律考试的重点，和物权法一样，也与我们的生活实际非常接近，学好本章内容意义重大，2024年也依然是以基础概念＋案例的形式考核，着重考核要约与违约责任，以及常见的合同，比如买卖合同、保证合同等。根据考生回忆，每套试卷均均匀地涉及了这些考点。

本章近年具体考情分析如下：

考点	考查的知识点	题型	分值区间
合同的订立	要约与承诺	单选题	1.5分
	要约邀请	多选题	2分
	要约失效	单选题	1.5分
	合同成立时间（电子合同）	简答题	2分
合同的履行	合同履行的规则	判断题	1分
合同的保全	代位权	单选题、多选题	1.5~2分
合同的变更和转让	债务转让	单选题	1.5分
合同的消灭	债务清偿的顺序	单选题	1.5分
	免除	判断题	1分
	法定解除	综合题	2分
违约责任	违约金、延期违约金	简答题、综合题	4分
	定金、定金罚则	单选题、简答题、综合题	1.5~4分
买卖合同	试用买卖使用费	判断题、简答题	1~2分
借款合同	逾期贷款利息	单选题	1.5分

续表

考点	考查的知识点	题型	分值区间
保证合同	担保合同的无效	判断题	1分
	保证合同无效的法律责任	单选题	1.5分
租赁合同	租赁合同	单选题	1.5分

6. 第六章 金融法律制度

本章知识点较为综合，由四种不同的法律制度构成。其中，票据法律制度和保险法律制度是考试的热点、重点，会涉及主观题的考核；证券法律制度会与第二章公司法律制度结合考核。

本章近年具体考情分析如下：

考点	考查的知识点	题型	分值区间
票据法律制度	票据行为成立的有效要件	多选题	2分
	票据伪造	单选题	1.5分
	汇票出票的记载事项	单选题	1.5分
	汇票的质权、应收账款的质权	简答题	4分
	支票的记载事项	多选题，综合题	2~4分
	票据权利救济	单选题	1.5分
证券法律制度	证券交易市场信息披露	单选题	1.5分
	公开发行公司债券的条件	单选题、多选题	1.5分~2分
	私募基金	单选题	1.5分
	上市公司全面要约收购	单选题	1.5分
	操纵市场行为	多选题	2分
	利用未公开信息进行交易的主体	单选题	1.5分
保险法律制度	保险合同的变更	多选题	2分
	保险合同的解除	判断题	1分
	保险的免责条款	综合题	2分
	保险人的合同解除权	单选题	1.5分
	保险人的义务	判断题	1分
	投保人支付保险费的义务	多选题	2分
	保险关系人与财产保险代位求偿权	单选题	1.5分
	人寿保险请求给付保险金的诉讼时效期间	单选题	1.5分

7. 第七章 财政法律制度

本章知识点常见的出题形式限于客观题，与第六章一样，属于三个法律制度拼凑而成的复合章节，三个章节的分值比较均匀。

本章近年具体考情分析如下：

考点	考查的知识点	题型	分值区间
预算法律制度	预算收支范围	单选题	1.5 分
	预算编制	单选题、判断题	1~3 分
	一般公共预算收入	判断题	1 分
	专项转移支付	单选题	1.5 分
	海关负责征收的税种	单选题	1.5 分
	国有资本经营预算	判断题	1 分
国有资产管理法律制度	代表国家行使国有资产所有权的机构	单选题	1.5 分
	国家出资企业管理者的选择	单选题	1.5 分
	行政事业性国有资产的基础管理、报告	单选题、多选题	1.5~2 分
	行政事业性国有资产使用	单选题	1.5 分
	行政事业性国有资产的报废、毁损	多选题	2 分
政府采购法律制度	政府采购、合同	单选题、多选题	3.5~6.5 分
	政府采购回避情形	多选题	2 分
	采购机构	判断题	1 分
	邀请招标	单选题、多选题	1.5~3 分
	竞争性谈判	单选题	1.5 分

三、2025 年学习建议

从 2024 年度的考试情况来看，考试呈现出注重灵活运用的趋势。以前年度关于法条原文的考核偏多，而 2024 年客观题中也出现了许多案例分析题，要求学员提高分析问题、解决问题的能力。此外，一个题目会涉及多个知识点，甚至各个选项涉及不同知识点的情形也越来越多。2025 年度，预计会对更多考核法条的灵活运用。因此，备考中，需要考生们做到对法条进行深度理解，而不是死记硬背。

2025 年度的备考建议如下：

1. 了解重点章节，做到主次分明。 各章节在考试中的难度、分数均值、题型如下：

章节	难度	均分（分）	题型
第一章　总论	★	12	客观题
第二章　公司法律制度	★★★	16	客观题、主观题
第三章　合伙企业法律制度	★★	14	客观题、主观题
第四章　物权法律制度	★★	15	客观题、主观题
第五章　合同法律制度	★★	15	客观题、主观题
第六章　金融法律制度	★★★	17	客观题、主观题
第七章　财政法律制度	★★★	11	客观题

2. 备考心态调整

今年教材整体变动不大，第三章和第四章无实质性变动，其他章节主要是依据新的司法解释等进行补充完善，并且第六章删除了部分内容，总体而言，学习压力有所减轻。考生应保持积极乐观的备考心态，尤其是对于已学习过一部分的学员，要抓住这一有利时机，增强通过考试的信心。同时，对于第六章涉及《证券法》变动的内容，不必过度焦虑：经济法考试重点突出，证券法律制度并非考试重点，考生合理分配精力，按部就班复习即可。

3. 备考时间规划

基础学习阶段（现在—7月上旬）：依据新教材，逐章学习各个知识点，结合新增和调整内容，理解知识点的内涵与外延。对于第一章新增的合同效力判定情形、第二章公司法时间效力司法解释等，要深入研读，可借助课程，跟随老师的讲解加深理解。每学完一章，及时做章节练习题，巩固所学知识，标记出易错知识点，便于后续复习。

强化巩固阶段（7月中旬—8月中旬）：对各章节知识点进行系统梳理，构建知识框架。针对变动内容，如第六章金融法律制度的调整部分，进行重点复习和强化训练。通过做综合练习题，提升对知识点的综合运用能力，分析题目所涉及的知识点交叉情况，总结答题技巧。

冲刺模拟阶段（8月下旬—考试前）：进行全真模拟考试，严格按照考试时间和要求作答，提前适应考试节奏。认真分析模拟考试试卷，找出自己的薄弱环节，进行有针对性的查缺补漏。回顾之前标记的易错知识点，强化记忆，确保在考试中不再犯错。

4. 学习方法与技巧

理解记忆为主：《经济法》科目知识点繁多且琐碎，单纯死记硬背效果不佳。例如，在学习第一章合同不因违反强制性规定无效的情形时，要理解背后的立法意图和实际应用场景，通过分析具体案例，将抽象的法律条文转化为实际应用，从而加深记忆。

对比归纳总结：对于相似知识点，如不同企业类型（公司、合伙企业）的设立条件、股东（合伙人）的权利义务等，要进行对比归纳。制作思维导图或表格，清晰呈现知识点之间的异同，便于记忆和区分。以有限责任公司和股份有限公司为例，可从设立方式、股东人数、出资形式、组织机构等方面进行对比。

结合实际案例：本科目与实际经济生活联系紧密，在学习过程中，要善于将知识点与实际案例相结合。如在学习政府采购法律制度时，关注现实中政府的采购项目，分析其是否符合教材中的规定，这样不仅能加深对知识点的理解，还能提高运用知识、解决实际问题的能力，在考试答题中更加得心应手。

2024 年检测卷客观题答案速查

一、单选题

题号	1	2	3	4	5	6	7	8	9	10
答案	B	B	B	C	C	C	A	C	A	C
题号	11	12	13	14	15	16	17	18	19	20
答案	B	A	A	A	A	D	A	C	D	C
题号	21	22	23	24	25	26	27	28	29	30
答案	A	A	A	D	A	D	D	A	A	B

二、多选题

题号	1	2	3	4	5	6	7	8	9	10
答案	ABC	AB	ABD	ABC	ACD	BCD	ABD	ACD	BCD	ACD
题号	11	12	13	14	15	16	17	18	19	20
答案	ABC	ABC	BCD	CD	BC					

三、判断题

题号	1	2	3	4	5	6	7	8	9	10
答案	√	×	√	×	×	×	×	√	√	×

错题回顾

考生回忆版真题是考生了解每年命题重点和考法技巧的最重要的来源，考生在刷题阶段一定要建立错题集，将错题分类整理，记录高频出错的知识点和题目，进行反复练习。我们给考生提供了错题分类记录，帮助大家在核对答案时，同步对错题进行定期回顾、反复练习，直到正确率达到100%。

日期	单选题	多选题	判断题
5月6日（示例）	1、4、10	11	22、25

2024年检测卷解析点拨

一、单选题

1. **答案** B **解析** 本题考查政府采购方式。

符合下列情形之一的货物或者服务,可以采用邀请招标的方式采购:(1)具有特殊性,只能从有限范围的供应商处采购的;(2)采用公开招标方式的费用占政府采购项目总价值的比例过大的。因此,本题选项B正确。

名师点睛 政府采购方式相关知识点总结,如下表所示。

采购方式	适用情形	关键特点
公开招标	政府采购的主要方式(默认);不得化整为零规避	招标文件发出至截止≥20日;保证金≤预算2%
邀请招标	(1)特殊性,只能从有限范围采购;(2)公开招标费用占比过大	通过随机选择邀请,须发布资格预审公告
竞争性谈判	(1)招标失败;(2)技术复杂无法确定规格;(3)紧急需求;(4)无法计算总价	一对一谈判,最后报价确定供应商
单一来源	(1)唯一供应商;(2)紧急情况;(3)添购≤原合同的10%	须保证质量,价格合理协商
询价	货物规格统一、现货充足、价格波动小	一次性报价,最低价成交

2. **答案** B **解析** 本题考查证券交易市场信息披露。

上市公司在每一会计年度结束之日起4个月内报送并公告年度报告。因此,本题选项B正确。

名师点睛 临时报告披露时点:

(1)一般情况:董事会决议、签署协议或相关人员知悉后**2个交易日**内;

(2)紧急情况:传闻泄露、股价异常波动时立即披露。

3. **答案** B **解析** 本题考查行政诉讼适用范围。

人民法院不受理公民、法人或者其他组织对下列事项提起的诉讼:(1)国家行为。国防、外交等国家行为。(2)抽象行政行为。行政法规、规章或者行政机关制定、发布的具有普遍约束力的决定、命令。(3)内部行政行为。行政机关对行政机关工作人员的奖惩、任免等决定(选项C)。(4)终局行政裁决行为。法律规定由行政机关最终裁决的具体行政行为(选项A)。此外,《最高人民法院关于适用〈中华人民共和国行政诉讼法〉的解释》规定,下列行为也不属于人民法院行政诉讼的受案范围:(1)公安、国家安全等机关依照《中华人民共和国刑事诉讼法》的明确授权实施的行为(选项D)。(2)调解行为以及法律规定的仲裁行为。(3)行政指导行为。(4)驳回当事人对行政行为提起申诉的重复处理行为。(5)行政机关作出的不产生外部法律效力的行为。(6)行政机关为作出行政行为而实施的准备、论证、研究、层报、咨询等过程性行为。(7)行政机关根据人民法院的生效裁判、协助执行通知书作出的执行行为,但行政机关扩大执行范围或者采取违法方式实施的除外。（8）上级行政机关基于内部层级监督关系对下级行政机关作出的听取报告、执法检查、督促履责等行为。（9）行政机关针对信访事项作出的登记、受理、交办、转送、复查、复核意见等行为。（10）对公民、法人或者其他组织权利义务不产生实际影响的行为。公民、法人和其他组织对行政拘留、暂扣或者吊销许可证和执照、责令停产停业、没收违法所得、没收非法财物、罚款、警告等行政处罚不服的，可以向人民法院提起行政诉讼。因此，本题选项B正确。

名师点睛 相关重要考点总结，如下表所示。

项目	具体内容	典型例子
不可诉行为	（1）国家行为；（2）抽象行政行为；（3）内部行政行为；（4）终局行政裁决；（5）刑事司法行为；（6）其他非行政行为（**调解、指导、过程性行为**等）	（1）国防外交行为；（2）行政法规、规章；（3）行政机关内部考核、任免；（4）自然资源确权终局裁决；（5）刑事拘留、逮捕；（6）行政调解、行政指导
可诉行为	（1）行政处罚；（2）行政强制；（3）行政许可；（4）行政确认；（5）侵犯经营自主权；（6）行政不作为	（1）吊销许可证（选项B）；（2）查封、扣押财产；（3）拒绝颁发营业执照；（4）土地确权争议裁决（非终局）；（5）不履行保护人身权职责
考核陷阱	（1）混淆"终局裁决"与"非终局裁决"；（2）将内部考核（如年度考核不合格）误认为可诉；（3）误将刑事司法行为（如刑事拘留）视为行政行为	（1）自然资源确权争议的终局裁决不可诉，但普通土地登记行为可诉；（2）行政机关工作人员对考核不服不可诉，但企业对行政处罚可诉

4. **答案** C **解析** 本题考查政府采购合同。

采购人与中标、成交供应商应当在中标、成交通知书发出之日起30日内，按照采购文件确定的事项签订政府采购合同。因此，本题选项C正确。

名师点睛 区分政府采购与招标投标的不同期限。（招标投标为30日签订合同，与政府采购一致）

5. **答案** C **解析** 本题考查承担违约责任的形式。

定金的数额由当事人约定；但不得超过主合同标的额的20%，超过部分不产生定金的效力。收受定金的一方不履行债务或者履行债务不符合约定，致使不能实现合同目的的，应当双倍返还定金。本题中，赵某支付定金3万元，超过主合同标的额的20%（10×20%=2万元），超过部分（1万元）不产生定金的效力。甲公司应原数返还赵某交付的3万元，再赔付2万元，故赵某可要求甲公司最高返还的金额为5万元。因此，本题选项C正确。

名师点睛 定金数额限制、双倍返还规则及损失赔偿的适用。

（1）**破题规律**：

三步锁定答案。

①第一步：计算定金上限（主合同标的额×20%）；

②第二步：判断实际定金是否超上限，超部分无效；

③第三步：双倍返还有效定金，加原额返还超上限部分。

（2）**排除干扰项**：

①混淆"定金"与"违约金"（违约金可约定，定金须实际交付）；

②忽略"超过部分无效"规则（如本题中3万元定金的1万元无效）。

（3）损失赔偿处理：

①若定金不足以弥补损失（如双倍返还后仍低于实际损失），可主张差额赔偿；

②题目未明确损失金额或仅考查定金罚则时，默认按定金规则计算。

6. **答案** C **解析** 本题考查有限合伙企业事务执行的特殊规定。

有限合伙人参与选择承办有限合伙企业审计业务的会计师事务所不视为执行合伙事务，选项A错误。有限合伙人可以同本企业进行交易，但是合伙协议另有约定的除外。本题合伙协议未约定，选项B错误。有限合伙人可以自营或者同他人合作经营与本有限合伙企业相竞争的业务；但是，合伙协议另有约定的除外。本题合伙协议未约定，选项C正确。有限合伙人依法为本企业提供担保不视为执行合伙事务，选项D错误。因此，本题选项C正确。

名师点睛 破题规律总结如下。

（1）**明确有限合伙人与普通合伙人的区别**：有限合伙人不执行合伙事务，不对外代表企业，其权利义务更宽松。

（2）关注"**不视为执行合伙事务**"的行为：如参与选择会计师事务所、提供担保、对企业经营管理提出建议等，这些行为不违反规定。

（3）**协议优先原则**：合伙协议可对有限合伙人的权利义务作出特殊约定，题目中若未提及协议约定，则按法定规则处理。

（4）**排除法解题**：错误选项常混淆"有限合伙人"与"普通合伙人"的义务（如竞业禁止、交易限制）。

7. **答案** A **解析** 本题考查利润分配。

当公司法定公积金累计额为公司注册资本的50%以上时，可以不再提取。因此，本题选项A正确。

名师点睛 公积金相关知识点总结，如下表所示。

项目	具体内容
法定公积金提取比例	税后利润的10%（强制提取）
法定公积金上限	累计额≥注册资本的50%时，可不再提取
任意公积金提取	由股东会决议，无固定比例（非强制）
利润分配顺序	弥补亏损→提取法定公积金→提取任意公积金→分配股利
特殊情形	法定公积金可用于弥补亏损、扩大生产经营或转增资本（转增后≥注册资本25%）
提示	（1）混淆"法定公积金"与"任意公积金"：题目可能将两者合并计算（如"公积金总额≥500万"），但仅法定公积金须满足条件。 （2）忽略"注册资本"基数：需注意题目中注册资本的具体数值（如本题为1 000万元），避免误算比例

8. **答案** C **解析** 本题考查代位权。

在代位权诉讼中，以次债务人（高某）为被告，债务人（赵某）为第三人，选项A错误。债权人向次债务人提起的代位权诉讼，经人民法院审理后认定代位权成立的，由次债务人向债权人履行清偿义务。债权人接受履行后，债权人与债务人、债务人与次债务人之间相应的权利义务关系即予消灭，选项B错误。债权人行使代位权的必要费用，由债务人（赵某）负担，选项C正确。权利人行使代位权，是向人民法院提起代位权诉讼，选项D错误。因此，本题选项C正确。

🧑‍🏫 **名师点睛** 代位权 VS 撤销权，如下表所示。

项目	代位权	撤销权
适用情形	债务人怠于行使到期债权，损害债权人利益	债务人放弃债权、无偿转让财产等积极减少财产的行为，损害债权人利益
权利性质	实体权利（须通过诉讼行使）	实体权利（须通过诉讼行使）
诉讼当事人	原告：债权人； 被告：次债务人； 第三人：债务人	原告：债权人； 被告：债务人； 共同被告：受益人/受让人
法律后果	次债务人直接向债权人清偿，费用由债务人承担	债务人行为被撤销，财产恢复原状，费用由债务人承担

9. **答案** A **解析** 本题考查抵押权。
抵押权人实现最高额抵押权时，如果实际发生的债权余额高于最高限额的，以最高限额为限，超过部分不具有优先受偿的效力。即最高限额内的债权，仍享有抵押权。选项A错误，当选。

🧑‍🏫 **名师点睛** 破题规律总结如下。
（1）**注意"最高限额"的效力**：最高额抵押权的核心是"限额内优先"，而非"超限无效"。若实际债权超过限额，超限部分转为普通债权，抵押权仍有效（如选项A陷阱）。
（2）**登记规则**：最高额抵押权仅须首次登记，无须每次债权变动均登记（选项B）。
（3）**特殊情形处理**：债务人破产时，最高额债权必须确定（选项C）；债权转让时，最高额抵押权原则上不得转让（选项D）。
（4）**排除干扰项**：选项A混淆了"优先受偿范围"与"抵押权效力"，需特别注意。

10. **答案** C **解析** 本题考查所有权的取得。
遗失物自有关部门发布招领公告之日起1年内无人认领的，归国家所有。选项C错误，当选。

🧑‍🏫 **名师点睛** 破题规律总结如下。
（1）**时间节点敏感**：重点关注"公告期1年"的规定（选项C的核心陷阱）。
（2）**所有权归属**：无人认领的遗失物归国家，而非部门或拾得人（选项C错误）。
（3）**费用与责任**：权利人须支付必要费用，但无须支付报酬（除非有悬赏）。
部门仅在重大过失时担责，一般过失免责。

11. **答案** B **解析** 本题考查民事诉讼。
下列请求权不适用诉讼时效的规定：（1）请求停止侵害、排除妨碍、消除危险（选项D）；（2）不动产物权和登记的动产物权的权利人请求返还财产；请求支付抚养费、赡养费或者扶养费；（4）依法不适用诉讼时效的其他请求权。当事人对下列债权请求权提出诉讼时效抗辩的，人民法院不予支持：（1）支付存款本金及利息请求权（选项C）；（2）兑付国债、金融债券以及向不特定对象发行的企业债券本息请求权；（3）基于投资关系产生的缴付出资请求权（选项A）；（4）其他依法不适用诉讼时效规定的债权请求权。因此，本题选项B正确。

🧑‍🏫 **名师点睛**
（1）**出题规律**

考点聚焦：重点考查《中华人民共和国民法典》中不适用诉讼时效的请求权类型，考生需精准区分。

干扰项设计：常见混淆点包括物权请求权、身份关系请求权、特殊债权请求权与普通债权请求权的区分。

典型示例：如**出资请求权**、**存款本息请求权**、**排除妨害请求权**等，常作为干扰项出现。

（2）破题关键

识别请求权性质：

①**不适用诉讼时效**：物权请求权（排除妨害、消除危险）、身份关系请求权（抚养费）、特殊债权（存款、国债）、投资关系请求权（出资）。

②**适用诉讼时效**：普通债权请求权（如租金、合同债务）。

排除法：优先排除明显不适用诉讼时效的选项（如选项ACD），剩余选项即为答案。

12. **答案** A **解析** 本题考查土地承包经营权。

土地承包经营权人依照法律规定，有权将土地承包经营权互换、转让；互换须进行备案，转让需要得到发包方的同意，选项A正确。承包期限届满，土地承包经营权人可以依照农村土地承包的法律规定继续承包，选项B错误。土地承包经营权自土地承包经营权合同生效时设立，选项C错误。通过招标、拍卖、公开协商等方式承包农村土地，经依法登记取得权属证书的，可以依法采取出租、入股、抵押或者其他方式流转土地经营权，选项D错误。因此，本题选项A正确。

名师点睛

（1）**设立**：自土地承包**合同生效时**设立，**登记非生效要件**（但互换、转让未经登记不得对抗善意第三人）。

（2）**流转**：转让需发包方同意，互换需备案；通过招标、拍卖等方式取得的土地经营权可抵押。

（3）**期限**：**耕地30年、草地30~50年、林地30~70年**，届满可依法继续承包。

13. **答案** A **解析** 本题考查股份发行。

公司不得为他人取得本公司或者其母公司的股份提供赠与、借款、担保以及其他财务资助，公司实施员工持股计划的除外，选项A正确。董事会作出决议应当经全体董事的2/3以上通过，选项B错误。为公司利益，经股东会决议，或者董事会按照公司章程或者股东会的授权作出决议，公司可以为他人取得本公司或者其母公司的股份提供财务资助，但财务资助的累计总额不得超过已发行股本总额的10%，选项C错误。公司为他人取得本公司股份提供担保，视为财务资助，选项D错误。因此，本题选项A正确。

名师点睛 相关知识点总结，如下表所示。

项目	具体规定
禁止性规定	公司不得为他人取得本公司或母公司股份提供赠与、借款、担保及其他财务资助
例外情形	员工持股计划、为公司利益经决议的情形（须符合比例和程序）
董事会决议程序	须全体董事2/3以上通过（非全体一致）
累计总额限制	不超过已发行股本总额的10%
担保性质认定	提供担保**视为**财务资助

续表

项目	具体规定
股东会/董事会权限	为公司利益的资助可由股东会或董事会（依章程或授权）决议

14. **答案** A **解析** 本题考查行政事业性国有资产管理法律制度。

各部门及其所属单位应当在确保安全使用的前提下，推进本单位大型设备等国有资产共享共用工作，可以对提供方给予合理补偿。选项 A 错误，当选。

名师点睛 本题选项 A 错误在于将"安全使用"偷换为"等价有偿"，考生需注意法律原文的精准表述。

15. **答案** A **解析** 本题考查合伙企业的清算。

清算结束，清算人应当编制清算报告，经全体合伙人签名、盖章后，在 15 日内向企业登记机关报送清算报告，申请办理合伙企业注销登记，选项 B 错误。清算人由全体合伙人担任；经全体合伙人过半数同意，可以自合伙企业解散事由出现后 15 日内指定一个或者数个合伙人，或者委托第三人担任清算人。自合伙企业解散事由出现之日起 15 日内未确定清算人的，合伙人或者其他利害关系人可以申请人民法院指定清算人，选项 C 错误。合伙企业的财产首先用于支付合伙企业的清算费用，选项 D 错误。因此，本题选项 A 正确。

名师点睛 **合伙企业财产清偿顺序**：清算费用→职工工资、社会保险费用和法定补偿金→所欠税款→债务→合伙人分配。

16. **答案** D **解析** 本题考查行政复议。

申请人申请行政复议，可以书面申请；书面申请有困难的，也可以口头申请，选项 A 错误。公民、法人或者其他组织申请行政复议，行政复议机关已经依法受理的，在行政复议期间不得向人民法院提起行政诉讼，选项 B 错误。公司、法人或者其他组织认为行政行为侵犯其合法利益的，可以自知道或者应当知道该行政行为之日起 60 日内提出行政复议申请，但是法律规定的申请期限超过 60 日的除外，选项 C 错误。对当场作出的行政处罚决定不服的，申请人应当先向行政复议机关申请行政复议，对行政复议决定不服的，可以再依法向人民法院提起行政诉讼，选项 D 正确。因此，本题选项 D 正确。

名师点睛 行政复议相关考点记忆口诀：

（1）**申请形式**："**书面为主，口头为辅**"：可以书面申请；书面申请有困难的，也可以口头申请；

（2）**申请期限**："**60日常规，法律例外**"：可以自知道或者应当知道该行政行为之日起 60 日内提出行政复议申请，但是法律规定的申请期限超过 60 日的除外；

（3）**复议前置**："**当场处罚先复议**"：对当场作出的行政处罚决定不服的，应当先复议后诉讼。

17. **答案** A **解析** 本题考查股份有限公司的组织机构。

股份有限公司股东会选举董事、监事，可以按照公司章程的规定或者股东会的决议，实行累积投票制。累积投票制，是指股东会选举董事或者监事时，每一股份拥有与应选董事或者监事人数相同的表决权，股东拥有的表决权可以集中使用。本题中，应选董事是 9 人，赵某持有 100 万股，表决时赵某可以为自己和李某投票最大的数额是 900 万票（100 万 ×9=900 万）。因此，本题选项 A 正确。

名师点睛 本题关键在于理解累积投票制：

（1）**牢记公式：总票数 = 持股数 × 应选人数**；

（2）注意区分"应选人数"与"候选人数量"：**候选人数量不影响计算**；

（3）关注题目条件：是否明确说明适用累积投票制（如公司章程规定）。

18. **答案** C **解析** 本题考查公司的登记管理。

公司的法定代表人按照公司章程的规定，由代表公司执行公司事务的董事（选项AB）或者经理（选项D）担任，并依法登记。选项C符合题意，当选。

名师点睛

（1）原《中华人民共和国公司法》规定法定代表人只能由董事长、执行董事或经理担任，而新《中华人民共和国公司法》第十条明确：**法定代表人由代表公司执行公司事务的董事或经理担任**。这意味着，只要董事实际参与公司事务执行（如普通董事），也可担任法定代表人，不限于董事长或执行董事。

（2）**禁止担任的情形**：监事（如赵某）不得担任法定代表人。根据《中华人民共和国公司法》规定，监事的职责是监督董事、高管，与执行公司事务的职能冲突，因此被排除在法定代表人选任范围之外。

19. **答案** D **解析** 本题考查公司解散。

单独或者合计持有公司全部股东表决权10%以上的股东，以下列事由之一提起解散公司诉讼，人民法院应予受理：（1）公司持续2年以上无法召开股东会，公司经营管理发生严重困难的（选项A）；（2）股东表决时无法达到法定或者公司章程规定的比例，持续2年以上不能作出有效的股东会决议，公司经营管理发生严重困难的（选项B）；（3）公司董事长期冲突，且无法通过股东会解决，公司经营管理发生严重困难的（选项C）；（4）经营管理发生其他严重困难，公司继续存续会使股东利益受到重大损失的情形。股东以知情权、利润分配请求权等权益受到损害，或者公司亏损、财产不足以偿还全部债务，以及公司被吊销企业法人营业执照未进行清算等为由，提起解散公司诉讼的，人民法院不予受理。选项D符合题意，当选。

名师点睛 破题关键步骤：

（1）**锁定持股比例**：

必须是单独或合计持有10%以上表决权的股东（题目隐含条件）。

（2）**判断法定事由，符合以下情形之一**：

①持续2年无法召开股东会；

②持续2年无法形成有效决议；

③董事长期冲突且无法通过股东会解决；

④其他经营管理严重困难。

（3）**排除干扰选项**：

股东以**利润分配请求权、知情权**受损等为由起诉的，法院不予受理（如选项D）。

20. **答案** C **解析** 本题考查有限合伙人入伙与退伙的特殊规定。

新入伙的有限合伙人对入伙前有限合伙企业的债务，以其认缴的出资额为限承担责任。因此，本题选项C正确。

名师点睛 相关知识点总结，如下表所示。

情形	普通合伙人责任	有限合伙人责任
入伙前债务	无限连带责任	以认缴出资额为限承担责任
入伙后债务	无限连带责任	以认缴出资额为限承担责任
退伙后债务	对退伙前债务承担无限连带责任	对退伙前债务以退伙时取回的财产为限承担责任
提示	(1)有限合伙人责任始终与"认缴出资额"挂钩(除非其行为导致身份转变); (2)普通合伙人对全部债务承担无限连带责任	

21. **答案** A **解析** 本题考查担保物权概述。

主合同有效而第三人提供的担保合同无效,人民法院应当区分不同情形确定担保人的赔偿责任。(1)债权人与担保人均有过错的,担保人承担的赔偿责任不应超过债务人不能清偿部分的1/2;(2)担保人有过错而债权人无过错的,担保人对债务人不能清偿的部分承担赔偿责任;(3)债权人有过错而担保人无过错的,担保人不承担赔偿责任。本题中,债权人乙和担保人丙都有过错,担保人丙承担的赔偿责任不应超过债务人甲不能清偿部分(60万元)的1/2,即30万元。因此,本题选项A正确。

名师点睛 破题三步走:

第一步,判断主合同与担保合同的效力;

第二步,分析双方过错情况;

第三步,根据规则计算赔偿金额。

22. **答案** A **解析** 本题考查居住权。

居住权不得转让、继承。选项A错误,当选。

名师点睛 居住权相关考点,如下表所示。

项目	居住权	承租权(房屋租赁合同)
权利性质	用益物权(物权)	债权
设立方式	书面合同/遗嘱+登记	租赁合同(无须登记)
期限	可约定长期或终身	最长20年
支付对价	无偿,除非另有约定	支付租金,基于双务、有偿合同
转让性	禁止转让	经出租人同意可转租

23. **答案** A **解析** 本题考查清偿。

债务人在履行主债务外还应当支付利息和实现债权的有关费用,其给付不足以清偿全部债务的,除当事人另有约定外,应当按照下列顺序履行:(1)实现债权的有关费用;(2)利息;(3)主债务。本题中,乙公司有实现主债权的金额为45万元(60-5-10=45万元)。因此,本题选项A正确。

名师点睛 口诀记忆:**费用优先,利息其次,本金最后**。

24. **答案** D **解析** 本题考查借款合同。

借贷双方未约定逾期利率或者约定不明的,人民法院可以区分不同情况处理。(1)既未约定借期内利率,也未约定逾期利率,出借人主张借款人自逾期还款之日起参照当时一年期贷款市场报价利率标准计算的利息承担逾期还款违约责任的,人民法院应予支持;(2)约定了借期内利率但未约定逾期利率,出借人主张借款人自逾期还款之日起按照借期内利率支付资金占用期间利息的,人民法院应予支持。本题中,双方约定了借期内利率但是未约定逾期利率,故张某主张以年利率3%计算逾期利息的,人民法院应予支持。因此,本题选项D正确。

名师点睛 借款合同逾期利率相关知识点总结,如下表所示。

情形	逾期利率计算规则	示例
有借期内利率,未约定逾期利率	按借期内利率计算逾期利息	本题中,年利率3%作为逾期利率(选项D正确)
无借期内利率,未约定逾期利率	按逾期时一年期LPR计算逾期利息	若本题未约定年利率,则逾期利息按2024年5月的LPR计算(对应选项B)
逾期利率超过司法保护上限	超过合同成立时一年期LPR四倍的部分无效	若约定年利率36%,则仅支持LPR四倍以内的部分
逾期利息与违约金并存	总计不超过合同成立时一年期LPR的四倍	若同时主张利息+违约金,总和不得超过LPR的四倍
破题步骤	(1)**判断借期内利率是否约定**:本题中明确约定年利率3%,属于"有借期内利率"情形; (2)**确定逾期利率规则**:未约定逾期利率时,直接适用借期内利率(3%); (3)**排除干扰选项**:选项BC涉及LPR,适用于"无借期内利率"的情形,与本题无关。选项A错误,因法律允许主张逾期利息	

25. **答案** A **解析** 本题考查保险合同的当事人及关系人。

受益人与被保险人在同一事件中死亡,且不能确定死亡先后顺序的,推定受益人死亡在先。受益人先于被保险人死亡,没有其他受益人的,保险金作为被保险人的遗产,由保险人依照《继承法》的规定履行给付保险金的义务,选项A正确,选项BC错误。财产保险合同中,因第三者对保险标的的损害而造成保险事故的,保险人自向被保险人赔偿保险金之日起,在赔偿金额范围内代位行使被保险人对第三者请求赔偿的权利。本题中是人身保险合同,不适用代位求偿权,选项D错误。因此,本题选项A正确。

名师点睛 保险合同高频考点总结,如下表所示。

考点	关键规则	易错易混
受益人指定	投保人指定受益人须经被保险人同意;被保险人可单独变更受益人	受益人为数人时,未约定份额则等额享有
受益权丧失	受益人故意造成被保险人死亡、伤残的,丧失受益权	若受益人与被保险人同时死亡,适用死亡顺序推定规则
保险金继承	无受益人、受益人先死亡且无其他受益人、受益人丧失受益权时,保险金作为遗产	遗产继承须优先偿还被保险人债务
代位求偿权	仅适用于财产保险,人身保险不适用	保险人追偿金额不得超过已支付的保险金
保险合同解除权	投保人可随时解除合同,保险人仅在法定情形(如故意不告知)下可解除;货物运输保险和运输工具航程保险,保险责任开始后不得解除	

26. **答案** D **解析** 本题考查禁止的交易行为。

禁止证券交易场所(选项A)、证券公司(选项B)、证券登记结算机构(选项C)、证券服务机构和其他金融机构的从业人员、有关监管部门或者行业协会的工作人员,利用因职务便利获取的内幕信息以外的其他未公开的信息，违反规定，从事与该信息相关的证券交易活动，或者明示、暗示他人从事相关交易活动。利用未公开信息进行交易给投资者造成损失的，应当依法承担赔偿责任。选项D符合题意，当选。

> **名师点睛** 与"内幕交易"的区别：未公开信息非法定内幕信息，但具有**实质**市场价值。

27. **答案** D **解析** 本题考查证券投资基金的募集。

设立私募基金管理机构和发行私募基金不设行政审批，允许各类发行主体在依法合规的基础上，向累计不超过法律规定数量的合格投资者发行私募基金产品，选项A错误。私募基金不得向投资者承诺投资本金不受损失或者承诺最低收益，选项B错误。私募基金不得向合格投资者之外的单位和个人募集资金，不得通过报刊、电台、电视、互联网等公众传播媒体或者讲座、报告会、分析会和布告、传单、手机短信、微信、博客和电子邮件等方式，向不特定对象宣传推介，选项C错误。社会保障基金、企业年金等养老基金，慈善基金等社会公益基金视为合格投资者，选项D正确。因此，本题选项D正确。

> **名师点睛** 私募基金高频考点主要集中在以下几个维度：
> （1）私募基金的设立程序（是否须行政审批）；
> （2）募集对象与宣传方式（合格投资者、禁止公开宣传）；
> （3）禁止行为（保本承诺、拆分转让）；
> （4）合格投资者的认定（社保基金、企业年金等）。
> 另外，破题关键在于：紧扣"私募"核心特征：**非公开募集、合格投资者、无保本承诺**。

28. **答案** A **解析** 本题考查国家出资企业管理者的选择与考核。

履行出资人职责的机构依照法律、行政法规以及企业章程的规定任免或者建议任免国家出资企业的下列人员：（1）任免国有独资企业的经理、副经理、财务负责人（选项D）和其他高级经理人员；（2）任免国有独资公司的董事长（选项B）、副董事长、董事、监事会主席和监事；（3）向国有资本控股公司、国有资本参股公司的股东会提出董事（选项C）、监事人选。国家出资企业中应当由职工代表出任的董事、监事，依照有关法律、行政法规的规定由职工民主选举产生。选项A符合题意，当选。

> **名师点睛** 相关知识点总结，如下表所示。

类型	管理者职位	任免主体
国有独资企业	经理、副经理、财务负责人等高级管理人员	履行出资人职责的机构直接任免
国有独资公司	董事长、副董事长、董事、监事会主席、监事	履行出资人职责的机构直接任免
国有资本控股公司	董事、监事	由股东会选举，履行出资人职责的机构建议任免
国有资本参股公司	董事、监事	由股东会选举，履行出资人职责的机构建议任免
所有企业	职工代表担任的董事、监事	职工民主选举

29. **答案** A **解析** 本题考查法律行为。

建设工程合同属于主民事法律行为、要式法律行为、双方法律行为、有偿法律行为。因此，本题选项A正确。

> **名师点睛** **建设工程合同须书面形式（要式），双方协商一致（双务），支付对价（有偿），**

独立存在（主合同）。

30. **答案** B **解析** 本题考查保险合同的履行。

人寿保险的被保险人或者受益人向保险人请求给付保险金的诉讼时效期间为5年，自其知道或者应当知道保险事故发生之日起计算。因此，本题选项B正确。

名师点睛 人寿保险的5年时效是《经济法》高频考点，需与《中华人民共和国民法典》的普通时效区分。

二、多选题

1. **答案** ABC **解析** 本题考查合同订立的方式。

拍卖公告（选项A）、招标公告、招股说明书（选项C）、债券募集办法、基金招募说明书、商业广告和宣传、寄送的价目表（选项B）等为要约邀请。商业广告和宣传的内容符合要约条件的，构成要约，选项D错误。因此，本题选项ABC正确。

名师点睛 要约 VS 要约邀请，如下表所示。

类型	典型例子	核心区别
要约	悬赏广告、符合条件的商业广告	内容具体明确（如标的、数量、价格、期限），明确表示"一经承诺即受拘束"
要约邀请	拍卖公告、招标公告、招股说明书、价目表、普通商业广告	内容不具体，无受约束意思，仅为吸引他人发出要约
例外	商业广告内容符合要约条件（如"100台手机，单价5 000元，售完即止"）则构成要约	

2. **答案** AB **解析** 本题考查上市公司组织机构的特别规定。

上市公司应当在董事会中设置审计委员会。审计委员会成员应当为不在上市公司担任高级管理人员的董事，其中独立董事应当过半数，并由独立董事中的会计专业人士担任召集人，选项AB正确。上市公司董事会对下列事项作出决议前应当经审计委员会全体成员过半数通过：（1）聘用、解聘承办公司审计业务的会计师事务所；（2）聘任、解聘财务负责人；（3）披露财务会计报告；（4）国务院证券监督管理机构规定的其他事项。选项CD错误。因此，本题选项AB正确。

名师点睛 **记忆口诀：独董过半会计人，过半数决非一致。**
（1）"独董过半会计人"：审计委员会成员中独立董事占多数，且召集人须为会计专业人士；
（2）"过半数绝非一致"：审计委员会审议事项只须过半数通过，无须全体一致。
（本书"记忆口诀"供同学参考，建议在理解的基础上背诵）

3. **答案** ABD **解析** 本题考查合伙事务执行。

不执行合伙事务的合伙人有权监督执行事务合伙人执行合伙事务的情况，选项A正确。合伙人为了解合伙企业的经营状况和财务状况，有权查阅合伙企业会计账簿等财务资料，选项B正确。除合伙协议另有约定外，合伙企业的下列事项应当经全体合伙人一致同意：（1）改变合伙企业的名称；（2）改变合伙企业的经营范围、主要经营场所的地点；（3）处分合伙企业的不动产；（4）转让或者处分合伙企业的知识产权和其他财产权利；（5）以合伙企业名义为他人提供担保（选项C错误）；（6）聘任合伙人以外的人担任合伙企业的经营管理人员。由一个或者数个合伙人执行合伙事务的，执行事务合伙人应当定期向其他合伙人报告事务执行情况以及合伙企业的经营和财务状况，选项 D 正确。因此，本题选项 ABD 正确。

名师点睛 相关知识点对比总结，如下表所示。

知识点	具体规定
执行事务合伙人的权利	（1）对外代表合伙企业；（2）执行合伙事务
执行事务合伙人的义务	（1）定期向其他合伙人报告事务执行情况；（2）接受监督
非执行合伙人的权利	（1）监督执行事务合伙人；（2）查阅会计账簿；（3）提出异议权
须全体合伙人一致同意的事项	（1）改变名称/经营范围/主要经营场所；（2）处分不动产；（3）转让知识产权；（4）对外担保；（5）聘任非合伙人担任管理人员。 记忆口诀：改名称范围，不动产权转，担保聘外人，一致才能办

4. **答案** ABC **解析** 本题考查占有的分类。

占有的不动产或者动产被侵占的，占有人有权请求返还原物，选项 A 正确。不动产或者动产被占有人占有的，权利人可以请求返还原物及其孳息；但是，应当支付善意占有人因维护该不动产或者动产的必要费用，选项 B 正确。占有人因使用占有的不动产或者动产，致使该不动产或者动产受到损害的，恶意占有人应当承担赔偿责任，选项 C 正确。占有的不动产或者动产毁损、灭失，该不动产或者动产的权利人请求赔偿的，占有人应当将因毁损、灭失取得的保险金、赔偿金或者补偿金等返还给权利人；权利人的损害未得到足够弥补的，恶意占有人还应当赔偿损失，选项 D 错误。因此，本题选项 ABC 正确。

名师点睛 占有的分类通常也会出现在案例分析题中，需要理解到位，具体如下表所示。

分类标准	类型	定义	法律后果	典型案例
权力来源	有权占有	基于法律或合同取得的占有（如所有权、租赁权）	受法律保护，可对抗他人干涉	房屋承租人占有租赁物
	无权占有	无合法依据的占有	可能被权利人追回，恶意占有须承担赔偿责任	拾得他人遗失物未归还
主观状态	善意占有	占有人不知且不应知无权占有	返还原物时可主张必要费用	误买赃物（不知情）
	恶意占有	占有人明知或应知无权占有	返还原物时不可主张费用，使用损害须赔偿	明知是赃物仍购买
占有意图	自主占有	以所有的意思占有	可主张所有权保护	所有权人占有自己的汽车
	他主占有	基于其他权利（如租赁、保管）占有	须按约定返还标的物	保管人占有寄存物
控制状态	直接占有	实际控制标的物	享有直接支配权	租客直接居住房屋
	间接占有	法律上而非实际控制标的物	可通过返还请求权恢复占有	房东对已出租房屋的间接占有

5. **答案** ACD **解析** 本题考查政府采购程序。

在政府采购活动中，采购人员及相关人员与供应商有下列利害关系之一的，应当回避：（1）参加采购活动的前3年内与供应商存在劳动关系（选项A）；（2）参加采购活动的前3年内担任供应商的董事、监事（选项D）；（3）参加采购活动的前3年内是供应商的控股股东或者实际控制人（选项C）；（4）与供应商的法定代表人或者负责人有夫妻、直系血亲、三代以内旁系血亲或者近姻亲关系；（5）与供应商有其他可能影响政府采购活动公平、公正进行的关系。因此，本题选项ACD正确。

名师点睛 利害关系判断的记忆口诀：**三内关系董监控，亲属影响要回避。**

"三内"：前3年。

"关系"：劳动关系。

"董监控"：董事、监事、控股股东／实际控制人。

"亲属影响"：亲属关系及其他可能影响公平的关系。

6. **答案** BCD **解析** 本题考查公司债券的发行。

公开发行公司债券筹集的资金，不得用于弥补亏损和非生产性支出，选项A错误，选项C正确。公开发行公司债券筹集的资金，必须按照公司债券募集说明书所列资金用途使用；改变资金用途，必须经债券持有人会议作出决议，选项B正确。发行人应当指定专项账户，用于公司债券募集资金的接收、存储、划转，选项D正确。因此，本题选项BCD正确。

名师点睛 募集资金用途相关知识点记忆口诀：**非补亏，非生产；改变用途债会批；专项账户要设立。**

（1）"非补亏"：资金不得用于弥补亏损。

（2）"非生产"：资金不得用于非生产性支出。

（3）"债会批"：改变资金用途须债券持有人会议批准。

（4）"专项账户"：必须指定专项账户管理资金。

7. **答案** ABD **解析** 本题考查民事诉讼。

两个以上人民法院都有管辖权的诉讼，原告可以向其中一个人民法院起诉；原告向两个以上有管辖权的人民法院起诉的，由最先立案的人民法院管辖，选项D正确。先立案的人民法院不得将案件移送给另一个有管辖权的人民法院，选项A正确。人民法院在立案前发现其他有管辖权的人民法院已先立案的，不得重复立案；立案后发现其他有管辖权的人民法院已先立案的，裁定将案件移送至先立案的人民法院，选项B正确，选项C错误。因此，本题选项ABD正确。

名师点睛 民事诉讼管辖相关考点总结，如下表所示。

管辖类型	情形	处理方式
共同管辖	两个以上法院均有管辖权	原告选择→最先立案法院管辖（选项D）
移送管辖	受理后发现无管辖权	移送至有管辖权法院（一次为准，不得重复）
立案冲突	立案前发现其他法院已先立案	不得重复立案（选项B）
立案冲突	立案后发现其他法院已先立案	裁定移送至先立案法院（非上级法院，选项C错误）

8. **答案** ACD **解析** 本题考查仲裁。

有下列情形之一的，仲裁协议无效：（1）约定的仲裁事项超过法律规定的范围的（选项C）；（2）无民事行为能力人或限制民事行为能力人订立的仲裁协议（选项A）；（3）一方采取胁迫手段，迫使对方订立仲裁协议的（选项 D）。此外，仲裁协议对仲裁事项或仲裁委员会没有约定或者约定不明确的，当事人可以补充协议；达不成补充协议的，仲裁协议无效。选项 ACD 符合题意，当选。

名师点睛 仲裁协议无效情形总结，如下表所示。

情形	效力	依据
无民事行为能力人订立	无效	主体资格不合格
限制民事行为能力人订立	无效	主体资格不合格
胁迫手段订立	无效	意思表示不真实
仲裁事项超范围	无效	违反法律强制性规定
未约定仲裁事项但补正	有效	补充协议可补正
未约定仲裁机构但补正	有效	补充协议可补正

9. **答案** BCD **解析** 本题考查公司注册资本的减少和增加。

公司依照《中华人民共和国公司法》的规定弥补亏损后，仍有亏损的，可以减少注册资本弥补亏损。减少注册资本弥补亏损的，公司不得向股东分配，也不得免除股东缴纳出资或者股款的义务，选项 CD 正确。依照前述规定减少注册资本的，不需要通知债权人，但应当自股东会作出减少注册资本决议之日起 30 日内在报纸上或者国家企业信用信息公示系统公告，选项 A 错误。公司依照前述规定减少注册资本后，在法定公积金和任意公积金累计额达到公司注册资本 50% 前，不得分配利润，选项 B 正确。因此，本题选项 BCD 正确。

名师点睛 减资补亏相关记忆口诀：**减资补亏三要点，不通知、不分配、义务不能免；公积金到一半，利润才能分。**

（1）"不通知"：减资补亏无须通知债权人。

（2）"不分配"：减资时不得向股东分配利润。

（3）"义务不能免"：股东出资义务不得免除。

（4）"公积金到一半"：公积金累计达注册资本 50% 前不得分配利润。

10. **答案** ACD **解析** 本题考查有限合伙企业设立的特殊规定。

有限合伙人可以用货币、实物、知识产权、土地使用权或者其他财产权利作价出资，选项 ACD 正确。有限合伙人不得以劳务出资，选项 B 错误。因此，本题选项 ACD 正确。

名师点睛 相关知识点总结，如下表所示。

项目	有限合伙人	普通合伙人
出资方式	货币、实物、知识产权、土地使用权等财产权利	货币、实物、知识产权、土地使用权、劳务
劳务出资	（禁止）	（允许）
责任承担	以出资为限承担有限责任	承担无限连带责任
执行合伙事务	（禁止）	（允许）
对外代表合伙企业	（禁止）	（允许）

11. **答案** ABC **解析** 本题考查共有。

优先购买权的行使期间,除按份共有人之间另有约定外,按照下列情形确定:(1)转让人向其他按份共有人发出的包含同等条件内容的通知中载明行使期间的,以该期间为准(选项B正确);(2)通知中未载明行使期间,或者载明的期间短于通知送达之日起15日的,为15日(选项A正确);(3)转让人未通知的,为其他按份共有人知道或者应当知道最终确定的同等条件之日起15日(选项C正确);(4)转让人未通知,且无法确定其他按份共有人知道或者应当知道最终确定的同等条件的,为共有份额权属转移之日起6个月(选项D错误)。因此,本题选项ABC正确。

名师点睛 按份共有人优先购买权的行使期限规则。

出题陷阱:
(1)混淆不同通知情形下的期限(如通知未载明期限、未通知但已知晓、未通知且无法确定知晓)。
(2)偷换时间节点(如将"6个月"改为"2个月")。

破题关键: 准确区分"通知明确期限""通知无期限""未通知但已知晓""未通知且未知晓"四种情形的对应期限。(**通知有期限,按约来;无约或太短,15天跑;未通知但已知,15天算;未知晓的话,6个月了**)

12. **答案** ABC **解析** 本题考查租赁合同。

因租赁物部分或者全部毁损、灭失,致使不能实现合同目的的,承租人可以解除合同,选项A正确。租赁合同中租赁期限为6个月以上的,应当采用书面形式,选项B正确。承租人经出租人同意,可以将租赁物转租给第三人,选项C正确。租赁期限不得超过20年;超过20年的,超过部分无效,选项D错误。因此,本题选项ABC正确。

名师点睛 租赁合同核心知识点总结,如下表所示。

考点	具体规定	记忆口诀
租赁期限	(1)最长20年,超期部分无效; (2)6个月以上须书面形式,否则视为不定期租赁	二十载,超期部分无效在;六月书面,否则不定期
转租权	承租人经出租人同意可转租,否则出租人可解除合同	转租须同意,否则责任归承租人
合同解除权	(1)租赁物部分/全部毁损致使目的无法实现,承租人可解除; (2)不定期租赁双方可随时解除	毁损灭失目的失,解除合同承租人;不定期租赁,双方随时可终止
租金支付	无约定时按租赁物使用情况支付,逾期未付可解除合同(催告后仍不付)	租金无约定,使用情况来定;催告不付可解约
维修义务	出租人承担维修义务(当事人另有约定除外)	维修出租担,另有约定按约办

13. **答案** BCD **解析** 本题考查投资者保护。

上市公司董事会(选项B)、独立董事(选项D)、持有1%以上有表决权股份的股东(选项C),依照法律、行政法规或者国家证券监督管理机构的规定设立的投资者保护机构,可以作为征集人,自行或者委托证券公司、证券服务机构,公开请求上市公司股东委托其代为出席股东会,并代为行使提案权、表决权等股东权利。因此,本题选项BCD正确。

名师点睛 记忆口诀:**董独一,投保机,监不可以记仔细**。
"董"(董事会)、"独"(独立董事)、"一"(1%以上股东)、"投保机"(投资者保护机构)可征集;监事会(监)不可征集。

14. **答案** CD **解析** 本题考查支票的出票。

支票上的金额可以由出票人授权补记，未补记前的支票，不得使用，选项C正确。支票上未记载收款人名称的，既可以由出票人授权收取支票的相对人补记，也可以由相对人再授权他人补记，选项D正确。因此，本题选项CD正确。

名师点睛 记忆口诀：支票授权补记：**"金额收款人，补记才生效"**，即支票金额和收款人名称可授权补记，其他事项必须齐全。

15. **答案** BC **解析** 本题考查预算执行和调整。

各级国有资本经营预算年度执行中有超收收入的，应当在下一年度安排使用；出现短收的，应当通过减少支出实现收支平衡；国务院另有规定的除外，选项A错误。各级一般公共预算年度执行中有超收收入的，只能用于冲减赤字或者补充预算稳定调节基金，选项B正确。各级一般公共预算的结余资金，应当补充预算稳定调节基金，选项C正确。各级政府性基金预算年度执行中有超收收入的，应当在下一年度安排使用并优先用于偿还相应的专项债务；出现短收的，应当通过减少支出实现收支平衡；国务院另有规定的除外，选项D错误。因此，本题选项BC正确。

名师点睛 记忆口诀：

（1）一般公共预算：

超收冲赤或补稳，结余必补稳基金（超收收入只能冲减赤字或补充预算稳定调节基金，结余资金必须补充预算稳定调节基金）

（2）**政府性基金预算**：

超收优先还专项，结余转下年（超收收入优先用于偿还专项债务，结余资金结转下年度使用）

（3）**国有资本经营预算**：

国资超收转下年，特殊情况另规定。（超收收入原则上转下年使用，国务院另有规定除外）

三、判断题

1. **答案** √ **解析** 本题考查委托代理终止的特殊情形。

根据规定，被代理人死亡后，有下列情形之一的，委托代理人实施的代理行为有效：（1）代理人不知道且不应当知道被代理人死亡；（2）被代理人的继承人予以承认；（3）授权中明确代理权在代理事务完成时终止；（4）被代理人死亡前已经实施，为了被代理人的继承人的利益继续代理。因此，被代理人死亡后，若其继承人承认委托代理行为，则该代理行为仍然有效。

名师点睛 这是代理制度中的重要细节考点。复习时可采用"特殊情形对比记忆法"：将被代理人死亡后代理行为有效的4种情形与一般委托代理终止情形对比，重点关注"继承人承认""代理人不知情"等核心关键词。此类知识点在考试中常以判断题形式出现，建议结合生活案例理解，比如在遗产处理中代理人继续执行被代理人未完成的委托事务，通过具象化场景加深记忆，避免因忽视特殊规定而丢分。

2. **答案** × **解析** 本题考查合伙企业的解散。

合伙企业有下列情形之一的，应当解散：（1）合伙期限届满，合伙人决定不再经营；（2）合伙协议约定的解散事由出现；（3）全体合伙人决定解散；（4）合伙人已不具备法定人数满30天；（5）合伙协议约定的合伙目的已经实现或者无法实现；（6）依法被吊销营业执照、责令关闭或者被撤销；（7）法律、行政法规规定的其他原因。题干表述不属于应当解散的情形，因此，本题表述错误。

> **名师点睛** 合伙企业的解散规则充分体现了**人合性与契约自由**原则，即合伙期限届满时，合伙人可协商继续经营，无须强制解散。

3. **答案** √ **解析** 本题考查代理。

依照法律规定、当事人约定或者民事法律行为的性质，应当由本人实施的民事法律行为，不得代理，如订立遗嘱、婚姻登记、收养子女等。因此，本题表述正确。

> **名师点睛** 基于**保护未成年人利益原则**，收养涉及未成年人的身心健康与合法权益，必须确保收养人真实意愿与实际能力：**代理可能导致收养人意思表示不真实（如被胁迫或欺骗），损害被收养人利益**；法律要求收养人亲自参与评估、协商、登记等环节，以核实其收养资格与真实意图。

4. **答案** × **解析** 本题考查所有权的取得。

无处分权人将不动产或者动产转让给受让人的，所有权人有权追回，受赠人不能主张善意取得。除法律另有规定外，符合下列情形的，受让人取得该不动产或者动产的所有权：（1）受让人受让该不动产或者动产时是善意；（2）以合理的价格转让；（3）转让的不动产或者动产依照法律规定应当登记的已经登记，不需要登记的已经交付给受让人。善意第三人无偿取得，不构成善意取得制度。因此，本题表述错误。

> **名师点睛** 赠与行为因缺乏对价，不符合善意取得的构成要件。

5. **答案** × **解析** 本题考查有限责任公司的设立。

自然人、法人、非法人组织和外国人都可以成为有限责任公司的发起人。因此，本题表述错误。

> **名师点睛** 基于鼓励投资与市场活力的政策逻辑，《中华人民共和国公司法》未禁止非法人组织作为股东或发起人。

6. **答案** × **解析** 本题考查预算收支范围。

出口产品退税（增值税、消费税）由税务机关负责办理。因此，本题表述错误。

> **名师点睛** 海关与税务机关职责分工，如下表所示。

主体	职责范围
海关	（1）监管货物进出口； （2）代征进口环节增值税、消费税； （3）出具出口报关单等证明文件
税务机关	（1）审核企业退税资格； （2）计算退税额； （3）办理退税资金返还
记忆口诀	**出口退税找税务，海关只管货进出**（即退税由税务机关负责，海关负责货物的进出口监管）

7. **答案** × **解析** 本题考查保险合同的履行。

保险事故发生后，被保险人为防止或者减少保险标的的损失所支付的必要的、合理的费用，由保险人承担。因此，本题表述错误。

> 👤 **名师点睛** 费用承担规则的具体要点，如下表所示。

要点	具体内容
承担主体	保险人（非受益人、投保人或被保险人）
费用性质	必要、合理的施救费用（如救火、临时加固等）
费用上限	单独计算，最高不超过保险金额（避免道德风险）
费用范围	仅针对保险事故直接引发的施救行为，与事故无关的费用不予承担
记忆口诀	**施救费用保险人，额外计算不超保**（即费用由保险人承担，在损失赔偿外单独计算，最高限额为保险金额)

8. **答案** √ **解析** 本题考查行政事业性国有资产管理法律制度。
有下列情形之一的，各部门及其所属单位应当对行政事业性国有资产进行清查：（1）根据本级政府部署要求；（2）发生重大资产调拨、划转以及单位分立、合并、改制、撤销、隶属关系改变等情形；（3）因自然灾害等不可抗力造成资产毁损、灭失；（4）会计信息严重失真；（5）国家统一的会计制度发生重大变更，涉及资产核算方法发生重要变化；（6）其他应当进行资产清查的情形。因此，本题表述正确。

> 👤 **名师点睛** 重大资产调拨触发清查的规则，体现了国有资产"**动态监管、责任明确**"的管理要求。考生需重点区分"**重大变动**"与"**日常调整**"，避免混淆。

9. **答案** √ **解析** 本题考查合同履行的规则。
债务人提前或者部分履行债务给债权人增加的费用，均由债务人负担。因此，本题表述正确。

> 👤 **名师点睛** 基于**诚实信用原则**，债务人应按约定全面履行债务，部分履行可能导致债权人额外支出（如仓储、运输、管理成本），此类费用因债务人未完全履约产生，理应由其承担。

10. **答案** × **解析** 本题考查民事诉讼。
下列案件，不适用简易程序：（1）起诉时被告下落不明的；（2）发回重审的；（3）当事人一方人数众多的；（4）适用审判监督程序的；（5）涉及国家利益、社会公共利益的；（6）第三人起诉请求改变或者撤销生效判决、裁定、调解书的；（7）其他不宜适用简易程序的案件。因此，本题表述错误。

> 👤 **名师点睛** 简易程序追求高效便捷，适用于**事实清楚、权利义务明确、争议不大**的简单案件，而被告下落不明的案件因**程序复杂、审限冲突及权利保障**需求，被明确排除在简易程序之外。

四、简答题

1. **答案**
（1）抵押权设立日期为 2023 年 3 月 1 日。根据规定，以动产抵押的，抵押权自抵押合同生效时设立；未经登记，不得对抗善意第三人。本题中，抵押合同于 2023 年 3 月 1 日生效，此时抵押权设立。
（2）P 银行有权请求乙公司把租金交付给自己。根据规定，债务人不履行到期债务或者发生当事人约定的实现抵押权的情形，致使抵押财产被人民法院依法扣押的，自扣押之日起抵押权人有权收取该抵押财产的天然孳息或者法定孳息，但抵押权人未通知应当清偿法定孳息的义务人的除外。本题中，抵押的设备被法院扣押，抵押权人 P 银行已经通知承租人乙公司向自己交付租金，因此 P 银行有权请求乙公司把租金交付给自己。

（3）P 银行应该返还给甲公司的金额是 8.2 万元。根据规定，抵押担保的范围包括主债权及利息、违约金、损害赔偿金和实现抵押权的费用。抵押合同另有约定的，按照约定。本题中，抵押物价款 120 万元扣除本金 100 万元、利息 4.8 万元、违约金 2 万元、实现抵押权的费用 5 万元，剩余 8.2 万元返还给甲公司。

名师点睛 相关知识点总结，如下表所示。

要点	具体内容
抵押权设立时间	（1）**动产抵押**：合同生效时设立；登记对抗善意第三人。 （2）**不动产抵押**：合同 + 登记设立
抵押财产孳息收取	扣押后抵押权人有权收取孳息，但须通知义务人
抵押担保范围	主债权、利息、违约金、损害赔偿金、实现费用（合同另有约定除外）
提示	**注意时间节点陷阱**：重点关注合同签订、登记、履行等时间点对权利义务的影响（如抵押权设立时间、孳息收取起始时间）

2. **答案**

（1）不符合法律规定。根据规定，股东向股东以外的人转让股权，应当将股权转让的数量、价格、支付方式和期限等事项书面通知其他股东，其他股东在同等条件下有优先购买权。股东自接到书面通知之日起 30 日内未答复的，视为放弃优先购买权。本题中，赵某于 7 月 3 日通知孙某，钱某于 7 月 4 日通知孙某，孙某接到通知后未予答复。8 月 7 日，孙某接到书面通知已经超过了 30 日，视为放弃优先购买权，不可主张赵某与钱某侵犯了其优先购买权。

（2）符合法律规定。根据规定，有限责任公司未按照公司章程规定的出资日期缴纳出资或者作为出资的非货币财产的实际价额显著低于所认缴的出资额的股东转让股权的，由转让人与受让人在出资不足的范围内承担连带责任；受让人不知道且不应当知道存在前述情形的，由转让人承担责任。本题中，8 月 5 日，甲公司将李某记载股东名册时出资期限已届满，赵某未缴纳 10 万元出资，李某对此知情，故赵某与李某在出资不足的 10 万元范围内承担连带责任。

（3）符合法律规定。有限责任公司股东转让已认缴出资但未届出资期限的股权的，由受让人承担缴纳该出资的义务；受让人未按期足额缴纳出资的，转让人对受让人未按期缴纳的出资承担补充责任。本题中，8 月 6 日，甲公司将周某记载于股东名册时，出资期限尚未届满，则 9 月 2 日前，缴清 20 万元出资的义务应由周某承担。如果周某未按期足额缴纳出资，钱某应对周某未按期缴纳的出资承担补充责任。钱某和周某之间的出资约定属于内部约定，不产生对外效力，周某不得以此为由对抗甲公司，但事后可以约定为由向钱某追偿。

名师点睛 相关知识点总结，如下表所示

考点	具体内容	关键点记忆
优先购买权	股东对外转让股权须书面通知其他股东，30 日内未答复视为放弃	30 日沉默 = 弃权

续表

考点	具体内容	关键点记忆
出资责任转移	（1）**已届出资期限**：转让人与知情受让人连带担责； （2）**未届出资期限**：受让人担责，转让人补充责任	已到期→连带；未到期→受让主责
内部约定对外效力	股东间关于出资的约定不得对抗公司，但可内部追偿	内外有别，对外无效
提示	注意优先购买权的 30 日期限、出资期限是否届满、受让人是否知情	

3. **答案**

（1）张某与甲酒店订房合同于 3 月 2 日成立。根据规定，当事人一方通过互联网等信息网络发布的商品或者服务信息符合要约条件的，对方选择该商品或者服务并提交订单成功时合同成立，但是当事人另有约定的除外。本题中，甲酒店通过网站发布信息时，通过弹窗明确提示订单以电子邮件确认为准，属于当事人另有约定，因此该合同于 3 月 2 日酒店发送电子邮件并向张某确认订单后成立。

（2）不符合法律规定。根据规定，收受定金的一方不履行债务或者履行债务不符合约定，致使不能实现合同目的的，应当双倍返还定金。本题中，张某交付定金 100 元，因此张某只能主张返还 200 元。

（3）不符合法律规定。根据规定，试用买卖的当事人没有约定使用费或者约定不明确，出卖人无权主张买受人支付使用费。本题中，当事人没有约定使用费，因此甲酒店无权要求张某支付天文望远镜的使用费。

名师点睛 相关知识点总结，如下表所示。

考点	具体内容	关键点记忆
电子合同成立时间	**一般**：提交订单成功时成立； **例外**：当事人另有约定（如邮件确认）按约定	约定优先，无约定则订单提交成立
定金罚则	**已收受定金方违约→双倍返还**； 定金数额≤主合同标的额 20%（超过部分无效）	双倍返还，20% 上限
试用买卖使用费	**未约定使用费→出卖人无权主张**； 买受人不购买无须支付任何费用	试用无费，买卖自由

五、综合题

答案

（1）支票上记载的付款日期无效。根据规定，支票限于见票即付，不得另行记载付款日期。另行记载付款日期的，该记载无效。本题中，支票上记载的付款日期（2024 年 7 月 25 日）无效。

（2）不符合法律规定。根据规定，当事人就迟延履行约定违约金的，违约方支付违约金后，还应当履行债务。本题中，乙企业支付违约金后，还应当继续履行合同。

（3）陈某不享有所有权。根据规定，动产物权的设立和转让，自交付时发生效力，但是法律另有规定的除外。本题中，陈某找人强行取走设备，并非出卖人交付动产，因此陈某不能取得所有权。

（4）符合法律规定。根据规定，对于股东不按照规定缴纳出资的，除该股东应当向公司足额缴纳外，还应当对给公司造成的损失承担赔偿责任。本题中，陈某未按期交付出资，导致甲公司未能按期生产，因此甲公司要求陈某赔偿损失符合规定。

（5）不符合法律规定。根据规定，因合同纠纷提起的诉讼，由被告住所地或者合同履行地人民法院管辖。合同没有实际履行，当事人双方住所地都不在合同约定的履行地的，由被告住所地人民法院管辖。本题中，双方没有实际履行合同，且当事人双方住所地都不在合同约定的履行地Q地，因此乙企业向Q地法院起诉不符合规定。

（6）不符合法律规定。根据规定，合伙企业对合伙人执行合伙事务以及对外代表合伙企业权利的限制，不得对抗善意第三人。本题中，陈某不知道合伙协议的限制，是善意第三人，因此合同有效。

名师点睛 本题综合性强，考点覆盖面较广，解题关键在于精准定位考点、区分易混淆规定。本题考点及易混淆点，如下表所示。

考点	具体内容	对比/易错点
支票付款日期的效力（票据法）	支票限于见票即付，不得另行记载付款日期，记载日期无效	汇票、本票可记载付款日期，支票不可。日期记载无效≠支票无效，支票本身仍有效
违约金与继续履行的关系（合同法）	当事人就迟延履行约定违约金的，支付违约金后仍须继续履行债务	违约金性质为补偿性，非惩罚性。若违约金过高/过低，可请求法院调整
动产物权的设立与转让（物权法）	动产物权自交付时生效	交付方式包括现实交付、简易交付、指示交付、占有改定，强行取走不属于合法交付
股东未履行出资义务的责任（公司法）	股东未按期出资，除补足外，须赔偿公司损失	公司可对未出资股东限制权利（如利润分配请求权），甚至解除股东资格
合同纠纷的管辖法院（民事诉讼法）	被告住所地或合同履行地法院管辖；未实际履行且双方住所地均不在履行地的，由被告住所地管辖	合同履行地优先于被告住所地；未实际履行时须判断住所地是否在履行地
合伙事务执行人权限的限制（合伙企业法）	合伙企业内部限制不得对抗善意第三人	第三人是否"善意"（即是否明知或应知内部制）是关键

2023年检测卷客观题答案速查

一、单选题

题号	1	2	3	4	5	6	7	8	9	10
答案	D	B	A	D	C	A	C	B	A	C
题号	11	12	13	14	15	16	17	18	19	20
答案	D	A	D	D	B	D	D	A	A	C
题号	21	22	23	24	25	26	27	28	29	30
答案	C	B	B	A	B	B	B	C	B	C

二、多选题

题号	1	2	3	4	5	6	7	8	9	10
答案	BD	AD	AB	ACD	BCD	ACD	AB	ACD	AC	ABD
题号	11	12	13	14	15	16	17	18	19	20
答案	BCD	ACD	ABCD	ACD	ABD					

三、判断题

题号	1	2	3	4	5	6	7	8	9	10
答案	×	×	√	×	√	×	×	√	×	√

错题回顾

考生回忆版真题是考生了解每年命题重点和考法技巧的最重要的来源,考生在刷题阶段一定要建立错题集,将错题分类整理,记录高频出错的知识点和题目,进行反复练习。我们给考生提供了错题分类记录,帮助大家在核对答案时,同步对错题进行定期回顾、反复练习,直到正确率达到100%。

日期	单选题	多选题	判断题
5月6日(示例)	1、4、10	11	22、25

2023年检测卷解析点拨

一、单选题

1. **答案** D **解析** 本题考查预算执行和调整。

   县级以上地方各级预算的调整方案应当提请**本级人民代表大会常务委员会**审查和批准。因此，本题选项D正确。

   名师点睛 人大常委会作为常设机构，负责预算执行中的**动态管理**（如**调整**），而人大负责预算的**最终审批**（年度预算）。

2. **答案** B **解析** 本题考查行政复议。

   有下列情形之一的，申请人应当先向行政复议机关申请行政复议，对行政复议决定不服的，可以再依法向人民法院提起行政诉讼：（1）对当场作出的行政处罚决定不服；（2）对行政机关作出的侵犯其已经依法取得的自然资源的所有权或者使用权的决定不服（选项B）；（3）认为行政机关存在《行政复议法》规定的未履行法定职责的情形；（4）申请政府信息公开，行政机关不予公开；（5）法律、行政法规规定应当先向行政复议机关申请行政复议的其他情形。选项B是复议前置，当选。选项A是内部行政处分，不能申请行政复议。选项CD属于可以选择申请行政复议，也可以直接向法院提起行政诉讼的情形。因此，本题选项B正确。

   名师点睛 行政复议相关知识点总结，如下表所示。

情形	具体内容	处理方式
复议前置	对当场作出的行政处罚决定不服； 侵犯已依法取得的自然资源所有权/使用权； 行政机关未履行法定职责（不作为）； 政府信息公开申请被拒绝； 法律、行政法规规定的其他情形。 【提示】看到"自然资源所有权/使用权被侵犯""当场行政处罚""未履行法定职责""政府信息公开"等关键词，直接判断为复议前置	先复议→对复议决定不服→可诉讼
复议选择	一般行政处罚（如罚款、行政拘留等）、行政强制措施等	可直接诉讼或先复议→对复议决定不服→诉讼
复议终局	省级政府依据国务院或自身行政区划调整/土地征收决定作出的确权决定（自然资源）	复议决定为最终裁决，不可诉讼
不可复议/诉讼	内部行政行为（如降级、撤职等处分）	不可申请复议或诉讼

3. **答案** A **解析** 本题考查投资者保护。

   发行人因欺诈发行、虚假陈述或者其他重大违法行为给投资者造成损失的，发行人的控股股东、实际控制人、相关的证券公司可以委托投资者保护机构，就赔偿事宜与受到损失的投资者达成协议，予以先行赔付。因此，本题选项A正确。

> **名师点睛** 记忆口诀：先行赔付找投保，机构出面来协调。（先行赔付事宜需委托投资者保护机构）

4. 答案 D **解析** 本题考查物权变动。

预告登记后，债权消灭或者自能够进行不动产登记之日（2023年6月30日）起90日内未申请登记的，预告登记失效。所以最晚进行登记的时间应是2023年9月28日，选项D正确。

> **名师点睛** 底层原理解释。
> （1）**预告登记的立法目的**：防止一房二卖，保障债权人未来取得物权的权利。通过限制债务人在预告登记期间处分不动产，维护交易安全。
> （2）**失效规则的合理性**：若债权人未在合理期限内行使权利，预告登记失效，恢复不动产的自由流转，平衡双方利益。
> （3）**与不动产登记的区别**：预告登记是临时性保护措施，不动产登记是最终物权确认，两者不可混淆。

5. 答案 C **解析** 本题考查合同法律制度中债权人代位权的行使范围。

根据规定，专属于债务人自身的债权，债权人不得行使代位权。专属于债务人自身的债权包括：基于扶养关系、抚养关系、赡养关系、继承关系产生的给付请求权和劳动报酬、退休金、养老金、抚恤金、安置费、人寿保险、人身伤害赔偿请求权等权利。选项A劳动报酬请求权、选项B养老金请求权、选项D扶养费请求权均属于专属于债务人自身的债权，不得代位行使；而选项C房屋租金请求权属于一般债权，不属于专属债权，可以被代位行使。因此，本题选项C正确。

> **名师点睛** 这是合同法律制度的核心考点之一。复习代位权行使范围时，可采用"排除记忆法"：重点记住"专属债权不可代位"的类型，包括"关系型（扶养、抚养等）""人身保障型（劳动报酬、养老金等）"两类，除此之外的一般债权通常可代位行使。考试中常以列举不同债权类型的形式命题，可以结合口诀"人财两保不可代"（人身权利、财产保障类专属债权）辅助记忆，同时通过对比练习，强化对概念的区分，例如区分租金债权（可代位）与人身损害赔偿债权（不可代位）。

6. 答案 A **解析** 本题考查抵押权。

抵押物折价或者拍卖、变卖所得的价款，当事人没有约定的，按下列顺序清偿：（1）实现抵押权的费用；（2）主债权的利息；（3）主债权。因此，本题选项A正确。

> **名师点睛** 解题技巧。
> （1）**费用优先**：实现担保物权的费用（如拍卖费、评估费）永远排在最前，实现抵押权的费用是为保障抵押权人权益而产生的必要支出，若不优先支付，可能导致抵押权无法实际行使。
> （2）**利息次之，本金最后**：利息属于孳息，优先于主债权清偿。

7. 答案 C **解析** 本题考查承担违约责任的形式。

当事人一方未支付价款、报酬租金、利息，或者不履行其他金钱债务的，对方可以请求其支付，选项C正确。当事人一方不履行非金钱债务或者履行非金钱债务不符合约定的，对方可以要求履行，但有下列情形之一的除外：（1）法律上或者事实上不能履行；（2）债务的标的不适于强制履行或者履行费用过高，前者如以具有人身性质的劳务为债务的，后者指履行费用大大超过实际履行合同所能获得的利益；（3）债权人在合理期限内未请求履行。因此，本题选项C正确。

名师点睛 底层原理解释。

（1）**金钱债务的可替代性**：金钱具有通用性，债务人履行金钱债务不会对其人身自由造成强制，因此法律要求必须履行。

（2）**非金钱债务的特殊性**：人身性质债务（如表演）涉及人格尊严，不可强制履行；特定物灭失（如古董）导致事实上无法履行；履行费用过高（如修复成本远超物品价值）违背经济合理性原则。

8. **答案** B **解析** 本题考查公司解散和清算。

公司因合并、分立解散，不需要清算。公司合并后，登记事项发生变更的，应当依法向公司登记机关办理变更登记；公司解散的，应当依法办理注销登记。因此，本题选项B正确。

名师点睛 抓关键词：看到"合并""分立"，直接排除"清算"；公司解散均需办理注销登记。

解散原因	是否需要清算	是否需要注销登记
合并、分立	不需要	需要
破产	需要	需要
被吊销营业执照、责令关闭等	需要	需要
公司章程规定的营业期限届满	需要	需要

9. **答案** A **解析** 本题考查承担违约责任的形式。

定金的数额由当事人约定，但不得超过主合同标的额的20%。超过部分不产生定金的效力。本题中，张某实际交付定金120万元，超过主合同标的额的20%（500×20%=100万元），超过部分（20万元）不产生定金的效力。因此，本题选项A正确。

名师点睛 解题技巧。

先计算主合同标的额的20%（500×20%=100万元），再比较"约定定金"与"实际交付定金"，取两者中的较小值，但不得超过20%上限。本题中，实际交付120万元＞100万元，故有效定金为100万元。

10. **答案** C **解析** 本题考查行政事业性国有资产管理法律制度。

资产配置包括调剂、购置、建设、租用、接受捐赠等方式。各部门及其所属单位应当优先通过调剂方式配置资产。不能调剂的，可以采用购置、建设、租用等方式。因此，本题选项C正确。

名师点睛 易错点提醒。

（1）混淆"调剂"与"购置"：题目若问"最常用"方式，可能选购置，但"优先采用"必须选调剂。

（2）特殊情形：接受捐赠虽未列在选项中，但实际优先级低于调剂。

11. **答案** D **解析** 本题考查有限责任公司的设立。

股东可以用货币出资，也可以用实物、知识产权、土地使用权等可以用货币估价并可以依法转让的非货币财产作价出资；但是，法律、行政法规规定不得作为出资的财产除外。股东不得以劳务（选项B错误）、信用、自然人姓名、商誉、特许经营权（选项C错误）或者设定担保的财产（选项A错误）等作价出资。因此，本题选项D正确。

名师点睛 解题技巧。

（1）**关键思路**：排除法——直接排除法律明确禁止的出资方式（如劳务、特许经营权、设定担保的财产)。

(2) **记忆口诀：劳信名商特担保，不能出资要记牢。**（劳务、信用、自然人姓名、商誉、特许经营权、设定担保的财产均不可出资）

12. 答案 A 解析 本题考查国家出资企业管理者的选择与考核。

履行出资人职责的机构依照法律、行政法规以及企业章程的规定任免或者建议任免国家出资企业的下列人员：(1) 任免国有独资企业的经理、副经理、财务负责人和其他高级经理人员；(2) 任免国有独资公司的董事长、副董事长、董事、监事会主席和监事（选项A）；(3) 向国有资本控股公司、国有资本参股公司的股东会提出董事、监事人选。国家出资企业中应当由职工代表出任的董事、监事，依照有关法律、行政法规的规定由职工民主选举产生。因此，本题选项A正确。

名师点睛 相关知识点总结，如下表所示。

类型	管理者职位	任免主体
国有独资企业	经理、副经理、财务负责人等高级管理人员	履行出资人职责的机构直接任免
国有独资公司	董事长、副董事长、董事、监事会主席、监事	履行出资人职责的机构直接任免
国有资本控股公司	董事、监事	由股东会选举，履行出资人职责的机构建议任免
国有资本参股公司	董事、监事	由股东会选举，履行出资人职责的机构建议任免
所有企业	职工代表担任的董事、监事	职工民主选举

13. 答案 D 解析 本题考查预算编制。

地方各级预算按照量入为出、收支平衡的原则编制，除《中华人民共和国预算法》另有规定外，不列赤字。因此，本题选项D表述错误。

名师点睛 底层原理解释。

(1) **量入为出原则**：地方政府需根据财政收入规模确定支出，避免过度负债，确保财政可持续性。

(2) **双轨分类编制**：支出功能分类（如教育、国防）和经济性质分类（如工资、采购）共同反映资金用途，提高透明度。

(3) **重点支出优先**：国家战略任务（如民生、科技创新）需优先保障，体现财政资金的政策导向性。
注意：本题核心陷阱在于混淆"量入为出"与"量出为入"，考生需强化对预算法基础原则的记忆。

14. 答案 D 解析 本题考查合伙事务执行。

合伙企业的利润分配、亏损分担，按照合伙协议的约定办理；合伙协议未约定或者约定不明确的，由合伙人协商决定；协商不成的，由合伙人按照实缴出资比例分配、分担；无法确定出资比例的，由合伙人平均分配、分担。普通合伙企业中，合伙协议不得约定将全部利润分配给部分合伙人或者由部分合伙人承担全部亏损。因此本题选项D不符合法律规定，当选。

名师点睛 解题技巧，关键两步走：

(1) 看到"普通合伙企业"，立即锁定"禁止全部分配利润给部分合伙人"的绝对规则；

(2) 若选项中出现"全部分配"或"部分承担亏损"，直接判定为错误。

底层原理解释：

34

（1）普通合伙企业具有高度"人合性"，合伙人需对企业债务承担无限连带责任。若允许将全部利润分配给部分合伙人，会导致权利与风险严重失衡（部分人获利却不担责，其他人担责却无利可分），违背公平原则。因此，法律通过强制性规定保护全体合伙人的利益。

（2）有限合伙企业则因有限合伙人仅承担有限责任，法律更尊重契约自由，允许通过协议灵活约定分配方式。

15. **答案** B **解析** 本题考查物权变动。

动产物权转让时，当事人又约定由出让人继续占有该动产的，物权自该约定生效时发生效力。本题中，张某将汽车出售给钱某，是占有改定，在约定生效时（5月20日）视为交付，所有权转移。因此，本题选项B正确。

名师点睛 关键词锁定：题目中出现"**约定由出让人继续占有**"或类似表述，直接对应占有改定，物权自约定生效时转移。

16. **答案** D **解析** 本题考查民事诉讼。

当事人对下列债权请求权提出诉讼时效抗辩的，人民法院不予支持：（1）支付存款本金及利息请求权（选项A）；（2）兑付国债、金融债券以及向不特定对象发行的企业债券本息请求权；（3）基于投资关系产生的缴付出资请求权；（4）其他依法不适用诉讼时效规定的债权请求权。下列请求权不适用诉讼时效的规定：（1）请求停止侵害、排除妨碍、消除危险（选项B）；（2）不动产物权和登记的动产物权的权利人请求返还财产；（3）请求支付抚养费、赡养费或者扶养费（选项C）；（4）依法不适用诉讼时效的其他请求权。因此，本题选项D正确。

名师点睛 记忆口诀：**存国债、出投资，身份物权不适用；违约金、货款类，时效三年要牢记。**
底层原理解释。

（1）**公共利益优先**：存款、国债等涉及金融秩序和公共利益，不适用时效以保障权利人权益。

（2）**身份关系稳定**：抚养费、赡养费等基于身份关系产生，义务具有持续性，不受时效限制。

（3）**物权绝对性**：物权请求权（如排除妨碍）旨在恢复物权圆满状态，不适用时效以维护物权稳定性。

（4）**合同自由原则**：违约金请求权属于合同约定之债，适用时效可督促权利人及时行使权利，维护交易秩序。

17. **答案** D **解析** 本题考查合伙事务执行。

除合伙协议另有约定或者经全体合伙人一致同意外，普通合伙人不得同本合伙企业进行交易，选项A未经一致同意，不能通过。除合伙协议另有约定外，普通合伙人转变为有限合伙人，或者有限合伙人转变为普通合伙人，应当经全体合伙人一致同意，选项B未经一致同意，不能通过。除合伙协议另有约定外，合伙企业的下列事项应当经全体合伙人一致同意：（1）改变合伙企业的名称；（2）改变合伙企业的经营范围、主要经营场所的地点；（3）处分合伙企业的不动产；（4）转让或者处分合伙企业的知识产权和其他财产权利；（5）以合伙企业名义为他人提供担保；（6）聘任合伙人以外的人担任合伙企业的经营管理人员。选项C未经一致同意，不能通过。选项D不属于"一致同意事项"，合伙协议也没有约定，那么全体合伙人一人一票过半数通过，可以通过该事项。因此，本题选项D正确。

> 📖 **名师点睛** 解题技巧。

（1）优先判断是否属于"必须全体一致同意"事项（口诀：**名、范、不、知、担、聘**），若属于则须全体同意，否则默认过半数通过。

（2）**排除法**：选项中涉及"一致同意事项"但未全体通过的，直接排除。

18. **答案** A **解析** 本题考查提存。

标的物提存后，毁损、灭失的风险由债权人承担。本题的债权人为张某，故由张某承担责任。因此，本题选项A正确。

> 📖 **名师点睛** 关键原则：提存后，风险、费用、孳息均由债权人承担。不可抗力不影响风险转移，仅需判断提存是否完成。

19. **答案** A **解析** 本题考查民事诉讼。

下列请求权不适用诉讼时效的规定：（1）请求停止侵害（选项B）、排除妨碍、消除危险；（2）不动产物权和登记的动产物权的权利人请求返还财产（选项D）；（3）请求支付抚养费、赡养费或者扶养费（选项C）；（4）依法不适用诉讼时效的其他请求权。因此，本题选项A正确。

> 📖 **名师点睛** 底层原理解释。

不适用诉讼时效的请求权，底层逻辑在于：（1）为保障权利及时实现，如制止侵权的相关请求；（2）为维护物权稳定，避免物权归属混乱；（3）对特殊身份关系的保护，保障弱者基本生存权益。

20. **答案** C **解析** 本题考查证券法律制度中要约收购的相关规定。

根据规定，在要约收购中：要约确定的承诺期限内，收购人不得撤销其收购要约，因此选项A错误；收购人持有的被收购的上市公司的股票，在收购行为完成后的18个月内不得转让，而非15个月，选项B错误；收购人在要约收购期内，不得采取要约规定以外的形式和超出要约的条件购入被收购公司的股票，选项C正确；收购要约提出的各项收购条件，适用于被收购公司的所有股东，收购人不得对部分股东提高价格收购，选项D错误。

> 📖 **名师点睛** 这是证券法律制度中的高频考点。复习要约收购规则时，可采用"对比记忆+关键词提炼法"：将"不得撤销要约""18个月禁售期""条件统一适用"等核心要点与协议收购、其他证券交易行为对比记忆；同时，重点关注"期限数字""禁止行为"等易混淆内容，例如本题中15个月与18个月的差异。建议结合上市公司收购案例理解，如某公司在要约期内私下与股东达成额外收购条件属于违规行为，通过实际场景强化记忆，提高做题准确率。

21. **答案** C **解析** 本题考查与关联方交易的限制。

关联方，是指本企业的董事、监事、高级管理人员及其近亲属，以及这些人员所有或者实际控制的企业。选项C只是"朋友"。因此，本题选项C正确。

> 📖 **名师点睛** 记忆口诀：**董监高，近亲系；控制企业要牢记；朋友同事非关联，交易限制需警惕**。关联方需满足"董监高+近亲+控制企业"，朋友关系直接排除。

22. **答案** B **解析** 本题考查汇票的背书。

背书时附有条件的，所附条件不具有汇票上的效力，选项A错误。如果出票人在汇票上记载"不得转让"字样，则该汇票不得转让，选项B正确。委托收款背书，被背书人只是代理人，而未取得票据权利，

36

背书人仍是票据权利人，选项C错误。被拒绝承兑的汇票属于法定禁止背书的情形，如果背书人将此类汇票以背书方式转让的，应当承担汇票责任，选项D错误。因此，本题选项B正确。

名师点睛 底层原理解释。

（1）**出票禁转**：出票人有决定票据是否流转的权利，记载"不得转让"是其意愿体现，以避免票据脱离控制，保障自身权益。

（2）**条件委托**：背书附条件会破坏票据的流通性与无因性，所以条件无效；委托收款背书是收款授权，不转移权利，保障原权利人的控制权。

（3）**禁转担责**：被拒绝承兑后票据风险大。规定背书人担责，可防止恶意转让，保护后手权益，维护票据流转秩序。

23. **答案** B **解析** 本题考查《保险法》的基本原则。

根据《最高人民法院关于适用〈中华人民共和国保险法〉若干问题的解释（二）》的规定，保险人在保险合同成立后知道或者应当知道投保人未履行如实告知义务，仍然收取保险费，又依照《中华人民共和国保险法》第十六条第二款的规定主张解除合同的，人民法院不予支持。保险人解除合同的权利，自保险人知道有解除事由之日起，超过30日不行使而消灭；合同成立之日起超过2年的，保险人不得解除合同。发生保险事故的保险人应当承担赔偿或者给付保险金的责任。本题中，保险合同已生效3年（合同成立之日起超过2年），所以保险人不得解除合同，发生保险事故的保险人应当承担赔偿或者给付保险金的责任。因此，本题选项B正确。

名师点睛 两年不可抗辩，知情收费视为放弃。

（1）先看合同成立时间是否超过2年（本题为3年），直接排除解除权；

（2）再看保险人是否知情仍收费（本题为知情），进一步确认不得解除合同。

24. **答案** A **解析** 本题考查股东诉讼。

公司"董事、高级管理人员"执行公司职务时违反法律、行政法规或者公司章程的规定，给公司造成损失的，有限责任公司的股东、股份有限公司连续180日以上单独或者合计持有公司1%以上股份的股东，可以书面请求"监事会"或者不设监事会的有限责任公司的监事向人民法院提起诉讼。本题中，是"高级管理人员（陈某）"侵害公司利益，因此，股东王某拟提起股东代表诉讼的，应先找"监事会"；如果是"监事"侵害公司利益，则先找"董事会"。所以选项A正确，选项B错误。B公司为"不知情"的第三人，不应承担责任，选项CD错误。因此，本题选项A正确。

名师点睛 股东代表诉讼是为防止公司内部监督机制失效而设立的补救措施。当董事、高管或监事损害公司利益时，股东需先通过内部程序（监事会或董事会）主张权利，若内部程序无法解决，股东方可直接起诉。

25. **答案** B **解析** 本题考查决算。

国务院和县级以上地方各级政府对下一级政府依照《中华人民共和国预算法》规定报送备案的决算，认为有同法律、行政法规相抵触或者有其他不适当之处，需要撤销批准该项决算的决议的，应当提请"本级人民代表大会常务委员会"审议决定。因此，本题选项B正确。

名师点睛 题目中"撤销批准该预算的决议"指向决算的违法性审查，而"国务院和地方政府"

作为执行机关，需将问题提交至**立法监督机关**（即本级人大常委会）处理；另外，预算草案由人大审批（最终决策权），决算和预算调整由人大常委会审批（日常监督权），避免混淆。

26. **答案** B **解析** 本题考查抗辩权的行使。

后履行抗辩权，是指合同当事人互负债务，有先后履行顺序，先履行一方未履行的，后履行一方有权拒绝其履行要求。先履行一方履行债务不符合约定的，后履行一方有权拒绝其相应的履行要求。本题中，双方约定甲公司先支付货款，一周后乙公司交付货物，甲公司（先履行一方）未在约定期限付款，乙公司（后履行一方）有权拒绝履行。因此，本题选项B正确。

名师点睛 记忆口诀：**先后顺序分清楚，先不履行后可抗；先有风险不安抗，无先后时同时抗**。
（注："先有风险"指先履行方发现后履行方可能无法履行时，可行使不安抗辩权。）

27. **答案** B **解析** 本题考查股份有限公司的设立。

选项A：根据最新修订的《公司法》，设立股份有限公司，发起人既可以是自然人，也可以是法人。而且，对于自然人发起人，也没有国籍限制，只要符合"半数以上的发起人在中国境内有住所"这一条件即可，并非只有中国公民才可以作为发起人。

选项B：新《公司法》规定，设立股份有限公司，应当有1人以上200人以下为发起人，且其中应当有半数以上发起人在中国境内有住所，所以该选项正确。

选项C：采取发起方式设立的，根据新《公司法》第九十七条第一款、第九十八条规定，发起人应当认足公司章程规定的公司设立时应发行的股份，并在公司成立前按照其认购的股份全额缴纳股款。此时注册资本为在公司登记机关登记的全体发起人认购的股本总额，而非实收股本总额。

选项D：采取募集方式设立的，注册资本为在公司登记机关登记的实收股本总额。因为募集设立时，需要向社会公开募集或向特定对象募集股份，最终是以实际收到的股本总额作为注册资本，而不是全体发起人认购的股本总额。

名师点睛 记忆口诀：**发起1~200，国籍不限制；募集要验资，实收股本齐**。
《公司法》允许1人发起（如自然人独资股份公司），上限200人是为防止公开募集变相公开发行；《公司法》未限制发起人国籍，体现市场主体平等原则。

28. **答案** C **解析** 本题考查物权通论。

依据两个独立存在的物在用途上客观存在的主从关系，将物分为主物与从物。备用轮胎，属于从物。如果是使用中的轮胎，则是汽车的组成部分，两者是整体和部分的关系，不属于从物。因此，本题选项C当选。

名师点睛 解题技巧。
（1）**主从物判断核心**：是否"独立存在且辅助主物功能"。例如，固定安装的轮胎是汽车组成部分，非从物；备用轮胎是从物。
（2）**孳息判断核心**：是否"由原物产生且非原物本身"。例如，存款利息是法定孳息，未收割的庄稼是天然孳息。

29. **答案** B **解析** 本题考查租赁合同。

租赁物在租赁期间发生所有权变动（该设备卖给丙公司）的，不影响租赁合同的效力。本题租赁合同继续有效。按照"买卖不破租赁"原则，租赁期间租赁物所有权变动的，受让人取得原出租人的地位，租赁合同的出租人发生变化。本题甲、丙之间的买卖合同有效。因此，本题选项B正确。

名师点睛 抓关键词：**租赁期间、所有权变动、无购买意向**→直接适用"买卖不破租赁"原则，租赁合同继续有效。

30. **答案** C **解析** 本题考查合同解除。

当事人一方未通知对方，直接以提起诉讼或者申请仲裁的方式依法主张解除合同，人民法院或者仲裁机构确认该主张的，合同自"起诉状副本或者仲裁申请书副本送达对方"时解除。因此，本题选项C正确。

名师点睛 合同解除权是**形成权，单方意思表示即可生效**，但需对方知晓；未通知而直接起诉时，法律通过送达起诉状副本替代通知，确保对方知情权，避免程序瑕疵。

二、多选题

1. **答案** BD **解析** 本题考查地役权、土地承包经营权。

选项A，土地承包经营权自土地承包经营权合同生效时设立。选项B，建设用地使用权自登记时设立。选项C，地役权自地役权合同生效时设立。选项D，不动产抵押权自登记时设立。因此，本题选项BD正确。

名师点睛

（1）注意**不要混淆"登记生效"与"登记对抗"**：例如，地役权虽属不动产物权，但设立时无需登记，考生易误选。

（2）**注意权利性质**：不动产抵押权必须登记，而动产抵押权（如汽车抵押）自合同生效时设立，登记仅对抗第三人。

（3）**记忆口诀：建用抵押登记设，承包地役合同生。**

①**"建用抵押"**：建设用地使用权、不动产抵押权自登记时设立。

②**"承包地役"**：土地承包经营权、地役权自合同生效时设立，登记仅对抗第三人。

2. **答案** AD **解析** 本题考查预算收支范围。

政府性基金预算收入来源于向特定对象征收、收取或者以其他方式筹集的资金，如民航发展基金收入、国家重大水利建设基金（选项D）、国有土地使用权出让金（选项A）等。选项B属于一般公共预算收入。选项C属于国有资本经营预算收入。因此，本题选项AD正确。

名师点睛 **专款专用原则**：政府性基金预算收入必须专项用于指定项目（如水利建设、民航发展），不得挪用至其他领域，确保资金使用效率和政策目标实现。

3. **答案** AB **解析** 本题考查经济纠纷概念与解决途径。

选项A，公民之间、法人之间、其他组织之间以及他们相互之间因财产关系和人身关系发生纠纷，可以提起民事诉讼。选项B，和解是经济纠纷的当事人在平等的基础上相互协商、互谅互让，进而对纠纷的解决达成协议的方式。选项C，行政复议适用于解决纵向关系经济纠纷，即行政管理相对人和行政机关之间发生的经济纠纷，而赡养纠纷的主体是"民与民"，即平等主体之间的纠纷，所以赡养纠纷不适用行政复议。选项 D，与人身有关的婚姻、收养、监护、扶养、继承纠纷，不能进行仲裁。因此，本题选项 AB 正确。

> **名师点睛** 本题核心考点为民事纠纷解决途径的适用范围，关键在于区分"平等主体"与"行政主体"，"财产关系"与"人身关系"。通过口诀和排除法可快速锁定答案。**记忆口诀：赡养纠纷民与民，诉讼和解可解决；行政仲裁不适用，人身关系不能裁。**

4. **答案** ACD **解析** 本题考查民事诉讼。

   因保险合同纠纷提起的诉讼，由被告住所地（选项 C）或者保险标的物所在地的人民法院管辖。因财产保险合同纠纷提起的诉讼，如果保险标的物是运输工具或者运输中的货物，可以由运输工具登记注册地、运输目的地（选项 A）、保险事故发生地（选项 D）人民法院管辖。
   因此，本题选项 ACD 正确。

   > **名师点睛**
   > （1）**地域管辖原则**：民事诉讼遵循"原告就被告"原则（被告住所地法院管辖，选项 B 不选），同时考虑纠纷与地域的实际联系（如保险事故发生地、运输目的地）。
   > （2）**特殊规则依据**：运输货物保险纠纷涉及流动性强、风险集中的特点，为便于调查取证和纠纷解决，法律特别赋予运输目的地和事故发生地法院管辖权。
   > （3）**记忆口诀：被告住所标的物，运输货物加两地（目的地、事故地）。**

5. **答案** BCD **解析** 本题考查有限责任公司的组织机构。

   股东会或者股东大会、董事会的会议召集程序、表决方式违反法律、行政法规或者公司章程（选项 B、D），或者决议内容违反公司章程的（选项 C），股东自决议作出之日起 60 日内，请求人民法院撤销股东会或者股东大会、董事会决议的，人民法院应当予以支持；但会议召集程序或者表决方式仅有轻微瑕疵，且对决议未产生实质影响的，人民法院不予支持。因此，本题选项 BCD 正确。

   > **名师点睛 记忆口诀：违法无效，瑕疵可撤；内容违章，同样可撤。**
   > 本题核心在于区分"无效"与"可撤销"的边界，重点记忆"程序瑕疵＋内容违章"为可撤销情形，务必关注主体（股东会/董事会）与瑕疵类型。

6. **答案** ACD **解析** 本题考查普通合伙企业的设立。

   国有独资公司（选项 A）、国有企业（选项 D）、上市公司（选项 C）以及公益性的事业单位、社会团体不得成为普通合伙人。因此，本题选项 ACD 正确。

   > **名师点睛** 记忆口诀："两国一上公益禁"，即国有独资企业、国有企业、上市公司和公益性单位禁止成为普通合伙人，其他主体一般允许。
   > 国有独资企业、国有企业因资产属国家，成为普通合伙人会使国有资产面临巨大风险，难以保障其安全与保值增值；上市公司需对股东负责，成为普通合伙人会影响公司财务和股东利益，不利于证券市场稳定；公益性单位从事公益活动，成为普通合伙人可能影响其公益职能履行，损害公共利益。所以它们禁止成为普通合伙人。而其他主体一般有独立财产和自主决策能力，能自主承担风险，允许其成为普通合伙人可促进经济活动，激发市场活力。

企业类型	是否可成为普通合伙人	是否可成为有限合伙人
国有独资企业	禁止	允许
国有企业	禁止	允许
上市公司	禁止	允许
公益性事业单位/社会团体	禁止	允许
个人独资企业	允许	允许
公司（如有限责任公司）	允许	允许

7. **答案** AB **解析** 本题考查特殊的普通合伙企业。

选项A，特殊的普通合伙企业应当建立执业风险基金，办理职业保险。这是因为此类合伙企业在执业过程中面临诸多不确定风险，如合伙人因业务失误等给客户造成损失，从而引发债务纠纷。建立基金与办理保险能有效分散和应对这些风险，保障合伙企业、合伙人以及相关利益方的权益，所以该选项正确。

选项B，其名称中应当标明"特殊普通合伙"字样。这是出于公示目的，让交易相对人、客户等外界群体能一目了然知晓企业性质，在与之交易、合作时有清晰预期，避免因信息不对称引发误解或纠纷，从而保障市场交易安全、有序进行，故该选项正确。

选项C，合伙人对于合伙企业债务并非均应承担无限连带责任。当一个合伙人或者数个合伙人在执业活动中因故意或者重大过失造成合伙企业债务时，只有这些有过错的合伙人承担无限责任或者无限连带责任，其他合伙人以其在合伙企业中的财产份额为限承担责任，该选项说法错误。

选项D，同理，合伙人对于合伙企业债务也并非均应承担有限责任。如前面所讲，存在过错的合伙人要承担无限或无限连带责任，所以该选项错误。

名师点睛 特殊普通合伙企业的责任承担规则体现了**过错与责任相匹配**的原则：

（1）若合伙人因故意或重大过失导致债务，其行为具有主观恶性，故需承担无限责任；

（2）其他无过错合伙人仅以财产份额为限承担责任，避免因个别合伙人的过错累及全部合伙人

8. **答案** ACD **解析** 本题考查政府采购的原则。

有下列情形之一的，属于以不合理的条件对供应商实行差别待遇或者歧视待遇：（1）就同一采购项目向供应商提供有差别的项目信息（选项C正确）；（2）设定的资格、技术、商务条件与采购项目的具体特点和实际需要不相适应或者与合同履行无关（选项B错误）；（3）采购需求中的技术、服务等要求指向特定供应商、特定产品；（4）以特定行政区域或者特定行业的业绩、奖项作为加分条件或者中标、成交条件；（5）对供应商采取不同的资格审查或者评审标准（选项D正确）；（6）限定或者指定特定的专利、商标、品牌或者供应商（选项A正确）；（7）非法限定供应商的所有制形式、组织形式或者所在地；（8）以其他不合理条件限制或者排斥潜在供应商。因此，本题选项ACD正确。

名师点睛 陷阱提醒。

（1）**注意选项B的表述陷阱**："与合同履行有关"是合理条件的关键，若去掉这个前提则为正确选项；

（2）**警惕绝对化表述**：如"必须""均应"等词在政府采购条款中多为错误选项；

（3）**注意选项组合**：本题选项ACD均为直接列举的禁止行为，而选项B属于干扰项。

9. **答案** AC **解析** 本题考查入伙与退伙。

普通合伙人有下列情形之一的,当然退伙:(1)作为合伙人的自然人死亡(选项A)或者被依法宣告死亡;(2)个人丧失偿债能力(选项C);(3)作为合伙人的法人或者其他组织依法被吊销营业执照、责令关闭、撤销,或者被宣告破产;(4)法律规定或者合伙协议约定合伙人必须具有相关资格而丧失该资格;(5)合伙人在合伙企业中的全部财产份额被人民法院强制执行。因此,本题选项AC正确。

👨‍🏫 **名师点睛** 注意"普通合伙人"与"有限合伙人"的区别:**有限合伙人丧失民事行为能力或死亡,不必然退伙**(除非合伙协议另有约定)。

10. **答案** ABD **解析** 本题考查所有权的取得。

拾得遗失物应当返还权利人。拾得人应当及时通知权利人领取,或者送交公安等有关部门,选项B正确。该遗失物通过转让被他人占有的,权利人有权向无处分权人请求损害赔偿(非"双倍赔偿",选项C错误),或者自知道或者应当知道受让人之日起2年内向受让人请求返还原物,但是,受让人通过拍卖或者向具有经营资格的经营者购得该遗失物的,权利人请求返还原物时应当支付受让人所付的费用。权利人向受让人支付所付费用后,有权向无处分权人追偿,选项AD正确。因此,本题选项ABD正确。

👨‍🏫 **名师点睛**

(1)**所有权追及效力**:遗失物所有权仍归原权利人,可追及至任何占有人(但受2年期限限制);

(2)**保护交易安全**:若受让人通过合法渠道(如拍卖)取得,需平衡原权利人利益与对善意第三人的保护,故原权利人需支付费用。

11. **答案** BCD **解析** 本题考查免除。

免除债务时,债权的从权利,如从属于债权的担保权利、利息权利、违约金请求权等也随之消灭,选项A错误。因此,本题选项BCD正确。

👨‍🏫 **名师点睛**

(1)**单方法律行为**:免除是债权人处分自身权利的行为,无须债务人同意,但须明确意思表示。

(2)**从权利附随性**:担保物权、利息等从权利依附于主债权存在,主债权消灭则从权利自然消灭(选项A错误)。

(3)**第三人利益保护**:若债务免除损害了第三人(如担保人)利益,该免除可被撤销或无效(选项B正确)。

12. **答案** ACD **解析** 本题考查支票的出票。

选项A,支票上的金额可以由出票人授权补记,未补记前的支票,不得使用。选项B,出票人可以在支票上记载自己为收款人。选项C,支票限于见票即付,不得另行记载付款日期。另行记载付款日期的,该记载无效。选项D,出票人签章是支票出票的绝对记载事项,支票上未记载的,支票无效。因此,本题选项ACD正确。

👨‍🏫 **名师点睛**

(1)**抓关键词**:关注"**绝对必要记载事项**""**授权补记**""**付款日期**"等核心考点。

(2)**排除干扰项**:如选项B混淆了"收款人是否可由出票人记载",需明确支票允许出票人自记为收款人。

13. **答案** ABCD　　**解析**　本题考查投资者保护。

选项A，债券持有人会议拥有一定的决策权力，其中就包括决议变更债券受托管理人。在债券存续期间，若原受托管理人履职不力，未能充分保障债券持有人权益，比如信息沟通不畅、对发行人监督不到位，债券持有人可通过会议集体决策，更换更能胜任的受托管理人，以更好维护自身利益，所以该选项正确。

选项B，债券持有人个体维权往往面临诸多困难，如专业知识不足、诉讼成本过高、分散起诉易被发行人各个击破等。因此，当债券发行人不能按期兑付债券本息时，债券受托管理人通常会接受全部债券持有人委托，凭借专业能力与规模优势，以自己名义代表持有人提起诉讼，既整合了维权力量，又能高效推动司法程序，切实保障债券持有人追回本息的诉求，该选项正确。

选项C，公开发行公司债券涉及众多投资者，他们分散各地，难以直接、全面监督发行人行为。发行人聘请债券受托管理人并订立协议，受托管理人就肩负起监督发行人资金使用、偿债能力变化、信息披露等重任，为债券持有人站岗放哨，确保公开发行债券过程合规、有序，维护市场稳定，所以该选项正确。

选项D，受托管理人职责重大，需要具备专业的金融、法律知识及丰富的证券从业经验。本次发行的承销机构熟悉债券发行流程、发行人情况，能迅速进入角色履职；经国务院证券监督管理机构认可的其他机构，也同样在专业资质、信誉等方面达标，由它们担任受托管理人，可保障对债券业务的专业把控，让投资者放心，该选项正确。

综上，选项ABCD均正确。

名师点睛　公司债券受托管理人是**债券持有人的"受托人"**，通过独立第三方监督发行人，防止其滥用资金或怠于履行偿债义务。其核心功能是降低债券持有人的集体行动成本，保障债券市场的信用基础。

14. **答案** ACD　　**解析**　本题考查撤销权。

选项A，债权人行使撤销权所支付的律师费、差旅费等必要费用，由债务人承担。选项B，债权人在提起撤销权诉讼时，应以债务人和债务人的相对人为共同被告。选项C，债权人行使撤销权应以自己的名义，向债务人或相对人的住所地人民法院提起诉讼。选项D，债务人与第三人的行为被撤销的，其行为自始无效。第三人应当向债务人返还财产或折价补偿。因此，本题选项ACD正确。

名师点睛

（1）**抓关键词**：题干中"不合理低价""丙知情"直接指向撤销权适用条件。

（2）**区分被告身份**：撤销权诉讼须将债务人和受让人列为共同被告，而非仅列其中一方。

15. **答案** ABD　　**解析**　本题考查融资租赁合同。

承租人破产的，租赁物不属于破产财产，选项C表述错误。因此，本题选项ABD正确。

名师点睛

（1）**关键词定位**：看到"融资租赁合同"，立即联想"承租人维修""所有权归属出租人""破产不属财产"等专属规则。

（2）**排除干扰项**：注意选项中是否混淆融资租赁合同与普通租赁合同的规则（如维修义务、租赁物归属）。

三、判断题

1. **答案** × **解析** 本题考查企业国有资产的概念。

   企业国有资产属于国家所有，即全民所有，国务院代表国家行使国有资产所有权。因此，本题表述错误。

   名师点睛
   （1）**抓关键词**：判断题中出现"**代表国家行使所有权**"时，直接对应国务院。
   （2）**排除干扰项**：全国人大的职权是"监督"而非"行使所有权"。

2. **答案** × **解析** 本题考查合同的转让。

   债务人将合同的义务全部或者部分转移给第三人，应当经债权人同意，否则债务人转移合同义务的行为对债权人不发生效力。因此，本题表述错误。

   名师点睛
   （1）**债务转移需同意**：债务转移直接影响债权人的利益（新债务人信用风险可能更高），因此必须经债权人同意，体现合同相对性原则。
   （2）**债权转让仅需通知**：债权转让不改变债务人的履行内容，仅需通知以避免债务人履行错误，体现交易效率原则。

3. **答案** √ **解析** 本题考查政府采购当事人。

   集中采购机构是设区的市级以上人民政府依法设立的非营利事业法人。因此，本题表述正确。

   名师点睛 《政府采购法》规定集中采购机构的设立层级和性质，旨在通过专业化、规模化采购降低行政成本，保障政府采购的公平性和效率性。

4. **答案** × **解析** 本题考查利润分配。

   法定公积金转为资本时，所留存的该项公积金不得少于转增前公司注册资本的25%。因此，本题表述错误。

   名师点睛 陷阱提醒。
   （1）**偷换时间点**：将"转增前"改为"转增后"（如本题题干）。
   （2）**比例错误**：将25%改为其他数值（如20%、30%）。
   （3）**混淆公积金类型**：将资本公积与法定公积金的转增规则混为一谈（资本公积转增无留存比例限制）。

5. **答案** √ **解析** 本题考查有限合伙企业事务执行的特殊规定。

   有限合伙人可以自营或者同他人合作经营与本有限合伙企业相竞争的业务；但是，合伙协议另有约定的除外。因此，本题表述正确。

   名师点睛 陷阱提醒。
   （1）**混淆合伙人类型**：将"有限合伙人"偷换为"普通合伙人"（如改为"普通合伙人可以经营竞争业务"，此时答案为×）。
   （2）**协议约定方向**：题目若表述为"合伙协议未约定的，不得经营竞争业务"，需注意与《中华人民共和国合伙企业法》第七十一条的默认规则（即**有限合伙人可自营或合作经营竞争业务，协议另有约定除外**）区分。
   （3）**反向考查**：可能通过"有限合伙人必须经全体合伙人一致同意才能竞争"等错误表述设置陷阱。

6. **答案** ✕ **解析** 本题考查有限责任公司设立的特殊规定。

股份有限公司的设立，可以采取发起设立或者募集设立的方式。有限责任公司只能采取发起设立的方式。因此，本题表述错误。

名师点睛

（1）**封闭性特征**：有限责任公司具有人合性和封闭性的特点，股东人数少且股权转让受限，无须通过公开募集资本。

（2）**资合性特征**：股份有限公司资合性强，可通过募集设立向社会公众发行股份，扩大资本规模。

7. **答案** ✕ **解析** 本题考查抵押权。

建设用地使用权抵押后，该土地上新增的建筑物不属于抵押财产。该建设用地使用权实现抵押权时，应当将该土地上新增的建筑物与建设用地使用权一并处分。但是，新增建筑物所得的价款，抵押权人无权优先受偿。因此，本题表述错误。

名师点睛

（1）**抵押权设立范围**：抵押权的效力仅及于抵押时已存在的财产，新增建筑物在抵押时尚未形成，不能作为抵押财产。

（2）**房地一体原则例外**：虽遵循"房随地走"原则，但新增建筑物未纳入抵押范围，体现对抵押人新增投资的保护。

8. **答案** ✓ **解析** 本题考查合同的概念和分类。

当事人约定在将来一定期限内订立合同的认购书、订购书、预订书等，构成预约合同。当事人一方不履行预约合同约定的订立合同义务的，对方可以请求其承担预约合同的违约责任。因此，本题表述正确。

名师点睛 **记忆口诀**：**预约违约可追责，本约违约另处理**。（预约合同独立约束，违约可要求继续履行或赔偿；本约违约按合同条款处理）

9. **答案** ✕ **解析** 本题考查要约收购。

在收购要约约定的承诺期限内，收购人不得撤销其收购要约。因此，本题表述错误。

名师点睛 **陷阱提醒**：

（1）**混淆"撤销"与"变更"**：若题干表述为"收购人可变更要约条件"，需进一步判断是否符合法定程序（经证监会批准）。

（2）**偷换时间条件**：若题干称"承诺期限届满后可撤销"，则正确（承诺期外无限制）。

10. **答案** ✓ **解析** 本题考查法律行为。

民事法律行为部分无效，不影响其他部分效力的，其他部分仍然有效。因此，本题表述正确。

名师点睛 民事法律行为的效力以当事人意思表示为核心，部分无效若不影响其他部分的真实意思表示，应维持有效，比如，合同中利息条款因违法而部分无效，但借款本金和合法利息条款仍有效，体现了"部分无效不影响其他部分效力"的规则。

四、简答题

1. **答案**

（1）人民法院不予支持魏某的请求。根据规定，有限责任公司的股东未履行出资义务或者抽逃全部出资，经公司催告缴纳或者返还，其在合理期间内仍未缴纳或者返还出资，公司以股东会决议解除该股东的股东资格，该股东请求确认该解除行为无效的，人民法院不予支持。本题中，魏某经多次催缴后，在合理期限内仍不缴纳出资，甲公司有权以股东会决议解除该股东的股东资格。

（2）陈某有权请求魏某承担违约责任。根据规定，股东不按照规定缴纳出资的，除应当向公司足额缴纳外，还应当对给公司造成的损失承担赔偿责任。该赔偿责任除出资部分外，还包括未出资的利息。本题中，魏某经多次催缴后，在合理期限内仍不缴纳出资，除应当向甲公司足额缴纳外，还应当向已按期足额缴纳出资的股东陈某承担违约责任。

（3）甲公司有权请求陈某、孙某就该20万元承担连带责任。根据规定，有限责任公司设立时，股东未按照公司章程规定实际缴纳出资，或者实际出资的非货币财产的实际价额显著低于所认缴的出资额的，设立时的其他股东与该股东在出资不足的范围内承担连带责任。本题中，甲公司设立时，刘某伪造出资产评估报告，将机器设备作价30万元，实际该设备市场价值10万元，出资的机器设备的实际价额显著低于公司章程所定价额，甲公司有权请求发起人陈某、孙某二人就该20万元承担连带责任。

名师点睛 解题技巧。

（1）**股东除名**：重点判断是否履行"催告程序"+"合理期限"，二者缺一不可。

（2）**违约责任**：明确责任对象是"已按期足额出资的股东"，而非仅公司。

（3）**连带责任**：关注"设立时股东"身份+非货币财产"实际价额显著低于认缴额"。

记忆口诀：催告不缴可除名，违约赔偿对股东，发起连带补足资。

2. 答案

（1）丙公司抵押权于2023年6月23日设立。根据规定，以动产抵押的，抵押权自抵押合同生效时设立；未经登记，不得对抗善意第三人。本题中，2023年6月23日抵押合同生效，因此丙公司抵押权于2023年6月23日设立。

（2）不符合法律规定。根据规定，债务人不履行到期债务，债权人因同一法律关系留置合法占有的第三人的动产，并主张就该留置财产优先受偿的，人民法院应予支持。第三人以该留置财产并非债务人的财产为由请求返还的，人民法院不予支持。本题中，丁公司将设备送到戊修理厂修理，丁公司需支付修理费，属于同一法律关系留置合法占有的第三人的动产，丁公司不愿支付5万元修理费，因此，戊修理厂有权留置该设备。

（3）不符合法律规定。根据规定，动产抵押担保的主债权是抵押物的价款，标的物交付后10日内办理抵押登记的，该抵押权人优先于抵押物买受人的其他担保物权人受偿，但是留置权人除外。本题中，丙公司享有优先于乙银行受偿的超级优先权。

名师点睛 记忆口诀。

（1）**动产抵押合同生**，登记对抗第三人；

（2）**留置权看三要素**：占有合法、同一关系、债务到期；

（3）**超级优先要记牢**：价款债权+十日登记。

3. **答案**

（1）不符合法律规定。根据规定，被保险人、受让人依法及时向保险人发出保险标的转让通知后，保险人作出答复前，发生保险事故，被保险人或者受让人主张保险人按照保险合同承担赔偿保险金的责任的，人民法院应予支持。本题中，张某已将车辆转让事项通知了甲保险公司，因此甲保险公司不得以王某并非被保险人为由拒绝承担赔偿责任。

（2）不符合法律规定。根据规定，保险人已向投保人履行了保险法规定的提示和明确说明义务，保险标的受让人以保险标的转让后保险人未向其提示或者明确说明为由，主张免除保险人责任的条款不生效的，人民法院不予支持。本题中，甲保险公司已经向投保人张某履行了规定的提示和明确说明义务，保险标的受让人王某不得以保险标的转让后甲保险公司未向其提示或者明确说明为由，主张免除甲保险公司责任的条款不成为合同内容。

（3）不符合法律规定。根据规定，除保险法另有规定或者保险合同另有约定外，保险合同成立后，投保人可以解除合同，保险人不得解除合同。保险责任开始后，投保人要求解除合同的，保险人应当将已收取的保险费，按照合同约定扣除自保险责任开始之日起至合同解除之日止应收的部分后，退还投保人。本题中，保险合同成立后，王某有权解除保险合同，甲保险公司应当将已收取的保险费，按照合同约定扣除自保险责任开始之日起至合同解除之日止应收的部分后，退还王某。

名师点睛　陷阱提醒。

（1）**混淆"通知"与"同意"**：保险标的转让只需"通知"保险人，无需其"同意"。未答复视为同意，保险人仍需担责。

（2）**免责条款的告知对象**：保险人仅需向原投保人履行提示和说明义务，受让人无权以未告知为由主张条款无效。

（3）**保费退还的时间点**：保险责任开始前退保，保费全额退还；责任开始后退保，需按比例扣除已承担期间的费用。

五、综合题

答案

（1）不符合法律规定。根据规定，监事会、不设监事会的公司的监事发现公司经营情况异常，可以进行调查；必要时，可以聘请会计师事务所等协助其工作，费用由公司承担。本题中，甲公司设立了监事会，应当是监事会聘请会计师事务所，赵某自行聘请会计师事务所，费用不由甲公司承担。

（2）符合法律规定。根据规定，占有的不动产或者动产被侵占的，占有人有权请求返还原物；对妨害占有的行为，占有人有权请求排除妨害或者消除危险；因侵占或者妨害造成损害的，占有人有权依法请求损害赔偿。本题中，乙公司是承租人，是占有人，张某将机器转移至其承包的位于乙公司围墙外的林地中，妨碍了该机器的正常生产运转，乙公司有权请求张某返还机器并赔偿其误工损失。

（3）不符合法律规定。根据规定，对县级以上地方各级人民政府工作部门依法设立的派出机构依照法律法规、规章规定，以派出机构的名义作出的行政行为不服的行政复议案件，由本级人民政府管辖；其中，对直辖市、设区的市人民政府工作部门按照行政区划设立的派出机构作出的行政行为不服的，也可以由其所在地的人民政府管辖。本题中，派出所是N区公安局的派出机构，而N区公安局所在地的人民政府是N区人民政府，N区人民政府隶属于M市，因此可以作为复议机关的是M市人民政府和N区人民政府。

（4）符合法律规定。根据规定，因不可归责于承租人的事由，致使租赁物部分或者全部毁损、灭失的，承租人可以请求减少租金或者不支付租金；因租赁物部分或者全部毁损、灭失，致使不能实现合同目的的，承租人可以解除合同。本题中，由于丁企业厂房发生爆炸致使乙公司承租的机器全部毁损，无法继续使用，承租人乙公司可以请求甲公司退还50万元租金。

（5）丙保险公司有权向丁企业索赔。根据规定，因第三者（丁企业）对保险标的的损害而造成保险事故的，保险人（丙保险公司）自向被保险人（甲公司）赔偿保险金之日起，在赔偿金额范围内代位行使被保险人对第三者请求赔偿的权利。本题中，丙保险公司在对甲公司进行赔偿后，可以代位行使向丁企业索赔。

（6）不符合法律规定。根据规定，有限合伙人退伙后，对基于其退伙前的原因发生的有限合伙企业债务，以其退伙时从有限合伙企业中取回的财产承担责任。本题中，该债务发生在陈某退伙前，陈某对由于退伙前的原因发生的有限合伙企业债务，以其退伙时从有限合伙企业中取回的财产20万元现金承担责任。

名师点睛

（1）**公司法中的监督权**：监事会是公司法定监督机构，其职权需通过集体决议行使，监事个人无权单独决定重大事项（如聘请会计师事务所）。

（2）**占有保护制度**：占有作为事实状态受法律保护，旨在维护社会秩序稳定，即使占有人非所有权人也可行使请求权。

（3）**行政复议便民原则**：允许向本级政府或上级机关申请复议，减少当事人诉累。

（4）**保险补偿原则**：代位求偿权防止被保险人双重获利，维护保险制度的公平性。

（5）**有限合伙责任限制**：有限合伙人以出资为限承担责任，但退伙前债务仍需以取回财产为限承担，平衡债权人利益。

2022 年检测卷客观题答案速查

一、单选题

题号	1	2	3	4	5	6	7	8	9	10
答案	B	B	C	A	B	D	A	A	B	C
题号	11	12	13	14	15	16	17	18	19	20
答案	B	B	C	C	A	B	A	D	D	C
题号	21	22	23	24	25	26	27	28	29	30
答案	A	D	A	D	D	C	B	B	C	D

二、多选题

题号	1	2	3	4	5	6	7	8	9	10
答案	AD	ACD	ABD	AB	ACD	BCD	AB	ABD	ABC	AB
题号	11	12	13	14	15	16	17	18	19	20
答案	AB	ABD	ACD	BC	AD					

三、判断题

题号	1	2	3	4	5	6	7	8	9	10
答案	×	√	√	×	√	√	√	√	×	×

错题回顾

考生回忆版真题是考生了解每年命题重点和考法技巧的最重要的来源，考生在刷题阶段一定要建立错题集，将错题分类整理，记录高频出错的知识点和题目，进行反复练习。我们给考生提供了错题分类记录，帮助大家在核对答案时，同步对错题进行定期回顾、反复练习，直到正确率达到100%。

日期	单选题	多选题	判断题
5月6日（示例）	1、4、10	11	22、25

2022年检测卷解析点拨

一、单选题

1. **答案** B **解析** 本题考查预算编制。

地方政府举借的债务应当有偿还计划和稳定的偿还资金来源，只能用于公益性资本支出，不得用于经常性支出。选项B错误，当选。

名师点睛

（1）**记忆口诀：地方债，公益用，经常支出不能碰**（地方政府债务只能用于公益性资本支出，不得用于经常性支出）

（2）**底层原理**：预算法要求地方政府债务资金用于长期投资项目（如基建），以形成资产并产生未来收益，确保债务偿还能力。而经常性支出属于日常消耗性支出，需通过税收等经常性收入覆盖，禁止用债务资金填补"日常亏空"，避免财政风险累积。

2. **答案** B **解析** 本题考查行政诉讼。

行政诉讼受理范围：（1）对行政拘留（选项B）、暂扣或者吊销许可证和执照、责令停产停业、没收违法所得、没收非法财物、罚款、警告等行政处罚不服的；（2）对限制人身自由或者对财产的查封、扣押、冻结等行政强制措施和行政强制执行不服的；（3）申请行政许可，行政机关拒绝或者在法定期限内不予答复，或者对行政机关作出的有关行政许可的其他决定不服的（4）对行政机关作出的关于确认土地、矿藏、水流、森林、山岭、草原、荒地、滩涂、海域等自然资源的所有权或者使用权的决定不服的；（5）对征收、征用决定及其补偿决定不服的；（6）申请行政机关履行保护人身权、财产权等合法权益的法定职责，行政机关拒绝履行或者不予答复的；（7）认为行政机关侵犯其经营自主权或者农村土地承包经营权、农村土地经营权的；（8）认为行政机关滥用行政权力排除或者限制竞争的；（9）认为行政机关违法集资、摊派费用或者违法要求履行其他义务的；（10）认为行政机关没有依法支付抚恤金、最低生活保障待遇或者社会保险待遇的；（11）认为行政机关不依法履行、未按照约定履行或者违法变更、解除政府特许经营协议、土地房屋征收补偿协议等协议的；（12）认为行政机关侵犯其他人身权、财产权等合法权益的。对行政机关作出的侵犯其已经依法取得的自然资源的所有权或者使用权的决定不服，申请人应当先向行政复议机关申请行政复议，对行政复议决定不服的，可以再依法向人民法院提起行政诉讼，选项A错误。对内部行政行为如行政机关对行政机关工作人员的奖惩、任免等决定不服的，不得提起行政诉讼，选项CD错误。因此，本题选项B正确。

名师点睛 复议前置的意义：专业性较强的自然资源权属争议，需行政机关先行处理，确保程序效率。各情形如下表所示。

情形	是否可诉	关键提示
行政处罚	可诉	如拘留、罚款、吊销许可证等

续表

行政强制措施	可诉	如查封、扣押、冻结财产
自然资源权属决定	需复议前置	对已取得的自然资源权属决定不服，先复议后诉讼
内部行政行为	不可诉	奖惩、任免、考核等内部管理行为
行政协议争议	可诉	如特许经营协议、征收补偿协议

3. **答案** C **解析** 本题考查入伙与退伙。

合伙人有下列情形之一的，经其他合伙人一致同意，可以决议将其除名：（1）未履行出资义务；（2）因故意或者重大过失给合伙企业造成损失；（3）执行合伙事务时有不正当行为；（4）发生合伙协议约定的事由，选项D错误。对合伙人的除名决议应当书面通知被除名人，选项C正确。被除名人接到除名通知之日，除名生效，选项B错误。被除名人对除名决议有异议的，可以自接到除名通知之日起30日内，向人民法院起诉，选项A错误。因此，本题选项C正确。

名师点睛 陷阱提醒。

（1）**混淆除名与当然退伙**：如将"个人丧失偿债能力"（当然退伙）误判为除名。

（2）**忽略书面通知要求**：案例中可能仅口头告知除名，需注意此程序违法。

（3）**时间节点错误**：异议起诉期限易混淆为15日，需牢记30日规定。

4. **答案** A **解析** 本题考查有限责任公司的设立。

股东不得以劳务、信用、自然人姓名、商誉、特许经营权（选项A）或者设定担保的财产等作价出资。选项A符合题意，当选。

名师点睛 陷阱提醒。

（1）混淆特许经营权与知识产权：若题目中出现"专利技术""商标权"等知识产权，属于合法出资；但若表述为"某品牌加盟权"，则为特许经营权，禁止出资。

（2）设定担保的财产伪装：如题干未明确财产是否已抵押/质押，但暗示存在权利负担（如"已用于贷款担保"），需警惕。

各财产类型出资具体情况，如下表所示。

财产类型	是否可出资	法律依据
非专利技术	禁止	属于知识产权，可估价且可依法转让
特许经营权	允许	《公司法》规定，股东不得以特许经营权作价出资
实物	允许	如车辆、设备等，需评估作价并办理财产权转移手续
商标权	允许	属于知识产权，可估价且可依法转让
劳务/信用	禁止	无法用货币估价，且不可转让
设定担保的财产	禁止	存在权利瑕疵，可能损害公司债权人利益

5. **答案** B **解析** 本题考查法律行为。

主法律行为，是指不需要有其他法律行为的存在就可以独立成立的法律行为。从法律行为，是指从属于其他法律行为而存在的法律行为。赵某和钱某为确保借款合同的履行，签订了一份房屋抵押合同。其中，借款合同是主合同，抵押合同是从合同。因此，本题选项B正确。

> **名师点睛** 若题目未明确主从关系，需通过合同目的（如"为担保债务履行"）判断。注意不要混淆"要式行为"与"实践行为"，抵押合同仅需书面形式，无需交付标的物。

6. **答案** D **解析** 本题考查质权。

以应收账款出质的，质权自办理出质登记时（1月18日）设立。因此，本题选项D正确。

> **名师点睛** **记忆口诀：动交权登。**
> （1）"动交"：动产质权自交付生效。
> （2）"权登"：权利质权（含应收账款）自登记生效。
> **注意**：质押合同签订（1月16日）和通知债务人（1月10日）仅影响合同效力或对债务人的对抗效力，与质权生效无关。

7. **答案** A **解析** 本题考查股份发行。

股份有限公司的股东可以相对自由地转让股份，无须其他股东同意，其他股东也没有优先购买权，选项A正确，选项B错误。公司公开发行股份前已发行的股份，自公司股票在证券交易所上市交易之日起1年内不得转让，选项C错误。股份有限公司中，股东对股东会作出的公司合并、分立决议持异议的，有权要求公司收购其股份，本题中不具备异议股东股份回购请求权的情形，选项D错误。因此，本题选项A正确。

> **名师点睛** 股份有限公司以资本为核心，强调股份流动性，故转让规则更宽松；而有限责任公司兼具人合性与资合性，需平衡股东间信任关系，因此转让限制更严格。具体如下表所示。

对比维度	股份有限公司	有限责任公司
转让自由性	股东可自由转让股份，无需其他股东同意，其他股东无优先购买权	股东向股东以外的人转让需提前30日通知，其他股东享有优先购买权
发起人限制	自公司成立之日起1年内不得转让（本题中2021年1月成立，2022年3月已超1年，故C错误）	无特殊限制（但章程可约定）
董监高限制	任职期间每年转让≤25%，离职后6个月内不得转让	无特殊限制（但章程可约定）
上市后限制	公开发行前股份自上市之日起1年内不得转让	如特许经营协议、征收补偿协议

8. **答案** A **解析** 本题考查合伙事务执行的形式。

除合伙协议另有约定外，合伙企业的下列事项应当经全体合伙人一致同意：（1）改变合伙企业的名称（选项B）；（2）改变合伙企业的经营范围（选项D）、主要经营场所的地点；（3）处分合伙企业的不动产；（4）转让或者处分合伙企业的知识产权（选项C）和其他财产权利；（5）以合伙企业名义为他人提供担保；（6）聘任合伙人以外的人担任合伙企业的经营管理人员。因此，本题选项A正确。

> **名师点睛** 注意不要混淆"为他人担保"与"为企业担保"：题目若表述为"合伙人为企业担保"（如选项A），无需全体同意；若为"企业为他人担保"，则全体同意。各事项类型，具体如下表所示。

事项类型	是否需全体一致同意
改变合伙企业名称	√
改变经营范围/场所	√
处分不动产	√
转让知识产权	√
以合伙企业名义为他人担保	√
聘任非合伙人经营管理	√
合伙人内部财产份额转让	×（通知即可）
个人为企业提供担保	×

9. **答案** B **解析** 本题考查买卖合同。

因买受人的原因致使标的物不能按照约定的期限交付的，买受人应当自违反约定之日起承担标的物毁损、灭失的风险。因此，本题选项B正确。

名师点睛 交付主义为原则，违约提前转风险；质量问题卖担责，单证未交不影响。具体情形如下表所示。

情形	风险承担规则
正常交付	交付前由出卖人承担，交付后由买受人承担（交付主义原则）。
买受人违约未按时提货	自买受人违约之日起，风险转移至买受人。
在途标的物	合同成立时风险转移至买受人（另有约定除外）。
质量问题导致拒收	出卖人承担风险（因标的物不符合要求致使合同目的无法实现）。
出卖人未交付单证资料	不影响风险转移（风险已随交付转移）。

10. **答案** C **解析** 本题考查占有。

恶意占有，是指占有人对物明知无占有的权利，或对于是否权利占有虽有怀疑而仍然占有。本题赵某属于无权占有中的恶意占有，选项A正确。间接占有，是指自己不直接占有其物，基于一定法律关系而对事实上占有其物之人有返还请求权，因而对其物有间接控制力，如出质人（孙某）、出租人等基于一定法律关系对物的占有，选项B正确。自主占有，是指以所有的意思而为占有，本题林某是小汽车的承租人，属于他主占有，而非自主占有，选项C错误。有权占有，是指基于法律依据而为的占有，主要指基于各种物权或债权的占有。本题钱某是基于质权关系而占有，是有权占有，选项D正确。选项C错误，当选。

名师点睛 记忆口诀：自主所有，他主受限；有权合法，无权非法；善意无过失，恶意明知故犯。（自主占有需以所有权为目的，他主占有受限于其他权利；有权占有合法，无权占有非法；善意占有无过失，恶意占有明知故犯）

关于占有类型的分类及定义，如下表所示。

分类标准	占有类型	定义
是否有法律依据	有权占有	基于法律规定或合同约定的占有
	无权占有	无法律依据的占有

续表

分类标准	占有类型	定义
是否以所有为目的	自主占有	以拥有所有权为目的的占有
	他主占有	基于其他权利（如租赁、质押）的占有
无权占有的主观状态	善意占有	不知或不应知无权占有的情形
	恶意占有	明知或应当知道无权占有的情形
是否直接控制物	直接占有	实际控制物的占有
	间接占有	基于法律关系（如质押、租赁）对物的间接控制

11. **答案** B **解析** 本题考查预算审批。

国务院和县级以上地方各级政府对下一级政府依照《中华人民共和国预算法》报送备案的预算，认为有同法律、行政法规相抵触或者有其他不适当之处，需要撤销批准预算的决议的，应当提请本级人民代表大会常务委员会审议决定。因此，本题选项B正确。

名师点睛 人大作为最高权力机关负责预算审批，人大常委会作为常设机构负责日常监督和备案问题处理。

12. **答案** B **解析** 本题考查普通合伙企业的设立。

国有独资公司（选项D）、国有企业、上市公司（选项A）以及公益性的事业单位、社会团体（选项C）不得成为普通合伙人。因此，本题选项B正确。

名师点睛 记忆口诀：**国企上市公益类，普通合伙不能来。**（国有独资公司、国有企业、上市公司、公益性事业单位/社会团体不得成为普通合伙人）

各主体类型，如下表所示。

主体类型	普通合伙人资格限制
自然人	需完全民事行为能力人
法人/其他组织	除特殊主体外均可
国有独资公司	禁止
国有企业	禁止
上市公司	禁止
公益性事业单位/社会团体	禁止（如学校、医院、律师协会等）
合伙企业	允许（普通合伙企业可作为普通合伙人）

13. **答案** C **解析** 本题考查民事诉讼。

下列请求权不适用诉讼时效的规定：（1）请求停止侵害、排除妨碍、消除危险（选项B）；（2）不动产物权和登记的动产物权的权利人请求返还财产；（3）请求支付抚养费、赡养费或者扶养费；（4）依法不适用诉讼时效的其他请求权。

当事人对下列债权请求权提出诉讼时效抗辩的，人民法院不予支持：（1）支付存款本金及利息请求权（选项D）；（2）兑付国债、金融债券以及向不特定对象发行的企业债券本息请求权；（3）基于投资关系产生的缴付出资请求权（选项A）；（4）其他依法不适用诉讼时效规定的债权请求权。因此，本题选项 C 正确。

> **名师点睛**

（1）**诉讼时效立法目的**：督促权利人及时行使权利，维护社会经济秩序稳定。

（2）**不适用情形的共性**：涉及公共利益（如金融安全、公司资本维持）；基于身份关系（如父母子女抚养）或物权保护（如持续侵权）

关于请求权类型与诉讼时效，具体如下表所示。

请求权类型	典型例子	是否适用诉讼时效
债权请求权	租金支付（选项C）	适用
物权请求权	停止侵害（选项B）	不适用
身份关系请求权	抚养费、赡养费	不适用
特殊金融债权	存款本息（选项D）	不适用
投资关系请求权	股东出资（选项A）	不适用

14. **答案** C **解析** 本题考查信息的发布与信息披露的监督。

董事会秘书负责组织定期报告的披露工作。因此，本题选项 C 正确。

> **名师点睛** **记忆口诀：董秘组织，董事批，监事审核董事长签。**

（1）"**董秘组织**"：董事会秘书负责组织披露工作。

（2）"**董事批**"：董事会审议批准定期报告。

（3）"**监事审核**"：监事会审核并发表意见。

（4）"**董事长签**"：董事长签署报告。

15. **答案** A **解析** 本题考查物权变动。

赵某将自行车卖给钱某，是简易交付，在法律行为生效时（即买卖合同生效时——2022年1月10日），视为交付，所有权转移，选项BC错误。钱某将自行车卖给孙某，是占有改定，在约定生效时（1月11日）视为交付，所有权转移，选项A正确，选项D错误。因此，本题选项 A 正确。

> **名师点睛** 相关知识点总结，如下表所示。

交付方式	适用情形	生效时间	所有权转移时间
简易交付	受让人**已占有**动产	**法律行为生效时**（如买卖合同）	与生效时间同步
占有改定	出让人**继续占有**动产	**约定生效时**（如借用协议）	与约定生效同步
指示交付	动产由**第三人占有**	**通知到达第三人时**	通知到达后
现实交付	直接转移占有	实际交付完成时	交付完成后

16. **答案** B **解析** 本题考查政府采购程序。

招标文件要求投标人提交投标保证金的，投标保证金不得超过采购项目预算金额的2%。因此，本题选项 B 正确。

> **名师点睛** 注意与履约保证金进行区分。

（1）**投标保证金**：投标阶段缴纳，比例低（2%），防止投标人违约。

（2）**履约保证金**：中标后签订合同前缴纳，比例高（10%），确保合同履行。

17. **答案** A **解析** 本题考查企业国有资产法律制度中履行出资人职责机构的任免权限。

根据规定，履行出资人职责的机构依照法律、行政法规以及企业章程的规定，任免或建议任免国家出资企业的下列人员：（1）任免国有独资企业的经理、副经理、财务负责人和其他高级管理人员（选项CD错误）；（2）任免国有独资公司的董事长、副董事长、董事、监事会主席和监事（选项B错误）；（3）向国有资本控股公司、国有资本参股公司的股东会、股东大会提出董事、监事人选。选项A中，国有资本参股公司的监事由其股东会选举产生，不由履行出资人职责的机构直接任免，因此，本题选项A当选。

名师点睛 这是企业国有资产法律制度的高频考点。复习时可采用"分类记忆法"：将国家出资企业分为"国有独资企业""国有独资公司""国有资本控股/参股公司"三类，重点记忆不同类型企业中出资人职责机构的任免权限差异。其中，国有独资企业和国有独资公司的高管及董事、监事可直接任免，而国有资本控股/参股公司仅能"提出人选"而非直接任免。建议结合口诀"独资全管，参股提议"辅助记忆，同时多做对比练习，避免混淆不同企业类型下的任免规则。

18. **答案** D **解析** 本题考查特殊的普通合伙企业。

特殊普通合伙企业中，一个合伙人或者数个合伙人在执业活动中因故意或者重大过失造成合伙企业债务的，应当承担无限责任或者无限连带责任，选项B错误，选项D正确。其他合伙人以其在合伙企业中的财产份额为限承担责任，选项AC错误。因此，本题选项D正确。

名师点睛 若题目中债务与执业活动无关（如借款），全体合伙人仍需承担无限连带责任。其他情形，具体如下表所示。

情形	责任承担方式
故意或重大过失	直接责任人：**无限责任或无限连带责任** 其他合伙人：**以财产份额为限承担责任**
非故意且非重大过失（一般过失）	**全体合伙人**承担无限连带责任
非执业活动债务	**全体合伙人**承担无限连带责任

19. **答案** D **解析** 本题考查代位权。

债权人必须以自己的名义通过诉讼形式行使代位权，代位权的行使范围以债权人的到期债权为限。赵某应以自己的名义请求孙某清偿200万元。因此，本题选项D正确。

名师点睛 若钱某对孙某的债权是人身损害赔偿等专属性权利，赵某不得行使代位权（本题中为普通金钱债权，可代位。）代位权和撤销权对比，如下表所示。

项目	代位权	撤销权
适用情形	债务人怠于行使到期债权，损害债权人利益	债务人放弃债权、无偿转让财产等积极减少财产的行为，损害债权人利益
权利性质	实体权利（需通过诉讼行使）	实体权利（需通过诉讼行使）
诉讼当事人	原告：债权人； 被告：次债务人； 第三人：债务人	原告：债权人； 被告：债务人； 共同被告：受益人/受让人
法律后果	次债务人直接向债权人清偿，费用由债务人承担	债务人行为被撤销，财产恢复原状，费用由债务人承担

20. **答案** C **解析** 本题考查股份发行。

股份有限公司发行新股，股东会应当对下列事项作出决议：（1）新股种类及数额（选项B）；（2）新股发行价格（选项D）；（3）新股发行的起止日期（选项A）；（4）向原有股东发行新股的种类及数额；（5）发行无面额股的，新股发行所得股款计入注册资本的金额。选项C符合题意，当选。

名师点睛 股东会作为公司权力机构，需对涉及资本结构、股东权益的重大事项（如新股种类、价格、发行范围等）进行决策。而承销商的选择属于发行程序的执行细节，不属于股东会职权范围。

21. **答案** A **解析** 本题考查合同成立的地点。

当事人采用合同书、确认书形式订立合同的，双方当事人签名、盖章或者按指印的地点为合同成立的地点。双方当事人签名、盖章或者按指印不在同一地点的，最后签名、盖章或者按指印的地点为合同成立地点。因此，本题选项A正确。

名师点睛 合同成立需双方达成合意，书面形式下最后签字行为视为最终确认，故以最后签字地为成立点；口头形式下承诺生效即达成合意，故以承诺生效地为成立点。

22. **答案** D **解析** 本题考查行政复议。

公民、法人或者其他组织向人民法院提起行政诉讼，人民法院已经依法受理的，不得申请行政复议，选项A错误。申请人申请行政复议，可以书面申请，也可以口头申请，选项B错误。公民、法人或者其他组织认为具体行政行为侵犯其合法权益的，可以自知道该具体行政行为之日起60日内提出行政复议，选项C错误。因此，本题选项D正确。

名师点睛

（1）**程序衔接原则**：诉讼与复议均为救济途径，但诉讼优先，避免重复审查；

（2）**便民原则**：允许口头申请复议降低维权门槛。

行政复议和行政诉讼的各维度对比，如下表所示。

对比维度	行政复议	行政诉讼
申请期限	60日内（知道具体行政行为之日起）	6个月内（知道或应当知道之日起）
申请形式	书面或口头（可委托代理人）	书面（需提交起诉状）
受理费用	免费（行政复议机关不得收费）	收费（需缴纳案件受理费）
与诉讼的关系	诉讼受理后不得复议	复议后仍可诉讼（特殊情形除外）
管辖机关	上级行政机关或本级政府	人民法院

23. **答案** A **解析** 本题考查抵押权。

以动产抵押的，抵押权自抵押合同生效时设立；未经登记，不得对抗善意第三人。本题中，抵押未登记，不能对抗善意第三人，因此抵押权人不能就转让的生产设备行使抵押权，选项A正确。如果转让的不是生产设备，而是产品，那么该转让行为属于正常经营活动，此时适用"以动产抵押的，不得对抗正常经营活动中已经支付合理价款并取得抵押财产的买受人"，即抵押无论是否登记，抵押权人都不能就转让的"产品"行使抵押权。因此，本题选项A正确。

名师点睛 **正常经营例外**：保护消费者或下游企业在正常交易中的合法权益，避免抵押权影响经济流转。

浮动抵押与固定抵押对比，如下表所示。

对比维度	浮动抵押（现有的＋将有的动产）	固定抵押（特定动产／不动产）
抵押权设立时间	抵押合同生效时（无需登记）	不动产登记时；动产合同生效时
登记对抗效力	未经登记，不得对抗善意第三人	不动产未登记则抵押权未设立；动产未登记不得对抗善意第三人
正常经营活动	转让产品无需抵押权人同意，买受人可取得完整所有权	转让财产需经抵押权人同意
抵押物范围	生产设备、原材料、半成品、产品	特定动产或不动产

24. 【答案】D 【解析】本题考查上市公司组织机构的特别规定。

上市公司董事与董事会会议决议事项所涉及的企业有关联关系的，不得对该项决议行使表决权，也不得代理其他董事行使表决权，选项AC错误。董事因故不能出席的，可以书面委托其他董事代为出席。林某不属于其他董事，不能代理，选项B错误。出席董事会的无关联关系董事人数不足3人的，应将该事项提交上市公司股东会审议，选项D正确。因此，本题选项D正确。

名师点睛 上市公司关联董事表决权限制，如下表所示。

对比维度	具体规定
关联关系界定	上市公司董事与决议事项涉及的企业存在关联关系（如亲属任职、直接投资等）
表决权限制	关联董事不得行使表决权，**也不得代理其他董事**行使表决权
提交股东会条件	出席会议的**无关联关系董事不足3人**时，需提交股东会审议
代理出席规则	董事可书面委托**其他董事**代理出席，代理人需在授权范围内行使权利

25. 【答案】D 【解析】本题考查政府采购法律制度中公开招标的相关规定。

地方招标项目招标文件规定的各项技术标准应当符合国家标准，而非地方标准，选项A错误。进行公开招标的项目，不得限制外地法人或者其他组织参加投标，选项B错误。应当采用公开招标方式的项目的具体数额标准，属于中央预算的政府采购项目，由国务院规定；属于地方预算的政府采购项目，由省、自治区、直辖市人民政府规定，选项C错误。评标委员会成员人数为5人以上的单数，选项D正确。

名师点睛 这是政府采购法律制度的重要考点。复习时可采用"对比记忆法"，将公开招标与邀请招标、竞争性谈判等采购方式的相关规定进行对比，重点记忆各自的特点和适用范围。同时，要注意对一些关键数字和限制条件的记忆，如评标委员会成员人数、公开招标数额标准的规定主体等。建议结合实际案例进行理解，如某地方政府的采购项目因违反相关规定而受到处罚，通过案例分析可更好地掌握知识点。

26. 【答案】C 【解析】本题考查民事诉讼。

各级人民法院院长对本院已经发生法律效力的判决、裁定、调解书，发现确有错误，认为需要再审的，应当提交审判委员会讨论决定，选项A错误。当事人对已经发生法律效力的判决、裁定，认为有错误的，可以向上一级人民法院申请再审，选项B错误。当事人申请再审的，不停止判决、裁定的执行，选项D错误。因此，本题选项C正确。

名师点睛 审判监督程序旨在纠正错误裁判，但需平衡裁判稳定性。当事人向上一级法院申请再审，避免原审法院自我纠错的局限性；审委会讨论机制确保再审启动的审慎性；不停止执行体现维护司法权威与效率的平衡。具体规定，如下表所示。

项目	具体规定
启动主体	（1）法院院长：提交审委会讨论决定再审 （2）上级法院：提审或指令下级法院再审 （3）当事人：向上一级法院申请再审
申请期限	当事人应在判决生效后6个月内提出（例外情形除外）
管辖法院	当事人向原审法院的上一级法院申请再审
是否停止执行	申请再审不停止原判决的执行

27. **答案** B **解析** 本题考查政府采购当事人。

供应商是指向采购人提供货物、工程或者服务的法人、其他组织或者自然人，并非只是企业法人。选项B错误，当选。

名师点睛 政府采购法允许自然人参与，旨在**扩大竞争范围**，保障公平性。选项B错误在于将"法人"狭隘理解为"企业法人"，忽略了法律对其他主体的包容性。

28. **答案** B **解析** 题考查合伙事务执行的形式。

合伙人分别执行合伙事务的，执行事务合伙人可以对其他合伙人执行的事务提出异议，提出异议时，应当暂停该项事务的执行，选项A错误。委托一个或者数个合伙人执行合伙事务的，其他合伙人不再执行合伙事务，选项B正确。未明确约定合伙事务执行人，则由全体合伙人共同执行合伙事务，各个合伙人都直接参与经营，处理合伙企业的事务，对外代表合伙企业，选项C错误。受委托执行合伙事务的合伙人不按照合伙协议或者全体合伙人的决定执行事务的，其他合伙人可以决定撤销该委托，选项D错误。因此，本题选项B正确。

名师点睛 普通合伙企业强调合伙人平等协作，事务执行规则需平衡效率与风险：（1）**共同执行**：体现"**人合性**"，所有合伙人共享权利；（2）**委托执行**：通过分工提高效率，但保留其他合伙人监督权；（3）**分别执行**：允许分工但需保障合伙人相互制约（异议权）。

具体如下表所示。

执行方式	核心规则
共同执行	全体合伙人共同参与，**均有权对外代表企业**
委托执行	（1）委托部分合伙人执行，**其他合伙人不得执行**； （2）可随时**撤销委托**
分别执行	（1）执行合伙人可对他人事务**提出异议**，异议期间**暂停执行**； （2）其他合伙人可监督

29. **答案** C **解析** 本题考查借款合同。

自然人之间的借款合同为实践合同，转账借款45万元时生效，选项A错误，选项C正确。预先扣除利息的，按实际借款数额返还借款并计算利息，选项B错误。对借款期限没有约定或约定不明确时，当事人可以协议补充；不能达成补充协议的，借款人可以随时返还，贷款人也可以催告借款人在合理期限内返还，选项D错误。因此，本题选项C正确。

名师点睛 题目中出现"自然人之间"借款，直接关联"实践合同"，成立时间以交付为准。具体规定，如下表所示。

考点	具体规定
合同类型	自然人之间的借款合同为**实践合同**（需实际交付借款方成立）
成立时间	**以实际交付借款时间**为准（如转账日期）
预扣利息处理	预扣利息按**实际借款数额**返还并计息，合同**有效**
借款期限约定	未约定或约定不明→可协议补充→无法补充→借款人可随时返还，贷款人可催告合理期限

30. **答案** D **解析** 本题考查行政事业性国有资产管理法律制度。

国务院财政部门应当建立全国行政事业性国有资产管理信息系统，推行资产管理网上办理，实现信息共享，选项 A 错误。各部门及其所属单位应当按照国家规定设置行政事业性国有资产台账，依照国家统一的会计制度进行会计核算，不得形成账外资产，选项 B 错误。各部门及其所属单位对需要办理权属登记的资产应当依法及时办理，对有账簿记录但权证手续不全的行政事业性国有资产，可以向本级人民政府有关主管部门提出确认资产权属申请，及时办理权属登记，选项 C 错误。因此，本题选项 D 正确。

名师点睛 解题技巧。

（1）**主体对应**：行政事业性国有资产由财政部门统筹管理，非"国有资产监督管理机构"；

（2）**原则性排除**：直接排除"允许账外资产""直接报废"等违背资产管理制度的选项。

二、多选题

1. **答案** AD **解析** 本题考查按份共有。

因共有的不动产或者动产产生的债权债务，在对外关系上，共有人享有连带债权，承担连带债务，但是法律另有规定或者第三人知道共有人不具有连带债权债务关系的除外，选项 BC 错误，选项 D 正确。在共有人内部关系上，除共有人另有约定外，按份共有人按照份额享有债权、承担债务，偿还债务超过自己应当承担份额的按份共有人，有权向其他共有人追偿，选项 A 表述正确。因此，本题选项 AD 正确。

名师点睛 解题技巧。

（1）**先看对外责任**：共有物侵权默认连带责任，除非题目明确约定或第三人知情不连带；

（2）**再看内部追偿**：按份共有人超份额承担后可追偿，共同共有人一般不可追偿。

2. **答案** ACD **解析** 本题考查国有出资企业管理者的选择与考核。

国有独资企业（选项 A）、国有独资公司（选项 C）和国有资本控股公司（选项 D）的主要负责人，应当接受依法进行的任期经济责任审计。因此，本题选项 ACD 正确。

名师点睛

（1）**监管必要性**：国有独资和控股企业的主要负责人直接影响国有资产运营效率，需通过审计明确经济责任；

（2）**风险控制**：**参股**企业中国有资本非主导，审计非必要，**避免过度干预市场行为**。

具体如下表所示。

企业类型	是否接受任期经济责任审计
国有独资企业	是
国有独资公司	是
国有资本控股公司	是
国有资本参股公司	否

3. **答案** ABD **解析** 本题考查拾得遗失物。

遗失物自发布招领公告之日起 1 年内无人认领的，归国家所有，选项 C 错误。选项 ABD 表述正确。

名师点睛 **陷阱提醒**。

（1）**时间混淆**：注意区分《中华人民共和国民法典》与旧法《物权法》的 1 年 VS 6 个月；

（2）**责任程度**：只有"重大过失"才担责，一般过失免责；

（3）**权利义务对等**：侵占行为导致权利丧失，需结合主观状态判断。

4. **答案** AB **解析** 本题考查代理。

代理适用于民事主体之间设立、变更和终止权利义务的法律行为。依照法律规定、当事人约定或者民事法律行为的性质，应当由本人实施的民事法律行为，不得代理，如订立遗嘱（选项 C）、婚姻登记、收养子女（选项 D）等；本人未亲自实施的，应当认定行为无效。因此，本题选项 AB 正确。

名师点睛 代理的本质是"**代他人为法律行为**"，但人身专属性行为（如遗嘱、收养）需本人真实意思表示，他人无法替代，否则违背法律或公序良俗。

5. **答案** ACD **解析** 本题考查要约。

法律规定了两种不得撤销要约的情形：（1）要约人以确定承诺期限（选项 D）或者其他形式明示要约不可撤销（选项 A）；（2）受要约人有理由认为要约是不可撤销的，并已经为履行合同做了合理准备工作（选项 C）。因此，本题选项 ACD 正确。

名师点睛 承诺期限/明示不可撤销 + 合理信赖 + 准备工作 = 不得撤销

6. **答案** BCD **解析** 本题考查股份有限公司的组织机构。

有下列情形之一的，应当在 2 个月内召开临时股东会：（1）董事人数不足《中华人民共和国公司法》规定人数或者公司章程所定人数的 2/3；（2）公司未弥补的亏损达到实收股本总额 1/3；（3）单独或者合计持有公司 10% 以上股份的股东请求（选项 B）；（4）董事会认为必要（选项 D）；（5）监事会提议召开（选项 C）；（6）公司章程规定的其他情形。因此，本题选项 BCD 正确。

名师点睛 临时股东会的设置旨在应对公司重大风险（如亏损、治理僵局）或紧急决策需求，通过法定条件强制召开，保障股东知情权与决策权，具体如下表所示。

触发情形	具体条件	关键数字/主体
董事人数不足	董事人数不足《公司法》规定或公司章程所定人数的 2/3	2/3 的比例
未弥补亏损	未弥补亏损达实收股本总额 1/3	1/3 的比例

续表

触发情形	具体条件	关键数字/主体
股东请求	单独或合计持有公司10%以上股份的股东请求	10%以上的股份
董事会认为必要	董事会主动提议召开	董事会
监事会提议	监事会提议召开	监事会
公司章程规定	公司章程约定的其他情形	公司章程特别约定

7. **答案** AB **解析** 本题考查保证合同。

保证期间，债权人与债务人对主合同数量、价款、币种、利率等内容做了变动，未经保证人书面同意的，如果减轻债务人债务的，保证人仍应当对变更后的合同承担保证责任；如果加重债务人债务的，保证人对加重的部分不承担保证责任。因此，本题选AB正确。

名师点睛 法律保护保证人的**合理预期**，避免因主合同变更导致其责任被不合理扩大。未经书面同意时，保证人仅在原风险范围内担责，减轻债务对其有利，故仍担责。

8. **答案** ABD **解析** 本题考查普通合伙企业的设立。

合伙企业以非货币财产出资的，依照法律、行政法规的规定，需要办理财产权转移手续的，应当依法办理，选项A正确。合伙人以实物、知识产权、土地使用权或者其他财产权利出资，需要评估作价的，可以由全体合伙人协商确定，也可以由全体合伙人委托法定评估机构评估，选项B正确。合伙企业的营业执照签发日期，为合伙企业的成立日期，选项C错误。普通合伙企业应当在其名称中标明"普通合伙"字样，选项D正确。因此，本题选项ABD正确。

名师点睛 普通合伙企业强调合伙人的**人合性与责任连带性**，故：财产转移登记确保权属清晰，防范债务风险；名称公示"普通合伙"以警示交易相对方风险承担方式。

具体规定，如下表所示。

考点	具体规定
非货币财产出资	需办理财产权转移登记（如房屋）； 无需验资（普通合伙人承担无限责任）
评估方式	协商确定或委托法定评估机构（如知识产权）
成立时间	提交登记资料日≠营业执照签发日（成立标志）
名称要求	必须标明"普通合伙"字样

9. **答案** ABC **解析** 本题考查合伙事务执行。

除合伙协议另有约定或者经全体合伙人一致同意外，合伙人不得同本合伙企业进行交易，选项A正确。查阅合伙企业会计账簿等财务资料，作为了解合伙企业经营状况和财务状况的有效手段，是合伙人的一项重要权利，选项B正确。除合伙协议另有约定外，经全体合伙人一致同意，可以聘任合伙人以外的人担任合伙企业的经营管理人员，选项C正确。普通合伙企业的合伙协议不得约定将全部利润分配给部分合伙人或者由部分合伙人承担全部亏损，选项D错误。因此，本题选项ABC正确。

名师点睛 普通合伙企业的人合性要求合伙人**共担风险、共享收益**。
普通合伙企业考点，具体如下表所示

考点	普通合伙企业
自我交易限制	原则禁止，除非协议约定或全体同意（选项A正确）
财务查阅权	全体合伙人有权查阅会计账簿（选项B正确）
聘任经营管理人员	全体一致同意（选项C正确）
利润分配与亏损承担	禁止约定全部分配或承担（选项D错误）

10. **答案** AB **解析** 本题考查证券投资基金的募集。

私募基金，不得向投资者承诺投资本金不受损失或者承诺最低收益，选项A正确。下列投资者视为私募基金中的合格投资者：（1）社会保障基金（选项B）、企业年金等养老基金，慈善基金等社会公益基金；（2）依法设立并在基金业协会备案的投资计划；（3）投资于所管理私募基金的私募基金管理人及其从业人员；（4）中国证监会规定的其他投资者。除基金合同另有约定外，私募基金应当由基金托管人托管；基金合同约定私募基金不进行托管的，应当在基金合同中明确保障私募基金财产安全的制度措施和纠纷解决机制，选项C错误。各类私募基金管理人应当向基金业协会申请登记，并在各类私募基金募集完毕后，向基金业协会办理备案手续，选项D错误。因此，本题选项AB正确。

名师点睛

（1）**核心易错点：托管非必须、备案非审批**；

（2）**高频考点：合格投资者范围、禁止承诺保本**。

两种募集资金的具体对比，如下表所示。

对比维度	非公开募集基金（私募基金）	公开募集基金
募集方式	非公开方式（私下协商）	公开方式（公开发行）
合格投资者	包括社会保障基金、企业年金、备案投资计划等	无特殊限制
托管要求	**非必须**，但需在合同中明确财产安全措施	**必须托管**
审批/备案	**备案制**（向基金业协会备案）	**核准制**（需证监会审批）
禁止行为	不得承诺保本或最低收益	需遵守严格的信息披露和投资限制

11. **答案** AB **解析** 本题考查抵押权和留置权。

同一财产向两个以上债权人抵押的，抵押权已经登记的先于未登记的受偿，因此李某优先于吴某受偿，选项B正确，选项C错误。同一动产上已经设立抵押权或者质权，该动产又被留置的，留置权人优先受偿，因此王某优先于李某受偿，选项A正确，选项D错误。因此，本题选项AB正确。

名师点睛 留置权＞登记抵押权/质权＞未登记抵押权（留置权法定优先，登记优先于未登记）。

12. **答案** ABD **解析** 本题考查公司的种类。

分公司可以领取营业执照，选项A正确。分公司没有独立的财产，选项B正确。分公司没有独立的公司名称、章程，选项C错误。分支机构以自己的名义从事民事活动，产生的民事责任由法人承担；也可以先以该分支机构管理的财产承担，不足以承担的，由法人承担，选项D正确。因此，本题选项ABD正确。

名师点睛 分公司是总公司的**分支机构**，其存在目的是为总公司拓展业务，法律上不视为独立主体。因此，分公司的财产、责任均归属于总公司，其行为后果由总公司最终承担。而子公司是**独**

立法人，与母公司是投资关系，需独立运作并承担责任。

13. **答案** ACD **解析** 本题考查民事诉讼。

两个以上人民法院都有管辖权的诉讼，原告可以向其中一个人民法院起诉；原告向两个以上有管辖权的人民法院起诉的，由最先立案的人民法院管辖，选项 A 正确。先立案的人民法院不得将案件移送给另一个有管辖权的人民法院，选项 B 错误。人民法院在立案前发现其他有管辖权的人民法院已先立案的，不得重复立案，选项 C 正确。立案后发现其他有管辖权的人民法院已先立案的，裁定将案件移送给先立案的人民法院，选项 D 正确。因此，本题选项 ACD 正确。

名师点睛 民事诉讼管辖权冲突处理，解题技巧如下。

（1）**抓"最先立案"**：管辖权冲突时，核心看哪个法院先立案；

（2）**区分立案前后**：立案前主动退出，立案后被动移送。

具体如下表所示。

情形	处理规则
原告向多法院起诉	由最先立案的法院管辖（**最先立案原则**）
先立案法院移送	不得移送（即使其他法院有管辖权）
立案前发现他院先立案	不得重复立案（主动退出管辖）
立案后发现他院先立案	裁定移送至先立案法院（被动移送）

14. **答案** BC **解析** 本题考查行政复议。

国务院部门管辖对本部门作出的行政行为不服的行政复议案件，选项 A 错误。县级以上地方各级人民政府管辖对本级人民政府工作部门作出的行政行为不服的行政复议案件，选项 B 正确。县级以上地方各级人民政府管辖对下一级人民政府作出的行政行为不服的行政复议案件，选项 C 正确。对海关、金融、国税、外汇管理等实行垂直领导的行政机关和国家安全机关的具体行政行为不服的，向上一级主管部门申请行政复议，所以应当找省税务局复议，选项 D 错误。因此，本题选项 BC 正确。

名师点睛 **记忆口诀**：**垂直找上级，部门选同级，政府找上级，国省找自己。**（解释：垂直领导部门找上级主管部门；政府部门可选择同级政府或上级主管部门；地方政府找上级政府；国务院部门和省级政府找自己复议。）

15. **答案** AD **解析** 本题考查预算收支范围。

一般公共预算收入包括：（1）税收收入；（2）行政事业性收费收入（选项 A）；（3）国有资源（资产）有偿使用收入（选项 D）；（4）转移性收入；（5）其他收入。

名师点睛 **底层原理解释**。

（1）**一般公共预算**：统筹用于保障和改善民生、推动经济社会发展，收入来源具有普遍性和公共性。

（2）**政府性基金预算**：专款专用，用于特定公共事业发展（如土地出让收入用于城市建设）。

（3）**国有资本经营预算**：反映国有资本收益分配，体现国家作为出资人的权益。

三、判断题

1. **答案** × **解析** 本题考查票据权利纠纷诉讼管辖的可选择性。

因票据权利纠纷提起的诉讼，由票据支付地或者被告住所地人民法院管辖，当事人可以选择向票据支付地或者被告住所地人民法院起诉，并非只能向票据支付地人民法院起诉。

名师点睛 另外，因非票据权利纠纷提起的诉讼，由被告住所地人民法院管辖。这是2025年教材新增的内容，建议结合起来理解记忆。

2. **答案** √ **解析** 本题考查合同义务转移。

本题表述正确。

名师点睛 **债务转移要同意，债权转让仅通知。**

债权转让和债务转移的对比，如下表所示。

对比维度	债权转让	债务转移
核心规则	债权人可自由转让债权，**通知债务人**即可生效	债务人转移债务需**债权人同意**，否则无效
法律后果	新债权人取代原债权人地位	新债务人承担债务，原债务人可能退出或并存
特殊情形	不得转让的债权需排除（如人身性质）	部分转移需债权人明确同意
典型陷阱	混淆"通知"与"同意"	遗漏"全部或部分转移均需同意"

3. **答案** √ **解析** 本题考查行政事业性国有资产管理法律制度。

公共基础设施、政府储备物资、国有文物文化等行政事业性国有资产，其管理的具体办法，由国务院财政部门会同有关部门制定。因此，本题表述正确。

名师点睛 行政事业性国有资产以**公益性**为核心，政府储备物资用于保障公共安全和社会服务，符合其非营利属性，故纳入管理范围。

4. **答案** × **解析** 本题考查代理。

行为人没有代理权、超越代理权或者代理权终止后以被代理人名义订立的合同，为效力待定合同。因此，本题表述错误。

名师点睛 无权代理的合同并非当然无效，而是赋予被代理人**选择权**（追认或拒绝），以平衡交易安全与被代理人利益。若被代理人追认，合同自始有效；若拒绝，则合同无效。

5. **答案** √ **解析** 本题考查入伙与退伙。

本题表述正确。

名师点睛 **记忆口诀：新入旧债无限连，有限仅以出资限。**

6. **答案** √ **解析** 本题考查居住权。

设立居住权的，应当向登记机构申请居住权登记，居住权自登记时设立。因此，本题表述正确。

名师点睛 居住权作为用益物权，**登记是公示要件**，确保权利状态明确，防止一房多设居住权，维护交易安全。

各权力类型的设立要件，如下表所示。

权利类型	设立要件
居住权	登记生效
地役权	合同生效
土地承包经营权	合同生效

7. **答案** √ **解析** 本题考查合伙事务执行。

由一个或者数个合伙人执行合伙事务的，执行事务合伙人应当定期向其他合伙人报告事务执行情况以及合伙企业的经营和财务状况，其执行合伙事务所产生的收益归合伙企业，所产生的费用和亏损由合伙企业承担。因此，本题表述正确。

名师点睛 普通合伙企业中执行事务的费用和亏损由企业承担，普通合伙人对企业债务承担无限连带责任，有限合伙人以出资为限。

8. **答案** √ **解析** 本题考查预算执行和调整。

各级一般公共预算年度执行中有超收收入的，只能用于冲减赤字或者补充预算稳定调节基金。各级一般公共预算的结余资金，应当补充预算稳定调节基金。因此，本题表述正确。

名师点睛 一般公共预算的结余资金必须补充预算稳定调节基金，政府性基金预算的结余结转下年，国有资本经营预算的结余可调入一般公共预算，社会保险基金滚存使用。

9. **答案** × **解析** 本题考查仲裁。

仲裁裁决的法定撤销情形：（1）没有仲裁协议的；（2）裁决的事项不属于仲裁协议的范围或者仲裁委员会无权仲裁的；（3）仲裁庭的组成或者仲裁的程序违反法定程序的；（4）裁决所根据的证据是伪造的；（5）对方当事人隐瞒了足以影响公正裁决的证据的；（6）仲裁员在仲裁该案时有索贿受贿、徇私舞弊、枉法裁决行为的。限制民事行为能力人订立的仲裁协议属于无效的仲裁协议。因此，本题表述错误。

名师点睛 仲裁协议作为合同的特殊类型，要求**双方具备完全民事行为能力**。限制民事行为能力人无法独立判断仲裁的法律后果，其签订的仲裁协议因主体资格瑕疵而无效，而非可撤销。

10. **答案** × **解析** 本题考查民事诉讼。

下列案件，不适用简易程序：（1）起诉时被告下落不明的；（2）发回重审的；（3）当事人人数众多的；（4）适用审判监督程序的；（5）涉及国家利益、社会公共利益的；（6）第三人起诉请求改变或者撤销生效判决、裁定、调解书的；（7）其他不宜适用简易程序的案件。因此，本题表述错误。

名师点睛 简易程序追求效率，而发回重审的案件通常因原审存在事实不清或程序瑕疵，需通过普通程序重新全面审查，确保司法公正。**发回重审、再审案件、当事人众多、涉及国家/公共利益案件均不可用简易程序。**

四、简答题

1. **答案**
（1）钱某对赵某房屋的抵押权于2021年8月19日设立。根据规定，不动产设立抵押的，自登记时抵押权设立。本题中，2021年8月19日，赵某与钱某办理了抵押登记，所以从2021年8月19日起抵押权设立。

（2）该约定无效。根据规定，抵押权人在债务履行期届满前，与抵押人约定债务人不履行到期债务时抵押财产归债权人所有的，只能依法就抵押财产优先受偿。本题中，若赵某未能按照合同约定支付本息，钱某并不能直接取得房屋的所有权，因此该约定无效。

（3）人民法院不予支持。根据规定，当事人约定禁止或者限制转让抵押财产但是未将约定登记，抵押人违反约定转让抵押财产，抵押财产已经交付或者登记，抵押权人请求确认转让不发生物权效力的，人民法院不予支持，但是抵押权人有证据证明受让人知道的除外。本题中，赵某、钱某虽然约定了该套房屋在抵押期间不得转让，但双方未将该约定进行登记，且受让人李某为善意第三人，因此钱某不得主张转让行为不发生物权转移效力。

名师点睛 不动产抵押登记公示，确保交易安全；动产抵押采登记对抗主义兼顾效率。
具体规定，如下表所示。

考点	法律规定
抵押权设立时间	不动产抵押自登记时设立；动产抵押自合同生效时设立（未经登记不得对抗善意第三人）
流押条款效力	债务履行期届满前约定抵押财产归债权人所有的条款无效，但不影响抵押权本身效力
抵押财产转让规则	（1）未约定禁止转让：可自由转让（抵押权不受影响） （2）约定禁止转让未登记：不得对抗善意第三人

2. **答案**
（1）丁公司在该汇票上的签章不符合法律规定。根据规定，法人和其他使用票据的单位在票据上的签章，应该是该法人或者该单位的盖章并加上法定代表人或者其授权的代理人的签章。本题中，在签章时仅加盖丁公司财务专用章，而没有法定代表人或其授权的代理人的签章，所以不符合法律规定。
（2）甲公司以乙公司的签章系伪造为由拒绝付款不符合法律规定。根据规定，票据上有伪造签章的，不影响其他真实签章的效力。本题中，虽然乙公司签章被伪造，但甲公司的签章是真实的，因此，甲公司仍然要承担票据责任。
（3）丙公司仅愿意按照 80 000 元承担票据责任符合法律规定。根据规定，无法辨别是在票据被变造之前或之后签章的，视同在变造之前签章。本题中，丙公司无法辨别其签章时间与汇票变造时间的先后，则视同在变造前签章，变造前的金额为 80 000 元，所以丙公司可以按此金额承担票据责任。

名师点睛 记忆口诀。
（1）**保证签章**：双章齐全才有效，单章独行必无效；
（2）**伪造责任**：伪造签章不牵连，真实签章仍担责；
（3）**变造责任**：变造不明按前算，签章时间定乾坤。
具体规定，如下图所示。

考点	具体规定
票据保证签章	法人或单位签章需"**单位盖章＋法定代表人/授权代理人签章**"
伪造签章效力	伪造签章不影响其他真实签章的效力，真实签章人仍需承担票据责任
票据变造责任	无法辨别签章时间与变造时间先后的，**视为变造前签章**，按原金额承担责任

3. **答案**
（1）人民法院不予支持。根据规定，有限责任公司的自然人股东因继承发生变化时，其他股东主张行使优先购买权的，人民法院不予支持，但公司章程另有规定或者全体股东另有约定的除外。本题中，

公司章程对股权转让及股权继承未作特别规定，全体股东亦未作特别约定。因此周某可以直接继承股东资格，钱某不得主张行使优先购买权。

（2）钱某不享有优先购买权。根据规定，有限责任公司的股东之间可以相互转让其全部或者部分股权。本题中，孙某将自己的股权转让给李某属于股东之间的股权转让，钱某对此不享有优先购买权。

（3）孙某有权请求甲公司以合理价格收购其股权。根据规定，有下列情形之一的，对股东会该项决议投反对票的股东可以请求公司按照合理的价格收购其股权，退出公司：①公司连续5年不向股东分配利润，而公司该5年连续盈利，并且符合法律规定的分配利润条件；②公司合并、分立、转让主要财产；③公司章程规定的营业期限届满或者章程规定的其他解散事由出现，股东会会议通过决议修改章程使公司存续。本题中，孙某对公司分立决议投了反对票，且符合情形②，因此孙某有权要求甲公司按照合理价格收购其股权。

名师点睛 区分"对内"与"对外"：优先购买权仅适用于股东对外转让股权，内部转让无此限制。

（1）**优先购买权**：保护有限责任公司的"人合性"，防止外部人员随意加入；

（2）**股权继承**：身份关系的延续，非交易行为，其他股东无权干涉；

（3）**公司分立**：重大结构性变化，允许反对股东退出以保障其权益。

五、综合题

答案

（1）丙公司向付款人提示承兑的最晚日期为2020年6月10日。根据规定，见票后定期付款的汇票，持票人应当自出票日起1个月内向付款人提示承兑。本题中，出票日是2020年5月10日，所以提示承兑的最晚日期是2020年6月10日。

（2）丙公司被拒绝承兑后，无权向甲公司追索。根据规定，汇票未按照规定期限提示承兑的，持票人丧失对其前手的追索权。本题中，丙公司未在规定期限提示承兑，且甲公司是丙公司的前手，因此，丙公司丧失对甲公司的追索权。

（3）人民法院不予支持。根据规定，融资租赁合同的承租人占有租赁物期间，租赁物造成第三人的人身伤害的，出租人不承担责任，由承租人承担责任。本题中，甲公司是出租人，因此，不承担对张某的赔偿责任。

（4）丁公司以善意取得为由拒绝交还M设备不符合法律规定。根据规定，无处分权人将不动产或者动产转让给受让人的，所有权人有权追回；除法律另有规定外，符合下列情形的，受让人取得该不动产或者动产的所有权：①受让人受让该不动产或者动产时是善意；②以合理的价格转让；③转让的不动产或者动产依照法律规定应当登记的已经登记，不需要登记的已经交付给受让人。本题中，受让人丁公司以5折价格购买设备，这不构成合理价款，且受让人丁公司明知乙公司未取得M设备的所有权，也不构成善意，所以不是善意取得。因此，丁未取得M设备所有权，其拒绝交还M设备不符合法律规定。

（5）李某有权以自己的名义直接向人民法院提起诉讼。根据规定，有限责任公司的股东在情况紧急，不立即提起诉讼将会使公司利益受到难以弥补的损害的情况下，可以以自己名义提起股东代表权诉讼。本题中,李某作为本公司股东有权为公司利益,在此紧急情况下提起股东代表权诉讼。

(6)乙公司请求甲公司返还8万元符合法律规定。根据规定,当事人约定租赁期间届满租赁物归承租人所有,承租人已经支付大部分租金,但无力支付剩余租金,出租人因此解除合同收回租赁物的,收回的租赁物的价值超过承租人欠付的租金以及其他费用的,承租人可以请求相应返还。本题中,收回的租赁物价值30万,超过承租人欠付的20万租金和2万元评估及运输费用,对于前述两部分差额8万元(30-20-2=8万元),承租人可以请求相应返还。

名师点睛 陷阱提醒。

(1)**时间计算错误**:问题(1)中易误将出票日(5月10日)加1个月算为6月9日,实际应为6月10日。

(2)**善意取得混淆**:问题(4)中"5折价格"和"明知无所有权"直接否定善意取得,需明确"合理价格"一般指市场价格的70%~130%。

(3)**股东代表诉讼条件**:问题(5)中李某作为项目经理的身份不影响股东资格,无需证明已请求监事会起诉(紧急情况下可跳过前置程序)。

本题综合考查多部门法,需精准定位考点并排除干扰信息(如乙公司与丁公司的后续协商不影响前述法律关系的判定)。

金题密押卷答案速查

一、单选题

题号	1	2	3	4	5	6	7	8	9	10
答案	D	D	B	C	B	C	A	C	A	A
题号	11	12	13	14	15	16	17	18	19	20
答案	C	C	D	A	C	B	C	A	A	A
题号	21	22	23	24	25	26	27	28	29	30
答案	B	C	A	B	A	B	B	C	B	C

二、多选题

题号	1	2	3	4	5	6	7	8	9	10
答案	ACD	BC	AC	ABCD	ABC	ABD	AD	CD	BD	BCD
题号	11	12	13	14	15	16	17	18	19	20
答案	ABD	ABCD	CD	BC	ABCD					

三、判断题

题号	1	2	3	4	5	6	7	8	9	10
答案	√	√	×	×	×	×	√	×	×	×

错题回顾

考生回忆版真题是考生了解每年命题重点和考法技巧的最重要的来源，考生在刷题阶段一定要建立错题集，将错题分类整理，记录高频出错的知识点和题目，进行反复练习。我们给考生提供了错题分类记录，帮助大家在核对答案时，同步对错题进行定期回顾、反复练习，直到正确率达到100%。

日期	单选题	多选题	判断题
5月6日（示例）	1、4、10	11	22、25

金题密押卷解析点拨

一、单选题

1. **答案** D **解析** 本题考查本题考查政府采购方式。

   招标后没有供应商投标或者没有合格标的或者重新招标未能成立的，可以采用竞争性谈判。因此，选项D当选。

   名师点睛 符合下列情形之一的货物或者服务，可以采用**竞争性谈判方式**进行采购：

   （1）招标后没有供应商投标或者没有合格标的或者重新招标未能成立的。

   （2）技术复杂或者性质特殊，不能确定详细规格或者具体要求的。

   （3）采用招标所需时间不能满足用户紧急需要的。这种情形的出现应当是采购人不可预见的或者非因采购人拖延导致的。

   （4）不能事先计算出价格总额的。这种情形是指因采购艺术品或者因专利、专有技术或者因服务的时间、数量事先不能确定等导致不能事先计算出价格总额。

2. **答案** D **解析** 本题考查本题考查政府采购合同。

   选项A，履约保证金的数额不得超过政府采购合同金额的10%，不选。

   选项B，经采购人同意，中标、成交供应商可以依法采取分包方式履行合同，不选。

   选项C，实行招标方式采购的，自招标文件开始发出之日起至投标人提交投标文件截止之日止，不得少于20日，不选。

   选项D，在招标采购中，出现下列情形之一的，应予废标：（1）符合专业条件的供应商或者对招标文件作实质响应的供应商不足3家的；（2）出现影响采购公正的违法、违规行为的；（3）投标人的报价均超过了采购预算，采购人不能支付的；（4）因重大变故，采购任务取消的。因此，选项D当选。

   名师点睛 **陷阱提示**。

   （1）注意"采购人不能支付"的前提条件；

   （2）区分"可以分包"与"必须分包"的表述差异；

   （3）注意"招标文件发出之日"的起算点；

   （4）警惕"供应商不足3家"与"报价超预算"的组合干扰项。

3. **答案** B **解析** 本题考查本题考查预算收支范围。

   转移性收入，是指上级税收返还和转移支付、下级上解收入（选项A）、调入资金（选项D）以及按照财政部规定列入转移性收入的无隶属关系政府的无偿援助（选项C）。选项B属于"税收收入"，当选。

   名师点睛 **记忆口诀：转移收入三部分，上下调入无隶属。**（所有"记忆口诀"内容建议在理解的基础上记忆）（解释：转移性收入包括上级补助、下级上解、调入资金，以及无隶属关系政府的无偿援助。）

4. **答案** C **解析** 本题考查企业信息公示中必须公示和可选择公示的信息类别。

根据规定，企业应当于每年1月1日至6月30日，通过国家企业信用信息公示系统向市场监督管理部门报送上一年度的年度报告，并向社会公示。当年设立登记的企业，自下一年起报送并公示年度报告。企业年度报告内容包括：（1）企业通信地址、邮政编码、联系电话、电子邮箱等信息；（2）企业开业、歇业、清算等存续状态信息；（3）企业投资设立企业、购买股权信息；（4）企业为有限责任公司或者股份有限公司的，其股东或者发起人认缴和实缴的出资额、出资时间、出资方式等信息；（5）有限责任公司股东股权转让等股权变更信息；（6）企业网站以及从事网络经营的网店的名称、网址等信息（选项C正确）；（7）企业从业人数、资产总额、负债总额、对外提供保证担保、所有者权益合计、营业总收入、主营业务收入、利润总额、净利润、纳税总额信息（选项ABD错误）。

名师点睛 该考点是2025年教材新增内容。对于企业信息公示内容的区分，要精准把握不同类别信息的公示要求，上述7项中，只有第（7）项的信息，企业可选择是否公示。

5. **答案** B **解析** 本题考查预约合同与本约合同的认定。

依据规定，当事人订立的认购书、订购书、预订书等已就合同标的、数量、价款或者报酬等主要内容达成合意，符合合同成立条件，未明确约定在将来一定期限内另行订立合同，或者虽然有约定但是当事人一方已实施履行行为且对方接受的，人民法院应当认定本约合同成立。本题中，甲、乙双方签订的订购书已就主要内容达成合意，且甲公司已履行部分义务，乙公司接受，所以该订购书已构成本约合同，选项B正确。

名师点睛 这是2025年教材新增内容。在判断订购书、认购书等属于预约合同还是本约合同时，要综合考虑是否达成主要内容合意、有无约定订立本约时间以及履行情况等因素，精准把握相关规定，避免混淆。

6. **答案** C **解析** 本题考查本题考查支票——支票的出票和付款。

选项C，出票日期是绝对记载事项，若欠缺，则支票无效，当选。

选项ABD表述有误，不选。

名师点睛 支票特点，主要有3点：（1）支票的金额和收款人名称可授权补记，出票时可留空，待使用票据时补齐；（2）持票人对支票出票人的权利（含付款请求权、追索权），自出票日起6个月内不行使则消灭；（3）支票限于见票即付，若另行记载付款日期，该记载无效。

7. **答案** A **解析** 本题考查本题考查上市公司收购——上市公司收购的权益披露。

选项A，通过证券交易所的证券交易，投资者及其一致行动人拥有权益的股份达到一个上市公司已发行股份的5%时，应当在该事实发生之日起3日内编制权益变动报告书。因此，选项A当选。

选项BCD表述错误，不选。

名师点睛 上市公司收购的权益披露的相关总结，如下表所示。

持股比例	披露要求	违规惩罚
达到5%时	（1）发生之日起3日内，编制权益变动报告书，并进行报告、通知、公告； （2）上市期限内，不得再行买卖该上市公司的股票	违反上述规定买入上市公司有表决权的股份的，在买入后的**36个月**内，对超过规定比例部分的股份不得行使表决权
达到5%之后，每**增减**5%	（1）按照达到5%时的规定进行报告、通知和公告； （2）在该事实发生之日起至公告后3日内，不得再行买卖上市公司的股票	

续表

持股比例	披露要求	违规惩罚
达到5%之后，每增减1%	在该事实发生的次日通知该上市公司，并予公告。 【注意】只需通知公告，对买卖股票没有限制	—

8. **答案** C **解析** 本题考查本题考查票据法基础理论——票据行为。

选项 C，票据金额以中文大写和数码同时记载，两者必须一致，两者不一致的，票据无效。因此，选项 C 当选。

选项 ABD 表述有误，不选。

名师点睛 票据记载事项的相关总结，如下表所示。

记载事项		内容	汇票	本票	支票
绝对事项		表明"XX"的字样	√	√	√
		无条件支付的委托/承诺	√	√	√
		确定的金额	√	√	√（允许授权补记）
		付款人名称	√	×	√
		收款人名称	√	√	×（允许授权补记）
		出票日期	√	√	√
		出票人签章	√	×	√
相对事项		付款日期	√	×	×
		付款地	√	√	√
		出票地	√	√	√

9. **答案** A **解析** 本题考查本题考查主要合同——保证合同。

保证期间，债权人与债务人对主合同数量、价款、币种、利率等内容做了变动，未经保证人书面同意，如果减轻债务人债务的，保证人仍应当变更后的合同承担保证责任；如果加重债务人债务的，保证人对加重的部分不承担保证责任。本题中，张某对甲向乙追加借款与首期借款期限延长之事不知情，所以张某只对原借款 200 万元承担保证责任。

因此，选项 A 表述正确，当选。

名师点睛 主合同变更与保证责任的联系，如下表所示。

类型	保证人责任
变更债权人	（1）通知保证人的，继续承担； （2）未通知保证人的，该转让对保证人不发生效力； （3）若事先约定仅对特定债权人担责或禁止债权转让，**未经保证人书面同意转让债权**，保证人不再担责
变更债务人	保证人**书面同意**，则继续承担
第三人加入债务	继续承担
减轻债务	未经保证人书面同意，按减轻后的债务承担
加重债务	未经保证人书面同意，对加重部分不承担
变更主合同履行期限	未经保证人书面同意，保证期间按原合同约定期限或法定期限

10. **答案** A **解析** 本题考查主要合同——租赁合同。

选项A，出租人出卖租赁房屋的，应当在出卖之前的合理期限内通知承租人，承租人享有以同等条件优先购买的权利，当选。

选项B，出租人未通知承租人或者有其他侵害承租人行使优先购买权的情形的，承租人可以请求出租人承担赔偿责任，但是，出租人与第三人订立的房屋买卖合同的效力不受影响。选项B表述错误，不选。

选项C，租赁物在承租人按照租赁合同占有期限内发生所有权变动的，不影响租赁合同的效力。选项C表述错误，不选。

选项D，出租人将房屋出卖给近亲属（配偶、父母、子女、兄弟姐妹、祖父母、外祖父母、孙子女、外孙子女），承租人不得行使优先购买权，但近亲属不包括侄子。选项D表述错误，不选。

名师点睛 房屋租赁中承租人的优先购买权，如下表所示。

分类	具体内容
基本权利	出租人出卖租赁房屋，应在出卖前合理期限通知承租人，承租人享同等条件优先购买权
不得行使优先购买权的情形	（1）房屋按份共有人行使优先购买权； （2）出租人将房屋出卖给近亲属（近亲属包括配偶、父母、子女、兄弟姐妹、祖父母、外祖父母、孙子女、外孙子女）
视为放弃优先购买权的情形	（1）出租人履行通知义务后，承租人在**15日内**未明确表示购买； （2）出租人委托拍卖人拍卖租赁房屋，应在**5日前**通知承租人，承租人未参加拍卖
侵权责任	出租人侵害承租人优先购买权，承租人可请求出租人承担赔偿责任，但出租人与第三人签订的房屋买卖合同效力不受影响

11. **答案** C **解析** 本题考查违约责任——承担违约责任的形式。

定金合同是实践性合同，从实际交付定金时成立。本题中，由于未支付定金，因此双方的定金合同未成立，选项C符合题意，当选。

名师点睛 定金相关考点总结，如下表所示。

分类	具体内容
生效	（1）实际交付时生效； （2）实际交付定金数额与约定数额不一致，视为变更定金数额，收受方提出异议并拒绝接受定金，定金合同不成立
金额	约定的定金数额不得超过主合同标的额的20%，超过部分不产生定金效力
罚则	（1）债务人履行债务，定金充抵作价款或收回； （2）给付定金一方不履行债务或履行不符约定，无权请求返还定金； （3）收受定金一方不履行债务或履行不符约定，应当双倍返还定金
效力	（1）定金和违约金不能同时适用； （2）定金和损失赔偿的金额之和不能超过因违约造成的损失； （3）因不可抗力致使合同不能履行，非违约方主张适用定金罚则，人民法院不予支持

12. **答案** C **解析** 本题考查合同的订立——合同成立的时间和地点。

当事人采用合同书、确认书形式订立合同的，双方当事人签名、盖章或者按指印的地点为合同成立的地点。双方当事人签名、签章或者按指印不在同一地点的，最后签名、盖章或者按指印的地点为合同成立的地点，但当事人对合同的成立地点另有约定的除外。因此，选项C符合题意，当选。

名师点睛 合同成立的时间的相关考点总结，如下表所示。

类型	具体规定
一般情况	承诺生效时合同成立
直接对话形式	承诺生效时合同成立
合同书形式	（1）自双方当事人签名、盖章或者按指印时合同成立； （2）在签名、盖章或者按指印之前，当事人一方已经履行主要义务且对方接受的，合同成立
信件、数据电文等形式	合同成立前要求签订确认书的，签订确认书时合同成立
当事人一方通过互联网等信息网络发布的商品或者服务信息符合要约条件的	对方选择该商品或者服务并提交订单成功时合同成立（例如，淘宝网购，自选择商品并提交订单成功时合同成立）
法律、行政法规规定或者当事人约定采用书面形式	当事人未采用书面形式但一方已经履行主要义务且对方接受的，该合同成立
签订要式合同	以法律法规规定的特殊形式要求完成的时间为合同成立时间（例如，自然人之间的借款合同，自贷款人提供借款时成立）

合同成立的地点的相关考点总结，如下表所示。

类型	具体规定
数据电文形式	先看"主营业地"，若没有，再看"住所地"
合同书、确认书形式	双方当事人签名、盖章或者按指印的地点（不一致的，以最后签名、盖章或者按指印的地点为准）
特殊的约定或法定形式	以完成合同的约定形式或法定形式的地点为合同的成立地点
另有约定的	按照其约定。若采用书面形式订立合同，约定成立地点与实际签字或盖章地点不符，认定"约定"地点为成立地

13. **答案** D **解析** 本题考查占有。

选项A，恶意占有，是指占有人对物知其无占有的法律依据，或对于是否有权占有虽有怀疑而仍为占有，张某为恶意占有，说法正确，不符合题意，不当选。

选项B，自主占有是指以所有的意思对物为占有，这里的所有并不要求物客观上确属自己所有，说法正确，不符合题意，不当选。

选项C，无权占有是指欠缺法律依据的占有，租赁关系消灭后，承租人仍占有租赁物属于无权占有，说法正确，不符合题意，不当选。

选项D，直接占有是指占有人事实上占有其物，出质人对质物的占有属于间接占有，说法错误，符合题意，当选。

名师点睛 占有的分类容易混淆，通常还会出现在案例分析题中，考生要足够重视，相关考点总结，如下表所示。

分类标准	类型	定义	法律后果	典型案例
权力来源	有权占有	基于法律或合同取得的占有（如所有权、租赁权）	受法律保护，可对抗他人干涉	房屋承租人占有租赁物
	无权占有	无合法依据的占有	可能被权利人追回，恶意占有需承担赔偿责任	拾得他人遗失物未归还
主观状态	善意占有	占有人不知且不应知无权占有	返还原物时可主张必要费用	误买赃物（不知情）
	恶意占有	占有人明知或应知无权占有	返还原物时不可主张费用，使用损害需赔偿	明知是赃物仍购买
占有意图	自主占有	以所有的意思占有	可主张所有权保护	所有权人占有自己的汽车
	他主占有	基于其他权利（如租赁、保管）占有	需按约定返还标的物	保管人占有寄存物
控制状态	直接占有	实际控制标的物	享有直接支配权	租客直接居住房屋
	间接占有	法律上而非实际控制标的物	可通过返还请求权恢复占有	房东对已出租房屋的间接占有

14. **答案** A **解析** 本题考查担保物权——留置权。

留置权的成立条件有三点：（1）债权人合法占有债务人之动产；（2）债权已届清偿期且债务人未按规定的期限履行义务；（3）动产之占有与债权属同一法律关系，企业之间除外。

选项A，满足留置权成立的三点条件，当选。

选项B，关键词为"强行"。甲强行将丙的一辆汽车拉走，属于不合法的行为，不满足留置权成立的第一点要求，不选。

选项C，关键词为"谎称"。甲的行为构成欺骗，也属于不合法占有保管物，不选。

选项D，关键词为"未到期债权"。留置权的行使条件之一是"债务已届清偿期"，选项D中是"未到期"，不构成留置权，不选。

名师点睛 留置权是我国唯一法定的担保物权，其效力等级优先于其他担保物权，相关考点总结，如下表所示。

项目	具体内容
成立要件	（1）债权人合法占有债务人的动产（不动产不能被留置）； （2）债务人不履行到期债务； （3）占有的动产与债权属于同一法律关系，**企业之间留置的除外**
留置期限	（1）留置权人与债务人应当约定留置财产后的债务履行期限； （2）无约定或约定不明的，留置权人应当给债务人 **60日以上** 履行债务的期限，**鲜活易腐等不易保管的动产除外**
效力等级	留置权 > 登记的抵押权 > 质权 > 未登记的抵押权
孳息	留置权人有权收取留置财产的孳息

续表

项目	具体内容
留置权消灭	（1）留置权人对留置财产丧失占有； （2）留置物灭失、毁损而无代位物； （3）与留置物有同一法律关系的债权消灭； （4）债务人另行提供价值相当的担保并被债权人接受； （5）实现留置权

15. **答案** C **解析** 本题考查担保物权——抵押权。

以下财产不得设立抵押权：

（1）土地所有权（选项A）；

（2）宅基地、自留地、自留山等集体所有土地的使用权，但是法律规定可以抵押的除外；

（3）学校、幼儿园、医疗机构等以公益为目的成立的非营利法人的教育设施、医疗卫生设施和其他公益设施；

（4）所有权、使用权不明或有争议的财产（选项D）；

（5）依法被查封、扣押、监管的财产（选项B）。

综上，选项C符合题意，当选。

名师点睛 与抵押物范围有关的两个注意点：

已经设定抵押的财产被采取查封、扣押等财产保全或执行措施的，不影响抵押权的效力；

如以法定程序确认为违法的建筑物抵押的，抵押无效。

16. **答案** B **解析** 本题考查所有权——共有。

根据题干第一句话"甲、乙、丙三兄弟共同继承一幅古董字画"，判断其为共同共有。共同共有物对外转让，甲必须经过全体共有人的同意，否则就是无权处分。因此，题中甲的做法体现的就是无权处分。本题中，丁是善意的、支付合理对价、标的物已经交付的买受人，说明其适用善意取得制度，无论其他共有人是否追认，丁都取得所有权。因此，选项B当选。

名师点睛 本题是共有结合善意取得制度进行考核，综合性较强，善意取得构成条件和法律后果，如下表所示。

项目	内容
构成要件	（1）处分人没有处分权（无权处分）； （2）受让人受让该不动产或动产时是善意的； （3）以**合理的价格**转让； （4）该登记的已经登记，该交付的已经交付（手续齐全）
法律后果	（1）受让人取得所有权； （2）原所有权人的所有权消灭，只能向无权处分人请求赔偿损失

17. **答案** C **解析** 本题考查物权法通则——物权变动。

选项ACD，张三因继承取得房产所有权，自继承开始时（2018年5月）房产归2018年5月所有，不必公示（不必办理房屋所有权转移登记）。因此，选项C当选。

选项B，不动产物权的权利人请求返还财产，不适用诉讼时效抗辩，不选。

> 👤 **名师点睛**

不动产物权的变动，第一步先区分是基于法律行为还是非基于法律行为，第二步再分析物权变动发生效力的时间。如果是基于法律行为而发生的物权变动，看"公示"的时间点，非基于法律行为的物权变动则以法律具体规定为准，具体总结如下表所示。

类型	细分	具体内容
基于法律行为	一般原则	登记生效
	例外情形	土地承包经营权、地役权合同生效时设立
非基于法律行为	—	（1）因人民法院、仲裁机构的法律文书或人民政府征收决定等，导致物权设立、变更、转让或消灭的，自法律文书或征收决定等生效时发生效力； （2）因继承取得物权的，自继承开始时发生效力； （3）因合法建造、拆除房屋等事实行为设立或消灭物权的，自事实行为成就时发生效力

18. **答案** A **解析** 本题考查有限合伙企业——有限合伙企业合伙人性质转变的特殊规定。

选项 A，新入伙的有限合伙人对入伙前有限合伙企业的债务，以其认缴的出资额为限承担责任。因此，就李某入伙前该合伙企业的债务，李某仅需以 30 万元为限承担责任。因此，选项 A 正确，当选。

选项 B，有限合伙人出现下列情形时，当然退伙：（1）作为合伙人的自然人死亡或者被依法宣告死亡；（2）作为合伙人的法人或者其他组织依法被吊销营业执照、责令关闭、撤销，或者被宣告破产；（3）法律规定或者合伙协议约定合伙人必须具有相关资格而丧失该资格；（4）合伙人在合伙企业中的全部财产份额被人民法院强制执行。"个人丧失偿债能力"不是有限合伙人当然退伙的法定事由。选项 B 错误，不选。

选项 CD，作为有限合伙人的自然人在有限合伙企业存续期间丧失民事行为能力的，其他合伙人不得因此要求其退伙。因此，李某成为植物人后，其他合伙人不能以此为由要求其退伙。李某仍是有限合伙人，该合伙企业依然是有限合伙企业，而不应转为普通合伙企业，选项 CD 错误，不选。

> 👤 **名师点睛** 有限合伙企业合伙人性质转变的特殊规定的相关总结，如下表所示。

情形	普通合伙人	有限合伙人
入伙	无限连带责任	以认缴出资额为限
退伙	退伙前债务：无限连带	退伙前债务：取财担责
身份转变	有转普：前后均无限连带	普转有：转前无限，转后有限

19. **答案** A **解析** 本题考查普通合伙企业——入伙与退伙。

选项 B，新普通合伙人对入伙前合伙企业的债务承担无限连带责任，错误，不选。

选项 ACD，退伙人对基于其退伙前的原因发生的合伙企业债务，承担无限连带责任。选项 A 正确，当选；选项 CD 错误，不选。

> 👤 **名师点睛** 合伙人的入伙和退伙的法律责任总结，如下表所示。

情形	普通合伙人	有限合伙人
入伙	入伙前债：担无限连带	入伙前债：以认缴出资额担责
退伙	退伙前债：担无限连带	退伙前债：以取回财产担责
总结	对前企业债担无限责任	对前企业债担有限责任

20. **答案** A **解析** 本题考查普通合伙企业——合伙事务执行。

合伙企业的利润分配、亏损分担，按照合伙协议的约定办理；合伙协议未约定或者约定不明确的，由合伙人协商决定；协商不成的，由合伙人按照实缴出资比例分配、分担；无法确定出资比例的，由合伙人平均分配、分担。本题中，甲、乙、丙实际出资分别为30万元、30万元、60万元。所以甲、乙、丙应按1∶1∶2的比例分配。因此，选项A符合题意，当选。

名师点睛 针对损益分配的相关总结，如下表所示。

企业类型	具体规则
普通合伙企业	（1）损益分配：约定→协商→实缴出资比例→平均 （2）协议禁止：不得约定全部利润给部分合伙人，或部分人担全部亏损
有限合伙企业	不得将全部利润分配给部分合伙人，合伙协议另有约定除外（可约定全利润给某个合伙人）

21. **答案** B **解析** 本题考查普通合伙企业——合伙企业与第三人关系。

合伙人发生与合伙企业无关的债务，相关债权人不得以其债权抵销其对合伙企业的债务，也不得代位行使合伙人在合伙企业中的权利。合伙人的自有财产不足清偿其与合伙企业无关的债务的，该合伙人可以其从合伙企业中分取的收益用于清偿（选项B）；债权人也可以依法请求人民法院强制执行该合伙人在合伙企业中的财产份额用于清偿。因此，选项B符合题意，当选。

名师点睛 合伙企业中涉及的债，要注意区分是合伙企业的债还是合伙人的个人债务，具体内容如下表所示。

欠债主体	具体规定
合伙企业	合伙企业先还债，不足部分，普通合伙人再就其承担连带责任（合伙人之间的清偿数额约定对债权人无约束力，对合伙人有约束力，清偿超过部分可以追偿）
合伙人个人	不足部分：债权人可以找合伙人，通过合伙企业分给该合伙人的收益受偿；债权人还可以找人民法院，通过人民法院强制执行该合伙人的财产份额受偿（其他合伙人有优先购买权） 相关债权人不得以其债权抵销其对合伙企业的债务，也不得代位行使合伙人在合伙企业中的权利（**禁止三角债抵销，禁止代位执行份额**）

22. **答案** C **解析** 本题考查公司股票和公司债券——股份发行。

公司已发行的优先股不得超过公司普通股股份总数的50%，且筹资金额不得超过发行前净资产的50%，选项AB错误。上市公司发行优先股，最近三个会计年度实现的年均可分配利润应当不少于优先股一年的股息，选项D错误，不选。选项C说法正确，当选。

名师点睛 上市公司向不特定对象发行优先股应当在公司章程中规定以下事项：
（1）采取**固定**股息率；
（2）在有可分配税后利润的情况下**必须**向优先股股东分配股息；
（3）未向优先股股东足额派发股息的差额部分**应当累积**到下一会计年度；
（4）优先股股东按照约定的股息率分配股息后，**不再**同普通股股东一起**参加**剩余利润**分配**。
【注意】商业银行发行优先股补充资本的，可就第（2）项和第（3）项事项另行约定。

23. **答案** A **解析** 本题考查股份有限公司——上市公司组织机构的特别规定。

上市公司在1年内购买、出售重大资产或者担保金额超过公司资产总额30%的，应当由股东会作出决议，并经出席会议的股东所持表决权的2/3以上通过。因此，选项A当选。

名师点睛 本题为教材原文考核，建议考生记住对应的数字和比例。

24. **答案** B **解析** 本题考查股份有限公司。

发起人以设立中公司名义对外签订合同，公司成立后合同相对人请求公司承担合同责任的，人民法院应予支持。本题中，张某以"设立中的甲公司名义"订立合同，所租房屋供甲公司使用（并非为自己利益订立），应由甲公司承担合同责任。因此，选项B说法正确，当选。

名师点睛 公司设立阶段的合同责任总结，如下表所示。

情形	责任主体
发起人以自己名义对外签订合同	发起人或成立后的公司
发起人以公司名义对外签订合同	成立后的公司
	为发起人自身利益且相对人非善意：发起人
	为发起人自身利益但相对人善意：发起人或成立后的公司

25. **答案** A **解析** 本题考查公司的登记管理。

公司的一般登记事项包括名称，主体类型，经营范围，住所，注册资本，法定代表人的姓名（选项A当选），有限责任公司的股东、股份有限公司发起人的姓名或者名称等。选项BCD属于公司的备案事项，不选。

名师点睛 公司的下列事项应当向登记机关办理备案：（1）章程；（2）经营期限；（3）有限责任公司股东或者股份有限公司发起人认缴的出资数额；（4）公司董事、监事、高级管理人员；（5）公司登记联络员；（6）公司受益所有人相关信息；（7）法律、行政法规规定的其他事项。

26. **答案** B **解析** 本题考查经济纠纷解决途径——行政诉讼。

经复议的案件，复议机关决定维持原行政行为的，作出原行政行为的行政机关和复议机关是共同被告；复议机关改变原行政行为的，复议机关是被告。因此，选项B当选。

名师点睛 行政诉讼中经复议案件的被告确定规则，如下表所示。

类型	具体内容
复议维持原行政行为	复议机关决定维持原行政行为的，作出原行政行为的行政机关与复议机关为共同被告。如本题，复议维持时，二者须共同承担被告责任
复议改变原行政行为	若复议机关改变原行政行为（包括改变原行政行为的事实依据、法律适用或处理结果），则复议机关单独为被告。
复议机关不作为	若当事人起诉原行政行为，作出原行政行为的行政机关为被告
	若当事人起诉复议机关的不作为，则复议机关为被告
提示	该规则核心在于区分复议结果：维持→共同被告；改变→复议机关单独被告；不作为→按起诉对象确定被告，是行政诉讼被告认定的高频考点

27. **答案** B **解析** 本题考查经济纠纷解决途径——行政复议。

不能申请行政复议的情形：（1）国防、外交等国家行为；（2）行政法规、规章或者行政机关制定、发布的具有普遍约束力的决定、命令等规范性文件（选项C）；（3）行政机关对行政机关工作人员的奖惩、任免等决定（选项A）；（4）行政机关对民事纠纷作出的调解（选项D）。对行政机关作出的行政强制措施、行政强制执行决定不服的，可以申请行政复议，选项B正确，当选。

名师点睛 行政复议适用情形比较多，记忆难度大，建议考生重点记忆不能申请行政复议的情形，然后使用排除法做题。

28. **答案** C **解析** 本题考查经济纠纷解决途径——民事诉讼。

选项AB，因合同纠纷提起的诉讼，由被告住所地（杭州）或者合同履行地（南京）人民法院管辖，不选。

选项CD，两个以上人民法院都有管辖权（共同管辖）的诉讼，原告可以向其中任何一个法院起诉（选择管辖）；原告向两个以上有管辖权的法院起诉的，由"最先立案"的法院管辖。因此，选项C当选。

名师点睛 民事诉讼中合同纠纷的管辖规则总结，如下表所示。

类型	具体内容
一般管辖原则	被告住所地法院管辖：无论合同履行地如何，被告住所（杭州市）法院均有管辖权
	合同履行地法院管辖：合同履行地（南京市）法院也可管辖，但若合同未约定履行地或约定不明确，需根据争议标的类型确定履行地（如交付不动产的，不动产所在地为履行地）
共同管辖的处理规则	若同一案件存在多个有管辖权的法院（如本题中南京市和杭州市法院），原告可选任一法院起诉（选择管辖）
	优先规则：当原告向多个法院同时起诉时，由最先立案的法院管辖（而非最先收到起诉状的法院）
提示	混淆"立案"与"收到起诉状"：立案是法院正式受理案件的标志，收到起诉状后可能需审查是否符合立案条件
	错误认为"只能选择一个法院"：实际上原告可选择任一有管辖权的法院起诉，无需局限于单一地点
法律依据	《中华人民共和国民事诉讼法》第二十四条："因合同纠纷提起的诉讼，由被告住所地或者合同履行地人民法院管辖。"
	《中华人民共和国民事诉讼法》第三十六条规定："两个以上人民法院都有管辖权的诉讼，原告可以向其中一个人民法院起诉；原告向两个以上有管辖权的人民法院起诉的，由最先立案的人民法院管辖。"

29. **答案** B **解析** 本题考查代理——表见代理。

行为人没有代理权、超越代理权或者代理权终止后，仍然实施代理行为，相对人有理由相信行为人有代理权的，代理行为有效。本题中，甲公司解聘张三并没有通知乙公司，乙公司有理由相信张三仍有代理权，故买卖合同有效。因此，选项B符合题意，当选。

名师点睛 表见代理的情形总结，如下表所示。

情形	具体内容
向相对人虚假表示授权	被代理人对相对人表示已将代理权授予他人，但实际并未授权
交付代理证明文件被使用	被代理人将盖有公章的空白合同文本等具有代理权证明的文件交给他人，他人凭借该文件使相对人相信其有代理权，并实施法律行为
代理权终止后未妥善处理	代理权终止后，被代理人未采取必要措施（如未通知相对人、未收回授权文件等），导致相对人仍相信行为人有代理权，并与之进行法律行为

30. **答案** C **解析** 本题考查法律行为。

一方或者第三人以胁迫手段，使对方在违背真实意思的情况下实施的民事法律行为，受胁迫方有权请求人民法院或者仲裁机构予以撤销。因此，选项 C 当选。

名师点睛 可撤销民事法律行为总结，如下表所示。

维度	具体内容
效力特征	（1）撤销前已生效，未经撤销效力不消灭； （2）撤销权由当事人通过法院或仲裁机构行使； （3）撤销权人可选择撤销或不撤销； （4）撤销权行使受时间限制
种类	（1）**重大误解**：对行为性质、对方当事人、标的物等错误认识，导致后果与真实意思相悖； （2）**受欺诈**：因他人欺诈实施行为（第三人欺诈时，仅对方知道或应知欺诈，受欺诈方才可撤销）； （3）**受胁迫**：因胁迫违背真实意思实施行为； （4）**显失公平**：利用对方急迫、危困等情形，致对方违背本意实施行为
法律后果	（1）一经撤销，行为自始无效； （2）未撤销或超过撤销权行使期限，行为继续有效
行使时间	（1）**重大误解**：当事人知道或应当知道撤销事由之日起 90 日内； （2）**胁迫**：胁迫行为终止之日起 1 年内； （3）**欺诈、显失公平**：当事人知道或应当知道撤销事由之日起 1 年内； （4）**最长限制**：行为发生之日起 5 年内未行使撤销权，撤销权消灭

二、多选题

1. **答案** ACD **解析** 本题考查有限责任公司——国家出资企业管理者的选择与考核。

履行出资人职责的机构依照法律、行政法规以及企业章程的规定，任免或者建议任免国家出资企业的下列人员：

（1）任免国有独资企业的经理、副经理、财务负责人（选项 C）和其他高级经理人员；

（2）任免国有独资公司的董事长、副董事长、董事（选项 A）、监事会主席（选项 D）和监事；

（3）向国有资本控股公司、国有资本参股公司的股东会提出董事、监事人选（仅为提出人选，也就是建议任免，而非直接任免）。

名师点睛 国有独资公司或企业由国家完全掌控，所以可直接任免管理人员；而国有资本控股公司和参股公司有其他股东参与，需尊重股东权益和公司治理规则，因此只能向股东会提人选。

2. **答案** BC **解析** 本题考查预算审批、执行+调整、监督和决算——预算执行和调整。

经全国人民代表大会批准的中央预算和经地方各级人民代表大会批准的地方各级预算，在执行中出现下列情况之一的，应当进行预算调整：

（1）需要增加或者减少预算总支出的；（选项 C 正确）

（2）需要调入预算稳定调节基金的；（选项 A 不正确）

（3）需要调减预算安排的重点支出数额的；（选项 D 不正确）

（4）需要增加举借债务数额的。（选项 B 正确）

> **名师点睛** 对预算执行情况的解读，如下表所示。

项目	具体内容
增加或减少预算总支出	预算就像家庭的开支计划，总支出变了，那整个计划肯定得调整，不然钱就可能不够花或者有多余
调入预算稳定调节基金	预算稳定调节基金好比家里的应急钱罐子，当出现预算有缺口等情况时，需要从这个钱罐子里拿钱来补上，这就改变了原来的预算安排，所以要调整
调减预算安排的重点支出数额	重点支出就像家里必须花的大钱，比如房贷、孩子学费等，如果这些钱要减少，那整个家庭财务计划得重新安排，不然可能影响到相关重要事项的进展，所以要进行预算调整
增加举借债务数额	举借债务就像向别人借钱，借的钱变多了，那后续要还的钱也多了，会影响到整个预算的收支平衡和资金安排，所以必须调整预算，看看怎么去合理安排这些债务和后续的资金流动

3. **答案** AC **解析** 本题考查保险合同——财产保险合同中的特殊制度。

   选项 B，保险人应以自己的名义行使代位求偿权，不选。选项 D，代位求偿权的产生须在保险人支付保险金之后，不选。选项 AC 表述正确，当选。

   > **名师点睛** 代位求偿权**以保险人支付保险金为前提**，支付之后才产生，若未支付，保险人无此权利，这个时间要件，考查频率高。

4. **答案** ABCD **解析** 本题考查证券发行——股票的发行。

   首次公开发行股票的基本条件包括：

   （1）具备健全且运行良好的组织机构（选项 A）；

   （2）具有持续经营能力（选项 B）；

   （3）最近 3 年财务会计报告被出具无保留意见审计报告（选项 D）；

   （4）发行人及其控股股东、实际控制人最近 3 年不存在贪污、贿赂、侵占财产、挪用财产或者破坏社会主义市场经济秩序的刑事犯罪（选项 C）；

   （5）经国务院批准的国务院证券监督管理机构规定的其他条件。

   > **名师点睛** 上述基本条件是注册制下在主板、创业板、科创板上市的公司都应遵守的共性规则。

5. **答案** ABC **解析** 本题考查合同的变更和转让——合同的转让。

   债权人转让权利的，受让人同时取得与主债权有关的从权利，但该从权利专属于债权人自身的除外，选项 D 错误，不选。

   > **名师点睛** 选项 D 可以这样理解：当债权人把自己的权利转让给别人时，一般情况下，和这个主债权相关的一些从权利也会跟着一起转让给新的债权人，但是如果这个从权利是只属于原来那个债权人自己的特殊权利，就不会转让。

   比如说，甲借给乙 10 万元，丙为乙的债务提供了抵押担保（这就是从权利，是为主债权即甲对乙的债权服务的）。后来甲把对乙的 10 万元债权转让给了丁，那么丁在获得甲对乙的主债权的同时，也获得了丙提供的抵押担保这个从权利。但如果甲对乙的债权有一个专属的从权利，比如甲和乙约定，只有甲能享受乙提供的特殊售后服务（这是与甲个人身份密切相关、专属于甲自身的从权利），那么当甲把债权转让给丁时,这个特殊售后服务的权利就不会跟着转让给丁。

6. **答案** ABD　**解析** 本题考查合同的履行——抗辩权的行使。

应当先履行债务的当事人,有确切证据证明对方经营状况严重恶化的,可以中止履行(选项A正确)。应当先履行债务的当事人行使中止权时,应当及时通知对方,以免给对方造成损失,也便于对方在接到通知后,提供相应的担保(选项B正确),使合同得以履行。中止履行合同后,如果对方在合理期限内未恢复履行能力并且未提供适当担保的,视为以自己的行为表明不履行主要债务,中止履行合同的一方可以解除合同,并可以请求对方承担违约责任(选项D正确)。

名师点睛　双务合同履行中,首先看合同有没有约定先后履行顺序,再确定是哪一方当事人主张抗辩权,最后进行定位。

类型	主张当事人	主张事由与方式
同时履行抗辩权	任意一方	互负债务,无先后履行顺序,应同时履行。一方在对方履行前,有权拒绝其履行要求
后履行抗辩权	后履行一方	互负债务,有先后顺序。先履行方未履行,后履行方可拒绝其履行要求
不安抗辩权	先履行一方	**情形**:经营恶化、转移财产逃债、丧失商业信誉等。 **效力**:①先中止履行,通知对方;②对方恢复能力或提供担保,恢复履行;否则可解除合同并求偿

7. **答案** AD　**解析** 本题考查合同的订立——合同格式条款。

选项B,对格式条款有两种以上解释的,应当作出不利于提供格式条款一方的解释,不选。选项C,格式条款和非格式条款不一致的,应当采用非格式条款,不选。

名师点睛　合同格式条款主要知识点,见下表所示。

项目	具体内容
提供方义务	需遵循公平原则确定权利义务,对免除或限制自身责任的条款,采取合理方式提示(如特殊标识),并承担"已尽提示说明义务"的举证责任(对应选项A)
格式条款无效情形	无效情形包括:不合理免除/减轻自身责任、排除对方主要权利(对应选项D);违反《中华人民共和国民法典》其他无效规定(如人身损害免责条款)
格式条款解释规则	对格式条款有两种以上解释,应作不利于提供方的解释(选项B错误);格式条款与非格式条款不一致,采用非格式条款(选项C错误)

8. **答案** CD　**解析** 本题考查担保物权——抵押权、质权。

抵押合同与质押合同,均是依法成立即生效,所以选项AB错误。不动产抵押,抵押权是登记时设立,本题没有登记抵押权,所以抵押权未设立,选项C正确。以汇票出质的,质权自权利凭证交付质权人时设立;没有权利凭证的,质权自办理出质登记时设立,法律另有规定的,依照其规定。本题中汇票有权利凭证,因此,自交付时质权设立,选项D正确。

名师点睛　关于三个担保物权的成立要件:抵押权分不动产登记生效,动产合同生效;质权需交付或登记;留置权是法定(效力等级优先),但前提是合法占有,且债权到期。

9. **答案** BD　**解析** 本题考查用益物权——土地承包经营权。

通过招标、拍卖、公开协商等方式承包农村土地,其客体主要限于"四荒"土地,选项A表述正确,不选。土地经营权的流转,不得改变土地所有权性质和农业用途,选项B表述错误,当选。土地承包经营权在本集体经济组织之间互换需要进行备案，选项 C 表述正确，不选。土地承包经营权自土地承包经营权合同生效时设立，登记是对抗要件而非生效要件，选项 D 表述错误，当选。

名师点睛 土地承包经营权考点总结，如下表所示。

项目	具体内容
特征	（1）主体：农业经营者； （2）客体：耕地、林地等不动产； （3）用途：农业耕、养、牧等
存续期限	耕地 30 年；草地 30~50 年；林地 30~70 年
承包权取得	**合同**：合同生效设立。 **互换/转让**：对象为本集体成员，互换备案，转让需发包方同意，未登记不可对抗善意第三人。 **招标等**：客体为四荒土地，承包人不限本集体成员。
经营权流转	**前提**：不改变土地性质及农业用途。 **要求**：平等自愿，不超剩余期限，受让方具农业经营能力。 **规定**：可自主流转，5 年以上流转合同生效设立，未登记不可对抗善意第三人

10. **答案** BCD **解析** 本题考查物权法通则——物权通论。

同属一人所有的两个独立存在的物，结合起来才能发挥效用的，构成主物与从物关系，如机器与维修工具、电视机与遥控器等。选项 A，牛尾巴是牛身体的一部分，不是独立的物，不属于主物与从物的关系。

名师点睛 物与从物须为**独立存在的不同物**，若为同一物的组成部分（如牛尾巴是牛身体一部分），不构成主从关系；另外，主物与从物需**同属一人所有**，若分属不同主体，不成立主从关系，比如选项 B 中，若维修工具为他人所有，即便辅助机器使用，也不构成主从物。

11. **答案** ABD **解析** 本题考查有限合伙企业——有限合伙人财产出质与转让的特殊规定。

要区分有限合伙人出质和普通合伙人出质的不同要求。

选项 A，甲是普通合伙人，丙、丁是有限合伙人。根据规定，普通合伙人以其在合伙企业中的财产份额出质的，须经其他合伙人一致同意（此处不能通过合伙协议约定，绝对禁止），当选；

选项 B，丁是有限合伙人。根据规定，有限合伙人可以将其在有限合伙企业中的财产份额出质，但是合伙协议另有约定的除外（相对禁止），当选；

选项 C，乙是普通合伙人。根据规定，普通合伙人以其在合伙企业中的财产份额出质的，须经其他合伙人一致同意（此处不能通过合伙协议约定，绝对禁止），不选；

选项 D，关键词为"可以约定"。虽然丙是有限合伙人，但是协议如果约定了，就要按约定来处理。根据规定，有限合伙人可以将其在有限合伙企业中的财产份额出质，但是合伙协议另有约定的除外（想怎么约定就怎么约定），当选。

名师点睛 合伙人财产份额的转让和出质的知识点，如下表所示。

情形	普通合伙人	有限合伙人
对内转让	通知其他合伙人	自由转让

续表

情形	普通合伙人	有限合伙人
对外转让	（1）除约定外，需其他合伙人一致同意； （2）同等条件，购买权优先； （3）新合伙人依法受让财产份额，需修改合伙协议	（1）按约定转，提前30日通知； （2）其他合伙人，购买权优先
出质	需其他合伙人一致同意；否则行为无效，需赔偿损失	可出质，协议另有约定除外（相对禁止）

12. **答案** ABCD **解析** 本题考查公司解散和清算——公司清算。
根据公司法律制度的规定，清算组在清算期间行使下列职权：（1）清理公司财产，分别编制资产负债表和财产清单（选项A）；（2）通知、公告债权人（选项D）；（3）处理与清算有关的公司未了结的业务；（4）清缴所欠税款以及清算过程中产生的税款；（5）清理债权、债务；（6）分配公司清偿债务后的剩余财产（选项B）；（7）代表公司参与民事诉讼活动（选项C）。因此，本题选项ABCD正确。

名师点睛 关于"公司清算"的相关规定，如下表所示。

项目	具体规定
组织清算组	（1）董事15日内组成清算组（公司章程另有规定或股东会决议另选他人的除外）； （2）被吊销营业执照等，相关部门可申请法院指定清算； （3）成员：股东/董监高；律所等中介机构；中介专业人员
清理财产、编制表册	清算财产含公司借出财产、股东未缴出资（到期应缴未缴，分期未满期限的）
公告和通知债权人	（1）清算组10日内通知，60日公告； （2）债权人：接通知30日，未接公告45日申报债权（记忆：10/60/30/45）
登记债权、编制清算方案	申报债权期间，不得清偿债权人
收取债权、清偿债务等	清偿顺序： （1）清算费用； （2）职工工资、社保、补偿金； （3）税款； （4）公司债务； （5）剩余财产：有限公司按出资分，股份公司按持股分

13. **答案** CD **解析** 本题考查公司董事、监事、高级管理人员的资格和义务。
不得担任公司董事、监事、高级管理人员的情形主要有：
（1）担任破产清算的公司、企业的董事或者厂长、经理，对该公司、企业的破产负有个人责任的，自该公司、企业破产清算完结之日起未逾3年（选项B）；
（2）担任因违法被吊销营业执照、责令关闭的公司、企业的法定代表人，并负有个人责任的，自该公司、企业被吊销营业执照之日起未逾3年；
（3）因贪污、贿赂、侵占财产、挪用财产或者破坏社会主义市场经济秩序，被判处刑罚，或者因犯罪被剥夺政治权利，执行期满未逾5年，被宣告缓刑的，自缓刑考验期满之日起未逾2年（选项A）；
（4）无民事行为能力人或者限制民事行为能力人；
（5）个人所负数额较大的债务到期未清偿被人民法院列为失信被执行人。

🎓 **名师点睛** 不得担任公司董事、监事、高级管理人员的情形总结，如下表所示。

项目	具体内容
民事行为能力	无民事行为能力人或限制民事行为能力人
反省5年	（1）因贪污、贿赂等被判刑，执行期满未逾5年； （2）因犯罪被剥夺政治权利，执行期满未逾5年；宣告缓刑的，自缓刑考验期满未逾2年
反省3年	（1）破产清算企业董事等＋个人责任（破产清算完结日起3年）； （2）被吊销营业执照公司的法定代表人＋个人责任（吊销日起3年）
个人债务	个人所负数额较大债务到期未清偿，被法院列为失信被执行人（老赖）

14. **答案** BC **解析** 本题考查法律体系及法律部门。

选项A，法律体系不包括国际法；选项D，中国社会主义法律体系包括法律、行政法规、地方性法规、自治条例和单行条例，不包括部门规章。因此，本题选项BC正确。

🎓 **名师点睛** 中国社会主义法律体系核心要点，如下表所示。

项目	具体内容
法律部门	由宪法及宪法相关法、民商法、行政法、经济法、社会法、刑法、诉讼与非诉讼程序法七大部门构成
法律规范层次	法律、行政法规、地方性法规／自治条例／单行条例三个层次
体系意义	现行有效法律规范共300件，全面涵盖社会关系各领域，形成相对齐全的中国特色社会主义法律体系

15. **答案** ABCD **解析** 本题考查经济纠纷解决途径——仲裁。

仲裁裁决的法定撤销情形：（1）没有仲裁协议的（选项D）；（2）裁决的事项不属于仲裁协议的范围或者仲裁委员会无权仲裁的（选项A）；（3）仲裁庭的组成或者仲裁的程序违反法定程序的；（4）裁决所根据的证据是伪造的（选项B）；（5）对方当事人隐瞒了足以影响公正裁决的证据的（选项C）；（6）仲裁员在仲裁该案时有索贿受贿，徇私舞弊，枉法裁决行为的。

🎓 **名师点睛** 记忆口诀：**无协超权程违法，伪证隐证员舞弊。**

（1）"无协"：对应"没有仲裁协议"；
（2）"超权"：涵盖"裁决事项超范围、仲裁委无权仲裁"；
（3）"程违法"：指"仲裁庭组成或程序违反法定程序"；
（4）"伪证"：即"裁决依据的证据伪造"；
（5）"隐证"：对应"对方隐瞒影响公正裁决的证据"；
（6）"员舞弊"：匹配"仲裁员索贿受贿、徇私舞弊、枉法裁决"。

三、判断题

1. **答案** √ **解析** 本题考查行政事业性国有资产管理法律制度。

各部门所属单位应当每年编制本单位行政事业性国有资产管理情况报告，逐级报送相关部门。因此，本题表述正确。

🎓 **名师点睛** 这是原文表述，在理解的基础上读几遍即可。

2. **答案** √ **解析** 本题考查违反强制性规定的合同是否无效的判定标准。

依据《最高人民法院关于适用〈中华人民共和国民法典〉合同编通则若干问题的解释》，当出现"强制性规定旨在维护政府的税收、土地出让金等国家利益或者其他民事主体的合法利益而非合同当事人的民事权益，认定合同有效不会影响该规范目的的实现"这类情形时，符合人民法院认定合同不因违反强制性规定无效的条件。

名师点睛 此知识点为 2025 年教材新增内容，重点在于理解不同情形下，合同因违反强制性规定是否无效的判定标准，要准确记忆各类情形，做题时注意对号入座。

3. **答案** × **解析** 本题考查保险合同。

人寿保险的被保险人或者受益人向保险人请求给付保险金的诉讼时效期间为 5 年，自其知道或者应当知道保险事故发生之日起计算。因此，本题表述错误。

名师点睛 人寿保险（如终身寿险、养老险）保障周期长，从投保到保险事故发生（如被保险人身故）可能间隔数十年。延长至 5 年（普通诉讼时效期间为 3 年），能匹配其"长期存续"的特性，避免因时效过短导致受益人因时间跨度大而无法主张权益。

4. **答案** × **解析** 本题考查主要合同——赠与合同。

赠与人的撤销权，自知道或者应当知道撤销事由之日起 1 年内行使。赠与人的继承人或者法定代理人的撤销权，自知道或者应当知道撤销事由之日起 6 个月内行使。因此，本题表述错误。

名师点睛 注意赠与撤销权行使时限，赠与人（本人）和赠与人的继承人/法定代理人（非本人）是有区别的。

5. **答案** × **解析** 本题考查合同的消灭——合同的解除。

主合同解除后，担保人对债务人应当承担的民事责任仍应当承担担保责任，但是担保合同另有约定的除外。因此，本题表述错误。

名师点睛 若题目中未提及担保合同另有约定，则默认"主合同解除后担保人仍需担责"；若题目明确担保合同约定主合同解除则免责，则担保人无需担责。

6. **答案** × **解析** 本题考查用益物权。

宅基地使用权可以继承。因此，本题表述错误。

名师点睛 宅基地上的房屋属于公民个人合法财产，可依法继承。继承人通过继承房屋，可继续使用对应的宅基地。

7. **答案** √ **解析** 本题考查物权法通则——物权的保护。

请求人向相对人主张标的物返还请求权，需举证证明自己是物权人或依法律规定可以行使标的物返还请求权的人。因此，本题表述正确。

名师点睛 比如，甲将自有轿车借给乙使用，乙逾期未还且拒绝返还。甲就需要证明拥有该轿车的所有权。

8. **答案** × **解析** 本题考查公司财务、会计。

公司的公积金用于弥补公司的亏损、扩大公司生产经营或者转增公司资本。公积金弥补公司亏损，应当先使用任意公积金和法定公积金；仍不能弥补的，可以按照规定使用资本公积金。因此，本题表述错误。

> **名师点睛** 弥补亏损的顺序是：
（1）用当年利润弥补亏损；（2）若仍不足，依次使用任意公积金、法定公积金、资本公积金；（3）若仍不足，则减少注册资本。

9. **答案** ×　**解析** 本题考查有限责任公司。
根据规定，国有独资公司设经理，由董事会聘任或者解聘。经履行出资人职责的机构同意，董事会成员可以兼任经理。因此，本题表述错误。

> **名师点睛** 国有独资公司董事产生程序，如下表所示。

类型	产生程序
非职工董事	由履行出资人职责的机构（如国有资产监督管理机构）直接委派； 委派对象需符合法律规定的任职资格（如无民事行为能力、经济犯罪等情形不得担任）
职工董事	通过职工代表大会选举产生，体现职工参与公司治理的权利

10. **答案** ×　**解析** 本题考查经济纠纷解决途径——仲裁。
仲裁裁决作出后，当事人就同一纠纷，不能再申请仲裁或向人民法院起诉。但是裁决被人民法院依法裁定撤销或不予执行的，当事人可以重新达成仲裁协议申请仲裁，也可以向人民法院起诉。因此，本题表述错误。

> **名师点睛** 仲裁是"一锤子买卖"，但如果这把锤子本身有问题（法院裁定撤销），当事人可以重新选择解决方式。这既维护了仲裁的效率，也可防止错误裁决损害公平。

四、简答题

1. **答案**
（1）B公司拒绝D公司追索的理由成立。根据规定，背书人（B公司）在汇票上记载""不得转让"字样，其后手（C公司）再背书转让的，原背书人（B公司）对后手（C公司）的被背书人（D）不承担保证责任。
（2）甲银行拒绝D公司追索的理由不成立。根据规定，票据债务人（甲银行）不得以自己与出票人（A公司）之间的抗辩事由，对抗持票人（D公司）。
（3）C公司拒绝D公司追索的理由成立。根据规定，票据债务人可以对不履行约定义务的与自己有直接债权债务关系的持票人进行抗辩。本题中，C公司和D公司有直接债权债务关系，且D公司违约，因此，C公司可以对D公司进行抗辩。

> **名师点睛** 票据法题目需紧扣"**票据行为的独立性**"与"**抗辩权的限制**"两大核心，结合具体票据流转过程和当事人间关系，逐一排除干扰项。备考时建议通过流程图梳理票据流转过程，强化对"禁止转让背书""承兑人责任"等高频考点的记忆

2. **答案**
（1）甲、乙反对丁提议B会计师事务所承办A企业审计业务的理由不成立。根据规定，有限合伙人参与选择承办本企业审计业务的会计师事务所，不视为执行合伙事务。本题中，丁为有限合伙人，

其提议 B 会计师事务所承办 A 企业审计业务不视为执行合伙事务。

（2）甲、乙、丙关于戊违反竞业禁止义务的主张不成立。根据规定，有限合伙人可以自营或者同他人合作经营与本有限合伙企业相竞争的业务；但是，合伙协议另有约定的除外。本题中，戊为有限合伙人，且合伙协议没有约定竞业事项，故戊可以经营与本有限合伙企业相竞争的业务。

（3）戊的出质行为有效。根据规定，有限合伙人可以将其在有限合伙企业中的财产份额出质；但是，合伙协议另有约定的除外。本题中，戊为有限合伙人，且合伙协议没有对出质作相关约定，因此，戊可以将其在有限合伙企业中的财产份额出质，其出质行为有效。

名师点睛 有限合伙企业题目需紧扣**"身份差异"**与**"协议约定"**，结合法律规则快速排除干扰项，重点关注有限合伙人的特殊权利与限制，相关知识点总结，如下表所示：

项目	具体规定	记忆技巧
有限合伙人执行事务	有限合伙人不得执行合伙事务。 不视为执行事务的行为： （1）参与决定普通合伙人入伙、退伙； （2）对企业经营管理提出建议； （3）参与选择承办审计业务的会计师事务所； （4）获取财务报告等知情权行为	口诀："选所提建议，知情参入伙" （选择会计师事务所、提出建议、知情权、参与入伙决定）
竞业禁止义务	**普通合伙人：绝对禁止**自营或与他人合作经营竞争业务； **有限合伙人**：原则上允许竞争，除非合伙协议另有约定	对比记忆： 普通合伙人"**绝对禁**"； 有限合伙人"**协议禁**"
财产份额出质	**普通合伙人**：出质需经全体合伙人一致同意，否则无效； **有限合伙人**：可自由出质，除非合伙协议另有约定	对比记忆： 普通合伙人"**一致同意**"； 有限合伙人"**默认允许**"
合伙事务表决规则	合伙协议未约定时，实行合伙人一人一票并经全体合伙人过半数通过； **重大事项**（如改变企业名称、处分不动产）需**全体一致同意**	**注意**：有限合伙人虽不执行事务，但可参与表决

3. **答案**

（1）董事会的到会人数符合规定。根据规定，董事会会议应有过半数的董事出席方可举行。本题中，甲公司共有董事 11 人，7 人到会，符合要求。

（2）董事会的决议没有通过。根据规定，董事会作出决议，必须经全体董事的过半数通过。本题中，甲公司共有董事 11 人，5 人同意，不符合过半数通过的要求。

（3）法院不会受理郑某的起诉。根据规定，董事、高级管理人员的行为侵犯公司利益，股份有限公司连续 180 日以上单独或者合计持有公司 1% 以上股份的股东，可以书面请求监事会向人民法院提起诉讼。监事会收到规定的股东书面请求后拒绝提起诉讼，符合规定的股东有权为了公司的利益以自己的名义直接向人民法院提起诉讼。本题中，郑某持股时间不足 180 日，不符合要求。

名师点睛 股份有限公司题目需紧扣**"人数计算""表决比例""股东权利限制"**三大核心，结合法律规则快速排除干扰项。备考时建议通过表格对比强化记忆，关注高频考点（如董事会决议、股东诉讼）的细节差异。高频考点如下表所示。

考点	具体规定	记忆技巧
董事会会议法定人数	过半数董事出席方可召开；董事人数为奇数时，按"向上取整"计算（如 11 人，需 ≥6 人出席）	口诀："半数出席才开头，人数若奇往上凑"
董事会决议通过条件	全体董事过半数同意；重大事项（如修改公司章程）需 2/3 以上通过	对比：董事会按"人头数"；股东会决议按"表决权比例"
股东诉讼条件	持股要求：连续 180 日以上单独或合计持有公司 1% 以上股份；前置程序：先请求监事会/董事会起诉，遭拒绝后方可自行起诉	口诀："180 日 1% 股，先求监事后起诉"（时间、比例、前置程序）
临时股东会召开条件	代表 1/10 以上表决权的股东、1/3 以上董事、监事会提议时，应召开临时股东会. 通知时间：会议召开 15 日前通知全体股东	注意临时股东会的召集权主体
提示	（1）**混淆董事会与股东会的表决规则** 破题：董事会按"人头数"（全体董事过半数），股东会按"表决权比例"（出席会议股东所持表决权过半数） （2）**忽略股东诉讼的持股时间要求** 破题：题目中出现"连续持股XX日"时，立即核对是否满足 180 日的要求 （3）**未履行前置程序直接起诉** 破题：股东起诉前必须先向监事会/董事会提出请求，遭拒绝或怠于履行后方可起诉	

五、综合题

答案

（1）李某拒绝甲公司诉讼请求的理由（1）不符合法律规定。根据规定，因公司设立、确认股东资格、分配利润、解散等纠纷提起的诉讼，由公司住所地人民法院管辖。本题中，甲公司与李某发生争执，应由甲公司住所地人民法院管辖。

（2）李某拒绝甲公司诉讼请求的理由（2）不符合法律规定。根据规定，公司股东未履行或未全面履行出资义务或者抽逃出资，公司或者其他股东请求其向公司全面履行出资义务或者返还出资，被告股东以诉讼时效为由进行抗辩的，人民法院不予支持。本题中，李某未全面履行出资义务，因此，其不得以诉讼时效为由拒绝甲公司的诉讼请求。

（3）保险公司的抗辩理由不成立。根据规定，保险标的已交付受让人，但尚未依法办理所有权变更登记，承担保险标的毁损灭失风险的受让人主张行使被保险人权利的，人民法院应予支持。本题中，2022 年 9 月 20 日，甲公司向乙公司交付了厂房，所以乙公司有权向 A 保险公司索赔。

（4）丙公司的抵押权设立的日期为 2023 年 1 月 5 日。根据规定，动产抵押权自合同生效之日设立，未登记的不得对抗善意第三人。本题中，动产浮动抵押也属于动产抵押，双方约定合同 1 月 5 日生效，故此时抵押权设立。

（5）丙公司无权要求丁公司在 3 月 31 日之前不要出售其从甲公司购买的产品。根据规定，动产抵押即使登记，亦不得对抗正常经营活动中已经支付合理价款并取得抵押财产的买受人。本题中，甲、丁公司签订销售合同属于正常经营活动，且以市场价格购买符合"合理价款"的要求，产品也于3月16日发货交付给丁公司，因此，丙公司无权要求丁公司不要出售这些产品。

（6）甲关于丙无权要求支付尚未到期的200万元价款的主张不成立。根据规定，分期付款的买受人未支付到期价款的金额达到全部价款的1/5的，经催告后在合理期限内仍未支付到期价款的，出卖人可以请求买受人支付全部价款或者解除合同。本题中，甲未支付的到期价款为300万元，已经超过总价款1 200万元的1/5（240万元）；经催告仍未支付，因此，丙有权要求甲支付尚未到期的200万元价款。

名师点睛 本题主要知识点梳理，如下表所示。

项目	关键点	考核陷阱
管辖规则	公司纠纷专属管辖（公司住所地）	混淆"原告就被告"原则，未注意公司纠纷特殊管辖规定
诉讼时效例外	股东出资义务不适用诉讼时效	股东以诉讼时效抗辩补足出资请求
保险合同变更	交付即转移风险，未登记不影响索赔权	保险公司以未过户为由拒赔
浮动抵押设立	合同生效即设立，登记对抗善意第三人	混淆抵押登记时间与抵押权设立时间
正常经营买受人	已支付合理对价并取得财产的买受人不受抵押权影响	抵押权人要求买受人停止销售已购财产
分期付款条款	未付到期价款超总价款1/5，可要求支付全部价款	买受人主张未到期部分无需支付
提示	综合题备考技巧在于"**抓法条、串逻辑、扣细节**" （1）**法条为王**：直接记忆核心法条关键词（如"公司住所地管辖""诉讼时效不适用出资纠纷"），避免混淆 （2）**逻辑串联**：将知识点按法律关系归类（如公司设立→股东责任→担保物权→合同履行），形成知识网络 （3）**细节定胜负**：关注时间节点（如抵押权设立生效时间）、特殊例外（如浮动抵押不得对抗正常经营买受人）、主体资格（如保险索赔权转移条件）	

2025 年全国中级会计资格考试
摸底检测卷

财务管理

试题册

扫码领取"必刷题库"

目 录

2024 年全国中级会计资格考试《财务管理》检测卷　　　　　　　　　　1

2023 年全国中级会计资格考试《财务管理》检测卷　　　　　　　　　　9

2022 年全国中级会计资格考试《财务管理》检测卷　　　　　　　　　　17

《财务管理》金题密押卷　　　　　　　　　　　　　　　　　　　　　　25

2024年全国中级会计资格考试
《财务管理》检测卷

一、单选题

（本类题共20小题，每小题1.5分，共30分。每小题备选答案中，只有一个符合题意的正确答案。错选、不选均不得分。）

1. 某企业投资一项证券资产，每年年末按6%的名义利率获得相应收益，假设通货膨胀率为2%，则实际利率是（　　）。
   A. 3.88% B. 4% C. 5.88% D. 3.92%

2. 某企业7月初原材料存量为50吨，预计7月份和8月份的生产需用量分别为500吨和600吨，各月月末原材料存量为下月预计生产需用量的10%，则7月份预计采购量为（　　）吨。
   A. 490 B. 510 C. 450 D. 560

3. 下列各项中，被视为财务管理核心的是（　　）。
   A. 财务预算 B. 财务决策 C. 财务控制 D. 财务分析

4. 某企业有一笔长期借款，即将到期，企业虽有足够的偿还能力，但为了维持现有的资本结构，决定举借新债偿还旧债，筹资动机是（　　）。
   A. 调整性筹资动机 B. 扩张性筹资动机
   C. 支付性筹资动机 D. 创立性筹资动机

5. 甲企业取得银行贷款时，将其拥有的其他公司债券作为贷款担保移交给银行，该银行贷款的类型是（　　）。
   A. 信用贷款 B. 保证贷款 C. 质押贷款 D. 抵押贷款

6. 某项目的原始投资额现值是100万元，净现值是25万元，则现值指数是（　　）。
   A. 0.75 B. 1.33 C. 1.25 D. 0.25

7. 下列各项中，与放弃现金折扣的信用成本率无关的是（　　）。
   A. 折扣百分比的大小 B. 赊购金额的大小
   C. 付款期的长短 D. 折扣期的长短

8. 下列各项中，属于消除非增值作业、降低非增值成本的成本节约形式的是（　　）。
   A. 作业消除 B. 作业选择 C. 作业减少 D. 作业共享

9. 某公司本年净利润为2 800万元，预计下一年投资所需资金为3 000万元，公司目标资本结构要求投资所需资金中权益资本占60%，根据剩余股利政策，本年可发放的现金股利为（　　）万元。
   A. 1 320 B. 1 120 C. 1 000 D. 1 200

10. 某公司的流动资产总额为46亿元，其中货币资金18亿元、应收账款18.8亿元、存货9.2亿元，流动负债总额为23亿元，则速动比率为（ ）。
    A. 1.18 B. 1.6 C. 2 D. 0.78

11. 某用户手机通话套餐如下：每月29元，免费通话时间1 000分钟，超出部分通话按0.1元/分钟收费。根据成本性态，该成本属于（ ）。
    A. 半固定成本 B. 半变动成本 C. 固定成本 D. 延期变动成本

12. 下列各项预算中，属于专门决策预算的是（ ）。
    A. 资产负债表预算 B. 费用预算 C. 财务预算 D. 资本支出预算

13. 某企业发行的可转换债券面值为每张100元，目前市场价格为每张95元，每份债券可以转换为10股股票，则该债券的转换价格为（ ）元。
    A. 9.5 B. 95 C. 10 D. 100

14. 基期息税前利润为3 000万元，经营杠杆系数为1.5，财务杠杆系数为1.2。假设不考虑优先股，基期利息费用是（ ）万元。
    A. 1 333.33 B. 500 C. 1 000 D. 1 888.89

15. 某产品产销量为5 000件，单价为100元/件，单位变动成本为40元/件，固定成本为120 000元，安全边际率是（ ）。
    A. 40% B. 60% C. 66.67% D. 150%

16. 某公司用别的公司的股票作为股利支付给本公司股东，该股利支付方式属于（ ）。
    A. 股票股利 B. 负债股利 C. 财产股利 D. 资金股利

17. 已知（P/A，8%，5）=3.992 7，（P/A，8%，6）=4.622 9，（P/A，8%，7）=5.206 4，则折现率为8%、期数为6的预付年金现值系数是（ ）。
    A. 4.206 4 B. 6.206 4 C. 4.992 7 D. 2.992 7

18. 下列关于认股权证的说法中，不正确的是（ ）。
    A. 认股权证的持有者无权分享股利收入
    B. 认股权证的持有者享有普通股的投票权
    C. 认股权证本质上是一种股票期权，属于衍生金融工具
    D. 认股权证对于发行人而言是一种融资促进工具

19. 已知某固定制造费用标准分配率为12元/时，标准工时为1.5小时/件，预算产量为10 000件，实际产量为8 000件，实际固定制造费用为190 000元，实际工时为10 000小时，按照固定制造费用两差异分析法，能量差异为（ ）。
    A. 超支46 000元 B. 超支36 000元 C. 超支10 000元 D. 超支70 000元

20. 某产品计划产销量为1 000件，消费税税率为5%，固定成本为10 000元，单位变动成本为9元/件，若目标利润为95 000元，则运用目标利润法测算的产品价格为（ ）元/件。
    A. 115 B. 100 C. 104 D. 120

二、多选题

（本类题共10小题，每小题2分，共20分。每小题备选答案中，有两个或两个以上符合题意的正确答案。请至少选择两个答案，全部选对得满分，少选得相应分值，多选、错选、不选均不得分。）

1. 金融市场包括货币市场和资本市场，下列各项中，属于资本市场的有（　　）。
   A. 大额定期存单市场　　　　　　　　B. 银行间同业拆借市场
   C. 股票市场　　　　　　　　　　　　D. 融资租赁市场

2. 根据成本性态，下列各项中，一般属于企业约束性固定成本的有（　　）。
   A. 广告费　　　　　　　　　　　　　B. 研发支出
   C. 车辆交强险　　　　　　　　　　　D. 厂房折旧费

3. 某投资项目的建设期为0年，原始投资额于建设期一次性投出，未来各年的现金净流量均为正。若该项目的年金净流量大于0，则下列说法中错误的有（　　）。
   A. 净现值大于1　　　　　　　　　　　B. 现值指数大于1
   C. 内含收益率小于必要收益率　　　　　D. 静态回收期大于项目寿命期

4. 关于股票分割，下列表述中错误的有（　　）。
   A. 会引起每股股票面值变化　　　　　　B. 会引起股东权益内部结构变化
   C. 会引起股东权益总额变化　　　　　　D. 会引起发行在外的股票总数变化

5. 在使用因素分析法预测资金需要量时，需要考虑的因素有（　　）。
   A. 最高收入期资金占用量　　　　　　　B. 基期资金平均占用额
   C. 最低收入期资金占用量　　　　　　　D. 不合理资金占用额

6. 下列各项中，不会提高公司流动比率的有（　　）。
   A. 公司用银行存款购置新生产线　　　　B. 公司从商业银行取得长期借款
   C. 公司收到客户上期所欠货款　　　　　D. 公司向供应商预付原材料采购款

7. 下列各项中，属于产品成本预算编制依据的有（　　）。
   A. 销售预算　　　　　　　　　　　　　B. 生产预算
   C. 直接材料预算　　　　　　　　　　　D. 制造费用预算

8. 与债务筹资相比，股权筹资的特点有（　　）。
   A. 信息披露成本高　　　　　　　　　　B. 资本成本高
   C. 财务风险较高　　　　　　　　　　　D. 控制权变更可能影响企业长期稳定发展

9. 下列与现金持有量相关的各项成本中，成本分析模型涉及的成本包括（　　）。
   A. 机会成本　　　　　　　　　　　　　B. 管理成本
   C. 交易成本　　　　　　　　　　　　　D. 短缺成本

10. 下列筹资方式中，一般属于间接筹资方式的有（　　）。
    A. 杠杆租赁　　　　　　　　　　　　　B. 银行借款
    C. 发行永续债　　　　　　　　　　　　D. 发行优先股

三、判断题

（本类题共10小题，每小题1分，共10分。请判断每小题的表述是否正确。每小题答题正确的得1分，错答、不答均不得分，也不扣分。）

1. 某债券在名义利率固定的情况下，一年内计息次数越多，该债券的年实际利率就越高。（　）

2. 在企业全面预算体系中，生产预算是在销售预算的基础上编制的，同时也是直接材料预算的编制基础。（　）

3. 内含收益率指标能够反映投资方案的获利水平，可以适用于独立投资方案的比较。（　）

4. 在其他条件不变的情况下，存货周转率越高，现金周转期越长。（　）

5. 基于本量利分析的利润敏感性分析，在利润为正的情况下，销售量变化对利润的影响程度大于固定成本变化对利润的影响程度。（　）

6. 根据资本资产定价模型，如果A资产的系统性风险为B资产的2倍，则A资产的必要收益率也要求为B资产的2倍。（　）

7. 一般而言，固定股利支付率政策能够向市场传递公司经营稳定的信号，从而有助于增强投资者的信心，避免公司股价波动。（　）

8. 优先股较普通股具有一定的优先权，主要表现为优先表决权。（　）

9. 企业全面预算的编制，一般始于材料采购预算，终于预计利润表。（　）

10. 在扩展的经济订货模型下，订货提前期越长，则经济订货量越大。（　）

四、计算分析题

（本类题共3小题，共15分。凡要求计算的，可不列出计算过程；计算结果出现两位以上小数的，均四舍五入保留小数点后两位小数，百分比指标保留百分号前两位小数。）

1. 2023年1月1日，甲公司从租赁公司租入一套价值800万元的设备，租赁期为3年，租赁期满时预计残值为40万元，归租赁公司所有。租金采用等额年金法计算，在租赁期内每年年末支付一次，年利率为6%，租赁手续费率为每年2%，有关货币时间价值系数为：$(P/F, 6\%, 3)=0.8396$，$(P/F, 8\%, 3)=0.7938$，$(P/A, 6\%, 3)=2.6730$，$(P/A, 8\%, 3)=2.5771$。

甲公司编制的租金摊销计划表如下表所示（单位：万元，"*"表示省略数）：

年份	年初本金	支付租金	应计租费	本金偿还额	年末本金余额
2023年	800	A	B	C	D
2024年	E	*	*	*	*
2025年	*	*	*	*	*

要求：

（1）计算表中A的数值。

（2）计算表中B的数值。

（3）计算表中 C 的数值。

（4）计算表中 D 的数值。

（5）计算表中 E 的数值。

2. 甲公司生产销售某产品，单价为 100 元/件，单位变动成本为 60 元/件，目前采用现销政策，年销售量为 50 000 件。为扩大销售量，公司拟改变信用政策，信用条件为"2/10、1/20、N/30"，预计有 50% 的客户（按 30 天信用期所能实现的销售量计算，下同）在第 10 天付款，30% 的客户在第 20 天付款，其余客户在第 30 天付款。若改变信用政策，预计销售量增加 20%，收款费用增加 10 000 元。假设同等风险投资的最低收益率为 10%，一年按 360 天计算。

   要求：

   （1）计算改变信用政策增加的边际贡献。

   （2）计算改变信用政策增加的应收账款机会成本。

   （3）计算改变信用政策增加的现金折扣成本。

   （4）计算改变信用政策增加的税前损益，并判断改变信用政策是否可行。

3. 某经销商编制 2024 年第三季度的预算，相关资料如下：

   （1）第一季度到第四季度的销量分别是 5 000 件、5 200 件、6 000 件、6 400 件，销售单价为 50 元/件，每个季度销售额中预计 60% 在本季度收到现金、40% 在下季度收到现金。

   （2）每个季度末商品库存量是下一季度销量的 10%，商品采购单价为 35 元/件。采购成本中 30% 在本季度支付现金、70% 在下季度支付现金。

   要求：

   （1）计算第三季度的现金收入。

   （2）计算第三季度商品采购量、预计应付账款期末余额。

   （3）计算第三季度支付现金。

五、综合题

（本类题共 2 小题，共 25 分。凡要求计算的，可不列出计算过程；计算结果出现两位以上小数的，均四舍五入保留小数点后两位小数，百分比指标保留百分号前两位小数。）

1. 甲公司是一家上市公司，企业所得税税率为 25%。为增加产能，公司计划于 2024 年年初购置新设备。相关资料如下：

   （1）有关货币时间系数如下表所示。

n	1	2	3	4	5	6	7	8
（P/F, 10%, n）	0.909 1	0.826 4	0.751 3	0.683 0	0.620 9	0.564 5	0.513 2	0.466 5
（P/A, 10%, n）	0.909 1	1.735 5	2.486 9	3.169 9	3.790 8	4.355 3	4.868 4	5.334 9

   对于新设备投资，公司要求的最低收益率为 10%，公司提出如下两个方案。

   A 方案：从国内购买新设备，购置成本为 6 000 万元，分别于 2024 年年初和 2025 年年初支付 3 000 万元，新设备 2024 年年初购入后可立即投入使用，预计使用年限为 8 年。新设备开始投入使用时需垫支营运资金 600 万元，在设备使用期满时收回。新设备投入使用后每年带来营业收入 2 500 万元，每年发生付现成本 1 000 万元。新设备采用直线法计提折旧，预计净残值为 400 万元。相关会计处理与税法规定保持一致。

B 方案：从国外购买新设备，预计使用年限为 6 年。经测算，B 方案的净现值为 680 万元。

（2）为满足购置新设备的资金需求，有两种筹资方式可选择，假设均无筹资费用。

一是向银行借款，期限为 10 年，年利率为 8%，每年年末付息一次，到期一次还本。

二是发行普通股，每股发行价为 10 元。公司于 2023 年年末发放的现金股利为每股 0.6 元，预计股利年增长率为 4%。

要求：

（1）计算 A 方案的如下指标：

①年折旧额；②原始投资额。

（2）计算 A 方案的如下指标：

①第 0 年（投资起点）的现金净流量；②第 2—7 年每年的现金净流量；③第 8 年的现金净流量。

（3）计算 A 方案的如下指标：

①净现值；②年金净流量；③静态回收期。

（4）判断甲公司应采用 A 方案还是 B 方案，并说明理由。

（5）计算两种筹资方案的如下指标：

①银行借款的资本成本率；②普通股的资本成本率。

2. 甲公司是一家制造企业，企业适用的所得税税率为 25%。相关资料如下：

（1）公司 2023 年年末资产负债表有关项目余额及其他销售收入的比例如下表所示：

资产项目	年末数（万元）	百分比	负债与股东权益项目	年末数（万元）	百分比
现金	2 000	10%	短期借款	2 000	N
应收账款	1 800	9%	应付账款	1 000	5%
存货	3 000	15%	长期借款	3 000	N
固定资产	9 200	N	股本	8 000	N
—	—	—	留存收益	2 000	N
资产总计	16 000	N	负债与股东权益总计	16 000	N

注意：N 表示对应项目与销售收入存在不稳定的比例关系。

（2）甲公司 2023 年度销售收入（即营业收入，下同）为 20 000 万元，净利润为 2 500 万元，向股东分配现金股利 1 500 万元，2023 年年初资产总额为 14 000 万元（其中，应收账款为 2 200 万元），年初负债总额为 5 000 万元，公司 2023 年度存货周转期为 60 天，应付账款周转期为 45 天，一年按 360 天计算。

（3）由于公司产品供不应求，现生产能力不足，拟于 2024 年年初投资 3 000 万元购买新设备，增加新设备后预计 2024 年销售收入增加到 30 000 万元，净利润预计为 3 600 万元。假设现金、应收账款、存货、应付账款项目与销售收入保持比例不变，2024 年度利润留存率与 2023 年度相同。

（4）为满足外部融资需求，公司通过两种方式筹集资金，所需资金的 40% 采用方式一筹集，60% 采用方式二筹集。

方式一：按面值发行公司债券，期限为 5 年，票面利率为 6%，每年付息一次，到期一次还本，筹资费用率为 2%。

方式二：发行普通股，已知无风险收益率为 3%，市场组合收益率为 8%，β 系数为 1.2。

要求：

（1）计算公司 2023 年度的下列指标：

①总资产周转率；②净资产收益率；③营业净利率；④年末权益乘数。

（2）计算公司 2023 年度的下列指标：

①应收账款周转期；②经营周期；③现金周转期。

（3）计算公司 2024 年度的下列指标：

①利润留存额；②外部融资需求量（基于销售百分比法）。

（4）计算下列资本成本率：

①发行债券的资本成本率（按一般模式计算）；②发行普通股的资本成本率。

（5）计算 2024 年拟追加筹资的平均资本成本率。

2023年全国中级会计资格考试
《财务管理》检测卷

一、单选题

（本类题共20小题，每小题1.5分，共30分。每小题备选答案中，只有一个符合题意的正确答案。错选、不选均不得分。）

1. 下列各项中，不属于担保贷款类型的是（　　）。
   A. 保证贷款　　　B. 信用贷款　　　C. 抵押贷款　　　D. 质押贷款

2. 某企业2022年资本总额为150万元，权益资本占60%，负债平均利率为10%，当前息税前利润为14万元，预计2023年息税前利润为16.8万元，则2023年的每股收益增长率为（　　）。
   A. 20%　　　B. 56%　　　C. 35%　　　D. 60%

3. A企业基期息税前利润为500万元，基期固定经营成本为300万元，则经营杠杆系数为（　　）。
   A. 2　　　B. 1.5　　　C. 1.6　　　D. 0.6

4. 某公司现有发行在外的普通股1 000 000股，每股面额1元，资本公积为3 000 000元，未分配利润为8 000 000元，股票市价为20元；若按10%的比例发放股票股利，并按面值折算，则公司未分配利润的报表列示金额为（　　）元。
   A. 6 000 000　　　B. 8 100 000　　　C. 7 900 000　　　D. 4 000 000

5. 根据经济订货基本模型，下列各项中，与计算经济订货批量无关的因素是（　　）。
   A. 存货年需要量　　　B. 缺货成本　　　C. 单位变动储存成本　　　D. 单位订货变动成本

6. 下列企业财务管理目标中，没有考虑风险问题的是（　　）。
   A. 企业价值最大化　　　B. 股东财富最大化　　　C. 利润最大化　　　D. 相关者利益最大化

7. 下列各项中，不属于商业信用筹资方式的是（　　）。
   A. 预收货款　　　B. 预付货款　　　C. 应付账款　　　D. 应付票据

8. 某公司普通股的β系数为1.2，市场组合收益率为12%，无风险收益率为4%，依据资本资产定价模型，该普通股的资本成本率为（　　）。
   A. 14.4%　　　B. 9.6%　　　C. 13.6%　　　D. 12.8%

9. 根据债券估值基本模型，下列表述错误的是（　　）。
   A. 债券票面利率越大，债券价值越大
   B. 债券面值越大，债券价值越大
   C. 只有溢价债券或折价债券，才会产生不同期限下债券价值有所不同的现象
   D. 折现率越大，债券价值越大

10. 根据成本性态分析，下列各项成本属于约束性固定成本的是（ ）。
    A. 广告费　　　　　　B. 职工培训费　　　　C. 专家咨询费　　　　D. 厂房租赁费

11. 某企业溢价发行优先股，每股面值为100元，溢价率为10%，规定的股息率为8%，筹资费用为发行价的2%，则优先股的资本成本率为（ ）。
    A. 8.16%　　　　　　B. 8%　　　　　　　　C. 7.42%　　　　　　D. 8.89%

12. 某企业生产销售X产品，产销平衡，单价为30元/件，单位变动成本为18元/件，固定成本为6 000万元，X产品销售量为800万件，则安全边际率为（ ）。
    A. 40%　　　　　　　B. 60%　　　　　　　C. 37.5%　　　　　　D. 62.5%

13. 本量利分析中，关于指标之间的数量关系，下列表述错误的是（ ）。
    A. 单位边际贡献 = 单价－单位变动成本　　　B. 盈亏平衡作业率 + 安全边际率 = 1
    C. 边际贡献率 + 变动成本率 = 1　　　　　　D. 销售利润率 = 安全边际率 × 边际贡献

14. 某利润中心本期销售收入为100万元，变动成本为46万元，该中心负责人可控固定成本为15万元，不可控但应由中心负担的固定成本为12万元，则可控边际贡献为（ ）万元。
    A. 54　　　　　　　　B. 61　　　　　　　　C. 39　　　　　　　　D. 27

15. 编制直接材料预算时，与计算本期直接材料采购量无关的是（ ）。
    A. 本期生产需用量　　　　　　　　　　　　B. 上期生产需用量
    C. 本期期初材料存量　　　　　　　　　　　D. 本期期末材料存量

16. 资本成本包括筹资费用与用资费用，下列属于用资费用的是（ ）。
    A. 发行债券支付的宣传费　　　　　　　　　B. 向银行支付的借款手续费
    C. 发行股票支付的承销费　　　　　　　　　D. 向股东支付的股利

17. 某项修理费是混合成本，经分解，每月的固定成本是18 000元，修理工时和变动成本成正比例。2023年5月份的修理工时是60小时，修理费是33 000元。预计6月份的修理工时是70小时，则6月份的修理费是（ ）元。
    A. 35 500　　　　　　B. 51 000　　　　　　C. 58 500　　　　　　D. 38 500

18. 甲公司有X、Y两个项目，X项目的期望收益率是10%，收益率的标准差是5%；Y项目的期望收益率是15%，收益率的标准差是5%。下列表述正确的是（ ）。
    A. X项目的风险高于Y项目的风险　　　　　　B. 无法比较两个项目的风险
    C. X项目的风险等于Y项目的风险　　　　　　D. X项目的风险小于Y项目的风险

19. 与普通合伙企业相比，下列各项中，属于股份有限公司缺点的是（ ）。
    A. 筹资渠道少　　　　　　　　　　　　　　B. 承担无限责任
    C. 企业组建成本高　　　　　　　　　　　　D. 所有权转移较困难

20. 已知（P/A, 8%, 5）=3.992 7，（P/A, 8%, 6）=4.622 9，（P/A, 8%, 7）=5.206 4，则6年期、折现率为8%的预付年金现值系数是（ ）。
    A. 2.992 7　　　　　　B. 4.206 4　　　　　　C. 4.992 7　　　　　　D. 5.622 9

二、多选题

（本类题共10小题，每小题2分，共20分。每小题备选答案中，有两个或两个以上符合题意的正确答案。请至少选择两个答案，全部选对得满分，少选得相应分值，多选、错选、不选均不得分。）

1. 相对于股权筹资，下列各项中属于债务筹资优点的有（　　）。
   A. 可以利用财务杠杆
   B. 资本成本较低
   C. 形成稳定的资本基础
   D. 财务风险较低

2. 基于本量利分析模型，下列各项中，在其他条件不变的情况下，引起盈亏平衡点上升的有（　　）。
   A. 单价下降
   B. 单位变动成本上升
   C. 固定成本总额上升
   D. 销售量下降

3. 某递延年金从第4年开始，连续5年每年年末收到现金100万元，假设年利率为10%，下列各项中能正确计算出该递延年金现值的有（　　）。
   A. $100 \times [(P/A, 10\%, 8) - (P/A, 10\%, 4)]$
   B. $100 \times [(P/A, 10\%, 8) - (P/A, 10\%, 3)]$
   C. $100 \times [(P/A, 10\%, 5) \times (P/A, 10\%, 3)]$
   D. $100 \times [(P/A, 10\%, 5) \times (P/F, 10\%, 3)]$

4. 下列各项中，属于本量利分析基本假设的有（　　）。
   A. 产品产销结构稳定
   B. 产销平衡
   C. 销售收入与业务量呈完全线性关系
   D. 全部成本被区分为变动成本和固定成本

5. 下列各项中，属于上市公司大股东侵占中小股东利益的行为有（　　）。
   A. 大股东利用关联方交易转移上市公司的资产
   B. 上市公司为大股东的债务提供担保
   C. 上市公司销售有严重质量问题的产品
   D. 大股东非法占用上市公司巨额资金

6. 使用成本分析模型确定目标现金余额时，下列表述正确的有（　　）。
   A. 一般将管理成本视为固定成本
   B. 交易成本与现金持有量负相关
   C. 机会成本与现金持有量负相关
   D. 短缺成本与现金持有量负相关

7. 某公司有X、Y两个投资中心，本期息税前利润分别为108 000元、90 000元，平均经营资产分别为900 000元、600 000元，该公司股东权益的资本成本率为10%，公司整体的预期最低投资收益率为8%，下列表述正确的有（　　）。
   A. X中心的投资收益率为12%
   B. Y中心的剩余收益为30 000元
   C. Y中心的投资收益率为15%
   D. X中心的剩余收益为36 000元

8. 在标准成本差异分析中，下列成本差异属于用量差异的有（　　）。
   A. 变动制造费用效率差异
   B. 直接材料价格差异
   C. 直接人工效率差异
   D. 变动制造费用耗费差异

9. 某项目的建设期为1年，营业期为10年，资本成本率为12%，现值指数>1，下列说法中正确的有（　　）。
   A. 内含收益率>12%
   B. 年金净流量>原始投资额
   C. 净现值>0
   D. 静态回收期<11年

10. 基于作业成本法，判定一项作业为增值作业须同时满足的条件有（　　）。
    A. 该作业为重复作业
    B. 该作业使其他作业得以运行
    C. 该作业导致状态的改变
    D. 该作业导致的状态的变化不能由其他作业来完成

三、判断题

（本类题共 10 小题，每小题 1 分，共 10 分。请判断每小题的表述是否正确。每小题答题正确的得 1 分，错答、不答均不得分，也不扣分。）

1. 纯利率是指在无通货膨胀、无风险情况下资金市场的平均利率。（　　）

2. 在期数不变的情况下，复利终值系数随利率的变动而反向变动。（　　）

3. 当公司债券折价发行时，债券的内部收益率将低于票面利率。（　　）

4. 在标准成本差异分析中，直接材料数量差异是指由实际消耗量脱离标准消耗量所形成的成本差异。（　　）

5. 某公司发行永续债，如果没有规定明确的还本期限，则属于股权筹资方式。（　　）

6. 企业发行股票、发行债券均属于直接筹资方式。（　　）

7. 利息保障倍数反映支付利息的利润来源与利息支出之间的关系，该比率越高，一般表明企业长期偿债能力越强。（　　）

8. 使用销售百分比法预测资金需求量时，要求资产负债表中所有资产和负债项目均与销售额之间存在稳定的比例关系。（　　）

9. 在经济订货扩展模型中，若某材料的保险储备为 100 千克，每千克材料的储存成本为 2 元，则保险储备的储存成本为 100 元。（　　）

10. 总资产增长率是企业本年资产增长额与年初资产总额的比率，反映企业本期资产规模的增长情况。（　　）

四、计算分析题

（本类题共 3 小题，共 15 分。凡要求计算的，可不列出计算过程；计算结果出现两位以上小数的，均四舍五入保留小数点后两位小数，百分比指标保留百分号前两位小数。）

1. 甲公司生产销售某产品，产销平衡。2022 年销售量为 250 万件，产品单价为 20 元/件，单位变动成本为 12 元/件，固定成本总额为 1 000 万元，利息费用为 200 万元，预计 2023 年销售量增长 10%。产品单价、单位变动成本及固定成本总额保持不变。
   要求：
   （1）计算 2022 年的息税前利润。
   （2）以 2022 年为基期，计算如下指标：

①经营杠杆系数；②财务杠杆系数；③总杠杆系数。

（3）计算 2023 年的预计息税前利润增长率。

2. 甲公司于 2021 年年初买入两种股票，相关资料如下：

（1）购买并长期持有 X 公司股票，购买价格为每股 25 元。X 公司未来每年年末派发的现金股利均为 2 元/股。

（2）购买并暂时持有 Y 公司股票，购买价格为每股 22.2 元。Y 公司 2021 年年末派发现金股利 1.72 元/股，2022 年年末派发现金股利 2.5 元/股，甲公司于 2023 年年初以每股 27 元的价格出售 Y 公司股票。经测算，甲公司对 Y 公司股票投资的内部收益率介于 19% 与 20% 之间。

要求：

（1）计算对 X 公司股票投资的内部收益率。

（2）分别以 19% 和 20% 作为折现率，计算对 Y 公司股票投资的净现值，并采用插值法计算对 Y 公司股票投资的内部收益率。

3. 甲公司生产销售 A 产品，产销平衡。2023 年度相关资料如下：

（1）A 产品年设计生产能力为 15 000 件，2023 年计划生产 12 000 件，预计单位变动成本为 199.5 元/件，固定成本总额为 684 000 元。A 产品的消费税税率为 5%。

（2）公司接到一个额外订单，订购 A 产品 2 000 件，客户报价为 290 元/件。

要求：

（1）不考虑额外订单，若公司要求的成本利润率为 20%，运用全部成本费用加成定价法计算计划内 A 产品的单价。

（2）不考虑额外订单，若公司要求至少达到盈亏平衡，运用保本点定价法计算计划内 A 产品的最低销售单价。

（3）对于额外订单，公司要求其利润达到 A 产品变动成本的 25%，运用变动成本加成定价法计算计划外 A 产品的单价。判断公司是否应接受这一额外订单，并说明理由。

五、综合题

（本类题共 2 小题，共 25 分。凡要求计算的，可不列出计算过程；计算结果出现两位以上小数的，均四舍五入保留小数点后两位小数，百分比指标保留百分号前两位小数。）

1. 甲公司是一家上市公司，全部股东权益均归属于普通股股东。相关资料如下：

（1）2022 年年初公司发行在外的普通股股数为 8 000 万股（每股面值 1 元）。2022 年 3 月 31 日分配 2021 年度的利润，分配政策为向全体股东每 10 股送红股 2 股，每股股利按面值计算。送股前公司的股本为 8 000 万元，未分配利润为 16 000 万元。

2022 年 6 月 30 日公司增发普通股 1 000 万股。除上述事项外，2022 年度公司没有其他股份变动。

（2）2022 年年初公司的股东权益为 50 000 万元，本年营业收入为 200 000 万元，净利润为 10 000 万元，年末资产负债表（简表）如下表所示（单位：万元）：

资产	年末余额	负债和股东权益	年末余额
货币资金	4 000	流动负债合计	20 000
应收账款	16 000	非流动负债合计	20 000
存货	10 000	负债合计	40 000
流动资产合计	30 000	股东权益合计	60 000
非流动资产合计	70 000	—	—
资产总计	100 000	负债和股东权益总计	100 000

（3）2023年1月31日，公司按1：2的比例进行股票分割，分割前公司的股本为10 600万元。

要求：

（1）①计算2022年3月31日送股后公司的股本和未分配利润；

②计算2022年12月31日公司发行在外的普通股股数。

（2）计算2022年年末公司的如下指标：

①流动比率；②权益乘数。

（3）计算2022年度公司的如下指标：

①营业净利率；②净资产收益率；③基本每股收益。

（4）计算2023年1月31日股票分割后的如下指标：

①每股面值；②公司发行在外的普通股股数；③股本。

2. 甲公司是一家上市公司，企业所得税税率为25%，相关资料如下：

（1）2022年年末公司资本结构如下：债务资本的市场价值为16 000万元，资本成本率为6%，普通股的市场价值为20 000万元（每股价格为5元，股数为4 000万股）。2022年公司的现金股利为每股0.2元（D_0），预期每年股利增长率为10%。

（2）为应对市场需求的不断上涨，2023年年初公司拟购置新的生产线，有A、B两种投资方案可供选择，公司对新生产线要求的最低投资收益率为12%。

A方案：生产线购置成本为7 000万元，于购入时一次性支付，生产线购入后可立即投入使用，预计可使用5年，按直线法计提折旧，预计净残值为700万元，会计处理与税法对该生产线使用年限、折旧方法以及净残值的规定一致。生产线投产时需垫支营运资金1 000万元，运营期满时全部收回，投产后每年新增营业收入12 000万元，每年新增付现成本8 000万元。

B方案：生产线购置成本为10 000万元，预计可使用8年，经测算，B方案的年金净流量为1 204.56万元。

（3）公司购置生产线所需资金中有6 000万元需从外部筹措。有以下两种方案：

方案一：增发普通股，发行价格为4.8元/股。

方案二：平价发行债券，债券年利率为9%，每年年末付息一次，到期一次还本。不考虑筹资费用。

筹资前公司年利息费用为1 280万元。筹资后预计年息税前利润为4 500万元。

有关货币时间价值系数为（P/F, 12%, 5）=0.567 4，（P/A, 12%, 4）=3.037 3，（P/A, 12%, 5）= 3.604 8。

要求：

（1）计算 2022 年年末公司的如下指标：

①普通股资本成本率；②加权平均资本成本率（按市场价值权数计算）。

（2）计算 A 方案的如下指标：

①第 0 年现金净流量；②第 1 年现金净流量；③第 5 年现金净流量；④净现值。

（3）计算 A 方案的年金净流量，据此判断公司应选择哪种方案，并说明理由。

（4）计算筹资方案一和筹资方案二的每股收益无差别点（以息税前利润表示）及每股收益无差别点的每股收益，据此判断应选择哪种筹资方案。

2022 年全国中级会计资格考试
《财务管理》检测卷

一、单选题

（本类题共 20 小题，每小题 1.5 分，共 30 分。每小题备选答案中，只有一个符合题意的正确答案。错选、不选均不得分。）

1. 关于公司债券的提前偿还条款，下列表述正确的是（　　）。
   A. 提前偿还条款降低了公司筹资的灵活性
   B. 提前偿还所支付的价格通常随着到期日的临近而上升
   C. 提前偿还所支付的价格通常低于债券面值
   D. 当预测利率下降时，公司可提前赎回债券而后以较低的利率发行新债券

2. 关于企业财务管理体制的模式选择，下列说法错误的是（　　）。
   A. 若企业处于初创阶段，经营风险高，则更适合采用分权型财务管理体制
   B. 若企业管理者的素质高、能力强，则可以采用集权型财务管理体制
   C. 若企业面临的环境是稳定的，对生产经营的影响不显著，则更适合采用集权型财务管理体制
   D. 若企业规模小，财务管理工作量少，则更适合采用集权型财务管理体制

3. 某公司全年应收账款平均余额为 360 万元，平均日赊销额为 10 万元，信用条件为在 30 天内按全额付清款项，则该公司应收账款的平均逾期天数为（　　）天。
   A. 0　　　　　　　B. 6　　　　　　　C. 30　　　　　　　D. 36

4. 资本成本包括筹资费用和用资费用两个部分，下列各项中，属于用资费用的是（　　）。
   A. 借款手续费　　　B. 借款利息费　　　C. 信贷公证费　　　D. 股票发行费

5. 下列股利政策中，最能体现"多盈多分、少盈少分、无盈不分"的股利分配原则的是（　　）。
   A. 固定或稳定增长的股利政策　　　　B. 固定股利支付率政策
   C. 低正常股利加额外股利政策　　　　D. 剩余股利政策

6. 下列各项中，不属于公司制企业缺点的是（　　）。
   A. 导致双重课税　　　　　　　　　　B. 组建公司的成本高
   C. 存在代理问题　　　　　　　　　　D. 股东须承担无限连带责任

7. 在项目投资决策中，下列关于年金净流量法的表述错误的是（　　）。
   A. 年金净流量等于投资项目的现金净流量总现值除以年金现值系数
   B. 年金净流量大于 0 时，单一投资方案可行
   C. 年金净流量法适用于期限不同的投资方案决策
   D. 当各投资方案寿命期不同时，年金净流量法与净现值法的决策结果是一样的

8. 某产品单价为60元,单位变动成本为20元,固定成本总额为50 000元,假设目标利润为10 000元,则实现目标利润的销售量为(　　)件。

A. 1 250　　　　　B. 2 000　　　　　C. 3 000　　　　　D. 1 500

9. 某投资组合由A、B两种股票构成,权重分别为40%、60%,两种股票的期望收益率分别为10%、15%,两种股票收益率的相关系数为0.7,则该投资组合的期望收益率为(　　)。

A. 12.5%　　　　　B. 9.1%　　　　　C. 13%　　　　　D. 17.5%

10. 下列各项中,影响财务杠杆系数而不影响经营杠杆系数的是(　　)。

A. 产销量　　　　B. 固定利息费用　　　　C. 销售单价　　　　D. 固定经营成本

11. 预算编制方法按其业务量基础的数量特征不同,可以分为(　　)。

A. 定期预算法与滚动预算法　　　　B. 增量预算法与零基预算法
C. 固定预算法与弹性预算法　　　　D. 增量预算法与定期预算法

12. 下列各项中,不属于获取现金能力分析指标的是(　　)。

A. 全部资产现金回收率　　　　B. 现金比率
C. 营业现金比率　　　　　　　D. 每股营业现金净流量

13. 与现值指数相比,净现值作为投资项目评价指标的缺点是(　　)。

A. 不能对寿命期相等的互斥投资方案作比较
B. 未考虑项目投资风险
C. 不便于对原始投资额现值不同的独立投资方案作比较
D. 未考虑货币时间价值

14. 基于经济订货扩展模型进行存货管理,若每批订货数为600件,每日送货量为30件,每日耗用量为10件,则进货期内平均库存量为(　　)件。

A. 400　　　　　B. 300　　　　　C. 200　　　　　D. 290

15. 甲、乙两个投资项目的期望收益率分别为10%、14%,收益率标准差均为3.2%,则下列说法正确的是(　　)。

A. 乙项目的风险高于甲项目　　　　B. 无法判断两者风险的高低
C. 甲项目的风险高于乙项目　　　　D. 甲项目的风险与乙项目相等

16. 某可转换债券面值为100元,转换价格为20元/股,当前标的股票的市价为25元/股,则该可转换债券的转换比率为(　　)。

A. 5　　　　　B. 1.25　　　　　C. 0.8　　　　　D. 4

17. 企业可以将某些资产作为质押品向银行申请质押贷款,下列各项中,不可以作为质押品的是(　　)。

A. 依法可以转让的股票　　　　B. 依法可以转让的商标专用权
C. 依法可以转让的厂房　　　　D. 依法可以转让的债券

18. 在对某投资方案进行分析时发现:当折现率为8%时,净现值为25万元;当折现率为10%时,净现值为8万元;当折现率为12%时,净现值为-12万元。若该投资方案只存在一个内含收益率,则其内含收益率的数值区间为（ ）。

　　A. 介于10%与12%之间　　　　　　B. 大于12%

　　C. 小于8%　　　　　　　　　　　　D. 介于8%与10%之间

19. 下列财务决策方法中，能用于资本结构优化决策，且考虑了风险因素的是（ ）。

　　A. 公司价值分析法　　　　　　　　B. 平均资本成本比较法

　　C. 每股收益分析法　　　　　　　　D. 内含收益率法

20. 某投资者从现在开始存入第一笔款项，随后每年存款一次，共存款10次，每次存款额相等，利率为6%，采用复利计息，该投资者期望在10年后一次性取得100万元，则其每次存款金额的计算式为（ ）。

　　A. 100/（F/A，6%，10）　　　　　B. 100/（F/P，6%，10）

　　C. 100/[（F/A，6%，10）×（1+6%）]　　D. 100/[（F/P，6%，10）×（1+6%）]

二、多选题

（本类题共10小题，每小题2分，共20分。每小题备选答案中，有两个或两个以上符合题意的正确答案。请至少选择两个答案，全部选对得满分，少选得相应分值，多选、错选、不选均不得分。）

1. 按照资金变动与一定范围内产销量变动之间的依存关系，可以把资金区分为不变资金、变动资金和半变动资金，下列说法正确的有（ ）。

　　A. 原材料的保险储备所占用的资金属于不变资金

　　B. 与产销量变化不呈同比例变动的辅助材料占用的资金属于半变动资金

　　C. 直接构成产品实体的原材料所占用的资金属于变动资金

　　D. 最低储备以外的存货所占用的资金属于半变动资金

2. 关于债券和优先股的共同特点，下列表述正确的有（ ）。

　　A. 优先股股息和债券利息都属于公司的法定债务

　　B. 在分配剩余财产时，优先股股东和债权人的清偿顺序都优先于普通股股东

　　C. 优先股股息和债券利息都会产生所得税抵税效应

　　D. 都不会影响普通股股东对公司的控制权

3. 下列各项中，属于总预算内容的有（ ）。

　　A. 管理费用预算　　　　　　　　　B. 预计利润表

　　C. 生产预算　　　　　　　　　　　D. 资金预算

4. 公司股票上市给公司带来的不利影响有（ ）。

　　A. 公司价值不易确定　　　　　　　B. 商业机密容易暴露

　　C. 信息披露成本较高　　　　　　　D. 财务风险增加

5. 下列各项中，会影响投资项目内含收益率计算结果的有（ ）。

　　A. 必要收益率　　　　　　　　　　B. 原始投资额现值

　　C. 项目的使用年限　　　　　　　　D. 项目建设期的长短

6. 下列各项中，通常以生产预算为基础编制的预算有（　　）。
   A. 变动制造费用预算　　　　　　　　B. 直接人工预算
   C. 销售预算　　　　　　　　　　　　D. 直接材料预算

7. 与发行普通股筹资相比，下列各项中，属于留存收益筹资特点的有（　　）。
   A. 不会发生筹资费用　　　　　　　　B. 筹资金额相对有限
   C. 分散公司的控制权　　　　　　　　D. 资本成本相对较低

8. 与银行借款相比，发行公司债券筹资的特点有（　　）。
   A. 单次筹资数额较大　　　　　　　　B. 资本成本较低
   C. 降低公司财务杠杆水平　　　　　　D. 筹集资金的使用具有相对的自主性

9. 关于应收账款保理的作用，下列表述正确的有（　　）。
   A. 增强企业资产的流动性　　　　　　B. 降低企业的经营风险
   C. 优化企业的股权结构　　　　　　　D. 减轻企业应收账款的管理负担

10. 某公司采用弹性预算法编制制造费用预算，制造费用与工时密切相关。若业务量为500工时，制造费用预算为18 000元；若业务量为300工时，制造费用预算为15 000元。下列说法中，正确的有（　　）。
    A. 若业务量为0，则制造费用为0
    B. 若业务量为320工时，则制造费用为15 300元
    C. 制造费用中固定部分为10 500元
    D. 单位变动制造费用预算为15元/工时

三、判断题

（本类题共10小题，每小题1分，共10分。请判断每小题的表述是否正确。每小题答题正确的得1分，错答、不答均不得分，也不扣分。）

1. 优先股股东在股东大会上没有表决权，但在重大经营管理决策上与普通股股东具有同样的权利。（　　）

2. 在计算稀释每股收益时，当认股权证的行权价格低于当期普通股平均市场价格，应当考虑稀释性。（　　）

3. 认股权证本质上是一种股票期权，公司可通过发行认股权证实现融资和股票期权激励的双重功能。（　　）

4. 如果某上市公司不存在控股股东，则该公司不存在股东与债权人之间的利益冲突。（　　）

5. 纯利率是指在没有通货膨胀、无风险情况下资金市场的最低利率。（　　）

6. 在企业预算体系中，预计利润表的编制先于预计资产负债表，并且是编制预计资产负债表的依据之一。（　　）

7. 总杠杆系数反映了经营杠杆和财务杠杆之间的关系，在维持一定的总杠杆系数的情形下，经营杠杆系数和财务杠杆系数可以有不同的组合。（　　）

8. 非公开定向债务融资工具是指具有法人资格的非金融企业，向银行间市场特定机构投资人发行债务融资工具取得资金的一种筹资方式。（　　）

9. 当两个投资方案的期望值不相等时，可以用标准差比较这两个投资方案的风险程度。（　　）

10. 在企业预算体系中，产品成本预算是编制销售及管理费用预算的基础。（　　）

四、计算分析题

（本类题共3小题，共15分。凡要求计算的，可不列出计算过程；计算结果出现两位以上小数的，均四舍五入保留小数点后两位小数，百分比指标保留百分号前两位小数。）

1. 甲公司目前有债务资金3 000万元，年利息费用为180万元，普通股股数为1 000万股，公司拟于下一年追加筹资4 000万元，以扩大生产销售规模。现有如下两种筹资方案可供选择：

   A方案：增发普通股500万股，每股发行价8元。

   B方案：向银行取得长期借款4 000万元，年利率为8%。

   假定追加筹资后，预计年销售额为8 000万元，变动成本率为40%，固定成本总额为2 000万元，甲公司适用的企业所得税税率为25%，不考虑筹资费用。

   要求：

   （1）计算追加筹资后的年息税前利润。

   （2）分别计算采用A方案和B方案的每股收益。

   （3）计算两种筹资方案的每股收益无差别点，并判断甲公司应选择哪种筹资方案。

2. 甲公司生产需用某种零件，全年需求量为3 600件，一年按360天计算，该零件的采购单价为100元/件，每次订货的变动成本为100元。该零件从发出订单至到货需要3天，变动仓储保管费为2元/件，储存中的单件破损成本为采购单价的0.5%。假设存货占用资金用于等风险投资的最低收益率为10%。

   要求：

   （1）计算单位零件占用资金的年应计利息。

   （2）计算该零件的单位变动储存成本。

   （3）根据经济订货基本模型，计算该零件的经济订货批量及最佳订货次数。

   （4）计算该零件的再订货点。

3. 甲公司下设A投资中心，该投资中心目前的投资收益率为17%，剩余收益为300万元。A投资中心面临一个投资额为1 500万元的投资机会，若实施该投资，预计A投资中心会增加利润225万元，假定甲公司整体的预期最低投资收益率为11%。

   要求：

   （1）计算实施该投资后A投资中心的投资收益率。若甲公司用投资收益率指标考核A投资中心业绩，判断A投资中心是否应当实施该投资。

   （2）计算实施该投资后A投资中心的剩余收益。若甲公司用剩余收益指标考核A投资中心业绩，判断A投资中心是否应当实施该投资。

   （3）从公司整体利益角度，判断甲公司应以哪个指标对A投资中心的业绩进行评价。

五、综合题

（本类题共2小题，共25分。凡要求计算的，可不列出计算过程；计算结果出现两位以上小数的，均四舍五入保留小数点后两位小数，百分比指标保留百分号前两位小数。）

1. 甲公司为上市公司，适用的企业所得税税率为25%。相关资料如下：

（1）甲公司2020年年末的普通股股数为6 000万股。2021年3月31日，经公司股东大会决议，以2020年年末公司普通股股数为基础，向全体股东每10股送红股2股，2021年9月30日增发普通股300万股。除以上情况外，甲公司2021年度没有其他股份变动事宜。

（2）甲公司2021年平均资产总额为80 000万元，平均负债总额为20 000万元，净利润为12 000万元，甲公司2021年度股利支付率为50%，并假设在2021年年末股利以现金形式分配给股东。

（3）2022年年初某投资者拟购买甲公司股票，甲公司股票的市场价格为10元/股，预计未来两年的每股股利均为1元，第三年起每年的股利增长率保持6%不变，甲公司β系数为1.5，当前无风险收益率为4%，市场组合收益率为12%，公司采用资本资产定价模型计算资本成本率，也即投资者要求达到的必要收益率。

（4）复利现值系数表如下：

期数（n）	14%	16%	18%	20%
1	0.877 2	0.862 1	0.847 5	0.833 3
2	0.769 5	0.743 2	0.718 2	0.694 4
3	0.675 0	0.640 7	0.608 6	0.578 7

要求：

（1）计算甲公司的如下指标：

① 2021年净资产收益率；② 2021年支付的现金股利。

（2）计算甲公司的如下指标：

① 2021年基本每股收益；② 2021年每股股利。

（3）基于资本资产定价模型，计算2022年年初的如下指标：

① 市场组合的风险收益率；② 甲公司股票的资本成本率；③ 甲公司股票的每股价值，并判断投资者是否应该购买甲公司股票。

2. 甲公司是一家制造企业，企业所得税税率为25%，公司计划购置一条生产线，用于生产一种新产品，现有A、B两个互斥投资方案可供选择，有关资料如下：

（1）A方案需要一次性投资2 000万元，建设期为0，该生产线可以用4年，按直线法计提折旧，预计净残值为0，折旧政策与税法保持一致。生产线投产后每年可获得营业收入1 500万元，每年付现成本为330万元，假定付现成本均为变动成本，固定成本仅包括生产线折旧费。在投产期初需垫支营运资金300万元，项目期满时一次性收回。在需要计算方案的利润或现金流量时，不考虑利息费用及其对所得税的影响。

（2）B方案需要一次性投资3 000万元，建设期为0，该生产线可以用5年，按直线法计提折旧，预计净残值为120万元，折旧政策与税法保持一致。生产线投产后每年可获得营业收入1 800万元，第一年支付设备维修费400万元，以后随着设备老化，设备维修费将逐年递增20万元。在投产期初需垫支营运资金400万元，项目期满时一次性收回。在需要计算方案的利润或现金流量时，不考虑利息费用及其对所得税的影响。

（3）甲公司要求的最低投资收益率为10%，有关货币时间价值系数如下：（P/F，10%，1）=0.909 1，

（P/F，10%，2）=0.826 4，（P/F，10%，3）=0.751 3，（P/F，10%，4）=0.683 0，（P/F，10%，5）=0.620 9，（P/A，10%，4）=3.169 9，（P/A，10%，5）=3.790 8。

（4）对于投资所需资金，其中有一部分计划通过长期借款予以筹集，借款年利率为6%，每年付息一次，到期一次还本，借款手续费率为0.3%。

要求：

（1）计算A方案的下列指标：

①边际贡献率；②盈亏平衡点销售额。

（2）计算A方案的下列指标：

①静态回收期；②现值指数。

（3）计算B方案的下列指标：

①第1—4年的营业现金净流量；②第5年的现金净流量；③净现值。

（4）计算A方案和B方案的年金净流量，并判断甲公司应选择哪个方案。

（5）计算银行借款的资本成本率（不考虑货币时间价值）。

《财务管理》金题密押卷

一、单选题

（本类题共20小题，每小题1.5分，共30分。每小题备选答案中，只有一个符合题意的正确答案。错选、不选均不得分。）

1. 某企业2023年的营业净利率为19.03%，净资产收益率为11.76%，总资产周转率为30.89%，则该企业2023年的资产负债率为（　　）。

   A. 38.20%　　　　B. 61.93%　　　　C. 50.00%　　　　D. 69.90%

2. 某企业采用"营业收入"计算出来的存货周转次数为5次，采用"营业成本"计算出来的存货周转次数为4次。如果已知该企业的营业毛利为2 000万元，净利润为1 000万元，则该企业的营业净利率为（　　）。

   A. 0.2　　　　　B. 0.1　　　　　C. 0.05　　　　　D. 0.08

3. 下列关于股票回购的说法中，不正确的是（　　）。

   A. 股票回购可以降低财务杠杆　　　　　　B. 股票回购可以调节所有权结构
   C. 股票回购能向市场传递股价被低估的信号　D. 股票回购可以避免股利波动带来的负面影响

4. 下列关于采用股票股利方式支付股利的表述中，不正确的是（　　）。

   A. 发放股票股利不会引起股东权益总额变动
   B. 发放股票股利会增加公司的股票数量，但不会改变股票面值
   C. 发放股票股利会因为股票数量的增加而降低股票的每股价值
   D. 发放股票股利会增加股东的财富，增加公司的价值

5. 甲公司是一家家电制造企业，下设M事业部为利润中心，7月份销售收入为2 500万元，变动成本为1 200万元，部门可控固定成本为400万元，不可控固定成本为200万元，甲公司分配给M事业部的管理费用为100万元。评价M事业部经理业绩的部门可控边际贡献的金额是（　　）万元。

   A. 1 200　　　　B. 1 300　　　　C. 800　　　　　D. 900

6. 甲公司生产销售一种产品，单价为50元/件，变动成本率为60%，每年固定成本为300万元。要实现目标利润120万元，不考虑企业所得税，则实现目标利润的销售量是（　　）万件。

   A. 12　　　　　B. 21　　　　　C. 28　　　　　D. 18

7. 根据本量利分析原理，若其他条件不变，下列各项中不会降低盈亏平衡点的销售额的是（　　）。

   A. 提高单价　　　　　　　　　　B. 降低销售额
   C. 降低单位变动成本　　　　　　D. 降低固定成本

8. 甲公司某零件年需要量为 18 000 件,每次订货成本为 20 元,单位储存成本为 0.5 元/件。按照经济订货量进货,下列计算结果中错误的是( )。
   A. 总订货成本为 300 元　　　　　　B. 年订货次数为 15 次
   C. 与进货批量有关的总成本为 900 元　　D. 经济订货量为 1 200 件

9. 甲公司采用随机模式管理现金。现金余额最低为 1 000 万元,现金返回线为 5 000 万元。当现金余额为 8 000 万元时,应采取的措施是( )。
   A. 不进行证券买卖　　　　　　　　B. 买入证券 3 000 万元
   C. 卖出证券 3 000 万元　　　　　　D. 卖出证券 5 000 万元

10. 同时出售甲股票的 1 股看涨期权和 1 股看跌期权,执行价格均为 50 元,到期日相同,看涨期权的价格为 5 元,看跌期权的价格为 4 元。如果到期日的股票价格为 48 元,该投资组合的净损益是( )元。
    A. 5　　　　　　B. 7　　　　　　C. 9　　　　　　D. 11

11. 甲项目需要在投资开始时一次性投入 300 万元固定资产投资,建设期为 2 年,项目建成时垫支营运资金 100 万元,项目投产后各年营业现金净流量依次为 120 万元、125 万元、133 万元、200 万元、300 万元。则该项目的静态回收期为( )年。
    A. 3.11　　　　B. 4.11　　　　C. 5.11　　　　D. 6.11

12. 某公司 2023 年年末敏感性资产为 2 600 万元,敏感性负债为 800 万元。2023 年度实现销售收入 5 000 万元,预计 2024 年度销售收入将提高 20%,销售净利率为 8%,利润留存率为 60%。基于销售百分比法预测,2024 年度该公司需从外部追加筹资额为( )万元。
    A. 312　　　　B. 160　　　　C. 93　　　　D. 72

13. 下列关于公开间接发行股票的表述中,不正确的是( )。
    A. 向社会公众发行　　　　　　　　B. 必须由证券中介经营机构承销发行
    C. 有利于提高公司知名度　　　　　D. 发行成本低

14. 承租人既是资产出售者又是资产使用者的租赁方式是( )。
    A. 杠杆租赁　　B. 直接租赁　　C. 售后回租　　D. 转租赁

15. 某企业正在编制第四季度的直接材料消耗与采购预算,预计直接材料的期初存量为 1 000 千克,本期生产消耗量为 3 500 千克,期末存量为 800 千克;材料采购单价为每千克 25 元,材料采购货款有 30% 当季付清,50% 在下季付清,剩余 20% 在下下季付清。该企业第四季度采购材料形成的"应付账款"金额预计为( )元。
    A. 16 500　　　B. 24 750　　　C. 57 750　　　D. 66 000

16. 下列预算编制方法中,不受现行预算的束缚,有助于保证各项预算开支合理性的是( )。
    A. 零基预算法　　B. 滚动预算法　　C. 弹性预算法　　D. 增量预算法

17. 正常工作时间,公司职工每个月可获得基本工资 3 000 元。在此基础上,当工作时间超过正常标准时,员工可以获得根据加班时间长短支付的额外薪酬,那么该公司职工的工资费用属于( )。
    A. 半固定成本　　B. 固定成本　　C. 半变动成本　　D. 延期变动成本

18. 某公司预计最近两年不发放股利，预计从第三年开始每年年末支付每股 0.5 元的股利，假设折现率为 10%，则该公司股利的现值为（　　）元。[已知（P/F，10%，1）=0.909 1，（P/F，10%，2）=0.826 4，（P/F，10%，3）=0.751 3]

   A. 5　　　　　　　　B. 4.55　　　　　　　　C. 4.13　　　　　　　　D. 3.76

19. 下列选项中，属于每股收益最大化目标与利润最大化目标相区别的特点是（　　）。

   A. 考虑了货币时间价值　　　　　　　　B. 考虑了投资的风险价值

   C. 避免了短期化行为　　　　　　　　　D. 反映了利润与投入资本的关系

20. 下列关于资本结构理论的说法中，不正确的是（　　）。

   A. MM 理论认为，有负债企业的股权成本随着负债程度的增大而减小

   B. 修正的 MM 理论认为企业价值会随着资产负债率的增加而增加

   C. 权衡理论认为，有负债企业的价值等于无负债企业价值加上税赋节约现值，再减去财务困境成本的现值

   D. 代理理论认为，债务筹资有很强的激励作用，并将债务视为一种担保机制

二、多选题

（本类题共 10 小题，每小题 2 分，共 20 分。每小题备选答案中，有两个或两个以上符合题意的正确答案。请至少选择两个答案，全部选对得满分，少选得相应分值，多选、错选、不选均不得分。）

1. 现金营运指数是收益质量分析的重要指标。一般而言，现金营运指数小于 1，可能的原因包括（　　）。

   A. 一部分收益尚未取得现金，停留在实物或债权形态

   B. 营运资金减少了

   C. 无息流动负债减少了

   D. 营运资金增加了

2. 某企业生产丁产品，设计生产能力为 2 000 件，计划生产 1 500 件，预计产品的单位变动成本为 210 元/件，计划期的固定成本费用总额为 60 000 元，该产品适用的消费税税率为 5%，成本利润率必须达到 20%。假定本年度接到一额外订单，订购 300 件丁产品，单价为 260 元/件，则下列结果中正确的有（　　）。

   A. 计划内丁产品单位价格为 315.79 元/件　　　　B. 追加生产 300 件丁产品增加的利润为 15 000 元/件

   C. 计划外丁产品单位价格为 265.26 元/件　　　　D. 该企业应接受这一额外订单

3. 下列各项中，能够造成变动制造费用耗费差异的有（　　）。

   A. 直接材料质量次，废品过多　　　　　　　B. 间接材料价格变化

   C. 间接人工工资调整　　　　　　　　　　　D. 间接人工的人数过多

4. 下列各项关于企业持有现金的说法中，体现交易性需求的有（　　）。

   A. 为了提高销售量，公司延长了信用期限而持有现金

   B. 供应商一般在"双十一"会提供较大折扣，因此企业准备足够现金以在当天购进材料

C. 受宏观环境的影响，预计某上市公司股价在一段时间后会出现大幅上涨。企业已备有资金，以便抓住这个获利机会

D. 企业为了应对突发性事件对生产经营的影响而持有现金

5. 下列关于现值指数的说法中，错误的有（　　）。

　A. 现值指数大于 1，则项目的投资收益率一定大于必要收益率

　B. 现值指数是净现值和投资额现值之比

　C. 现值指数不可以用来比较原始投资额现值不同的独立投资方案

　D. 净现值大于 0，现值指数必大于 1

6. 某公司目前的息税前利润为 500 万元，资本来源包括每股面值 1 元的普通股 600 万股和平均利率为 6% 的债务 6 000 万元。该公司现在拟投产一个新产品，该项目需要投资 2 400 万元，有两种备选的筹资方案：一是按 8% 的利率发行债券；二是按 4 元 / 股的价格增发普通股。公司适用的所得税税率为 25%。下列各项中正确的有（　　）。

　A. 增发普通股和债券筹资的每股收益无差别点的息税前利润为 744 万元

　B. 假设新产品带来 244 万元的新增息税前利润，应选择发行股票筹资

　C. 假设新产品带来 744 万元的新增息税前利润，两个方案无差别

　D. 假设新产品带来 800 万元的新增息税前利润，应选择发行债券筹资

7. 下列优先权中，属于优先股股东所享有的权利有（　　）。

　A. 公司管理权　　　　　　　　　　　B. 优先剩余财产分配权

　C. 优先认股权　　　　　　　　　　　D. 优先股利分配权

8. 某企业本月支付当月货款的 60%，支付上月货款的 30%，支付上上月货款的 10%，未支付的货款通过"应付账款"核算。已知 7 月货款为 20 万元，8 月货款为 25 万元，9 月货款为 30 万元，10 月货款为 50 万元，则下列说法中正确的有（　　）。

　A. 9 月支付货款 27.5 万元　　　　　B. 10 月初的应付账款为 14.5 万元

　C. 10 月末的应付账款为 23 万元　　　D. 10 月初的应付账款为 11.5 万元

9. 关于资本资产定价模型，下列说法中正确的有（　　）。

　A. 该模型解释了风险收益率的决定因素和度量方法

　B. β 系数代表了市场组合的系统性风险

　C. 该模型对任何公司、任何资产都是适用的

　D. 该模型只考虑了系统性风险

10. 下列关于两项证券资产的风险的表述中，正确的有（　　）。

　A. 期望值越大，风险程度越大

　B. 期望值越小，方差越小，风险程度越小

　C. 期望值不同的情况下，标准差率越大，风险程度越大

　D. 期望值相同的情况下，标准差越大，风险程度越大

三、判断题

（本类题共10小题，每小题1分，共10分。请判断每小题的表述是否正确。每小题答题正确的得1分，错答、不答均不得分，也不扣分。）

1. 代理理论认为，较多地派发现金股利可以在一定程度上抑制管理者过度地扩大投资或进行特权消费。（　）

2. 从作业成本管理的角度看，降低成本的途径中作业消除和作业减少是针对非增值作业而言的。（　）

3. 企业将资金投放于应收账款而放弃其他投资项目，就会丧失这些投资项目可能带来的收益，这属于应收账款的短缺成本。（　）

4. 一种10年期的债券，票面利率为10%；另一种5年期的债券，票面利率亦为10%。两种债券的其他方面没有区别，在市场利率急剧下降时，前一种债券价值上升得更多。（　）

5. 年金净流量法适用于原始投资额不同且项目寿命期不同的互斥方案的比较决策。（　）

6. 息税前利润大于0的情况下，只要有固定性经营成本存在，经营杠杆系数总是大于1。（　）

7. 如果企业筹资的目的是形成和更新企业的生产和经营能力，扩大企业的生产经营规模，或为对外投资筹集资金，通常应采用短期筹资方式。（　）

8. 财务管理部门应当监控、考核本单位的预算执行情况并向董事会报告，协调预算编制、预算调整及预算执行中的有关问题。（　）

9. 如果纯粹利率为3%，通货膨胀补偿率为2%，某证券投资项目的风险收益率为5%，则该证券投资项目的必要收益率为10%。（　）

10. 资本市场的主要特点是融资期限长、风险大、流动性强。（　）

四、计算分析题

（本类题共3小题，共15分。凡要求计算的，可不列出计算过程；计算结果出现两位以上小数的，均四舍五入保留小数点后两位小数，百分比指标保留百分号前两位小数。）

1. 甲公司生产A、B、C三种产品，预计固定成本总额为168 000元。这三种产品的单价、销售量和单位变动成本如下表所示：

项目	单价（元/千克）	单位变动成本（元/千克）	销售量（千克）
A产品	20	6	10 000
B产品	30	15	20 000
C产品	20	8	10 000

要求：
（1）计算A、B、C三种产品各自的边际贡献率。
（2）利用加权平均法计算综合盈亏平衡点销售额。
（3）利用联合单位法计算综合盈亏平衡点销售额。

（4）假设按照边际贡献率由高到低的顺序补偿固定成本，利用分算法计算C产品的盈亏平衡点销售额。

2. 甲企业计划利用一笔长期资金投资购买股票。现有M公司股票、N公司股票、L公司股票可供选择，甲企业只准备投资一家公司股票。

M公司股票现行市价为每股2.5元，上年每股股利为0.25元，预计以后每年以6%的增长率增长。

N公司股票现行市价为每股7元，上年每股股利为0.6元，股利分配政策将一贯坚持固定股利政策。

L公司股票现行市价为每股4元，上年每股股利为0.2元。预计该公司未来3年股利增长，第1年增长14%，第2年增长14%，第3年增长5%；第4年及以后将保持每年2%的固定增长率水平。

若无风险利率为4%，股票市场平均收益率为10%，M公司股票的β系数为2，N公司股票的β系数为1.5，L公司股票的β系数为1。

已知：$(P/F, 10\%, 1)=0.9091$，$(P/F, 10\%, 2)=0.8264$，$(P/F, 10\%, 3)=0.7513$。

要求：

（1）利用股票估价模型，分别计算M、N、L公司的股票价值。

（2）代甲企业作出股票投资决策。

3. 甲上市公司2023年7月1日按面值100元发行年利率为6%的可转换公司债券，面值总额为1 000万元，期限为5年，每年年末支付一次利息，发行结束1年后可以转换股票，转换价格为每股10元。2023年该公司归属于普通股股东的净利润为500万元，2023年发行在外的普通股加权平均数为1 000万股，债券利息不符合资本化条件，直接计入当期损益，所得税税率为25%。甲上市公司当前按面值发行的普通债券的票面利率为10%。

要求：

（1）计算可转换债券的转换比率。

（2）计算可转换债券相比普通债券在2023年可节约的利息。

（3）计算2023年基本每股收益。

（4）计算增量股的每股收益，判断该公司可转换债券是否具有稀释作用。

（5）若可转换债券具有稀释性，计算稀释每股收益。

五、综合题

（本类题共2小题，共25分。凡要求计算的，可不列出计算过程；计算结果出现两位以上小数的，均四舍五入保留小数点后两位小数，百分比指标保留百分号前两位小数。）

1. 甲公司是一家从事医疗器械生产和销售的企业，主要生产和销售A产品，公司基于市场发展开展财务规划，有关资料如下：

资料一：甲公司2023年12月31日资产负债及相关信息如下表所示：

甲公司资产负债及相关信息表（2023年12月31日）

资产	金额（万元）	负债与权益	金额（万元）
现金	10 000	短期借款	50 000
应收账款	30 000	应付账款	20 000
存货	60 000	长期借款	30 000
固定资产	60 000	股本	10 000
—	—	资本公积	30 000
—	—	留存收益	20 000
合计	160 000	合计	160 000

资料二：根据对甲公司近5年的数据分析，经营性资产和经营性负债与销售收入保持稳定的百分比关系，其他项目不随着销售收入的变化而变化，同时假设销售净利率与利润留存率保持不变，公司采用销售百分比法预测资金需要量。除了追加的生产线外，没有其他的固定资产投资。

资料三：甲公司A产品的单价是20万元/件，单位变动成本为12万元/件。甲公司2023年销售量为10 000件，销售净利率为15%，利润留存率为50%。2024年销售量预计增长10%。为了满足预定销售量的增长，需要追加一条生产线，总价款是25 000万元，可使用年限为8年，该设备的净残值为0。同时垫支营运资金2 000万元。生产线投资和垫支营运资金均于开始时一次性投入（建设期为0），垫支的营运资金于生产线丧失使用寿命时收回。每年年末需支付设备运营、维护、保养费1 000万元，不会增加其他固定成本。

资料四：追加的生产线价款全部使用外部筹资方式取得。对于需要筹集的外部融资，公司决定一半通过向银行借款筹集，期限为6年，年利率为6%，每年年末付息一次，到期还本，借款费用率为0.2%；另外一半通过发行普通股股票筹集，每股发行价为6元。公司将持续执行稳定增长的股利政策，每年股利增长率为5%。公司2023年每股股利为0.8元。

资料五：甲公司适用的企业所得税税率为25%，不考虑其他相关税金，公司要求的最低投资收益率为10%。（P/A，10%，7）=4.868 4，（P/A，10%，8）=5.334 9，（P/F，10%，7）=0.513 2，（P/F，10%，8）=0.466 5。

要求：

（1）根据资料一、资料二、资料三，计算如下指标：
①融资总需求量；②留存收益增加额；③外部融资需求量。

（2）根据资料三、资料五，计算如下指标：
①原始投资额；②第1—7年营业现金净流量；③第8年的现金净流量；④购置生产线项目的净现值。

（3）根据资料四、资料五，计算如下指标：
①银行借款的资本成本；②发行普通股的资本成本；③追加筹资的加权平均资本成本。

2. 丙公司主要销售A产品，相关资料如下：

资料一：丙公司2023年资产负债表资料如下所示。

丙公司资产负债表简表（2023年12月31日）

单位：万元

资产	金额	负债和所有者权益	金额
货币资金	1 200	短期借款	1 500
应收账款	4 000	应付账款	1 000
存货	2 300	长期借款	2 500
固定资产	4 500	股本	4 000
无形资产	500	留存收益	3 500
资产合计	12 500	负债和所有者权益合计	12 500

资料二：丙公司永久性流动性资产为6 500万元。

资料三：丙公司2023年销售收入是28 800万元，营业成本为18 400万元，变动成本率为60%，日购货成本为40万元。

资料四：为了扩大销售收入，丙公司决定在2024年放宽赊销政策，应收账款平均收现期由50天增加至60天，这将导致销售收入增加10%，收账费用和坏账费用共增加150万元。假设等风险投资的最低收益率为15%。变动成本率保持不变。

资料五：丙公司决定采用以下两种方式筹资。

①利用商业信用：丙公司供应商提供的付款条件为"1/10，$N/30$"；

②向银行借款，期限为1年，年名义利率为8%，银行要求公司保留10%的补偿性余额。适用的所得税税率为25%。

假设1年按360天计算。

要求：

（1）根据资料一，计算2023年年末如下指标：

①流动比率；②速动比率；③现金比率；④产权比率。

（2）根据资料一、资料二，依据公司资产与资金来源期限结构的匹配情况，判断流动资产融资策略属于哪种类型，并说明理由。

（3）根据资料一、资料三，计算2023年的存货周转期、应收账款周转期、应付账款周转期和现金周转期（为简化计算，存货、应收账款、应付账款的平均余额均以期末数代替）。

（4）根据资料三、资料四，计算放宽信用政策对税前利润的影响额，判断是否应放宽信用政策。

（5）根据资料五，计算放弃现金折扣的信用成本率、银行借款的实际利率，判断丙公司是否应该放弃现金折扣，并说明理由。

2025 年全国中级会计资格考试
摸底检测卷

财务管理

解析点拨册

扫码领取"必刷题库"

目 录

2024 年考情解读与 2025 年学习建议 1

2024 年检测卷客观题答案速查 9

2024 年全国中级会计资格考试《财务管理》检测卷解析点拨 10

2023 年检测卷客观题答案速查 26

2023 年全国中级会计资格考试《财务管理》检测卷解析点拨 27

2022 年检测卷客观题答案速查 40

2022 年全国中级会计资格考试《财务管理》检测卷解析点拨 41

金题密押卷客观题答案速查 60

《财务管理》金题密押卷解析点拨 61

2024 年考情解读与 2025 年学习建议

一、2024 年考情说明

1. 难度适中

根据学员反馈和题型分值分布来看，2024 年中级会计《财务管理》科目考试难度适中，与往年相比并未出现大幅度提升或降低。

2. 重者恒重

各章节的高频考点在考试中反复出现。第二章财务管理基础，第四、五章筹资管理，第六章投资管理仍是整套试卷中的重点。

3. 重基础、全覆盖

考查范围广泛，全书各章节都有考查，但试题内容比较基础，侧重于检验考生对基础知识的掌握程度和理解能力。题目内容既涉及对原文概念的考查，又涉及对公式计算的考查。

4. 出题角度细化

虽然高频考点相对稳定，但考查思路、出题角度更为细化、新颖，综合性强。

二、2024 年考点回忆及分析

1. 第一章 总论

本章属于基础章节，较为简单，以考查基础概念为主，考查形式均为客观题。主要考点包括企业及其组织形式、财务管理目标与利益冲突、经济环境和金融环境。2024 年大部分题目都是考查常规重点内容，另考查了两个非热门考点"财务决策"和"企业财务管理体制的一般模式及其优缺点"，这两个考点以往年度也零星考查过。从内容上看，本章题目均为对教材原文的考查，需要考生记忆基础概念。

2024 年本章具体考情分析如下：

考点	考查说明	题型	平均分值
财务管理目标与利益冲突	考查相关者利益最大化目标	客观题	4.5 分
	考查大股东侵害中小股东利益的主要形式	客观题	
财务决策	考查财务管理的核心	客观题	
企业财务管理体制的一般模式及其优缺点	考查财务管理体制之间的优缺点比较	客观题	
金融市场	考查资本市场的具体分类	客观题	

2. 第二章 财务管理基础

本章属于基础章节、重点章节，难度适中，考查形式主要是客观题，也会出一些主观题。主要考点包括年金终值和现值的计算、实际利率的计算、资产收益与收益率、资产的风险及其衡量、证券资产组合的收益与风险、资本资产定价模型、固定成本、变动成本和混合成本。2024 年均以客观题形式考查，且考查内容都是常规重点内容，但题干比较灵活，既有文字性的概念题，又有相关公式的计算，需要考生理解概念（仅记忆是行不通的），理解计算的原理。

2024年本章具体考情分析如下：

考点	考查说明	题型	平均分值
年金现值的计算	考查递延年金现值的计算	客观题	11分
	考查预付年金现值的计算	客观题	
实际利率的计算	考查实际利率和通货膨胀率的换算	客观题	
	考查一年多次计息时实际利率的计算	客观题	
证券资产组合的收益与风险	考查相关系数对组合风险的影响	客观题	
资本资产定价模型	考查资本资产定价模型的计算及基本原理	客观题	
固定成本	考查固定成本的基本特征	客观题	
变动成本	考查变动成本的分类	客观题	
混合成本	考查混合成本的分类	客观题	

3. 第三章 预算管理

本章属于次重点章节，难度适中，考查形式主要是客观题，但近几年也常考查主观题。主要考点包括预算的编制方法、经营预算的编制、财务预算的编制，其中主观题常考查销售预算、生产预算、直接材料预算、资金预算。2024年三个批次的试卷中均以客观题和主观题的形式作了考查，除"预算管理工作的组织"和"专门决策预算的编制"是冷门考点外（这两个考点在较早时期考查过），其他考点都是常规热门考点。本章题目比较灵活，需要考生理解相应知识点，并且会灵活运用。

2024年本章具体考情分析如下：

考点	考查说明	题型	平均分值
预算的编制方法	考查零基预算法	客观题	9分
	考查弹性预算法	客观题	
预算管理工作的组织	考查预算管理工作的组织架构	客观题	
经营预算的编制	考查销售预算的编制	主观题	
	考查生产预算的编制	主观题	
	考查直接材料预算的编制	客观题	
	考查用弹性预算法编制制造费用预算	主观题	
	考查产品成本预算编制的依据	客观题	
专门决策预算的编制	考查专门决策预算的含义及包含的内容	客观题	
财务预算的编制	考查现金支出涉及的预算	客观题	
	考查资金预算的相关计算	客观题/主观题	

4. 第四章 筹资管理（上）

本章属于重点章节，难度较低，考查形式主要是客观题，偶尔考查主观题。主要考点包括筹资方式、筹资分类、银行借款、租赁、发行普通股股票、留存收益、可转换债券和优先股。2024年客观题大部分是常规重点，"筹资动机""认股权证"虽然不属于常考点，但历年真题中也涉及过。2024年有两个批次的试卷以主观题形式考查了租赁，涉及租金的计算和租金摊销计划表。其中，租金的计算多次考查过，租金摊销计划表是第一次考查，但属于教材例题。本章大部分题目都是对教材原文的考查，需要考生理解记忆基础概念。

2024年本章具体考情分析如下：

考点	考查说明	题型	平均分值
筹资动机	考查企业筹资的动机	客观题	15分
筹资方式	考查哪些筹资方式属于债务筹资	客观题	
	考查哪些筹资方式属于混合筹资	客观题	
筹资分类	考查直接筹资和间接筹资	客观题	
银行借款	考查担保贷款类型	客观题	
发行公司债券	考查发行公司债券筹资的特点	客观题	
租赁	考查租金摊销计划表	主观题	
	考查租金的计算	主观题	
股权筹资	考查股权筹资的优缺点	客观题	
可转换债券	考查转换价格的计算	客观题	
认股权证	考查认股权证的基本特征和优缺点	客观题	
优先股	考查优先股股东的分类	客观题	
	考查优先股股东的权利	客观题	

5. 第五章 筹资管理（下）

本章属于重点章节，难度较大，以主观题为主要考查形式。主要考点包括资金需要量预测、资本成本的计算、杠杆效应、资本结构理论、资本结构优化。除资本结构理论外，其他考点都会涉及主观题。2024年考查内容都是常规重点内容，其中"资本成本的计算"在三个批次的试卷中均以主观题形式作了考查，是考生必须掌握的考点。本章公式多，需要考生在理解的基础上多多练习，熟练运用。

2024年本章具体考情分析如下：

考点	考查说明	题型	平均分值
资金需要量预测	考查因素分析法预测资金需要量时需要考虑的因素	客观题	12.5分
	考查销售百分比法预测外部融资需求量	主观题	
个别资本成本的计算	考查债券的资本成本（与银行借款比较）	客观题	
	考查优先股资本成本（与股息率比较）	客观题	
	考查公司债券资本成本的计算	主观题	

续表

考点	考查说明	题型	平均分值
个别资本成本的计算	考查银行借款资本成本的计算	主观题	12.5分
	考查普通股资本成本的计算	主观题	
平均资本成本的计算	考查平均资本成本的计算	主观题	
边际资本成本的计算	考查追加筹资的决策依据	客观题	
项目资本成本	考查可比公司法（计算含负债的 β 权益、综合资本成本率）	主观题	
杠杆效应	考查经营杠杆系数、财务杠杆系数	客观题	
资本结构优化	考查每股收益无差别点法	主观题	
	考查公司价值分析法	客观题	

6. 第六章 投资管理

本章属于重点章节，难度是中级财务管理的峰值。本章的考查形式既有客观题，又有主观题。主要考点包括企业投资的分类、项目现金流的计算、项目评价指标的计算、互斥投资方案的决策、固定资产更新决策、证券投资的风险、股票价值以及债券价值的计算、股票内部收益率以及债券内部收益率的计算、基金投资。2024年考查了"企业投资的分类"，该内容早期频繁考查，近几年涉及较少。2024年考查的其他内容都是常规重点内容，三个批次的试卷在主观题中均考查了项目现金流和项目评价指标的计算，该内容是考生必须掌握的考点。

2024年本章具体考情分析如下：

考点	考查说明	题型	平均分值
企业投资的分类	考查直接投资	客观题	13.5分
项目现金流的计算	考查项目现金流量的计算（折旧额、原始投资额、现金净流量）	主观题	
项目评价指标的计算	考查净现值的计算	主观题	
	考查年金净流量的计算	主观题	
	考查现值指数的计算	客观题	
	考查静态回收期的计算	主观题	
	考查内含收益率的优缺点	客观题	
项目投资管理	考查互斥投资方案的决策指标（共同年限法）	客观题	
	考查互斥投资方案决策的相关计算	主观题	
	考查固定资产更新决策的相关计算	主观题	
债券投资	考查债券的平价发行	客观题	
股票投资	考查股票内部收益率的计算	客观题	
基金投资	考查证券投资基金的特点	客观题	
	考查基金收益率的计算	客观题	

7. 第七章 营运资本管理

本章属于重点章节，难度较大。本章的考查形式既有客观题，又有主观题。主要考点包括营运资金的管理策略、目标现金余额的确定、现金收支日常管理、信用政策决策方法、最优存货量的确定、短期借款和商业信用。2024年考查内容都是常规重点内容，既有对教材原文的考查，又有相关公式的计算，需要考生记忆基础概念，熟悉公式，并能灵活计算。

2024年本章具体考情分析如下：

考点	考查说明	题型	平均分值
营运资金的管理策略	考查流动资产融资策略	客观题	8.5分
	考查流动资产投资策略	客观题	
目标现金余额的确定	考查随机模型	客观题	
	考查成本分析模型	客观题	
现金收支日常管理	考查现金周转期的计算	主观题	
信用政策决策方法	考查信用政策决策分析	主观题	
最优存货量的确定	考查基本模型的计算	主观题	
	考查存货陆续供应和使用模型	客观题	
短期借款	考查补偿性余额与实际利率的关系	客观题	
商业信用	考查商业信用筹资的优缺点	客观题	
	考查放弃现金折扣的信用成本的计算	客观题	

8. 第八章 成本管理

本章属于重点章节，难度适中。本章的考查形式既有客观题，又有主观题。主要考点包括单一产品盈亏平衡分析、产品组合盈亏平衡分析、目标利润分析、敏感性分析、边际分析、成本差异的计算和分析、作业成本以及责任成本。2024年考查了"利量式本量利关系图"，该内容比较冷门，但其他考查内容都是常规重点内容。本章既有对概念的考查，又有对相关公式计算的考查，要求考生在理解的基础上能够举一反三，不放过任何核心考点。

2024年本章具体考情分析如下：

考点	考查说明	题型	平均分值
盈亏平衡分析	考查利量式本量利关系图	客观题	10.5分
	考查盈亏平衡业务量降低的措施	客观题	
	考查盈亏平衡点销售量的计算	主观题	
敏感性分析	考查销售量和固定成本变化对利润的影响程度	客观题	
边际分析	考查边际贡献分析（边际贡献率、边际贡献总额的计算）	客观题	
	考查安全边际分析（安全边际率的计算）	客观题/主观题	
成本差异的计算和分析	考查固定制造费用两差异分析	客观题	
	考查固定制造费用三差异分析	客观题/主观题	
作业成本	考查作业成本法的概念	客观题	

9. 第九章 收入与分配管理

本章属于次重点章节，难度适中。本章的考查形式既有客观题，又有主观题。主要考点包括销售预测分析、销售定价管理、股利政策与企业价值、股利支付形式与程序、股票分割与股票回购。2024年三个批次的试卷均以客观题形式考查，考查内容都是常规重点内容。学习本章的基本思路是"基础不放过，重点要吃透"，注意使用对比记忆法进行理解记忆。

2024年本章具体考情分析如下：

考点	考查说明	题型	平均分值
销售定价管理	考查目标利润定价法计算产品价格	客观题	7分
股利分配理论	考查股利无关论	客观题	
剩余股利政策	考查剩余股利政策的计算	客观题	
	考查剩余股利政策的特点	客观题	
固定股利支付率政策	考查固定股利支付率政策的计算	客观题	
股利支付形式	考查财产股利	客观题	
股票分割	考查股票分割的影响	客观题	
股票回购	考查股票回购的影响	客观题	

10. 第十章 财务分析与评价

本章属于<u>重点</u>章节，难度一般。本章的考查形式既有客观题，又有主观题。客观题的考点分布比较广泛，各类指标都有考查的可能性。主观题的主要考点包括因素分析法、计算各类指标、上市公司财务分析、企业综合绩效分析的方法。2024年考查内容都是常规重点内容。本章公式较多，考生可以通过对比总结、分组记忆等方法来理解记忆各类指标。

2024年本章具体考情分析如下：

考点	考查说明	题型	平均分值
财务分析的方法	考查比较分析法（趋势分析法）	客观题	8.5分
	考查比率分析法（效率比率指标）	客观题	
	考查因素分析法（差额分析法）	主观题	
偿债能力分析	考查具体事项对流动比率的影响	客观题	
	考查流动比率、速动比率、资产负债率、权益乘数的计算	客观题/主观题	
营运能力分析	考查存货周转率、总资产周转率的计算	主观题	
盈利能力分析	考查盈利能力指标有哪些	客观题	
	考查营业净利率、总资产净利率、净资产收益率的计算	主观题	
发展能力分析	考查所有者权益增长率的经济意义	客观题	
上市公司特殊财务分析指标	考查市净率的计算	客观题	
	考查稀释每股收益的计算	客观题	

三、2025 年学习建议

在 2024 年中级会计《财务管理》考试中,我们可以明显看出"重点恒重,重视基础且覆盖面广"的考试规律,核心知识点和基础理论公式占据了主导地位,考试内容覆盖了教材中的所有章节,确保了对考生知识全面掌握情况的检验。展望 2025 年中级会计《财务管理》考试,我们可以合理预测其将继续延续"重基础,考重点"的考试趋势,考生对基础知识的掌握程度将直接影响其考试成绩,历年来的高频考点和核心理论依然会是考试的重点,考生需要给予足够的重视。针对这样的考试趋势,在 2025 年中级会计《财务管理》的备考中,考生需要做到:全面复习,巩固重点,多做练习。2025 年的备考建议如下:

1. 了解重点章节,做到主次分明

章	难度	考试重要性
第一章	☆	☆
第二章	☆☆	☆☆☆
第三章	☆☆	☆☆
第四章	☆	☆☆☆
第五章	☆☆☆	☆☆☆
第六章	☆☆☆	☆☆☆
第七章	☆☆☆	☆☆☆
第八章	☆☆	☆☆☆
第九章	☆☆	☆☆
第十章	☆☆	☆☆☆

2. 掌握正确的学习方法,做到事半功倍

(1)全面复习:全面复习教材中的每一个知识点,确保对基础知识的掌握和理解。同时,要注重对高频考点的深入学习和掌握,形成扎实的知识体系。

(2)理解原理:对于公式和原理的掌握,考生不仅要记忆其形式和应用条件,还要理解其背后的逻辑和推导过程。这样有助于考生更好地运用公式和原理解决实际问题,提高解题的灵活性和准确性。

(3)加强练习:中级会计《财务管理》需要通过大量的练习来提高解题速度和准确性。特别是计算分析题和综合题,考生需要进行多次模拟练习,以熟悉题型和解题技巧。

(4)重视真题:历年真题是备考的重要资源,考生应认真对待。通过练习真题,考生可以了解考试的命题规律和出题趋势,从而有针对性地进行复习。

(5)注重细节:在备考过程中,考生应注重细节,如公式的准确记忆、题型的快速识别、解题步骤的规范书写等。另外考试是机考模式,考生需在平时通过练习适应机考的答题环境。

3. 做好时间规划

(1)启动阶段(2024 年 11 月至 2024 年 12 月)

初步了解中级会计《财务管理》的考试内容、大纲和题型。收集备考资料,如教材、辅导书、历年真题等。制订整体备考计划，明确每个阶段的学习目标和任务。

（2）基础学习阶段（2025年1月至2025年4月）

系统学习中级会计《财务管理》的各个章节，理解并掌握基础知识。做笔记，整理知识点，形成自己的知识体系。按照章节做习题，巩固知识点。

（3）强化提高阶段（2025年5月至2025年7月）

深入学习高频考点和难点，提高解题能力。大量练习计算分析题和综合题，提高计算能力和分析能力。

（4）冲刺复习阶段（2025年8月至2025年9月）

回顾和巩固所有知识点，特别是高频考点和易错点。做真题套卷和模拟题套卷，熟悉考试形式和节奏。调整作息，保持良好的身心状态，迎接考试。

2024 年检测卷
客观题答案速查

一、单选题

题号	1	2	3	4	5	6	7	8	9	10
答案	D	B	B	A	C	C	B	A	C	B
题号	11	12	13	14	15	16	17	18	19	20
答案	D	D	C	B	B	C	C	B	B	D

二、多选题

题号	1	2	3	4	5	6	7	8	9	10
答案	CD	CD	ACD	BC	BD	ACD	ABCD	ABD	ABD	AB

三、判断题

题号	1	2	3	4	5	6	7	8	9	10
答案	√	√	√	×	√	×	×	×	×	×

错题回顾

考生回忆版真题是考生了解每年命题重点和考法技巧的最重要的来源，考生在刷题阶段一定要建立错题集，将错题分类整理，记录高频出错的知识点和题目，进行反复练习。我们给考生提供了错题分类记录，帮助大家在核对答案时，同步对错题进行定期回顾、反复练习，直到正确率达到100%。

日期	单选题	多选题	判断题
5月6日（示例）	1、4、10	11	22、25

2024 年全国中级会计资格考试《财务管理》检测卷
解析点拨

一、单选题

1. **答案** D **解析** 本题考查利率的计算。

   实际利率 =（1+ 名义利率）/（1+ 通货膨胀率）−1=（1+6%）/（1+2%）−1=3.92%。选项 D 正确。

   名师点睛 名义利率计息在"一年计息多次"与"考虑通货膨胀条件"两种情形下,使用的相关公式不同,而且实际利率与名义利率的关系以及计算考查得比较多。需要掌握的内容如下表所示:

项目	一年计息多次	考虑通货膨胀条件
关系	实际利率 =（1+ 名义利率 /m）^{m}−1 式中:m 为每年复利计息次数	1+ 名义利率 =（1+ 实际利率）×（1+ 通货膨胀率）
结论	一年计息多次:实际利率>名义利率; 一年计息一次:实际利率 = 名义利率	通货膨胀率>0 时,实际利率<名义利率; 通货膨胀率<0 时,实际利率>名义利率

2. **答案** B **解析** 本题考查经营预算的编制。

   预计材料采购量 = 生产需用量 + 期末材料存量 − 期初材料存量 =500+600×10%−50=510（吨）。选项 B 正确。

   名师点睛 直接材料预算以"生产预算"为编制基础,考试中主要考查直接材料预计采购量的相关计算。

项目	内容
基本公式	材料采购量 = 生产需用量 + 期末存量 − 期初存量
数据来源	生产需用量 = 预计生产量 × 单位产品材料用量 期末存量 = 下期生产需用量 × 期末存货存量占下期生产需用量百分比 期初存量 = 上期期末存量

3. **答案** B **解析** 本题考查财务决策。

   财务决策是财务管理的核心,决策的成功与否直接关系到企业的兴衰成败,选项 B 正确。

   名师点睛 本知识点考查频率较低,考生只需要了解财务管理环节,理解名词概念。财务管理环节具体如下（其中,财务决策是财务管理的核心）:

4. **答案** A **解析** 本题考查企业筹资的动机。

   调整性筹资动机是指企业因调整资本结构而产生的筹资动机。企业产生调整性筹资动机的原因大致有两方面:一方面是优化资本结构,合理利用财务杠杆效应;另一方面是偿还到期债务,进行债务结构内部调整。例如,一些债务即将到期,企业虽然有足够的偿债能力,但为了保持现有的资本结构，可以举借新债以偿还旧债。本题选项 A 正确。

名师点睛 企业的筹资动机包含五类，考试中常常考查判断各类筹资行为分别出于哪一类筹资动机。做题时，考生需要理解各类筹资动机的具体含义，并且可以与常见的相关举例一一对应。具体内容如下：

动机	含义	常见举例
创立性筹资动机	企业**设立**时，为取得资本金并形成开展经营活动的基本条件而产生的筹资动机	盖厂房、买设备、加装生产线
支付性筹资动机	为了满足**经营业务活动**的正常波动所形成的支付需要而产生的筹资动机	购买原材料、工资的发放、**股利的发放**、**银行借款偿还**、所得税支付
扩张性筹资动机	企业因**扩大经营规模**或满足**对外投资**需要而产生的筹资动机	企业扩大再生产、经营规模扩张、开展对外投资
调整性筹资动机	企业因**调整资本结构**而产生的筹资动机	（1）调整股债比例； （2）借新债还旧债
混合性筹资动机	**扩张性筹资动机＋调整性筹资动机**	用筹集债务的资金对外产权投资

【记忆技巧】从无到有为"创立"，日常经营为"支付"，扩大规模为"扩张"，资本结构为"调整"，多重目的为"混合"。

5. **答案** C **解析** 本题考查银行借款。

质押是指债务人或第三方将其动产或财产权利移交给债权人占有，将该动产或财产权利作为债权的担保。本题中甲企业将其拥有的其他公司债券作为贷款担保移交给银行，属于质押贷款，选项 C 正确。

名师点睛 考生需要正确区分"质押"和"抵押"，具体见下图：

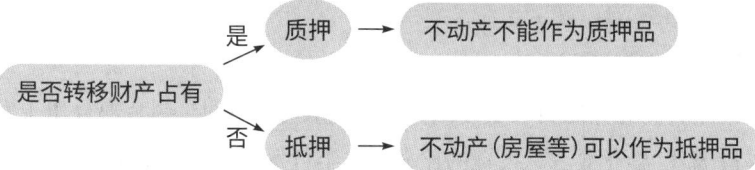

6. **答案** C **解析** 本题考查现值指数。

现值指数＝未来现金净流量现值/原始投资额现值＝（净现值＋原始投资额现值）/原始投资额现值＝（25+100）/100=1.25。选项 C 正确。

名师点睛 关于现值指数，考试主要从以下三个方面进行考查：

（1）计算公式：

现值指数＝未来现金净流量现值/原始投资额现值

　　　　＝（净现值＋原始投资额现值）/原始投资额现值

重点：现值指数是相对数指标（*A/B*），因此反映了投资效率。

（2）适用范围：适用于原始投资额现值不同的独立投资方案。

【提示】现值指数不能用于互斥投资方案决策。

（3）决策原则：

现值指数≥1，方案可行，方案投资后的投资收益率≥必要收益率；

现值指数<1，方案不可行，方案投资后的投资收益率<必要收益率。

7. **答案** B **解析** 本题考查商业信用。
放弃现金折扣的信用成本率=[现金折扣率/（1-现金折扣率）]×[360/（付款期-折扣期）]
根据公式可知赊购金额的大小与放弃现金折扣的信用成本率无关，选项B当选。

名师点睛 需要掌握放弃现金折扣的信用成本率的计算和决策原则：
（1）计算公式：放弃现金折扣的信用成本率=[现金折扣率/（1-现金折扣率）]×[360/（付款期-折扣期）]
（2）决策原则：
①当放弃现金折扣的信用成本率>短期借款利率（或短期投资收益率）时，应选择**享受折扣**；
②当放弃现金折扣的信用成本率<短期借款利率（或短期投资收益率）时，应选择**放弃折扣**。

8. **答案** A **解析** 本题考查作业成本。
作业消除是指消除非增值作业或不必要的作业，降低非增值成本。选项A正确。

名师点睛 区分增值作业和非增值作业之后，企业应尽量消除或减少非增值作业以提升经营效率。进行成本节约的途径主要有四种，如下表所示：

途径	说明	举例
作业消除	**消除**非增值作业或不必要的作业，降低非增值成本	将原材料从仓库搬运到生产部门
作业选择	对能够达到相同目的的不同作业，**选取其中最佳方案**	不同销售策略下选择成本最低的销售策略
作业减少	以不断改进的方式**降低作业消耗的资源或时间**	减少整备次数
作业共享	利用**规模经济**来提高增值作业的效率	设计新产品时，充分利用现有其他产品使用的零件

9. **答案** C **解析** 本题考查股利政策。
剩余股利政策是指净利润先满足目标资本结构中权益资本的需求，剩余部分用于发放股利。权益资本需求=资金需要量×权益资本占总投资的比例，本年可发放的现金股利=净利润-权益资本需求=2 800-3 000×60%=1 000（万元），选项C正确。

名师点睛 需要掌握股利政策的适用范围和计算方法，具体如下表所示：

种类	适用范围	股利计算方法
剩余股利政策	处于**初创阶段**的公司	（1）**投资所需权益资本**=投资所需资金×目标权益资本比重 （2）**可发放股利额**=净利润-投资所需权益资本（净利润>投资所需权益资本）
固定或稳定增长的股利政策	经营比较**稳定**或处于**成长期**的公司	固定金额或按固定增长率增长
固定股利支付率政策	处于稳定发展阶段且财务状况稳定的公司	**股利=净利润×固定股利支付率**
低正常股利加额外股利政策	盈利随经济周期波动较大或盈利与现金流量很不稳定的公司	—

【提示】（1）剩余股利政策是按照投资所需的权益资本来保留部分当年的净利润，而不是用全部的净利润去满足全部投资的需要。

（2）低正常股利加额外股利政策的优点：①赋予公司较大的灵活性，使公司在股利发放上留有余地，并具有较大的财务弹性。②使那些依靠股利度日的股东每年至少可以得到虽然较低但比较稳定的股利收入，从而吸引住这部分股东。

低正常股利加额外股利政策的缺点：①由于各年度之间公司盈利的波动使得额外股利不断变化，造成分派的股利不同，容易给投资者造成收益不稳定的感觉。②当公司在较长时间持续发放额外股利后，可能会被股东误认为"正常股利"，一旦取消，传递出的信号可能会使股东认为这是公司财务状况恶化的表现，进而导致股价下跌。

10. **答案** B **解析** 本题考查偿债能力分析。

速动比率=速动资产/流动负债=（18+18.8）/23=1.6，选项B正确。

名师点睛 企业的短期偿债能力包括四个指标，具体内容如下表所示：

指标及计算公式	说明
营运资金=流动资产－流动负债	**绝对数**指标，不便于不同企业之间的比较
流动比率=流动资产/流动负债	现金资产=货币资金+交易性金融资产
速动比率=速动资产/流动负债	速动资产=现金资产+**各种应收款项**
现金比率=现金资产/流动负债	流动资产=速动资产+**存货**+**预付账款**+一年内到期的非流动资产+**其他流动资产** 现金比率最能反映企业直接偿付流动负债的能力

11. **答案** D **解析** 本题考查混合成本。

延期变动成本在一定的业务量范围内有一个固定不变的基数，当业务量增长超出了这个范围，与业务量的增长成正比例变动。本题中，29元可免费通话1 000分钟，超出部分通话按0.1元/分钟收费，这属于延期变动成本。选项D正确。

名师点睛 考生需要能够分辨不同的混合成本，具体如下表所示：

分类	习性模型图	举例
半变动成本		固定电话费，如固定月租20元不变，每拨打一分钟，增加花费0.1元
半固定成本 （阶梯式变动成本）		企业的管理员、运货员、检验员的工资
延期变动成本		职工的工资=职工的基本工资+工作时间超出正常标准支付按小时的加班薪金

12. **答案** D **解析** 本题考查预算的分类。

专门决策预算是指企业重大的或不经常发生的、需要根据特定决策编制的预算，主要是长期投资预算，又称资本支出预算，包括投融资决策预算等。选项D属于专门决策预算，选项B属于经营预算，选项 AC 属于财务预算。本题选项 D 正确。

名师点睛 考生要熟悉三大预算分别包括哪些预算。本考点会以客观题的形式考查，具体内容见下表：

类型	短期/长期预算	说明	
经营预算	短期预算	包括销售预算、生产预算、直接材料预算、直接人工预算、制造费用预算、产品成本预算、销售及管理费用预算等	分预算（辅助预算）
专门决策预算	长期预算	包括投融资决策预算、资本支出预算等	
财务预算	短期预算	包括资金预算、预计利润表、预计资产负债表等	**总预算**

13. **答案** C **解析** 本题考查可转换债券。
转换价格＝债券面值/转换比率＝100/10＝10（元），选项 C 正确。

名师点睛 需要掌握可转换债券的相关条款和计算，具体见下表：

项目	赎回条款	回售条款	强制性转换条款
含义	发债公司按**事先约定的价格**买回未转股债券	债券持有人将债券**卖回**发债公司	**债券持有人**必须将可转换债券转换成股票，且无权要求偿还本金
条件	股票价格＞转换价格	股票价格＜转换价格	—
有利于谁	**发债公司**	**债券持有人**	**发债公司**
主要功能	加速行权，避免发债公司继续支付高额利息	降低持券风险，吸引投资者	保证可转换债券顺利转换成股票

【提示】可转换债券的转换比率＝债券面值/转换价格

14. **答案** B **解析** 本题考查财务杠杆效应。
不考虑优先股，财务杠杆系数＝基期息税前利润/（基期息税前利润－基期利息）＝3 000/（3 000－基期利息）＝1.2，解得：基期利息＝500（万元）。选项 B 正确。

名师点睛 需要掌握三个杠杆系数定义法和计算公式的计算，具体如下图所示：

定义法记忆技巧：

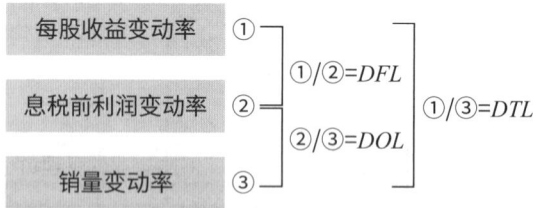

计算公式记忆技巧：

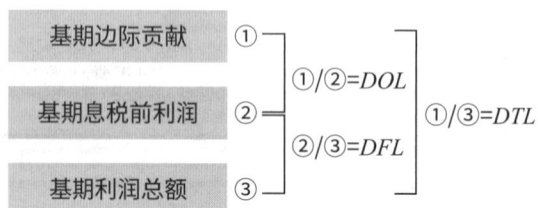

【注】这里不考虑优先股。

15. **答案** B **解析** 本题考查边际分析。

盈亏平衡点的业务量＝固定成本/（单价－单位变动成本）＝120 000/（100－40）＝2 000（件），安全边际率＝安全边际量/实际销售量＝（5 000－2 000）/5 000×100%＝60%，选项 B 正确。

名师点睛 需要熟练掌握边际分析的相关计算，具体如下：

（1）**边际贡献分析**。

项目	内容
单位边际贡献	＝边际贡献总额/销售量＝单价－单位变动成本
边际贡献	**＝销售收入－变动成本**
边际贡献率	＝边际贡献总额/销售收入＝单位边际贡献/单价
与利润的关系	利润＝边际贡献－固定成本＝销售量×单位边际贡献 ＝销售收入×边际贡献率－固定成本
关系式	**变动成本率＋边际贡献率＝1**

（2）**安全边际分析**。

项目	内容
概念	超过盈亏平衡的部分
安全边际量	**＝实际（预期）销售量－盈亏平衡点的业务量**
安全边际额	＝实际销售额（预期销售额）－盈亏平衡点销售额
安全边际率	＝安全边际量（安全边际额）/实际（预期）销售量×100% ＝安全边际额/实际（预期）销售额×100%
与利润的关系	利润＝安全边际额×边际贡献率＝**安全边际率×边际贡献总额** 【提示】等式两边同除以销售收入，可得：**销售利润率＝安全边际率×边际贡献率**
关系式	**安全边际率＋盈亏平衡作业率＝1**

【提示】安全边际率＝1/经营杠杆系数

边际贡献率＋变动成本率＝1

息税前利润＝边际贡献－固定成本

＝销量×单位边际贡献－固定成本

＝销售收入×边际贡献率－固定成本

16. **答案** C **解析** 本题考查股利支付形式。

财产股利是以现金以外的其他资产支付的股利，主要是以公司所拥有的其他公司的有价证券，如债券、股票等，作为股利支付给股东。本题股利支付方式属于财产股利，选项 C 正确。

名师点睛 股利支付形式包括四种，考生抓住关键词，了解各种支付形式的特征即可。具体见下表：

支付形式	特征
现金股利	以**现金支付**的股利，是股利支付最常见的形式
财产股利	以**现金以外的其他资产**支付股利，主要是以公司拥有的**其他公司的有价证券**支付股利
负债股利	以**负债方式**支付股利，包括应付票据和本公司债券支付股利
股票股利	以**增发股票**的方式支付股利（本公司股票）

17. **答案** C **解析** 本题考查预付年金现值、终值。

折现率为8%、期数为6的预付年金现值系数 =（P/A，8%，6）×（1+8%）=4.622 9×1.08=4.992 7，选项C正确。

名师点睛 预付年金现值（或终值）是考试的重难点，可以结合投资管理以主观题形式考查现金流量的计算，也可能会单独以客观题形式考查。考生需要重点把握相关计算。为了帮助考生更好地掌握二者的关系，下表将普通年金与预付年金作了对比。

年金类型	计算对象	系数	计算方法
普通年金	终值（F）	$(F/A, i, n) = \dfrac{(1+i)^n - 1}{i}$	思路：已知普通年金A，求终值F。 $F = A \times (F/A, i, n)$
	现值（P）	$(P/A, i, n) = \dfrac{1 - (1+i)^{-n}}{i}$	思路：已知普通年金A，求现值P。 $P = A \times (P/A, i, n)$
预付年金	终值（F）	$(F/A, i, n+1) - 1$ **（期数加1，系数减1）**	思路：已知预付年金A，求终值F。 $F = A \times (F/A, i, n) \times (1+i)$ 或 $F = A \times [(F/A, i, n+1) - 1]$
	现值（P）	$(P/A, i, n-1) + 1$ **（期数减1，系数加1）**	思路：已知预付年金A，求现值P。 $P = A \times (P/A, i, n) \times (1+i)$ 或 $P = A \times [(P/A, i, n-1) + 1]$

18. **答案** B **解析** 本题考查认股权证。

认股权证本质上是一种股票期权，属于衍生金融工具，具有实现融资和股票期权激励的双重功能。但认股权证本身是一种认购普通股的期权，它没有普通股的红利收入，也没有普通股相应的投票权，选项B说法不正确，当选。

名师点睛 需要考生准确理解认股权证，具体细节如下：

（1）认股权证是常用的员工激励工具，通过给予管理者和重要员工一定的认股权证，可以把管理者和员工的利益与企业价值成长紧密联系在一起。

（2）认股权证本质上是一种股票期权，属于衍生金融工具，具有实现融资和股票期权激励的双重功能。

19. **答案** B **解析** 本题考查固定制造费用成本差异的计算分析。

固定制造费用能量差异 = 预算产量 × 单位标准工时 × 标准分配率 - 实际产量 × 单位标准工时 × 标准分配率 =（预算产量 - 实际产量）× 单位标准工时 × 标准分配率 =（10 000-8 000）×1.5×12=36 000（元）（超支）。本题选项B正确。

名师点睛 需要掌握固定制造费用成本差异的计算分析相关公式，具体如下表所示：

差异类型		公式	说明
两差异分析法	耗费差异	= 实际数 - 预算数 = 实际固定制造费用 - **预算产量下标准工时** × 标准分配率	插入预算数 （关键：预算产量）
	能量差异	= 预算数 - 标准数 =（**预算产量下标准工时** - 实际产量下标准工时）× 标准分配率	

续表

差异类型		公式	说明
三差异分析法	耗费差异	= 实际数 − 预算数 = 实际固定制造费用 − **预算产量下标准工时** × 标准分配率	插入预算数 （关键：预算产量）
	产量差异	= 预算数 − **实际产量下实际工时** × 标准分配率 =（预算产量下标准工时 − 实际产量下实际工时）× 标准分配率	插入实际工时 （关键：实际产量下实际工时）
	效率差异	= **实际产量下实际工时** × 标准分配率 − 标准数 =（实际产量下实际工时 − 实际产量下标准工时）× 标准分配率	

20. **答案** D **解析** 本题考查产品定价方法。

产品单价 =（目标利润总额 + 完全成本总额）/ [产品销量 ×（1− 适用税率）] =（95 000 + 10 000 + 1 000 × 9）/ [1 000 ×（1−5%）] = 120（元/件），选项 D 正确。

名师点睛 需要考生熟练掌握以成本为基础的定价方法，具体如下表所示：

定价方法		基本公式
全部成本费用加成定价法	成本利润率定价	= **单位成本 ×（1 + 成本利润率）/（1− 适用税率）**
	销售利润率定价	= **单位成本 /（1− 销售利润率 − 适用税率）**
保本点定价法		=（单位固定成本 + 单位变动成本）/（1− 适用税率） = **单位完全成本 /（1− 适用税率）**
目标利润定价法		=（单位目标利润 + 单位完全成本）/（1− 适用税率） 或 =（目标利润总额 + 完全成本总额）/ [产品销量 ×（1− 适用税率）]
变动成本定价法		= **单位变动成本 ×（1 + 成本利润率）/（1− 适用税率）**

二、多选题

1. **答案** CD **解析** 本题考查金融环境。

资本市场又称长期金融市场，是指以期限在 1 年以上的金融工具为媒介，进行长期资金交易活动的市场，包括股票市场（选项 C）、债券市场、期货市场和融资租赁市场（选项 D）等。大额定期存单市场（选项 A）和银行间同业拆借市场（选项 B）属于货币市场短期金融市场。本题选项 CD 正确。

名师点睛 货币市场与资本市场的特点比较是高频考点。考生可以联系实际，从而更好地理解两者的特点，比如货币市场的运用场景是"支付宝"，资本市场的运用场景是"股票市场"，具体如下表：

方面	货币市场	资本市场
融资期限	短（一年以内）	长（一年以上）
融资目的	解决短期资金周转	解决长期投资性资本需要
资本借贷量	小	大
风险	小	大
收益	低	高

2. **答案** CD **解析** 本题考查固定成本。

约束性固定成本是指管理当局的短期经营决策行动不能改变其数额的固定成本。例如，房屋租金、固定的设备折旧、管理人员的基本工资、车辆交强险等。选项 AB 属于酌量性固定成本。本题选项 CD 正确。

名师点睛 固定成本指在特定范围内不受业务量变动影响，一定期间的总额能保持相对稳定的成本，可以进一步分为约束性固定成本和酌量性固定成本，具体见下表：

项目	约束性固定成本	酌量性固定成本
含义	管理当局的短期经营决策行动**不能改变**其具体数额的固定成本	管理当局的短期经营决策行动**能改变**其数额的固定成本
常见举例	**车辆交强险**、房屋租金、固定的设备折旧、管理人员的基本工资等	**广告费、职工培训费、新产品研究开发费用**（如研发活动中支出的技术图书资料费、资料翻译费、会议费、差旅费、办公费、外事费、研发人员培训费、培养费、专家咨询费、**高新科技研发保险费用**等）
决定因素	**由既定的生产能力**决定，是维护企业正常生产经营必不可少的成本	取决于**管理当局的决策行动**，它关系到企业的竞争能力
区分	二者最主要的差别在于管理层是否有权改变其发生数额	

3. **答案** ACD **解析** 本题考查投资项目分析的基本指标。

年金净流量 = 净现值 / 年金现值系数，若年金净流量＞0，则净现值＞0，现值指数＞1，内含收益率＞资本成本（必要收益率），选项 AC 说法错误，选项 B 说法正确。净现值＞0，说明动态回收期＜项目寿命期，由于静态回收期不考虑货币时间价值，未来现金流量不需要贴现，因此，计算出的回收期通常会比动态回收期短，则静态回收期＜动态回收期＜项目寿命期，选项 D 说法错误。综上，本题选项 ACD 当选。

名师点睛 年金净流量是将项目全部现金净流量的总现值（净现值）或总终值折算为年金形式的现金净流量。考生需要掌握以下几点。

（1）计算公式：

年金净流量 = 现金净流量总现值（净现值）/ 年金现值系数

年金净流量 = 现金净流量总终值 / 年金终值系数

（2）适用范围：适用于比较寿命期不同的投资方案，但不能比较投资额不同的独立方案。

【提示】年金净流量法是净现值法的辅助方法，在各方案寿命期相同时，实质上就是净现值法。与净现值法相比，年金净流量法只克服了寿命期不同的缺点，因此年金净流量法可以运用于寿命期不同的投资方案决策。

（3）决策原则：年金净流量越大，方案越好。

4. **答案** BC **解析** 本题考查股票分割。

股票分割会导致每股面值下降，发行在外的股数增加，选项 AD 表述正确，不当选。股票分割之后，股东权益总额及其内部结构都不会发生任何变化，选项 BC 表述错误，当选。

名师点睛 股票股利和股票分割两者之间的相同点和不同点是客观题常考点，考生应在理解原理的基础上加以记忆。相关总结见下表：

项目	股票股利	股票分割
不同点	（1）每股面值不变； （2）**股东权益内部结构变化（股本增加，未分配利润减少）**； （3）**属于股利支付方式**	（1）每股面值**变小**； （2）**股东权益内部结构不变（股票数量增加，股本内部结构变化）**； （3）**不属于股利支付方式**
相同点	（1）普通股股数增加； （2）每股收益、每股市价下降； （3）资产总额、负债总额、股东权益总额不变； （4）**股东持股比例不变**； （5）向市场和投资者释放"公司发展前景良好"的信号	

5. **答案** BD **解析** 本题考查财务分析的方法。

在因素分析法下，资金需要量=（基期资金平均占用额－不合理资金占用额）×（1+预测期销售增长率）/（1+预测期资金周转速度增长率）。因此，选项BD正确。

名师点睛 因素分析法以客观题考查为主，相关考点的内容总结见下表：

项目	内容
公式	资金需要量=（基期资金平均占用额－不合理资金占用额）×（1+预测期销售增长率）/（1+预测期资金周转速度增长率）
优缺点	计算简便，易掌握，但预测结果不太精确
适用范围	品种繁多、规格复杂、资金用量较小的项目
说明	（1）预测销售**下降**，预测期销售增长率**用负数**；预测周转率**减慢**，预测期资金周转速度增长率**用负数**。 （2）资金需要量与预测期销售增长率**正向**变动，与预测期资金周转速度增长率**反向**变动

6. **答案** ACD **解析** 本题考查偿债能力分析。

选项A导致长期资产增加，流动资产减少，降低流动比率；选项B会增加流动资产，增加长期负债，提高流动比率；选项CD是流动资产内部的此增彼减，不影响流动比率。因此，本题选项ACD正确。

名师点睛 要熟悉常见事项对资产、负债、所有者权益的增加影响。其中：

常见的流动资产：现金、交易性金融资产、应收及预付款项和存货等。

常见的流动负债：短期借款、应付票据、应付短期融资券、应交税费、预计负债等。

7. **答案** ABCD **解析** 本题考查经营预算的编制。

产品成本预算，是销售预算、生产预算、直接材料预算、直接人工预算、制造费用预算的汇总。其主要内容是产品的单位成本和总成本。单位产品成本的有关数据，来自直接材料预算、直接人工预算和制造费用预算。生产量、期末存货量来自生产预算，销售量来自销售预算。因此，本题选项ABCD正确。

名师点睛 考生需要理解企业预算的编制逻辑，可以借助下图理解：

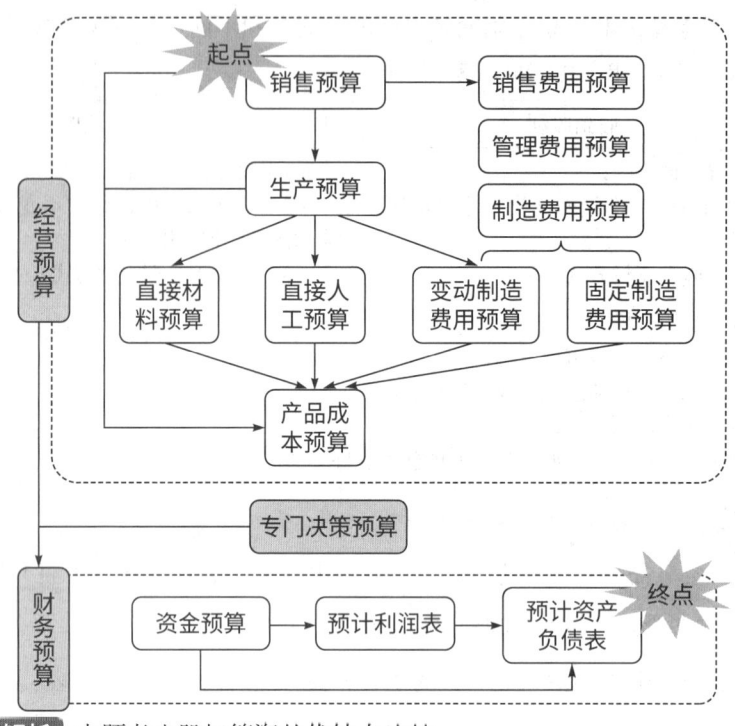

8. **答案** ABD **解析** 本题考查股权筹资的优缺点比较。

与债务筹资相比,股权筹资的优点有:(1)股权筹资是企业稳定的资本基础;(2)股权筹资构成企业的信誉基础;(3)股权筹资的财务风险比较小。股权筹资的缺点有:(1)资本成本较高(选项B);(2)控制权变更可能影响企业长期稳定发展(选项D);(3)信息沟通与披露成本较大(选项A)。因此,本题选项ABD正确。

名师点睛 需要在理解的基础上记忆。

9. **答案** ABD **解析** 本题考查成本分析模型。

在利用成本分析模型进行最佳现金持有量决策时,所考虑的成本因素包括机会成本(选项A)、管理成本(选项B)和短缺成本(选项D)。交易成本(选项C)属于存货模型需要考虑的因素。因此,本题选项ABD正确。

名师点睛 需要熟练掌握目标现金余额的确定中不同模型考虑的成本,具体内容如下:

模型	成本类型
成本模型	机会成本、管理成本、短缺成本
存货模型	机会成本、交易成本
随机模型	机会成本、交易成本

10. **答案** AB **解析** 本题考查企业筹资的分类。

间接筹资,是企业借助于银行和非银行金融机构而筹集资金。间接筹资的基本方式是银行借款,此外,还有租赁等方式。选项CD属于直接筹资方式。因此,本题选项AB正确。

名师点睛 按是否借助于金融机构(比如银行)来获取资金,企业筹资分为直接筹资和间接筹资两种类型,具体如下表所示:

类别	特点	筹资方式
直接筹资	优点： （1）筹资领域广阔，能够直接利用社会资金； （2）有利于提高企业的知名度和资信度。 缺点：手续复杂，**筹资费用较高**	吸收直接投资、**发行股票、发行债券**。 【注意】直接筹资可以是股权资金，也可以是债务资金
间接筹资	优点：手续相对简便，筹资效率高，**筹资费用较低** 缺点：容易受金融政策的制约和影响	银行借款、租赁。 【注意】间接筹资主要是债务资金

三、判断题

1. **答案** √ **解析** 本题考查利率的计算。

   年实际利率 =（1+ 年名义利率 / 年计息次数）^{年计息次数} −1，根据公式可知，在名义利率固定的情况下，一年内计息次数越多，则年实际利率越高。本题表述正确。

2. **答案** √ **解析** 本题考查经营预算的编制。

   预计生产量 = 预计销售量 + 预计期末产成品存货量 − 预计期初产成品存货量；预计材料采购量 = 生产需用量 + 期末材料存量 − 期初材料存量，其中，生产需用量 = 预计生产量 × 单位产品材料用量。所以，生产预算是在销售预算的基础上编制的，同时也是直接材料预算的编制基础。本题表述正确。

3. **答案** √ **解析** 本题考查独立投资方案的决策。

   内含收益率法就是要计算出使净现值等于 0 的折现率，这个折现率就是投资方案实际可达到的投资收益率。对独立投资方案进行比较时，以各独立方案的获利程度作为评价标准，一般采用内含收益率法进行比较决策。本题表述正确。

   名师点睛 独立投资方案决策中，以各独立方案的获利程度作为评价标准，一般采用内含收益率法进行比较决策。现值指数指标虽然也反映了方案的获利程度，但是在期限不同的情况下，结论可能出现错误。

4. **答案** × **解析** 本题考查现金收支的日常管理。

   现金周转期 = 存货周转期 + 应收账款周转期 − 应付账款周转期，存货周转期 = 计算期天数 / 存货周转率。存货周转率越高，则存货周转期越低；存货周转期降低，则现金周转期降低。因此，本题表述错误。

5. **答案** √ **解析** 本题考查敏感性分析。

   反映影响程度的是敏感系数的绝对值，销售量的敏感系数 = 基期边际贡献 / 基期息税前利润，固定成本的敏感系数的绝对值 = 基期固定成本 / 基期息税前利润，在利润为正的情况下，基期边际贡献大于基期固定成本，所以销售量变化对利润的影响程度大于固定成本变化对利润的影响程度。本题表述正确。

   名师点睛 可以结合下列表格进行理解记忆：

项目	内容
敏感系数公式	敏感系数＝利润变动百分比／因素变动百分比
各因素对利润的敏感程度	（1）敏感系数＞0的因素：**单价、销售量**； （2）敏感系数＜0的因素：**单位变动成本、固定成本**； （3）敏感程度大小用敏感系数绝对值大小表示，一般认为，｜**敏感系数**｜＞1，属于敏感因素
其他	销售量敏感系数＝经营杠杆系数

6. **答案** ×　**解析** 本题考查资本资产定价模型。

某资产必要收益率＝无风险收益率＋风险收益率＝无风险收益率＋该资产的 β 系数 ×（市场组合收益率－无风险收益率）。A 资产的系统性风险 β 是 B 资产的 2 倍，则 A 资产的风险收益率是 B 资产的 2 倍，而无风险收益率保持不变，因此 A 资产的必要收益率小于 B 资产必要收益率的 2 倍，本题表述错误。

名师点睛 需要能够区分 R_m 和 R_m-R_f，如果"风险"后面紧跟"报酬""收益"或者"溢价"，则是 R_m-R_f。

7. **答案** ×　**解析** 本题考查股利政策。

采用固定股利支付率政策，股利与公司盈余紧密地配合，体现"多盈多分、少盈少分、无盈不分"的股利分配原则；由于公司收益不稳定会导致股利波动，这种波动传递的信号可能引发市场担忧，从而成为影响股价的不利因素。因此，本题表述错误。

8. **答案** ×　**解析** 本题考查优先股。

优先股是公司发行的相对于普通股具有一定优先权的股票，其优先权利主要表现在股利分配优先权和分取剩余财产优先权上。优先股股东在股东大会上无表决权，在参与公司经营管理方面受到一定限制，仅对涉及优先股权利的问题有表决权。本题表述错误。

9. **答案** ×　**解析** 本题考查预算体系。

在企业全面预算的编制中，销售预算是整个预算的编制起点，预计资产负债表是编制全面预算的终点。本题表述错误。

10. **答案** ×　**解析** 本题考查经济订货基本模型的扩展。

在经济订货扩展模型下，再订货点等于平均交货时间和每日平均需用量的乘积。与经济订货基本模型相比，订货提前期对经济订货量并无影响，本题表述错误。

四、计算分析题

1. **答案**

（1）折现率＝年利率＋租赁手续费率＝6%＋2%＝8%；

2023 年支付租金 A＝（租赁设备价值－残值现值）／年金现值系数＝[800－40×(P/F，8%，3)]／(P/A，8%，3)＝(800－40×0.793 8)/2.577 1＝298.11（万元）。

（2）2023 年应计租费 B＝年初本金×折现率＝800×8%＝64（万元）。

（3）2023年本金偿还额C=2023年支付租金－2023年应计租费=298.11-64=234.11（万元）。

（4）2023年年末本金余额D=2023年年初本金－2023年本金偿还额=800-234.11=565.89（万元）。

（5）2024年年初本金E=2023年年末本金余额D=565.89（万元）。

名师点睛 计算租赁的租金时，需要知道以下几点。

（1）基本公式（从出租人的角度）。

租赁设备价值=∑每期租金现值+预计残值×（$P/F, i, n$）

其中，决定租金的因素包括以下几点：

①设备原价及预计残值；②利息；③租赁手续费和利润。

【注意】承租方发生的成本费用不影响租金。

（2）折现率i。

折现率=年利率+租赁手续费率

（3）根据预计残值的归属（归承租人所有或归出租人所有）和租金的支付时点（期末支付或期初支付）分类，有四种情形，如下表所示：

预计残值的归属	租金的支付时点	计算公式
归出租人所有	期末支付	**每期租金=[租赁设备价值－预计残值×（$P/F, i, n$）] /（$P/A, i, n$）**
	期初支付	每期租金=[租赁设备价值－预计残值×（$P/F, i, n$）] / [（$P/A, i, n$）×（1+i）] 或=[租赁设备价值－预计残值×（$P/F, i, n$）] / [（$P/A, i, n-1$）+1]
归承租人所有	期末支付	**每期租金=租赁设备价值/（$P/A, i, n$）**
	期初支付	每期租金=租赁设备价值/ [（$P/A, i, n$）×（1+i）] 或=租赁设备价值/ [（$P/A, i, n-1$）+1]

2. **答案**

（1）改变信用政策增加的边际贡献=增加的销售量×（单价－单位变动成本）=50 000×20%×（100-60）=400 000（元）。

（2）改变信用政策后平均收现期=10×50%+20×30%+30×20%=17（天）；

改变信用政策后年销售额=50 000×（1+20%）×100=6 000 000（元）；

变动成本率=60/100×100%=60%。

本题中，改变信用政策前采用现销政策，平均收现期为0。

改变信用政策增加的应收账款机会成本=（改变后的赊销额/360×改变后的平均收现期－改变前的赊销额/360×改变前的平均收现期）×变动成本率×资本成本=（6 000 000/360×17-0）×60%×10%=17 000（元）。

（3）本题中，改变信用政策前无现金折扣政策。

改变信用政策增加的现金折扣成本=改变后的赊销额×折扣率－改变前的赊销额×折扣率=6 000 000×50%×2%+6 000 000×30%×1%=78 000（元）。

（4）改变信用政策增加的税前损益=边际贡献增加额－应收账款机会成本增加额－现金折扣成本

的增加额 =400 000-17 000-78 000-10 000=295 000（元）。由于改变信用政策增加的税前损益大于 0，所以改变信用政策可行。

> **名师点睛** 在改变应收账款信用政策决策时，可用差量分析法（计算盈利的增加以及实施信用政策成本的增加），也可用总额分析法（分别计算各个方案的盈利以及实施信用政策的成本）。考试主要掌握差量分析法即可。解答这类题目时考生要理清思路，一步一步计算。

3. **答案**

（1）第三季度的现金收入 =5 200×50×40%+6 000×50×60%=284 000（元）。

（2）第三季度商品采购量 =6 000+6 400×10%-6 000×10%=6 040（件）；

第三季度预计应付账款期末余额 =6 040×35×70%=147 980（元）。

（3）第二季度商品采购成本 =（5 200+6 000×10%-5 200×10%）×35=184 800（元）；

第三季度支付现金 =184 800×70%+6 040×35×30%=192 780（元）。

五、综合题

1. **答案**

（1）①年折旧额 =（生产线原值 − 净残值）/ 预计使用年限 =（6 000-400）/8=700（万元）；

②原始投资额 =6 000+600=6 600（万元）。

（2）①第 0 年（投资起点）的现金净流量 =− 当年长期资产投资额 − 垫支的营运资金 =-3 000-600=-3 600（万元）；

②第 1 年的现金净流量 =− 当年长期资产投资额 + 税后营业收入 − 税后营业成本 + 折旧抵税额 =-3 000+2 500×（1-25%）-1 000×（1-25%）+700×25%=-1 700（万元），

第 2—7 年每年的现金净流量 = 税后营业收入 − 税后营业成本 + 折旧抵税额 =2 500×（1-25%）-1 000×（1-25%）+700×25%=1 300（万元）；

③第 8 年的现金净流量 = 第 8 期营业期现金净流量 + 收回的垫支营运资金 + 预计净残值 =1 300+600+400=2 300（万元）。

（3）①净现值 =∑（各年现金净流量 × 对应复利现值系数或年金现金系数）=-3 600-1 700×（P/F，10%，1）+1 300×（P/A，10%，6）×（P/F，10%，1）+2 300×（P/F，10%，8）=-1 700×0.909 1+1 300×4.355 3×0.909 1+2 300×0.466 5-3 600=1 074.70（万元）；

②年金净流量 = 净现值 / 年金现值系数 =1 074.70/（P/A，10%，8）=1 074.70/5.334 9=201.45（万元）；

③第 5 年年末的累计现金净流量 =-3 600-1 700+1 300×4=-100（万元），

第 6 年年末的累计现金净流量 =-100+1 300=1 200（万元），

静态回收期 =5+100/1 300=5.08（年）。

（4）寿命期不同的项目，使用年金净流量法进行决策更合适，选择年金净流量大的方案。

B 方案的年金净流量 =680/（P/A，10%，6）=680/4.355 3=156.13（万元）。

A 方案和 B 方案的寿命期不同，A 方案的年金净流量大于 B 方案，甲公司应选择 A 方案。

（5）①银行借款的资本成本率 =8%×（1-25%）=6%；

②普通股的资本成本率 $=K_s=D_0×（1+g）/P_0+g=0.6×（1+4%）/10+4%=10.24%$。

名师点睛 净现值虽然有很强的实用性，但是不能比较投资额不同或寿命期不同的投资方案。

（1）投资额不同时，不能用净现值指标作决策。比如，A 项目投资额为 200 万元，净现值为 100 万元；B 项目投资额为 2 000 万元，净现值为 100 万元。若使用净现值来作决策，A 项目和 B 项目是一样的，但实际上 B 项目比 A 项目投资额多出了 1 800 万元，此时净现值不能用于投资额不同的方案的决策。

（2）寿命期不同的方案，不能用净现值指标作决策。比如，C 项目寿命期为 3 年，净现值为 500 万元；D 项目寿命期为 10 年，净现值为 500 万元。若使用净现值来作决策，C 项目和 D 项目是一样的，但实际上 D 项目比 C 项目多运营了 7 年，此时净现值不能用于寿命期不同的方案的决策。

2. **答案**

（1）①总资产周转率 = 营业收入 / 平均资产总额 =20 000/［（16 000+14 000）/2］=1.33；

②净资产收益率 = 净利润 / 平均所有者权益 =2 500/［（8 000+2 000+14 000-5 000）/2］=26.32%；

③营业净利率 = 净利润 / 营业收入 ×100%=2 500/20 000=12.5%；

④年末权益乘数 = 年末资产总额 / 年末所有者权益总额 =16 000/（8 000+2 000）=1.6。

（2）①应收账款周转期 =360/ 应收账款周转次数，其中，应收账款周转次数 = 营业收入 / 平均应收账款，所以，应收账款周转期 =360/{20 000/［（1 800+2 200）/2］}=36（天）；

②经营周期 = 存货周转期 + 应收账款周转期 =60+36=96（天）；

③现金周转期 = 经营周期 - 应付账款周转期 =96-45=51（天）。

（3）①利润留存额 =3 600×（2 500-1 500）/2 500=1 440（万元）；

②外部融资需求量 = 融资总需求 - 预计增加的留存收益 =（经营性资产销售百分比 - 经营性负债销售百分比）× 销售额增加 - 预计增加的留存收益 + 增加的非经营性资产，外部融资需求量 =（9%+10%+15%-5%）×（30 000-20 000）-1 440+3 000=4 460（万元）。

（4）①发行债券的资本成本率 =6%×（1-25%）/（1-2%）=4.59%；

②发行普通股的资本成本率 =3%+1.2×（8%-3%）=9%。

（5）2024 年拟追加筹资的平均资本成本率 $K_w=\sum_{j=1}^{n}K_jW_j$ =4.59%×40%+9%×60%=7.24%。

2023 年检测卷
客观题答案速查

一、单选题

题号	1	2	3	4	5	6	7	8	9	10
答案	B	C	C	C	B	C	B	C	D	D
题号	11	12	13	14	15	16	17	18	19	20
答案	C	C	D	C	B	D	A	A	C	C

二、多选题

题号	1	2	3	4	5	6	7	8	9	10
答案	AB	ABC	BD	ABCD	ABD	AD	ACD	AC	ACD	BCD

三、判断题

题号	1	2	3	4	5	6	7	8	9	10
答案	√	×	×	√	×	√	√	×	×	√

错题回顾

考生回忆版真题是考生了解每年命题重点和考法技巧的最重要的来源，考生在刷题阶段一定要建立错题集，将错题分类整理，记录高频出错的知识点和题目，进行反复练习。我们给考生提供了错题分类记录，帮助大家在核对答案时，同步对错题进行定期回顾、反复练习，直到正确率达到100%。

日期	单选题	多选题	判断题
5月6日（示例）	1、4、10	11	22、25

2023年全国中级会计资格考试《财务管理》检测卷解析点拨

一、单选题

1. **答案** B **解析** 本题考查银行借款。
按机构对贷款有无担保要求，可以将贷款分为信用贷款和担保贷款。担保贷款是指由借款人或第三方依法提供担保而获得的贷款。担保贷款包括保证贷款、抵押贷款和质押贷款。因此，本题选项B当选。

2. **答案** C **解析** 本题考查财务杠杆效应。
2022年债务资本金额=150×（1-60%）=60（万元），2022年利息费用=60×10%=6（万元），则2023年财务杠杆系数=2022年息税前利润/（2022年息税前利润-2022年利息费用）=14/（14-6）=1.75。同时，财务杠杆系数=每股收益增长率/息税前利润增长率，息税前利润增长率=（16.8-14）/14×100%=20%，所以每股收益增长率=20%×1.75=35%。

3. **答案** C **解析** 本题考查经营杠杆效应。
经营杠杆系数=基期边际贡献/基期息税前利润=（基期息税前利润+基期固定经营成本）/基期息税前利润=（500+300）/500=1.6。

4. **答案** C **解析** 本题考查股票股利。
股票股利从未分配利润中发放（且按面值发放），故未分配利润的报表列示金额=8 000 000-1 000 000×1×10%=7 900 000（元）。

> **名师点睛** 股票股利是常考点，主要考查发放股票股利对公司的影响。下表总结了常考的几个方面：

项目	内容
对公司有影响的项目	（1）股数、股本：增加； （2）每股市价、每股收益：下降； （3）股东权益内部结构（未分配利润转化为股本和资本公积）：变化
对公司无影响的项目	（1）每位股东持股比例不变； （2）每股面值不变； （3）**股东权益总额不变**（资产、负债总额也不变）； （4）股东持股的市场价值总额不变（市场价值=股数×每股市价）

5. **答案** B **解析** 本题考核经济订货基本模型。
经济订货批量=$\sqrt{2\times 单位订货变动成本\times 存货年需要量/单位变动储存成本}$，公式中不涉及缺货成本，因此选项B正确。

> **名师点睛** 关于最优存货量的确定，主要掌握经济订货基本模型以及基本模型的扩展，这两

种模型的具体内容如下表所示：

相关指标	基本模型	扩展模型
经济订货批量（EOQ）	$\sqrt{\dfrac{2KD}{K_C}}$	$\sqrt{\dfrac{2KD}{K_C\times\left(1-\dfrac{d}{p}\right)}}$
与批量相关的存货总成本 [TC（EOQ）]	$\sqrt{2KDK_C}$	$\sqrt{2KDK_C\times\left(1-\dfrac{d}{p}\right)}$
最佳订货次数（N^*）	$\dfrac{D}{EOQ}$	$\dfrac{D}{EOQ}$
最佳订货周期（t^*）	$\dfrac{360}{N^*}$	$\dfrac{360}{N^*}$
使用范围	材料一次入库	材料陆续到货
决策原则	选择购货相关存货总成本最小的	
再订货点	**再订货点 R= 平均交货时间 L× 每日平均需用量 d**	

式中：D——存货年需要量，K——每次订货的变动成本，K_C——单位变动储存成本，d——每日耗用量，p——每日送货量

6. **答案** C **解析** 本题考查企业财务管理目标理论。

以利润最大化为财务管理目标存在的问题有：（1）没有考虑利润实现的时间和资金时间价值；（2）没有考虑风险问题；（3）没有反映创造的利润与投入资本的关系；（4）可能导致企业短期行为倾向，影响企业长远发展。因此选项C符合题意。选项ABD均考虑了风险问题。

名师点睛 企业财务管理目标主要有4种，以股东财富最大化为基础，分别在风险、利润取得时间等因素上具有差异性。本考点可能会单独考查财务管理目标的特点，或对比考查各财务管理目标之间的关系，两者均属于历年常考点，考生要掌握并区分。具体见下表：

财务管理目标	优点	缺点
利润最大化（每股收益最大化）	（1）可以量化，容易衡量； （2）有利于企业资源的合理配置，有利于企业整体经济效益的提高	（1）没有考虑利润实现时间和资金时间价值； （2）没有考虑风险； （3）没有反映创造的利润与投入资本之间的关系（**每股收益最大化除外**）； （4）可能导致企业短期行为倾向
股东财富最大化	（1）考虑了风险； （2）一定程度上能避免短期行为； （3）容易量化，便于考核和奖惩	（1）非上市公司难以应用； （2）股价受众多因素影响，不能完全准确地反映企业财务管理状况； （3）**更多强调股东利益，对其他相关者的利益重视不够**
企业价值最大化	（1）考虑了取得收益的时间和资金时间价值； （2）考虑了风险和收益的关系； （3）克服了企业短期行为； （4）**价值代替价格**，有效规避了企业短期行为	（1）该指标过于理论化，不易操作； （2）非上市公司价值受评估标准和方式影响，很难做到准确和客观

续表

财务管理目标	优点	缺点
相关者利益最大化	（1）有利于长期稳定发展； （2）**合作共赢**的价值理念，有利于实现企业经济效益和社会效益的统一； （3）兼顾各方利益；（首要地位是**股东**） （4）**前瞻性和现实性的统一**	难以操作

7. 答案 B 解析 本题考查商业信用。

商业信用筹资方式包括应付账款（选项C）、应付票据（选项D）、预收货款（选项A）、应计未付款。选项B不属于商业信用筹资方式，当选。

名师点睛 商业信用，是指企业之间在商品或劳务交易中，由于延期付款或延期交货所形成的借贷信用关系。商业信用是一种筹资行为，它不是直接对外筹资获得，是商品交易中以延期付款、预收货款进行购销活动而形成的借贷关系，是一种直接信用的融资行为。商业信用的类型及含义如下表所示：

类型	含义
应付账款	供应商给企业提供的一种商业信用
应付票据	企业在商品购销活动和对工程价款进行结算中，因采用**商业汇票结算方式**而产生的商业信用
预收货款	销货单位按照合同和协议规定，在发出货物之前向购货单位预先收取部分或全部货款的信用行为
应计未付款	企业在生产经营和利润分配过程中已经计提但尚未以货币支付的款项，主要包括**应付职工薪酬**、应交税费、应付利润或应付股利等

8. 答案 C 解析 本题考查普通股资本成本的计算。

根据资本资产定价模型，普通股资本成本率=4%+1.2×（12%-4%）=13.6%。

名师点睛 资本资产定价模型属于历年的高频考点，主要考查计算。资本资产定价模型公式为$R=R_f+\beta \times (R_m-R_f)$，需要重点区分$R_m$、$R_m-R_f$与$\beta \times (R_m-R_f)$的含义，具体总结见下表：

项目	具体含义
R_m	市场组合收益率、市场组合的**必要收益率**、平均风险的**必要收益率**
R_m-R_f	市场**风险溢酬**、市场组合（平均风险）的风险收益率、股票市场的风险收益率
$\beta \times (R_m-R_f)$	某资产或资产组合的**风险收益率**

9. 答案 D 解析 本题考查债券的价值。

债券价值=未来利息的现值+归还本金的现值=$I \times (P/A, R, n) + M \times (P/F, R, n)$。根据计算公式，债券票面利率和面值的乘积构成利息，其金额越大，债券价值越大，选项AB表述正确。引起债券价值随期限变化而波动的原因是债券票面利率与市场利率不一致，折溢价就是票面利率与实际利率不一致导致的，选项C表述正确。折现率越大，现值越低，债券价值越低，选项D表述错误。

名师点睛 可以结合债券价值的计算公式理解记忆影响债券价值的因素，具体如下表所示：

因素	说明
面值	面值越大，债券价值越大。面值影响的是未来本金的流入，以及未来的利息
票面利率	票面利率越大，债券价值越大
债券期限	（1）票面利率等于市场利率：债券期限长短不影响债券价值的变动。 （2）票面利率不等于市场利率： ①溢价债券，期限越长，债券价值越高； ②折价债券，期限越长，债券价值越低
市场利率	市场利率上升，债券价值下降。长期债券对市场利率的敏感性大于短期债券，溢价债券对市场利率的敏感性大于折价债券。 【提示】在票面利率与市场利率不相等时，债券期限越长，债券价值越偏离债券面值；越接近到期日，债券价值越趋于平稳

10. **答案** D **解析** 本题考查固定成本。
约束性固定成本是指管理当局的短期经营决策行动不能改变其具体数额的固定成本，包括房屋租金（选项D）、固定设备折旧、管理人员的基本工资、车辆交强险等。选项ABC均属于酌量性固定成本。

11. **答案** C **解析** 本题考查优先股资本成本的计算。
优先股发行价=100×（1+10%）=110（元），优先股资本成本率=100×8%/［110×（1-2%）］×100%=7.42%。

12. **答案** C **解析** 本题考查安全边际率。
盈亏平衡点销售量=固定成本/（单价－单位变动成本）=6 000/（30-18）=500（万件），盈亏平衡作业率=盈亏平衡点销售量/正常销售量×100%=500/800×100%=62.5%，安全边际率=1－盈亏平衡作业率=1-62.5%=37.5%。

13. **答案** D **解析** 本题考查安全边际分析。
销售利润率=安全边际率×边际贡献率，因此，选项D表述错误。

14. **答案** C **解析** 本题考查利润中心。
可控边际贡献=销售收入－变动成本－该中心负责人可控固定成本=100-46-15=39（万元）。

名师点睛 责任中心一般分为成本中心、利润中心和投资中心。本考点多在客观题中考查，其中利润中心和投资中心的业绩考核指标也偶尔会在主观题的小问中涉及。具体总结如下表所示：

项目	成本中心	利润中心	投资中心
层次	最低	较高	最高
责任范围	所有可控成本	成本、收入、利润	收入、成本、利润、投入资金

续表

项目	成本中心	利润中心	投资中心
考核指标	（1）预算成本节约额=实际产量预算责任成本－**实际责任成本** （2）预算成本节约率=预算成本节约额/实际产量预算责任成本×100%	（1）边际贡献=销售收入总额－变动成本总额 【提示】反映了利润中心盈利能力，对业绩评价作用不大。 （2）可控边际贡献（部门经理边际贡献）=边际贡献－该中心**负责人可控**固定成本 【提示】该指标可**评价利润中心管理者业绩**。 （3）部门边际贡献（部门毛利）=可控边际贡献－该中心**负责人不可控**固定成本 【提示】该指标可**评价部门业绩**	（1）投资收益率=息税前利润/平均经营资产 （2）剩余收益=息税前利润－（平均经营资产×**最低投资收益率**） 【提示】 ①最低投资收益率是根据资本成本确定的，一般**等于或大于**资本成本。通常采用企业**整体**最低期望投资收益率，也可以是企业**为该投资中心**设定的**最低投资收益率**。 ②**平均经营资产**是指资金平均占用，也可用"**投资额**"或"**平均资产总额**"，根据题中给定条件而定

15. **答案** B **解析** 本题考查直接材料预算。
本期预计材料采购量=本期生产需用量+本期期末材料存量－本期期初材料存量，选项B与本期直接材料采购量无关。

16. **答案** D **解析** 本题考查资本成本的含义。
用资费用是指企业在资本使用过程中因占用资本而付出的代价，包括向银行等债权人支付的利息、向股东支付的股利（选项D）等。选项ABC均属于筹资费用。

名师点睛 资本成本由筹资费用和用资费用构成。考生需要学会判断哪些属于筹资费用，哪些属于用资费用，根据各自的特点判断即可。具体如下表所示：

类型	含义	特点	常见举例
筹资费用	企业在资本**筹措过程中**为获取资本而付出的代价	一般为筹资开始时的**一次性支出**	股票发行费、股票佣金、债券发行手续费、借款手续费、证券印刷费、公证费、律师费等
用资费用	企业在资本**使用过程中**因占用资本而付出的代价	一般为**分期支出**	利息支出、股利支出、租赁利息等

17. **答案** A **解析** 本题考查混合成本的分解。
单位工时变动修理费=（33 000－18 000）/60=250（元/小时），6月份修理费=18 000+250×70=35 500（元）。

名师点睛 混合成本的分解方法主要有高低点法、回归直线法、工业工程法、账户分析法和合同确认法等。其中，考试中经常考查的是高低点法。混合成本分解的主要方法具体内容见下表：

方法	含义	说明	方法的性质
高低点法	是以**过去某一会计期间**的总成本和业务量资料为依据，从中选取业务量最高点和业务量最低点，将总成本进行分解，得出成本性态的模型	单位变动成本=（最高点业务量成本－最低点业务量成本）/（最高点业务量－最低点业务量） 固定成本总额=最高点（或最低点）业务量成本－单位变动成本×最高点（或最低点）业务量 【提示】分子是钱，分母是量	需要有历史成本资料数据，不适用于新产品

续表

方法	含义	说明	方法的性质
回归直线法	是根据**过去一定期间**的业务量和成本**资料**，应用最小二乘法原理，算出最能代表业务量与混合成本关系的回归直线，借以确定混合成本中固定成本和变动成本的方法	**计算复杂，代表性最好**	需要有历史成本资料数据，不适用于新产品
工业工程法	运用工业工程的方法，逐步研究确定成本高低的每个因素，在此基础上估算固定成本和单位变动成本的方法	适用于投入成本与产出数量**有规律联系**的成本分解	适用于新产品（无须历史资料）
账户分析法	又称会计分析法，是根据有关成本账户及其明细账的内容，结合其与业务量的依存关系，判断其比较接近哪一类成本，就视其为哪一类成本	简便易行，比较粗略且**带有主观判断**	
合同确认法	是根据企业订立的经济合同或协议中关于支付费用的规定，来确认并估算哪些项目属于变动成本，哪些项目属于固定成本的方法	需要配合账户分析法使用	

18. **答案** A **解析** 本题考查资产的风险及其衡量。

X项目的标准差率 =5%/10%×100%=50%，Y项目的标准差率 =5%/15%×100%=33.33%，X项目的标准差率高于Y项目的标准差率，所以X项目的风险高于Y项目的风险，选项A正确。

19. **答案** C **解析** 本题考查企业组织形式。

公司制企业的缺点：（1）组建公司的成本高（选项C正确）；（2）存在代理问题；（3）双重课税。

名师点睛 企业组织形式中公司制企业是财务管理中主要讲述的对象，考生需要区分公司制企业与其他两种类型组织的特点，通常一方的优点就是另一方的缺点，所以一定要找准对象，具体如下表所示：

组织形式	公司制企业（法人）	个人独资企业和合伙企业（非法人）
投资人	有限责任：1~50人；股份有限：1~200人（发起人）	个人独资：一个自然人；合伙企业：2个或2个以上自然人（有时包括法人或其他组织）
投资人承担的责任	**有限债务责任**	**个人独资：无限债务责任；普通合伙企业：无限连带责任；有限合伙企业：无限（普通合伙人）+有限（有限合伙人）**
企业寿命	**无限存续**	**有限存续**
权益转让	容易转让所有权	权益转让较难
融资难度	融资渠道多	融资较难
纳税	**个人所得税 + 企业所得税**	**只缴纳个人所得税**
代理问题	存在（突出）	不突出
组建成本	高	低（合伙企业＞个人独资企业）
受政府监管程度	高	低

20. **答案** C **解析** 本题考查预付年金现值。

预付年金现值系数等于普通年金现值系数"系数加1，期数减1"。因此，6年期、折现率为8%的预付年金现值系数=（P/A，8%，6-1）+1=（P/A，8%，5）+1=4.992 7。

二、多选题

1. **答案** AB **解析** 本题考查债务筹资的优缺点。

债务筹资的优点包括：（1）筹资速度较快；（2）筹资灵活性较大；（3）资本成本较低（选项B）；（4）可以利用财务杠杆（选项A）；（5）稳定公司的控制权。选项CD属于股权筹资的优点。

2. **答案** ABC **解析** 本题考查单一产品盈亏平衡分析。

盈亏平衡点销售量=固定成本/（单价－单位变动成本），单价下降、单位变动成本上升，（单价－单位变动成本）降低，盈亏平衡点销售量上升，选项AB正确。固定成本总额上升，盈亏平衡点销售量上升，选项C正确。销售量变化与盈亏平衡点无关，选项D错误。

3. **答案** BD **解析** 本题考查递延年金的现值。

（1）假设第1—8年每年都收到现金100万元折现，再扣除实际前3年没有收到的现金折现。$P=100\times[(P/A，10\%，8)-(P/A，10\%，3)]$。选项B正确。

（2）从第4年开始，连续5年每年年末收到现金100万元，使用5年的年金现值折现到第3年年末，再一次折现到零时点，折现期数为3年。$P=100\times[(P/A，10\%，5)\times(P/F，10\%，3)]$。选项D正确。

名师点睛 在计算递延年金时，通常分为以下四个步骤进行：

第一步，判断是属于哪类年金。

如果题干说每年年末有等额的现金流量，则为普通年金；

如果题干说每年年初有等额的现金流量，则为预付年金；

如果题干说从第某年开始，每年年末或年初有等额现金流量，一般为递延年金。

第二步，画时间轴。画出清晰的时间轴，有助于理顺题干信息，快速找出递延期。

画时间轴通常是以0时点为P时点，不论是哪种类型的年金都是如此，考生理解之后可灵活运用。

【提示】各类年金的时间轴都是以普通年金时间轴为基础演化出来的，考生应掌握不同年金的时间轴的画法。

第三步，算出准确递延期。通常是根据题意找出最开始连续有多少期没有现金流入流出，即为递延期的期数。递延年金的计算难点在于算准递延期。计算递延期有一种简便的算法：假设从第X期期末开始有现金流入流出，则递延期$m=X-1$；假设从第X期期初开始有现金流入流出，则递延期$m=X-2$。

第四步，列式求解。在列式时留意不要漏算了递延期的折现。

考生应掌握递延年金的计算方法，具体如下表所示：

计算对象	计算方法
终值（F）	思路：已知递延年金A，求终值F。 $F=A×(F/A, i, n)$ 【提示】计算递延年金终值与计算普通年金终值一样，**递延期对终值不影响**，整个年金发生的期数为n期，与普通年金终值一致
现值（P）	思路：已知递延年金A，求现值P。 $P=A×(P/A, i, n)×(P/F, i, m)$ 【提示】确定递延期m的方法，m=**第一次收付款期末数**−1

4. **答案** ABCD **解析** 本题考查本量利分析概述。

本量利分析的基本假设包括：（1）总成本由变动成本和固定成本两部分组成；（2）销售收入与业务量呈完全线性关系；（3）产销平衡；（4）产品产销结构稳定。

5. **答案** ABD **解析** 本题考查财务管理目标与利益冲突。

大股东侵害中小股东利益的主要形式包括：（1）利用关联方交易转移上市公司的资产（选项A）；（2）非法占用上市公司巨额资金（选项D），或以上市公司的名义进行担保和恶意筹资（选项B）；（3）通过发布虚假信息进行股价操纵，欺骗中小股东；（4）为大股东委派的高管支付不合理的报酬及特殊津贴；（5）采用不合理股利政策，掠夺中小股东既得利益。

名师点睛 企业相关者的利益冲突会影响企业财务管理目标，利益冲突的协调直接关系到财务管理目标的实现程度。企业相关者的利益冲突主要包括委托代理问题引发的利益冲突和股东利益与承担社会责任之间的冲突。其中，委托代理问题引发的利益冲突是常考点，主要包括：股东与管理层的冲突、股东与债权人的冲突以及大股东与中小股东的冲突。

具体见下表：

项目	股东 vs 管理层	股东 vs 债权人	大股东 vs 中小股东
冲突	**股东**：希望以较小的代价实现更多的财富。 **管理层**：创造财富的同时获取更多报酬和享受，并避免各种风险	**股东**： （1）改变举债资金原有用途，用于风险更高的项目； （2）未经债权人同意举借新债。 **债权人**： （1）举债资金被用于风险更高的项目，造成债权人风险与收益不对称； （2）股东举借新债，偿债风险增大	**大股东侵害中小股东利益的主要形式：** （1）利用关联交易转移上市公司的资产； （2）非法占用上市公司巨额资金，或以上市公司的名义进行担保和恶意筹资； （3）通过发布虚假信息进行股价操纵，欺骗中小股东； （4）为大股东委派的高管支付不合理报酬及特殊津贴； （5）采用不合理股利政策，掠夺中小股东既得利益
结果	损害股东利益	损害债权人利益	损害中小股东利益
协调方式	（1）**解聘**（股东对经营者监督，如果经营者绩效不佳，就解聘）——**股东约束**。 （2）**接收**（或吞并）——**市场约束**。 （3）**激励**：股票期权、绩效股	（1）限制支付现金股利； （2）限制性借债（事前）； （3）收回借款或停止借款（事后）	（1）完善上市公司的**治理结构**（使股东大会、董事会和监事会三者有效运行，相互制约）； （2）规范上市公司的**信息披露制度**（保证信息的完整性、真实性和及时性）

6. **答案** AD **解析** 本题考查目标现金余额的确定。

成本分析模型考虑的成本有机会成本、短缺成本、管理成本，交易成本不属于成本分析模型考虑的成本类型，选项 B 错误。管理成本一般被视为固定成本，与现金持有量没有相关关系，选项 A 正确。机会成本与现金持有量呈正相关，选项 C 错误。短缺成本与现金持有量呈负相关，选项 D 正确。

7. **答案** ACD **解析** 本题考查投资中心。

投资收益率 = 息税前利润 / 平均经营资产，因此 X 中心的投资收益率 =108 000/900 000=12%，Y 中心的投资收益率 =90 000/6 000 000=15%，选项 AC 正确。剩余收益 = 息税前利润 − 平均经营资产 × 最低投资收益率，因此 X 中心的剩余收益 =108 000−900 000×8%=36 000（元），Y 中心的剩余收益 =90 000−600 000×8%=42 000（元），选项 B 错误，选项 D 正确。

8. **答案** AC **解析** 本题考查成本差异的计算与分析。

变动成本差异分析中，用量差异包括直接材料数量差异、直接人工效率差异、变动制造费用效率差异。因此，选项 AC 正确。选项 BD 属于价格差异。

名师点睛 考生做该类题时首先需要判断成本类型，其次根据表述判断是价差还是量差。变动成本差异形成的原因及责任部门归属总结见下表：

差异类型	分类	形成差异原因	责任归属
价格差异	直接材料价格差异	受主客观因素影响导致材料价格差异	采购部门
	直接人工工资率差异	工资制度、工人升降级、加班或临时工增减等	劳动人事部门
	变动制造费用耗费差异	—	
数量差异	直接材料数量差异	产品设计结构、原材料质量、工人的技术熟练程度等	主要是生产部门
	直接人工效率差异	工人技术状况、工作环境和设备好坏等	
	变动制造费用效率差异	—	

9. **答案** ACD **解析** 本题考查项目评价指标。

现值指数 = 未来现金流量现值 / 原始投资额现值＞1，所以净现值 = 未来现金净流量现值 − 原始投资额现值＞0，选项 C 正确。按照内含收益率折现得出的净现值 =0，而本题按 12% 折现得出的净现值＞0，所以内含收益率＞12%，选项 A 正确。年金净流量 = 净现值 / 年金现值系数，净现值＞0，可得年金净流量＞0，但无法得出选项 B 的结论，选项 B 错误。对于一个项目来说，静态回收期＜动态回收期，由于净现值＞0，推算动态回收期＜11 年，因此静态回收期＜11 年，选项 D 正确。

10. **答案** BCD **解析** 本题考查作业成本。

所谓增值作业，是指那些顾客认为可以增加其购买的产品或服务的有用性，有必要保留在企业中的作业。一项作业必须同时满足三个条件才可断定其为增值作业：（1）该作业导致了状态的改变（选项 C）；（2）该状态的变化不能由其他作业来完成（选项 D）；（3）该作业使其他作业得以进行（选项 B）。

三、判断题

1. **答案** √ **解析** 本题考查货币时间价值的概念。
   纯利率是指在无通货膨胀、无风险情况下资金市场的平均利率。因此，本题表述正确。

2. **答案** × **解析** 本题考查复利终值和现值。
   复利终值系数 = $(1+i)^n$，利率 i 越大，$(1+i)^n$ 越大，所以复利终值系数随利率的变动而同向变动。因此，本题表述错误。

3. **答案** × **解析** 本题考查债券的内部收益率。
   溢价债券的内部收益率低于票面利率，折价债券的内部收益率高于票面利率，平价债券的内部收益率等于票面利率。因此，本题表述错误。

   名师点睛 关于债券内部收益率，需要注意以下几点：
   （1）债券内部收益率是债券价值等于当前购买价格时的收益率。
   （2）影响债券内部收益率的因素有：债券面值、票面利率、债券期限、债券价格（可与计算债券价值的一般公式相联系）。
   （3）债券内部收益率的计算可使用插值法。

4. **答案** √ **解析** 本题考查成本差异的计算及分析。
   直接材料数量差异 =（实际用量 − 实际产量下的标准用量）× 标准单价。因此，本题表述正确。

5. **答案** × **解析** 本题考查筹资的分类。
   永续债是一种没有明确到期日或期限非常长，投资者不能在一个确定的时间点得到本金，但是可以定期获取利息的债券。永续债实质是一种介于债权和股权之间的融资工具，在判断永续债应被分类为权益工具还是金融负债时，应把"是否能无条件避免交付现金或其他金融资产的合同义务"作为判断永续债分类的关键。因此，本题表述错误。

6. **答案** √ **解析** 本题考查筹资的分类。
   直接筹资是企业直接与资金供应者协商融通资金的筹资活动，直接筹资方式主要有发行股票、发行债券、吸收直接投资等。因此，本题表述正确。

7. **答案** √ **解析** 本题考查偿债能力分析。
   利息保障倍数反映支付利息的利润来源（息税前利润）与利息支出之间的关系，该比率越高，长期偿债能力越强。因此，本题表述正确。

8. **答案** × **解析** 本题考查销售百分比法。
   销售百分比法假设敏感资产和敏感负债与销售额存在稳定的百分比关系。因此，本题表述错误。

   名师点睛 销售百分比法是常考点，考生需要掌握计算原理。相关内容见下表：

项目	内容
公式	外部融资需求量 =Δ经营性资产 −Δ经营性负债 +Δ非敏感性资产 −Δ留存收益 其中，经营性资产又称**敏感性资产**，比如**库存现金**、**应收账款**、**存货**等； 经营性负债又称**敏感性负债**，比如**应付票据**、**应付账款**等。 Δ留存收益 = 预计**全部的**销售收入 × 预计销售净利率 × 预计利润留存率

续表

项目	内容
原理	（1）假设经营性资产和经营性负债与销售收入存在稳定的百分比关系； （2）Δ资金总需求量=Δ经营性资产+Δ非敏感性资产－Δ经营性负债 （3）Δ留存收益=净利润×利润留存率=净利润×（1－股利支付率）=销售收入×销售净利率×利润留存率 （4）外部融资需求量=Δ资金总需求量－Δ留存收益
变换公式	（1）外部融资需求量=**增量销售收入×（经营性资产占销售百分比－经营性负债占销售百分比）**+Δ非敏感性资产－Δ留存收益 （2）外部融资需求量=**（基期经营性资产－基期经营性负债）×预计销售收入增长率**+Δ非敏感性资产－Δ留存收益
注意	（1）非敏感资产（如新购固定资产）增加也会增加资金需求，同时会增加外部融资需求量。 （2）留存收益增加是**预计本年的**留存收益额（**不是"本年留存收益－上年留存收益"**）

9. **答案** × **解析** 本题考查最优存货量的确定。

保险储备的储存成本=保险储备量（B）×单位变动储存成本（K_C）=100×2=200（元）。因此，本题表述错误。

10. **答案** √ **解析** 本题考查发展能力分析。

总资产增长率=本年资产增加额/年初资产总额×100%，反映企业本期资产规模的增长情况。因此，本题表述正确。

名师点睛 发展能力分析指标主要分为两大类，一类是增长率指标，即（期末值－期初值）/期初值×100%，另一类是期末值/期初值×100%。发展能力分析指标的具体分类见下图：

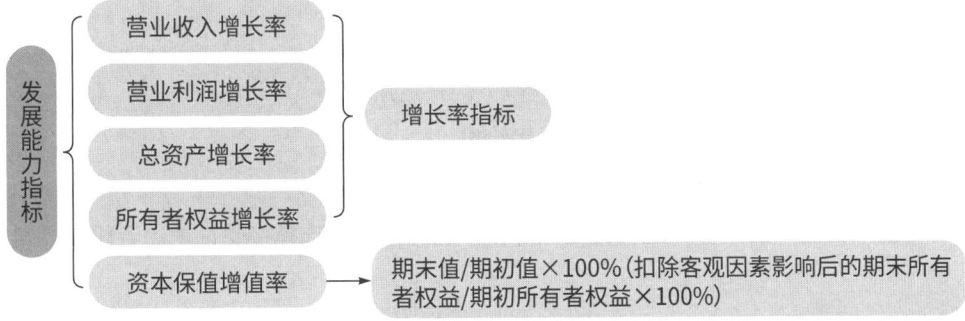

四、计算分析题

1. **答案**

（1）2022年的息税前利润=（20－12）×250－1 000=1 000（万元）。

（2）①经营杠杆系数=（20－12）×250/1 000=2；

②财务杠杆系数=1 000/（1 000－200）=1.25；

③总杠杆系数=2×1.25=2.5。

[或总杠杆系数=（20－12）×250/（1 000－200）=2.5]

（3）2023年的预计息税前利润增长率=10%×2=20%。

【提示】经营杠杆系数＝预计息税前利润增长率/预计销售量增长率，则预计息税前利润增长率＝预计销售量增长率×经营杠杆系数。

2. **答案**

（1）对 X 公司股票投资的内部收益率 =2/25=8%。

（2）当折现率为 19% 时，对 Y 公司股票投资的净现值 =1.72/（1+19%）+2.5/（1+19%）^{2}+27/（1+19%）^{2}－22.2=0.08（元/股）。

当折现率为 20% 时，对 Y 公司股票投资的净现值 =1.72/（1+20%）+2.5/（1+20%）^{2}+27/（1+20%）^{2}－22.2=－0.28（元/股）。

设对 Y 公司股票投资的内部收益率为 i：

（i－19%）/（20%－19%）=（0－0.08）/（－0.28－0.08）

解得：i=19.22%。

3. **答案**

（1）计划内 A 产品的单价 =（199.5+68 400/12 000）×（1+20%）/（1－5%）=324（元/件）。

（2）计划内 A 产品的最低销售单价 =（199.5+68 400/12 000）/（1－5%）=270（元/件）。

（3）计划外 A 产品的单价 =（199.5+199.5×25%）/（1－5%）=262.5（元/件）。

应该接受这个额外订单。因为该订单客户报价为 290 元/件，大于按变动成本计算的单价 262.5 元/件。

名师点睛 变动成本定价法除了测算产品单价，在主观题中常用于判断额外订单决策是否应该接受。此类题分三步思考：

第一步：增加额外订单后，判断生产能力是否有剩余。如果有剩余，说明固定成本不影响决策，此时只需要考虑使用变动成本定价法计算。

第二步：根据变动成本定价法计算出产品单价。

产品单价 = 单位变动成本 ×（1+ 成本利润率）/（1- 适用税率）

其中，适用税率一般指消费税率，题中会直接给出。

第三步：将上步计算出的产品单价与额外订单的单价进行比较。

若额外订单的单价＞产品单价，说明接受额外订单能赚钱，应选择接受订单。若相反，则不应接受订单。

五、综合题

1. **答案**

（1）①股本 =8 000+8 000/10×2×1=9 600（万元），

未分配利润 =16 000－8 000/10×2×1=14 400（万元）；

②普通股股数 =8 000+8 000/10×2+1 000=10 600（万股）。

（2）①流动比率 =30 000/20 000=1.5；

②权益乘数 =100 000/60 000=1.67。

（3）①营业净利率 =10 000/200 000×100%=5%；

②净资产收益率 =10 000/［（50 000+60 000）/2］×100%=18.18%；

③基本每股收益 =10 000/（8 000+8 000/10×2+1 000×6/12）=0.99（元/股）。

（4）①每股面值 =1/2=0.5（元/股）；

②公司发行在外的普通股股数 =10 600/1×2=21 200（万股）；

③股本 =0.5×21 200=10 600（万元）。

2. **答案**

（1）①普通股资本成本率 =0.2×（1+10%）/5+10%=14.4%；

②加权平均资本成本率 =6%×16 000/（16 000+20 000）+14.4%×20 000/（16 000+20 000）=10.67%。

（2）①第 0 年现金净流量 =－7 000－1 000=－8 000（万元）；

②每年折旧 =（7 000－700）/5=1 260（万元），

第 1 年现金净流量 =（12 000－8 000）×（1－25%）+1 260×25%=3 315（万元）；

③第 5 年现金净流量 =3 315+700+1 000=5 015（万元）；

④净现值 =3 315×（P/A，12%，4）+5 015×（P/F，12%，5）－8 000=4 914.16（万元）。

（3）年金净流量 =4 914.16/（P/A，12%，5）=1 363.23（万元）。

公司应选择A方案，因为A方案的年金净流量1 363.23万元大于B方案的年金净流量1 204.56万元。

（4）（$EBIT$－1 280）×（1－25%）/（4 000+6 000/4.8）=（$EBIT$－1 280－6 000×9%）×（1－25%）/4 000

解得：$EBIT$=3 548（万元）。

因此，每股收益无差别点的息税前利润 $EBIT$ 为 3 548 万元。

每股收益无差别点的每股收益 =（3 548－1 280）×（1－25%）/（4 000+6 000/4.8）=0.32（元/股）。

应选择方案二债券筹资方案。筹资后预计息税前利润4 500万元大于每股收益无差别点息税前利润3 548万元。因此，应选择财务杠杆效应较大的方案二债券筹资方案。

名师点睛 在单一方式筹资下，本题还可以用简便方法计算每股收益无差别点：

计算方式：$EBIT = \dfrac{\text{大股数} \times \text{大利息} - \text{小股数} \times \text{小利息}}{\text{大股数} - \text{小股数}}$

【提示】小股数、小利息表示"筹资前数额"，大股数、大利息表示"筹资前数额+增加的数额"，即筹资后的数额，且均指税前金额；如果存在优先股股利，需要转化成"税前金额"，即税前优先股股利 $DP/(1-T)$。

2022 年检测卷
客观题答案速查

一、单选题

题号	1	2	3	4	5	6	7	8	9	10
答案	D	A	B	B	B	D	D	D	C	B
题号	11	12	13	14	15	16	17	18	19	20
答案	C	B	C	C	C	A	C	A	A	C

二、多选题

题号	1	2	3	4	5	6	7	8	9	10
答案	ABC	BD	BD	BC	BCD	ABD	ABD	AD	ABD	BCD

三、判断题

题号	1	2	3	4	5	6	7	8	9	10
答案	×	√	√	×	×	√	√	√	×	×

错题回顾

考生回忆版真题是考生了解每年命题重点和考法技巧的最重要的来源，考生在刷题阶段一定要建立错题集，将错题分类整理，记录高频出错的知识点和题目，进行反复练习。我们给考生提供了错题分类记录，帮助大家在核对答案时，同步对错题进行定期回顾、反复练习，直到正确率达到100%。

日期	单选题	多选题	判断题
5月6日（示例）	1、4、10	11	22、25

2022年全国中级会计资格考试《财务管理》检测卷 解析点拨

一、单选题

1. **答案** D **解析** 本题考查发行公司债券。

    具有提前偿还条款的债券可使公司筹资有较大的弹性,从而"提高"了公司筹资的灵活性(选项A错误);提前偿还所支付的价格通常"高于"债券面值(选项C错误),并随到期日的临近而逐渐"下降"(选项B错误)。本题选项D正确。

    名师点睛 债券的偿还包括提前偿还和到期偿还,其中,到期偿还又包括分批偿还和一次偿还两种。考生需要重点掌握提前偿还的内容。具体如下表所示。

偿还类型	项目	内容
提前偿还 (提前赎回或收回)	含义	尚未到期之前就予以偿还
	应用前提	契约中明确规定才可执行该操作
	偿还价格	通常高于债券的面值,并随到期日的临近而逐渐下降
	特点	可使公司筹资具有较大弹性
	赎回条件	资金有结余时或预测利率下降时
到期分批偿还	含义	为不同编号或不同发行对象的债券规定不同的到期日
	特点	(1)发行费用高; (2)便于发行(便于投资人挑选最合适的到期日)
到期一次偿还	含义	到期一次归还本金和利息(多数情况下)

2. **答案** A **解析** 本题考查影响企业财务管理体制集权与分权选择的因素。

    初创阶段,企业经营风险高,财务管理宜偏重集权模式,选项A说法错误。

    名师点睛 集权模式和分权模式的影响因素。

影响因素	偏重于集权模式	偏重于分权模式
企业生命周期	经营风险高的阶段(如初创企业)	经营风险低的阶段
企业战略	集团内部各所属单位之间业务联系密切	集团内部各所属单位之间业务联系不密切
市场环境	环境稳定	环境复杂多变,有较大不确定性
企业规模	规模小,财务管理工作量小	规模大,财务管理工作量大
企业管理层素质	集团总部管理层素质高、能力强	集团总部管理层素质不高、能力不强
信息网络系统	集团内部信息化管理的基础较强	集团内部信息化管理的基础较弱

3. 答案 B　解析 本题考查应收账款的监控。

平均逾期天数 = 应收账款周转天数 − 平均信用期天数 = 应收账款平均余额 / 平均日赊销额 − 平均信用期天数 =360/10−30=6（天）。因此，本题选项 B 正确。

名师点睛　应收账款周转天数的拆解关系。

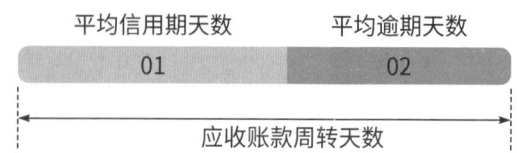

4. 答案 B　解析 本题考查资本成本的含义与作用。

在企业生产经营和对外投资中，要发生利息支出、股利支出、租赁的资金利息等费用，这些属于用资费用。选项 B 正确。

名师点睛　资本成本由筹资费用和用资费用构成。考生需要学会判断哪些属于筹资费用，哪些属于用资费用，根据各自的特点判断即可。具体如下表所示。

类型	含义	特点	常见举例
筹资费用	企业在资本筹措过程中为获取资本而付出的代价	一般为筹资开始时的一次性支出	股票发行费、股票佣金、债券发行手续费、借款手续费、证券印刷费、公证费、律师费等
用资费用	企业在资本使用过程中因占用资本而付出的代价	一般为分期支出	利息支出、股利支出、租赁利息等

5. 答案 B　解析 本题考查股利政策。

采用固定股利支付率政策，股利与公司盈余紧密地配合，体现了"多盈多分、少盈少分、无盈不分"的股利分配原则。因此，选项 B 正确。

名师点睛　不同股利政策的优缺点。

类型	优点	缺点
剩余股利政策	净利润优先满足再投资权益资金的需要，有助于降低再投资资金成本，保持最佳的资本结构	不利于投资者安排收入与支出，不利于公司树立良好形象
固定或稳定增长的股利政策	有助于稳定股价，有利于树立公司良好形象；有助于投资者安排股利收入与支出	股利的支付与企业盈利相脱节
固定股利支付率政策	股利与公司盈余紧密配合，体现了"多盈多分、少盈少分、无盈不分"的分配原则	容易给投资者带来经营状况不稳定、投资风险较大的不良印象
低正常股利加额外股利政策	赋予公司较大的灵活性；使那些依靠股利度日的股东每年至少可以得到虽然较低但比较稳定的股利收入，从而吸引住这部分股东	股利随盈余波动，给投资者造成收益不稳定的感觉

6. 答案 D　解析 本题考查企业组织形式。

公司制企业的缺点有：（1）组建公司的成本高（选项 B）；（2）存在代理问题（选项 C）；（3）双重课税（选项 A）。选项 D 属于个人独资企业和合伙企业的缺点。因此，本题选项 D 当选。

名师点睛　企业组织形式中公司制企业是财务管理中主要讲述的对象，需要区分公司制企业与其他两种类型组织的特点，通常一方的优点就是另一方的缺点，所以一定要找准对象，具体如下表所示。

组织形式	公司制企业（法人）	个人独资企业和合伙企业（非法人）
投资人	有限责任：1~50人； 股份有限：1~200人（发起人）	个人独资：一个自然人； 合伙企业：2个或2个以上自然人（有时包括法人或其他组织）
投资人承担的责任	**有限债务责任**	**个人独资：无限债务责任；** **普通合伙企业：无限连带责任；** **有限合伙企业：无限（普通合伙人）+ 有限（有限合伙人）**
企业寿命	**无限存续**	**有限存续**
权益转让	容易转让所有权	权益转让较难
融资难度	融资渠道多	融资较难
纳税	**个人所得税 + 企业所得税**	**只缴纳个人所得税**
代理问题	存在（突出）	不突出
组建成本	高	低（合伙企业＞个人独资企业）
受政府监管程度	高	低

7. **答案** D **解析** 本题考查互斥投资方案的决策。

当各投资方案寿命期相同时，年金净流量法和净现值法的决策结果是一样的；当各投资方案寿命期不同时，年金净流量法和净现值法的决策结果不一定相同，要采用年金净流量法进行决策。选项D说法错误。

名师点睛 年金净流量法的重要考点汇总。

项目	具体内容
计算公式	年金净流量 = 现金净流量总现值（净现值）/ 年金现值系数 年金净流量 = 现金净流量总终值 / 年金终值系数
适用范围	适用于比较寿命期不同的投资方案； 不能比较投资额不同的独立方案
决策原则	年金净流量越大，方案越好
与净现值法的区别与联系	年金净流量法是净现值法的辅助方法，在各方案寿命期相同时，实质上就是净现值法；与净现值法相比，年金净流量法克服了寿命期不同的缺点，因此年金净流量法可以运用于寿命期不同的投资方案决策

8. **答案** D **解析** 本题考查目标利润分析。

实现目标利润的销售量 =（目标利润+固定成本）/（单价 - 单位变动成本）=（10 000+50 000）/（60-20）= 1 500（件）。因此，本题选项D正确。

9. **答案** C **解析** 本题考查证券资产组合的期望收益率。

该投资组合的期望收益率 = 组成证券资产组合的各种资产收益率的加权平均数 =10%×40%+15%×60%=13%。因此，本题选项C正确。

名师点睛 对于两个资产构成的投资组合，考试通常考查加权平均的计算，具体如下表所示。

指标	公式	是否可加权平均
期望值（$\bar{E}_P$）	$\bar{E}_P = \sum$ 各个资产的预期收益率 × 各自的资金权重	√
方差（σ_P^2）	$\sigma_P^2 = w_1^2\sigma_1^2 + w_2^2\sigma_2^2 + 2w_1w_2\rho_{1,2}\sigma_1\sigma_2$	×
标准差（σ_p）	$\sigma_p = \sqrt{w_1^2\sigma_1^2 + w_2^2\sigma_2^2 + 2w_1w_2\rho_{1,2}\sigma_1\sigma_2}$	×
标准差率（V_p）	$V_p = \dfrac{\sigma_p}{\bar{E}_P}$	×
β系数（β_i）	$\beta_p = \sum\limits_{i=1}^{n}(\beta_i \times W_i)$	√

【提示】资产组合中，方差、标准差、标准差率的计算都需要考虑组合之间的相关性影响，因此不能直接"加权平均"计算。

10. **答案** B **解析** 本题考查经营杠杆效应、财务杠杆效应。

财务杠杆系数＝息税前利润/（息税前利润－利息费用），经营杠杆系数＝（息税前利润＋固定经营成本）/息税前利润，而息税前利润＝（单价－单位变动成本）×产销量－固定经营成本，所以只有固定利息费用影响财务杠杆系数但不影响经营杠杆系数。因此，本题选项B正确。

11. **答案** C **解析** 本题考查固定预算法与弹性预算法。

编制预算的方法按其业务量基础的数量特征不同，可分为固定预算法和弹性预算法（选项C正确）；按其出发点的特征不同，分为增量预算法和零基预算法；按其预算期的时间特征不同，分为定期预算法和滚动预算法。因此，本题选项C正确。

名师点睛 预算编制方法的分类。

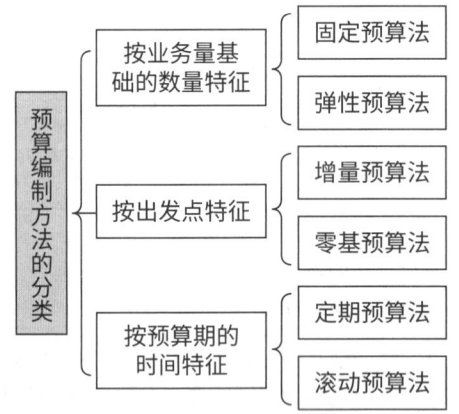

12. **答案** B **解析** 本题考查现金流量分析中的获取现金能力的分析。

获取现金能力分析指标包括营业现金比率、每股营业现金净流量、全部资产现金回收率。现金比率属于偿债能力指标，本题选项B当选。

名师点睛 现金流量分析主要从获取现金能力和收益质量两个方面进行分析，需注意这两个方面对应的具体的财务比率。

获取现金能力的分析指标		收益质量分析
营业现金比率 =经营活动现金流量净额/营业收入 每股营业现金净流量 =经营活动现金流量净额/普通股股数 全部资产现金回收率 =经营活动现金流量净额/平均总资产×100%	vs	净收益营运指数 =经营净收益/净利润 现金营运指数 =经营活动现金流量净额/经营所得现金

13. **答案** C **解析** 本题考查净现值、现值指数。

净现值指标考虑了投资的风险和货币时间价值,且可以作为寿命期相等的互斥投资方案的决策指标。而用现值指数来评价独立投资方案,可以克服净现值指标不便于对原始投资额现值不同的独立投资方案进行比较和评价的缺点。因此,选项 C 正确,选项 ABD 错误。

14. **答案** C **解析** 本题考查经济订货基本模型的扩展。

经济订货扩展模型下,平均库存量 = 每批订货数 /2×(1 - 每日耗用量 / 每日送货量)=600/2×(1-10/30)=200(件)。因此,本题选项 C 正确。

名师点睛 经济订货基本模型与陆续供应和使用模型的存货数量的对比。

项目	基本模型	陆续供应和使用模型
最高库存	Q	$Q \times \left(1 - \dfrac{d}{p}\right)$
平均库存	$\dfrac{Q}{2}$	$\dfrac{Q}{2} \times \left(1 - \dfrac{d}{p}\right)$
经济订货批量	$\sqrt{\dfrac{2KD}{K_C}}$	$\sqrt{\dfrac{2KD}{K_C \times \left(1 - \dfrac{d}{p}\right)}}$

15. **答案** C **解析** 本题考查资产的风险及其衡量。

甲标准差率 = 甲标准差 / 甲期望收益率 =3.2%/10%×100%=32%,乙标准差率 = 乙标准差 / 乙期望收益率 =3.2%/14%×100%=22.86%。期望值不同的情况下,标准差率越大,风险越大,甲标准差率高于乙标准差率,因此,甲项目的风险高于乙项目,选项 C 正确。

名师点睛 比较甲、乙两个项目风险大小的流程。

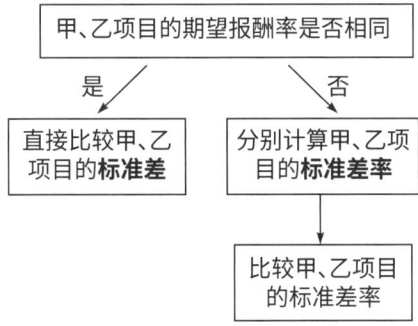

16. **答案** A **解析** 本题考查可转换债券。

可转换债券的转换比率 = 债券面值 / 转换价格 =100/20=5。选项 A 正确。

17. 答案 C 解析 本题考查银行借款。

不动产不能用于质押，动产和财产权利可以用于质押。厂房（选项 C）属于不动产，因此不可以作为质押品。

👤 **名师点睛** 考生容易混淆抵押和质押，下图可以帮助考生理解两者的区别。

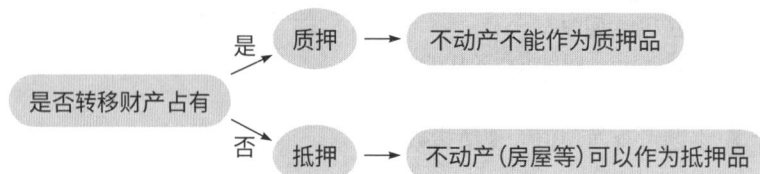

18. 答案 A 解析 本题考查内含收益率。

本题需要将内含收益率与插值法结合考虑。内含收益率是净现值为 0 时的折现率，插值法要求净现值应取与 0 相邻的数值，因此净现值应取 8 万元和 -12 万元，对应折现率为 10% 和 12%，故内含收益率也在 10% 与 12% 之间。本题选项 A 正确。

19. 答案 A 解析 本题考查公司价值分析法。

每股收益分析法、平均资本成本比较法都是从账面价值的角度进行资本结构优化分析，没有考虑市场反应，也就是没有考虑风险因素，选项 BC 不当选。内含收益率法是一种评估投资项目盈利能力的方法，不用于资本结构优化决策，选项 D 不当选。公司价值分析法是在考虑市场风险的基础上，以公司市场价值为标准，进行资本结构优化。因此，本题选项 A 正确。

👤 **名师点睛** 资本结构优化三种方法的比较。

方法	决策原则	计算方法	是否考虑风险
每股收益分析法	每股收益最高（大债小股）	（每股收益相等时的息税前利润）$\frac{(EBIT-I_1)\times(1-T)-DP_1}{N_1} = \frac{(EBIT-I_2)\times(1-T)-DP_2}{N_2}$	没有
平均资本成本比较法	平均资本成本最低	平均资本成本 $=\sum_{j=1}^{n}K_jW_j$	没有
公司价值分析法	公司价值最大（平均资本成本最低）	$S=\frac{(EBIT-I)\times(1-T)}{K_s}$，其中，$K_s=R_f+\beta(R_m-R_f)$ 企业价值=股权价值 S + 债务价值	考虑

20. 答案 C 解析 本题考查预付年金现值、终值。

每年存一笔款项，且从现在（期初，0 时点）开始存，符合预付年金性质。存款 10 次（$n=10$），利率为 6%，10 年后的存款本息和（终值 F）为 100 万元，已知终值 F，求年金 A。设每年的等额存款额为 A，则 $A\times(F/A，6\%，10)\times(1+6\%)=100$，可得 $A=100/[(F/A，6\%，10)\times(1+6\%)]$。选项 C 正确。

二、多选题

1. **答案** ABC **解析** 本题考查资金习性预测法。

   变动资金是指随产销量变动而同比例变动的那部分资金，它一般包括直接构成产品实体的原材料（选项C正确）、外购件等占用的资金。另外，在最低储备以外的现金、存货、应收账款等也具有变动资金的性质（选项D错误）。半变动资金是与产销量不呈同比例变动的资金，如一些辅助材料占用的资金（选项B正确）。不变资金是指在一定产销量范围内，不受产销量变动的影响而保持固定不变的那部分资金。不变资金包括：为维持营业而占用的最低数额的现金，原材料的保险储备（选项A正确），必要的成品储备，厂房、机器设备等固定资产占用的资金。因此，本题选项ABC正确。

   名师点睛 资金习性预测法中对资金的区分。

项目	含义	举例
不变资金	不受产销量变动的影响，保持固定不变的资金	为维持营业而占用的最低数额的现金；原材料的保险储备；必要的成品储备；厂房、机器设备等固定资产占用的资金
变动资金	随产销量的变动而同比例变动的资金	直接构成产品实体的原材料、外购件等占用的资金；最低储备以外的现金、存货、应收账款
半变动资金	受产销量变化的影响，但不呈同比例变动的资金	一些辅助材料占用的资金

2. **答案** BD **解析** 本题考查发行公司债券、优先股。

   债券利息属于公司的法定债务；优先股股息不属于公司的法定债务，在公司财务状况恶化、经营成果不佳时可以不支付，选项A错误。由于优先股股息是税后支付的，所以不产生抵税效应，选项C错误。选项BD正确。

   名师点睛 优先股是兼具债务与股权性质的混合性融资工具，因此考试通常将其与债务筹资和股权筹资（通常是普通股筹资）相比较，考生需对比理解三者的不同点。具体见下表。

项目		债务筹资	优先股	普通股
偿还时间		到期还本	无限期，无须到期偿还	无限期，无须到期偿还
股东权利		—	（1）优先分配利润；（2）优先剩余财产清偿	（1）公司管理权；（2）收益分享权；（3）股份转让权；（4）**优先认股权**（原有股东拥有优先认购本公司增发股票的权利）；（5）剩余财产要求权
利息（股利）	是否固定	固定	一般固定	不固定
	不支付是否违约	违约（法定）	不违约（可分配利润不足时可不支付或少支付）	—

续表

项目		债务筹资	优先股	普通股
利息（股利）	是否可抵税	可抵税（税前支付）	不可抵税（税后支付）	不可抵税（税后支付）
对控制权的影响		不影响（无表决权）	不影响（无表决权）	可能分散控制权（有表决权）
资本成本		债务筹资＜优先股＜普通股		
财务风险		债务筹资＞优先股＞普通股		

3. **答案** BD **解析** 本题考查预算的分类。

财务预算称为总预算，包括资金预算（选项D）、预计利润表（选项B）、预计资产负债表。其他预算（选项AC）称为辅助预算或分预算。因此，本题选项BD正确。

名师点睛 预算的分类。

类型	短期/长期预算	说明	
经营预算	短期预算	包括销售预算、生产预算、直接材料预算、直接人工预算、制造费用预算、产品成本预算、销售及管理费用预算等	分预算（辅助预算）
专门决策预算	长期预算	包括投融资决策预算、资本支出预算等	
财务预算	短期预算	包括资金预算、预计利润表、预计资产负债表等	总预算

【提示】
（1）主要记住专门决策预算和财务预算，其他的就是经营预算；
（2）**财务预算**是预算体系的**最后环节**。

4. **答案** BC **解析** 本题考查发行普通股股票。

一般来说，股票上市给公司带来的不利影响主要包括：（1）上市成本较高，手续复杂、严格；（2）公司将负担较高的信息披露成本（选项C）；（3）信息公开的要求可能会暴露公司商业机密（选项B）；（4）股价有时会歪曲公司的实际情况，影响公司声誉；（5）可能会分散公司的控制权，造成管理上的困难。因此，本题选项BC正确。

名师点睛

股票上市的目的和不利影响建议考生**对比记忆**，但不是常考点。具体见下表。

目的（好处）	不利影响
（1）便于筹措新资金； （2）促进股权流通和转让； （3）便于确定公司价值	（1）**上市成本较高**，手续复杂、严格； （2）公司将负担**较高的信息披露成本**； （3）信息公开的要求可能会暴露公司商业机密； （4）股价有时会**歪曲实际情况**，影响公司声誉； （5）**分散**公司**控制权**，造成管理困难

5. **答案** BCD **解析** 本题考查内含收益率。

内含收益率是净现值为0时的折现率，因此净现值=未来现金净流量现值－原始投资额现值（选项B）=0，选项D影响现值计算，选项C影响未来现金净流量现值。选项A与内含收益率的计算无关，而是决策时要与内含收益率进行比较的对象。因此，本题选项BCD正确。

名师点睛 内含收益率的重要考点。

项目	考点
含义	内含收益率是净现值为0时的折现率
计算方法	（1）未来每年现金净流量相等时： 每年现金净流量相等是一种年金形式，计算出净现值为0时的年金现值系数后查表，利用插值法可求得相应的折现率i，该折现率就是方案的内含收益率。 未来每年现金净流量×年金现值系数−原始投资额现值=0 （2）未来每年现金净流量不相等时： 不能采用直接查年金现值系数表的方法来计算内含收益率，需要采用逐次测试法
影响因素	未来各期的现金净流量、原始投资额现值、项目的使用年限、项目建设期的长短 【提示】不受必要收益率的影响
决策原则	内含收益率高于必要投资收益率时，该项目可行
优点	（1）反映了投资项目可能达到的收益率，易于理解； （2）对于独立投资方案的比较决策，能够反映各独立投资方案的获利水平
缺点	（1）计算复杂，不易直接考虑投资风险大小； （2）不能用于原始投资额现值不同的互斥方案的决策

6. **答案** ABD **解析** 本题考查经营预算的编制：生产预算。

变动制造费用预算（选项A）、直接材料预算（选项D）、直接人工预算（选项B）是以生产预算为基础编制的。而销售预算是生产预算的编制基础。因此，本题选项ABD正确。

名师点睛 企业预算的编制逻辑。

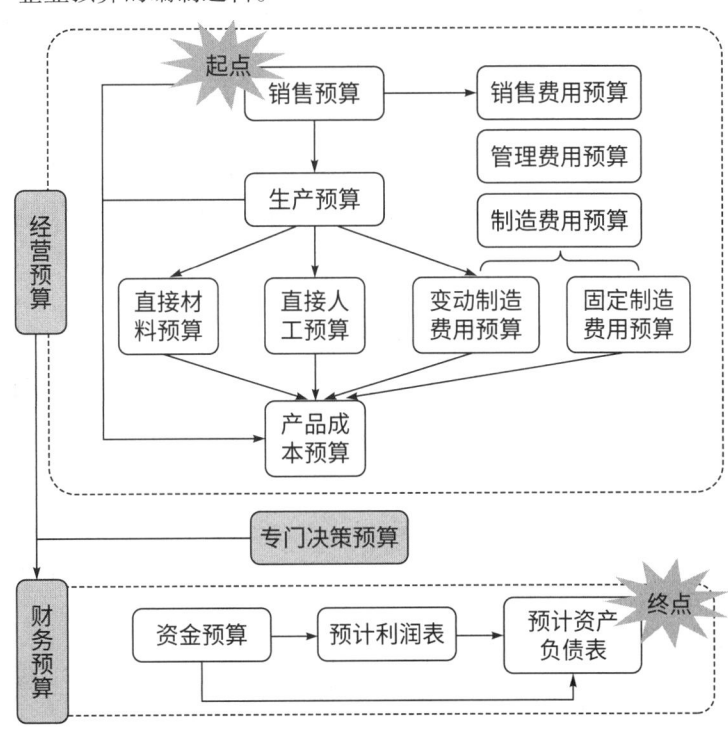

理解思路：

（1）**销售预算**是整个预算的编制**起点**，**预计资产负债表**是整个预算的终点。

（2）销售预算会影响经营预算中的**生产预算、产品成本预算、销售费用预算**，财务预算中的**资金预算、预计利润表、预计资产负债表**的编制。

（3）生产预算会影响直接材料预算、直接人工预算、**变动制造费用预算**、产品成本预算的编制，不会影响销售费用预算和管理费用预算的编制。

（4）制造费用预算分为变动制造费用预算和固定制造费用预算，只有变动制造费用预算是以生产预算为基础编制的，固定制造费用预算是逐项进行预计的。

（5）产品成本预算是**销售预算、生产预算、直接材料预算、直接人工预算、制造费用预算**的汇总。

（6）销售费用预算以销售预算为基础，管理费用预算多属于固定成本。

（7）专门决策预算与**经营预算是无关的**，但会影响**资金预算、预计利润表和预计资产负债表**的编制。

（8）**资金预算**是以经营预算（比如"现金收入"项目来自**销售预算**、"直接材料"项目来自**直接材料预算**、"直接人工"项目来自**直接人工预算**、"制造费用"项目来自**制造费用预算**、"销售及管理费用"项目来自**销售及管理费用预算**）和专门决策预算（比如"购买设备""借入长期借款"项目）为依据编制的。

（9）**预计利润表**是以经营预算（比如"销售收入"项目来自**销售预算**、"销售成本"项目来自**产品成本预算**、"销售及管理费用"项目来自**销售及管理费用预算**）、专门决策预算和**资金预算**（比如"利息"项目）为依据编制的。

（10）**预计资产负债表**是以经营预算（比如"应收账款"项目来自**销售预算**，"应付账款"项目来自**直接材料预算**，"存货"项目来自直接材料预算、产品成本预算）、专门决策预算（比如"长期借款"项目）、**资金预算**和**预计利润表**为依据编制的。

7. **答案** ABD **解析** 本题考查留存收益。

留存收益筹资特点有：（1）不用发生筹资费用（选项A正确）；（2）维持公司的控制权分布（选项C错误）；（3）筹资数额有限（选项B正确）。与普通股筹资相比，留存收益没有筹资费用，因此资本成本较低，选项D正确。因此，本题选项ABD正确。

名师点睛 留存收益筹资与普通股筹资的对比。

项目	留存收益筹资	普通股筹资
筹资费用	没有	有
资本成本	低	高
对控制权的影响	不影响	稀释控制权
筹资数额	有限	一次性可筹集大量资金

8. **答案** AD **解析** 本题考查发行公司债券。

发行公司债券筹资的特点有：（1）单次筹资数额大（选项A正确）；（2）筹资使用限制少，债务筹资具有较大自主性（选项D正确）；（3）与银行借款相比，资本成本较高（选项B错误）；（4）提高公司社会声誉。债券利息一般比银行借款利息要高，所以会增加财务杠杆水平，选项C错

50

误。因此，本题选项 AD 正确。

> **名师点睛** 发行公司债券筹资的特点通常与银行借款筹资的特点对比考查，考生需要注意区分。发行公司债券筹资相对于银行借款筹资的特点如下表所示。

	特点	说明
优点	单次筹资**数额大**	债务筹资方式中选择发行公司债券筹资的主要原因
	筹资使用**限制少**	相比银行借款，限制条件少；灵活性、自主性高
	提高公司的社会声誉	发行公司债券往往是股份有限公司和有实力的有限责任公司所为
缺点	**资本成本较高**	发行债券的利息负担和筹资费用相对较高，财务杠杆大

9. **答案** ABD **解析** 本题考查应收账款保理。
应收账款保理的作用主要体现在：（1）融资功能；（2）减轻企业应收账款的管理负担（选项 D）；（3）减少坏账损失，降低经营风险（选项 B）；（4）改善企业的财务结构，企业通过出售应收账款，将流动性较弱的应收账款置换成具有高流动性的货币资金，增强了企业资产的流动性（选项 A）。因此，本题选项 ABD 正确。

> **名师点睛** 应收账款日常管理中相对重要的知识点是应收账款保理，考生应掌握应收账款保理的概念及分类。

应收账款保理是企业将**赊销形成的未到期应收账款**，在满足一定条件的情况下转让给保理商，以获得流动资金，加快资金的周转。具体内容如下表所示。

分类	含义
有追索权保理（非买断型）	指供应商将债权转让给保理商，如果有关款项到期未能收回，保理商有权向供应商进行追索，因而**保理商具有全部"追索权"**（风险仍由供应商承担）
无追索权保理（买断型）	指保理商将销售合同**完全买断**，并**承担全部的收款风险**（风险由保理商承担）
明保理	指保理商和供应商需要将销售合同被转让的情况**通知购货商**，并签订保理商、供应商、购货商之间的三方合同
暗保理	指供应商为了避免让客户知道自己因流动资金不足而转让应收账款，并**不将债权转让情况通知客户**，货款到期时仍然由销售商出面催款，再向银行偿还借款
折扣保理	在销售合同到期前，保理商将剩余未收款部分先预付给销售商，一般不超过全部合同额的 70% ~ 90%
到期保理	保理商并不提供预付账款融资，而是在赊销到期时才支付，届时不管货款是否收到，保理商都必须向销售商支付货款

应收账款保理的作用：

（1）**融资功能**，实质是一种利用未到期应收账款这种流动资产作为抵押，从而获得银行短期借款的一种融资方式；

（2）**减轻企业应收账款的管理负担**；

（3）减少坏账损失，降低经营风险；

（4）**改善企业的财务结构**：企业通过出售应收账款，增强了企业资产的流动性，提高了企业的债务清偿能力。

10. **答案** BCD **解析** 本题考查固定预算法与弹性预算法。

设固定制造费用为 a，单位变动制造费用为 b，则 $18\,000=a+500b$，$15\,000=a+300b$，解得：$a=10\,500$，$b=15$，选项 CD 正确。设制造费用为 y，业务量为 x，则 $y=10\,500+15x$，业务量为 0 时，制造费用是 10 500 元，选项 A 错误。业务量为 320 工时时，制造费用 $=10\,500+320\times 15=15\,300$（元），选项 B 正确。因此，本题 BCD 正确。

名师点睛 弹性预算法中公式法和列表法的对比。

方法	表现形式	优缺点
公式法	成本与业务量之间的数量关系可用公式表示为： $y=a+bx$ 式中，y 表示预算成本总额，a 表示成本中的固定基数，b 表示与业务量相关的弹性定额，x 表示预计业务量	**优点**：可比性和适应性强；编制预算的工作量较小。 **缺点**：（1）分解麻烦，工作量很大； （2）对于阶梯成本和曲线成本只能先用数学方法修正为直线，才能应用公式法； （3）相关弹性定额可能仅适用于一定的业务量范围，当业务量超过适用范围时，需要修改、更新才适用
列表法	通过列表的方式，在业务量范围内依据已划分出的若干个不同等级，分别计算并列示该预算项目和业务量相关的不同可能预算方案的方法	**优点**：（1）不管实际业务量多少，不必经过计算即可找到与业务量相近的预算成本； （2）阶梯成本和曲线成本可按总成本性态模式计算填列，不必用数学方法修正 **缺点**：使用插值法来计算"实际业务量的预算成本"比较麻烦

三、判断题

1. **答案** × **解析** 本题考查优先股。

优先股股东一般没有选举权和被选举权，对股份公司的重大经营事项无表决权，仅在股东大会表决与优先股股东自身利益直接相关的特定事项时，具有有限表决权。因此，本题表述错误。

2. **答案** √ **解析** 本题考查上市公司特殊财务分析指标。

发行认股权证时，稀释每股收益＝归属于普通股股东的净利润／（对外发行的普通股加权平均数＋增加的股数），增加的股数＝行权认购股数×（1－行权价格／普通股平均市价），若行权价格低于普通股平均市价，那么增加的股数大于 0，每股收益减少，具有稀释性。因此，本题表述正确。

名师点睛 常见的三项潜在普通股包括可转换公司债券、认股权证、股份期权。区分这三种潜在普通股计算稀释每股收益的方法见下表。

潜在普通股类型	净利润增加额	潜在增加的加权平均股数
可转换公司债券	税后利息费用	（可转换债券面值／转换价格）×时间权重
认股权证和股份期权	—	（行权认购股数－行权认购股数×行权价格／普通股平均市价）×时间权重（行权价格<普通股平均市价时，考虑稀释性）

【提示】可转换债券的稀释原理是转化为普通股时，不再支付其作为债券所支付的利息，会使公司净利润增加，同时，股份也相应增加。如果增加的收益和增加的股数的比值低于基本每股收益，那

么可转换债券就具有稀释作用。认股权证和股份期权行权时，对净利润没有影响，但会增加股份数，从而稀释每股收益。

3. **答案** √ **解析** 本题考查认股权证。

   认股权证本质上是一种股票期权，属于衍生金融工具，具有实现融资和股票期权激励的双重功能。因此，本题表述正确。

   名师点睛 认股权证筹资的重要考点。

项目	考点
性质	本质上是一种股票期权（看涨期权），具有实现融资和股票期权激励的双重功能。 认股权证没有普通股的红利收入，也没有普通股相应的投票权
筹资特点	（1）认股权证是一种**融资促进工具**； （2）有助于改善上市公司的治理结构； （3）有利于推进上市公司的**股权激励机制**

4. **答案** × **解析** 本题考查财务管理目标与利益冲突。

   股东与债权人的冲突表现在：（1）股东可能要求经营者改变举债资金的原定用途，将其用于风险更高的项目，这会增大偿债风险；（2）股东可能在未征得债权人同意的情况下，要求经营者举借新债，这会增大偿债风险，导致原有债权价值降低。因此股东与债权人的利益冲突与是否存在控股股东无关，本题表述错误。

   名师点睛 利益冲突的分类与协调。

项目	股东 vs 管理层	股东 vs 债权人	大股东 vs 中小股东
冲突	**股东**：希望以较小的代价实现更多的财富。 **管理层**：创造财富的同时获取更多报酬和享受，并避免各种风险	**股东**： （1）改变举债资金原有用途，用于风险更高的项目； （2）未经债权人同意举借新债。 **债权人**： （1）举债资金被用于风险更高的项目，造成债权人风险与收益不对称； （2）股东举借新债，偿债风险增大	**大股东侵害中小股东利益的主要形式**： （1）利用关联交易转移上市公司的资产； （2）非法占用上市公司巨额资金，或以上市公司的名义进行担保和恶意筹资； （3）通过发布虚假信息进行股价操纵，欺骗中小股东； （4）为大股东委派的高管支付不合理报酬及特殊津贴； （5）采用不合理股利政策，掠夺中小股东既得利益
结果	损害股东利益	损害债权人利益	损害中小股东利益
协调方式	（1）**解聘**（股东对经营者监督，如果经营者绩效不佳，就解聘）——**股东约束**。 （2）**接收**（或吞并）——**市场约束**。 （3）**激励**：股票期权、绩效股	（1）限制性借债（事前）； （2）收回借款或停止借款（事后）	（1）完善上市公司的**治理结构**（使股东大会、董事会和监事会三者有效运行，相互制约）； （2）规范上市公司的**信息披露制度**（保证信息的完整性、真实性和及时性）

5. **答案** × **解析** 本题考查货币时间价值的概念。

   纯利率是指在没有通货膨胀、无风险情况下资金市场的"平均"利率，而不是最低利率。因此，本题表述错误。

> 👤 **名师点睛** 不同利率的联系和区别。

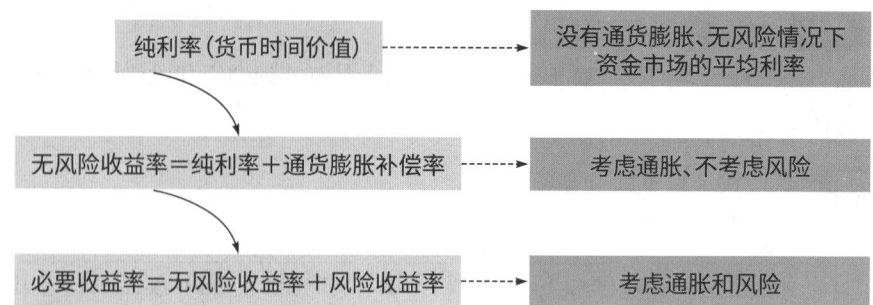

6. **答案** √ **解析** 本题考查财务预算的编制：预计利润表。

预计资产负债表的编制需以计划期开始日的资产负债表为基础，结合计划期间的各项经营预算、专门决策预算、资金预算和预计利润表进行编制。因此，本题表述正确。

7. **答案** √ **解析** 本题考查总杠杆效应。

总杠杆系数＝经营杠杆系数×财务杠杆系数，在保持总杠杆系数一定的前提下，经营杠杆系数和财务杠杆系数可以有不同的组合。因此，本题表述正确。

8. **答案** √ **解析** 本题考查非公开定向债务融资工具。

非公开定向债务融资工具是具有法人资格的非金融企业，向银行间市场特定机构投资人发行债务融资工具取得资金的筹资方式。因此，本题表述正确。

> 👤 **名师点睛**

本考点并非重点，考生需要了解对应的筹资方式并进行分辨，下表列举了几种考试中可能考查的筹资方式。

筹资方式	说明
非公开定向债务融资工具（PPN）	具有法人资格的非金融企业向银行间市场**特定机构投资人**发行
商业票据融资	债务人向债权人开出
中期票据融资	具有法人资格的非金融企业在**银行间债券市场**发行
私募股权投资（PE）	投资于**非上市公司**的权益性投资
产业基金	主要投资于新兴的、有巨大潜力的企业

9. **答案** × **解析** 本题考查资产的风险及其衡量。

方差和标准差作为绝对数，只适用于期望值相等的决策方案的风险程度比较。对于期望值不相等的决策方案，只能借助于标准差率这一相对数值来比较各自的风险程度。因此，本题表述错误。

10. **答案** × **解析** 本题考查经营预算的编制：产品成本预算。

产品成本预算，是销售预算、生产预算、直接材料预算、直接人工预算、制造费用预算的汇总。因此，本题表述错误。

四、计算分析题

1. **答案**

(1) 追加筹资后的年息税前利润 =8 000×(1-40%)-2 000=2 800(万元)。

(2) A方案股数 =1 000+500=1 500(万股),B方案股数 =1 000(万股)。

A方案每股收益 =(2 800-180)×(1-25%)/(1 000+500)=1.31(元/股);

B方案每股收益 =(2 800-180-4 000×8%)×(1-25%)/1 000=1.73(元/股)。

(3) (EBIT-180)×(1-25%)/(1 000+500)=(EBIT-180-4 000×8%)×(1-25%)/1 000

得出:每股收益无差别点EBIT=1 140(万元)。

应选择B方案。因为每股收益无差别点的息税前利润是1 140万元,小于甲公司预计息税前利润2 800万元。

名师点睛 每股收益分析法。

项目	重要考点
关键指标	每股收益无差别点的EBIT
计算方法	$\dfrac{(EBIT-I_1)-DP_1}{N_1}=\dfrac{(EBIT-I_2)-DP_2}{N_2}$,求解EBIT
决策原则	若预期EBIT>无差别点的EBIT,选择财务杠杆效应较大的方案; 若预期EBIT<无差别点的EBIT,选择财务杠杆效应较小的方案
缺点	没有考虑风险因素

2. **答案**

(1) 单位零件占用资金的年应计利息 =100×10%=10(元)。

(2) 单位变动储存成本 =2+100×0.5%+10=12.5(元)。

(3) 经济订货批量 =$\sqrt{2\times 3\,600\times 100/12.5}$ =240(件)。

最佳订货次数 =3 600/240=15(次)。

(4) 再订货点 =3×3 600/360=30(件)。

名师点睛 经济订货模型。

相关指标	基本模型	存货陆续供应和使用模型
经济订货批量(EOQ)	$\sqrt{\dfrac{2KD}{K_C}}$	$\sqrt{\dfrac{2KD}{K_C\times\left(1-\dfrac{d}{p}\right)}}$
与批量相关的存货总成本[TC(EOQ)]	$\sqrt{2KDK_C}$ 变动订货成本+变动储存成本 =2×变动订货成本 =2×变动储存成本	$\sqrt{2KDK_C\times\left(1-\dfrac{d}{p}\right)}$ 变动订货成本+变动储存成本 =2×变动订货成本 =2×变动储存成本
变动订货成本	$\dfrac{D}{EOQ}\times K$	$\dfrac{D}{EOQ}\times K$

续表

相关指标	基本模型	存货陆续供应和使用模型
变动储存成本	$\dfrac{EOQ}{2} \times K_C$	$\dfrac{EOQ}{2} \times K_C \times \left(1 - \dfrac{d}{p}\right)$
最佳订货次数（N^*）	$\dfrac{D}{EOQ}$	$\dfrac{D}{EOQ}$
最佳订货周期（t^*）	$\dfrac{360}{N^*}$	$\dfrac{360}{N^*}$
式中：D——存货年需要量，K——每次订货的变动成本，K_C——单位变动储存成本，d——每日耗用量，p——每日送货量		

3. **答案**

（1）投资前平均经营资产×（17%－11%）=300，投资前平均经营资产=5 000（万元）。

实施该投资后，A投资中心的投资收益率=（5 000×17%+225）/（5 000+1 500）=16.54%。

A投资中心不应当实施该投资。因为甲公司用投资收益率指标考核A投资中心业绩，投资后的投资收益率16.54%低于投资前的投资收益率17%。

（2）实施该投资后，A投资中心的剩余收益=（5 000×17%+225）－（5 000+1 500）×11%=360（万元）。

A投资中心应当实施该投资。因为甲公司用剩余收益指标考核A投资中心业绩，投资后的剩余收益360万元大于投资前的剩余收益300万元。

（3）从公司整体利益角度出发，甲公司应以剩余收益指标对A投资中心的业绩进行评价。因为投资收益率指标容易引起短期行为的发生，追求局部利益最大化而损害整体利益最大化目标，而剩余收益指标可以弥补这一不足之处。

名师点睛 投资中心的评价指标。

项目	投资收益率	剩余收益
公式	投资收益率=息税前利润/平均经营资产	剩余收益=息税前利润－平均经营资产×最低投资收益率
优点	（1）它是根据现有的会计资料计算的，比较客观。 （2）可用于部门之间以及不同行业之间的比较。 （3）不仅可以促使经理人员关注经营资产运用效率，而且有利于资产存量的调整，优化资源配置	弥补了投资收益率指标会使局部利益与整体利益相冲突这一不足之处
缺点	过于关注投资利润率会引起短视行为的产生，追求局部利益最大化而损害整体利益最大化目标，导致经理人员为眼前利益而牺牲长远利益	（1）是一个绝对指标，故而难以在不同规模的投资中心之间进行业绩比较。 （2）剩余收益同样仅反映当期业绩，单纯使用这一指标也会导致投资中心管理者的短视行为

五、综合题

1. **答案**

（1）① 2021年净资产收益率=12 000÷（80 000－20 000）×100%=20%；

②2021年支付的现金股利=12 000×50%=6 000（万元）。

（2）①2021年基本每股收益=12 000/（6 000+6 000×2/10+300×3/12）=1.65（元/股）；

②2021年每股股利=6 000/（6 000+6 000×2/10+300）=0.8（元/股）。

（3）①市场组合的风险收益率=12%-4%=8%；

②甲公司股票的资本成本率=4%+1.5×8%=16%；

③甲公司股票的每股价值=1×（P/F，16%，1）+1×（P/F，16%，2）+[1×（1+6%）]/（16%-6%）×（P/F，16%，2）=9.48（元）。

当前股票的市场价格10元高于甲公司股票的每股价值9.48元，表明现在股票的市场价格偏高，因此投资者不应该购买甲公司股票。

名师点睛

股票价值投资的题目，常结合资本资产定价模型一起考查。考生应熟练掌握资本资产定价模型 $R=R_f+\beta×（R_m-R_f）$ 公式的运用。

这类题的做题思路如下：

第一步，先用资本资产定价模型求出股票投资的必要收益率。

第二步，利用股票估值模型（固定增长模式、零增长模式、阶段性增长模式）计算股票价值。

本题中，股票估值采用阶段性增长模式，通常是分成两段，前段是零增长模式，后段是固定增长模式。考生需注意，后段固定增长模式折现到的"零时点"位置以及"二次折现"。

根据题意可以画出时间轴图。

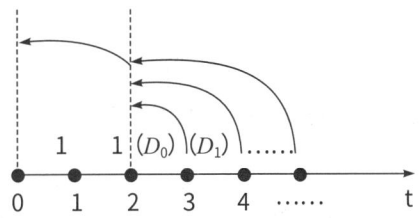

根据以上图示可知，分两段计算股票价值：

（1）未来两年每股股利1元，适用零增长模式，V_1=1×（P/F，16%，1）+1×（P/F，16%，2）或1×（P/A，16%，2）。

（2）从第3年起，保持固定股利增长率不变，适用固定增长模式，第3年股利为D_1，第2年股利为D_0，所以$D_1=D_0×（1+g）$=1×（1+6%）。固定增长模式下，零时点在第2年年末，因此还要复利折现到目前的"0时点"，即V_2=[1×（1+6%）]/（16%-6%）×（P/F，16%，2）。

（3）股票价值$V=V_1+V_2$。

第三步，将计算出的股票价值与购买日股票价格进行比较，如果股票价值**大于购买日股票价格**，说明股票**被低估**，应该投资；如果股票价值**低于购买日股票价格**，说明股票**被高估**，不应当投资。

2. 答案

（1）固定成本=2 000/4=500（万元），边际贡献=1 500-330=1 170（万元）。

①边际贡献率=1 170/1 500×100%=78%；

②盈亏平衡点销售额=500/78%=641.03（万元）。

（2）$NCF_0 = -2\,000 - 300 = -2\,300$（万元）；

$NCF_{1-3} = (1\,500 - 330) \times (1 - 25\%) + 500 \times 25\% = 1\,002.5$（万元）；

$NCF_4 = 1\,002.5 + 300 = 1\,302.5$（万元）。

①静态回收期 $= 2\,300/1\,002.5 = 2.29$（年）；

②未来现金净流量现值 $= 1\,002.5 \times (P/A, 10\%, 4) + 300 \times (P/F, 10\%, 4) = 3\,382.72$（万元），

现值指数 $= 3\,382.72/2\,300 = 1.47$。

（3）每年折旧 $= (3\,000 - 120)/5 = 576$（万元）。

① $NCF_1 = (1\,800 - 400) \times (1 - 25\%) + 576 \times 25\% = 1\,194$（万元），

$NCF_2 = (1\,800 - 400 - 20) \times (1 - 25\%) + 576 \times 25\% = 1\,179$（万元），

$NCF_3 = (1\,800 - 400 - 20 - 20) \times (1 - 25\%) + 576 \times 25\% = 1\,164$（万元），

$NCF_4 = (1\,800 - 400 - 20 - 20 - 20) \times (1 - 25\%) + 576 \times 25\% = 1\,149$（万元）；

② $NCF_5 = (1\,800 - 400 - 20 - 20 - 20 - 20) \times (1 - 25\%) + 576 \times 25\% + 120 + 400 = 1\,654$（万元）；

③净现值 $= -(3\,000 + 400) + 1\,194 \times (P/F, 10\%, 1) + 1\,179 \times (P/F, 10\%, 2) + 1\,164 \times (P/F, 10\%, 3) + 1\,149 \times (P/F, 10\%, 4) + 1\,654 \times (P/F, 10\%, 5) = 1\,346.04$（万元）。

（4）A 方案年金净流量 $= (3\,382.72 - 2\,300)/(P/A, 10\%, 4) = 341.56$（万元）；

B 方案年金净流量 $= 1\,346.04/(P/A, 10\%, 5) = 355.08$（万元）。

B 方案年金净流量 355.08 万元大于 A 方案年金净流量 341.56 万元，应选择 B 方案。

（5）银行借款的资本成本率 $= 6\% \times (1 - 25\%)/(1 - 0.3\%) = 4.51\%$。

名师点睛1 项目现金流量的计算。

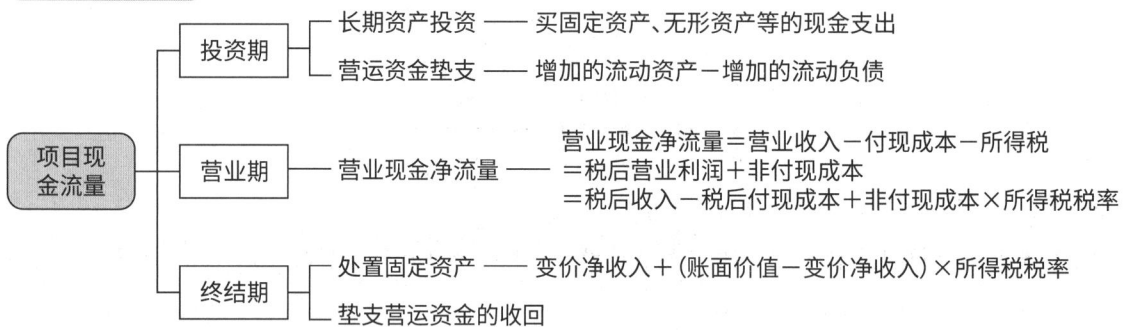

名师点睛2 互斥方案的决策思路。

在对互斥方案进行决策时，需要**先从项目寿命期是否相同**入手，具体步骤如下：

第一步，先判断**项目寿命期是否相同**；

第二步，确定项目决策的方法；

第三步，比较决策指标，进行决策分析。

互斥方案的具体决策如下表所示。

决策方法	适用情形	决策原理	决策原则
净现值法	寿命期相同	计算整个项目的**累计净现值**	选择净现值最大的方案

续表

决策方法	适用情形	决策原理	决策原则
共同年限法	寿命期不同	假设投资项目在终止时**进行重置**,通过重置使**两个项目达到相等的年限**	选择**重置后净现值最大**的方案
年金净流量法		(1) 计算两个项目的净现值; (2) 计算净现值的**年金净流量**; 年金净流量 = 该方案净现值 / (P/A,i,n) (3) 计算永续净现值; **永续净现值 = 年金净流量 / 资本成本** i	(1) 当两项目**资本成本相同时**,选择**年金净流量最大**的方案; (2) 当两项目资本成本不同时,选择**永续净现值最大**的方案

金题密押卷
客观题答案速查

一、单选题

题号	1	2	3	4	5	6	7	8	9	10
答案	C	B	A	D	D	B	B	C	A	B
题号	11	12	13	14	15	16	17	18	19	20
答案	C	D	D	C	C	A	D	C	D	A

二、多选题

题号	1	2	3	4	5	6	7	8	9	10
答案	ACD	ABC	BCD	AB	BC	AD	BD	ABC	ACD	CD

三、判断题

题号	1	2	3	4	5	6	7	8	9	10
答案	√	×	×	√	√	√	×	×	√	×

错题回顾

考生回忆版真题是考生了解每年命题重点和考法技巧的最重要的来源，考生在刷题阶段一定要建立错题集，将错题分类整理，记录高频出错的知识点和题目，进行反复练习。我们给考生提供了错题分类记录，帮助大家在核对答案时，同步对错题进行定期回顾、反复练习，直到正确率达到100%。

日期	单选题	多选题	判断题
5月6日（示例）	1、4、10	11	22、25

《财务管理》金题密押卷解析点拨

一、单选题

1. **答案** C **解析** 本题考查杜邦分析法。

   净资产收益率＝营业净利率×总资产周转率×权益乘数，得到权益乘数＝净资产收益率/(营业净利率×总资产周转率)＝11.76%/(19.03%×30.89%)＝2，资产负债率＝1−1/权益乘数＝1−1/2＝50%，选项C正确。

   名师点睛 杜邦分析法揭示了影响净资产收益率的因素及其相互之间的影响。杜邦分析法以净资产收益率为起点，分别从企业盈利能力、营运能力和偿债能力中选出营业净利率、总资产周转率和权益乘数三个代表性指标进行分析，具体如下图所示。

   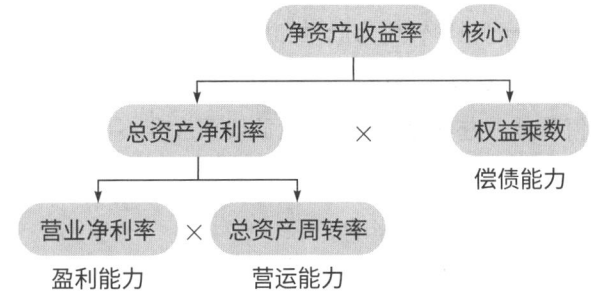

2. **答案** B **解析** 本题考查盈利能力分析。

   （1）设企业营业收入为x，则按照"营业收入"计算的存货周转次数有：x/存货＝5，存货＝x/5。

   （2）采用"营业成本"计算出来的存货周转次数为4，由此可知4＝(x−2 000)/存货，存货＝(x−2 000)/4。

   （3）解方程：x/5＝(x−2 000)/4，可以得出，x＝10 000（万元）。

   （4）营业净利率＝1 000/10 000×100%＝10%＝0.1。因此，选项B正确。

   名师点睛 存货周转次数的两个计算公式之间的联系。

   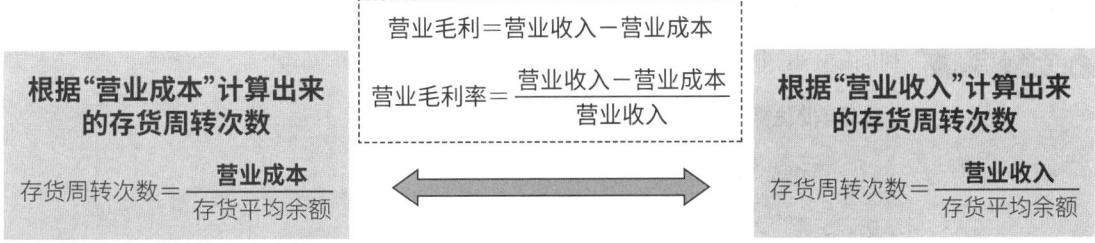

3. **答案** A **解析** 本题考查股票回购的动机。

   股票回购可以提高负债率，增加财务杠杆，故选项A错误。股票回购可以调节所有权结构，当公司拥有回购的股票（库存股），可以用来交换被收购或被兼并公司的股票，也可用于满足认股权证持有人认购公司股票或可转换债券持有人转换公司普通股的需要，还可以在执行管理层与员工股票期权时使用，避免发行新股而稀释收益，故选项B正确。公司进行股票回购的目的之一是向市传递股价被低估的信号,如果公司管理层认为公司目前的股价被低估,可以通过股票回购向市场传递积极信号,故选项 C 正确。股票回购可以避免股利波动带来的负面影响,当公司剩余现金流是暂时的或者不稳定的,没有把握能够长期维持高股利政策时,可以在维持一个相对稳定的股利的基础上,通过股票回购回馈股东,故选项 D 正确。因此,本题选项 A 当选。

名师点睛 股票回购的动机。

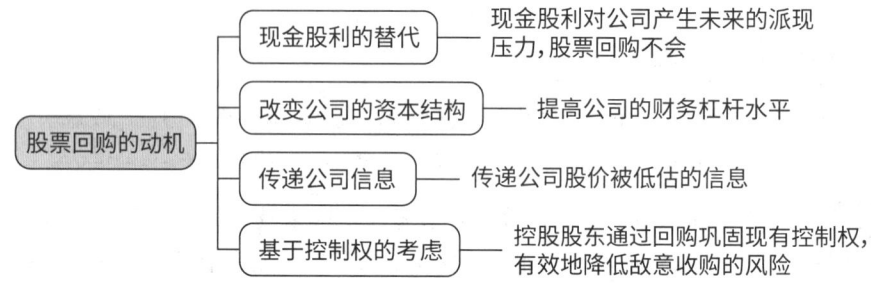

4. **答案** D **解析** 本题考查发放股票股利的影响。

发放股票股利是将公司的未分配利润转化为股本和资本公积,属于股东权益内部的变动,不会影响股东权益总额,选项 A 正确。发放股票股利会导致股票数量增加,但是股票面值不变;股票数量的增加,会导致每股价值降低,选项 BC 正确。发放股票股利不会增加股东的财富,也不会增加公司的价值,选项 D 错误。因此,本题选项 D 当选。

名师点睛 发放股票股利对公司的影响。

项目类型	内容
对公司有影响的项目	(1) 股数、股本:增加; (2) 每股市价、每股收益:下降; (3) 股东权益内部结构(未分配利润转化为股本和资本公积):变化
对公司无影响的项目	(1) 每位股东持股比例不变; (2) 每股面值不变; (3) **股东权益总额不变**(资产、负债总额也不变); (4) 股东持股的市场价值总额不变(市场价值=股数×每股市价)

5. **答案** D **解析** 本题考查利润中心的业绩考核指标。

部门可控边际贡献=销售收入-变动成本-部门可控固定成本=2 500-1 200-400=900(万元),选项 D 正确。

名师点睛 利润中心的业绩考核指标。

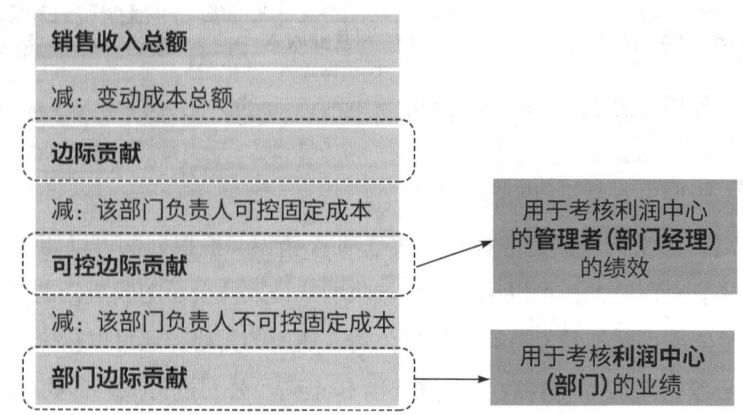

6. **答案** B **解析** 本题考查目标利润分析。

单位变动成本=50×60%=30（元/件），息税前利润=（单价－单位变动成本）×销售量－固定成本，实现目标利润的销售量=（固定成本+目标息税前利润）/（单价－单位变动成本）=（300+120）/（50-30）=21（万件），选项B正确。

名师点睛 目标利润分析的基本原理。

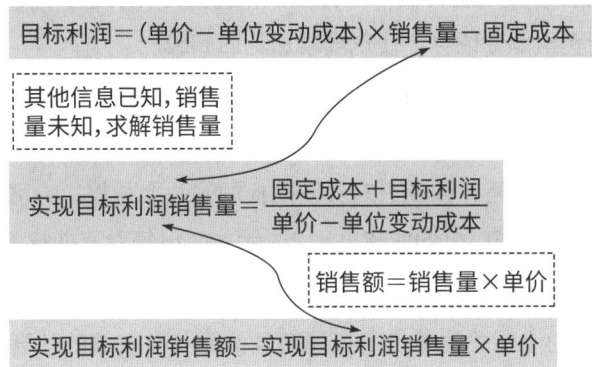

7. **答案** B **解析** 本题考查单一产品盈亏平衡分析。

盈亏平衡点的销售额=固定成本/边际贡献率，边际贡献率=（单价－单位变动成本）/单价=1－变动成本率。从上述公式可以看出，销售额不会影响盈亏平衡点的销售额，选项B正确。其他条件不变，提高单价或降低单位变动成本会提高边际贡献率，从而降低盈亏平衡点的销售额；降低固定成本会降低盈亏平衡点的销售额。

名师点睛 盈亏平衡点销售量和销售额的影响因素及其影响方式。

项目	单价	单位变动成本	固定成本
盈亏平衡点销售量	反向	同向	同向
盈亏平衡点销售额	反向	同向	同向

8. **答案** C **解析** 本题考查经济订货基本模型。

经济订货量=$\sqrt{2KD/K_C}$=$\sqrt{2×18\,000×20/0.5}$=1 200（件），与进货批量有关的总成本=$\sqrt{2KDK_C}$=$\sqrt{2×18\,000×20×0.5}$=600（元），年订货次数=存货年需求量/经济订货量=18 000/1 200=15（次），总订货成本=年订货次数×每次订货成本=15×20=300（元）。因此，选项C计算结果错误，当选。

9. **答案** A **解析** 本题考查随机模型。

现金余额上限$H=3R-2L$=3×5 000-2×1 000=13 000（万元），现金余额R为8 000万元，没有超过现金余额上限，不需要进行证券买卖。因此，选项A正确。

名师点睛 随机模型涉及3条线：最高控制线H（也叫现金余额上限）、回归线R（也叫目标现金余额）、最低控制线L（也叫现金最低限额）。考试中题干通常会给出其中两个，让考生计算第三个。公式变形可得：$H-R=2(R-L)$，可结合下图理解。

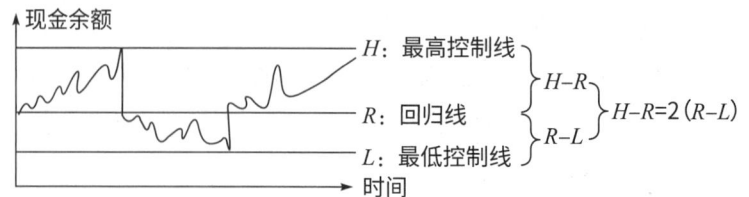

当现金余额≥H时，则将部分现金转换为有价证券，直至持有现金下降到回归线。

当现金余额≤L时，则卖出部分证券，使现金增加到回归线。

当现金余额处于L和H之间，无需操作。

10. **答案** B **解析** 本题考查期权投资。

由于执行价格＞到期日股票价格，因此只有看跌期权的多头会行权，看涨期权的多头不行权，出售看跌期权（空头）的到期日价值＝（50-48）=-2（元），出售看涨期权的到期日价值为0。同时出售甲股票的看涨期权和看跌期权的净损益＝（-2+0）+（5+4）=7（元），选项B正确。

名师点睛 期权合约主要关注单个期权到期日价值与净损益的计算（如下表所示）。如果涉及计算投资组合的净损益，可以先判断该组合是由哪些单个期权构成的，每个期权的净损益之和就是组合的净损益。

类型	操作	期权到期日价值V	净损益P
看涨期权	买入	max（到期标的资产市价－执行价，0）	到期日价值－期权费
	卖出	-max（到期标的资产市价－执行价，0）	到期日价值＋期权费
看跌期权	买入	max（执行价－到期标的资产市价，0）	到期日价值－期权费
	卖出	-max（执行价－到期标的资产市价，0）	到期日价值＋期权费

11. **答案** C **解析** 本题考查静态回收期的计算。

截至第5年尚未收回的原始投资额＝（300+100）-120-125-133=22（万元），项目的静态回收期＝5+（22/200）=5.11（年）。因此，选项C正确。

12. **答案** D **解析** 本题考查销售百分比法。

2024年度该公司需从外部追加筹资额＝（基期敏感性资产－基期敏感性负债）×销售收入增长率－基期销售收入×（1+销售收入增长率）×销售净利率×利润留存率＝（2 600-800）×20%-5 000×（1+20%）×8%×60%=72（万元）。因此，选项D正确。

名师点睛 销售百分比法的计算。

项目	内容
公式	外部融资需求量=Δ经营性资产-Δ经营性负债+Δ非敏感性资产-Δ留存收益 其中，经营性资产又称**敏感性资产**，比如**库存现金、应收账款、存货**等； 经营性负债又称**敏感性负债**，比如**应付票据、应付账款**等。 Δ留存收益＝预计**全部的**销售收入×预计销售净利率×预计利润留存率

续表

项目	内容
原理	（1）假设经营性资产和经营性负债与销售收入存在稳定的百分比关系； （2）Δ资金总需求量＝Δ经营性资产＋Δ非敏感性资产－Δ经营性负债 （3）Δ留存收益＝净利润×利润留存率＝净利润×（1－股利支付率）＝销售收入×销售净利率×利润留存率 （4）外部融资需求量＝Δ资金总需求量－Δ留存收益
变换公式	（1）外部融资需求量＝**增量销售收入×（经营性资产占销售百分比－经营性负债占销售百分比）**＋Δ非敏感性资产－Δ留存收益 （2）外部融资需求量＝**（基期经营性资产－基期经营性负债）×预计销售收入增长率**＋Δ非敏感性资产－Δ留存收益
注意	非敏感资产（如新购固定资产）增加也会增加资金需求，同时会增加外部融资需求量

13. **答案** D **解析** 本题考查股票发行方式的特点。

公开间接发行股票是股份公司通过中介机构向社会公众公开发行股票；向社会公众发行股票时，必须由有资格的证券经营中介机构来承销。这种发行方式发行范围广，发行对象多，易于足额筹集资本，同时还有利于提高公司知名度，扩大其影响力。但公开发行方式审批手续复杂、严格，发行成本高。因此，选项 D 表述不正确，当选。

名师点睛 本题结合了公开发行和非公开发行、间接发行的特点。

（1）公开发行和非公开发行的对比。

类别	含义	特点
公开发行	向不特定对象公开	优点： （1）发行范围广、发行对象多，易于足额募集资本； （2）变现性强，流通性好； （3）有助于提高发行公司的知名度和影响力。 缺点：手续繁杂，发行成本高
非公开发行	采用非公开方式向特定对象发行	优点：灵活性较大，发行成本低。 缺点：发行范围小，变现性差

（2）间接发行。

间接发行方式下，发行公司与承销团签订承销协议。承销团由数家证券公司或投资银行组成，承销方式有代销和包销两种。代销是指承销机构代为推销债券，在约定期限内未售出的余额可退还发行公司，承销机构不承担发行风险。包销是由承销团先购入发行公司拟发行的全部债券，然后再出售给社会上的投资者，如果在约定期限内未能全部售出，余额要由承销团负责认购。

14. **答案** C **解析** 本题考查租赁的概念。

售后回租是指承租方由于急需资金等各种原因，将自己的资产出售给出租方，然后以租赁的形式从出租方原封不动地租回资产的使用权。此时承租人既是资产出售者又是资产使用者。因此，选项 C 正确。

名师点睛 租赁是常考点，考生需要能够区分租赁的三种类型。

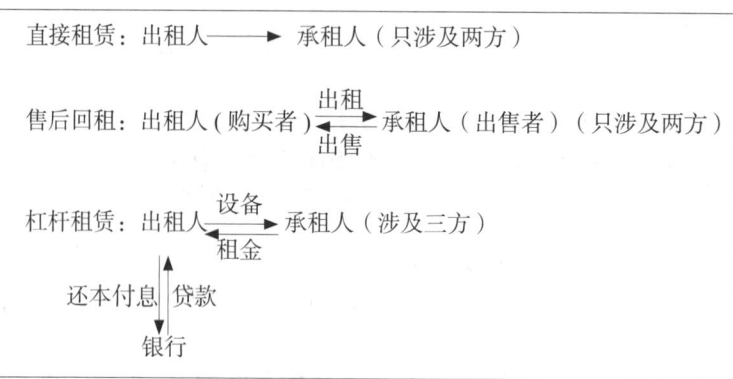

15. **答案** C **解析** 本题考查经营预算的编制。

第四季度采购量＝3 500+800－1 000=3 300（千克），货款总额＝3 300×25=82 500（元），第四季度采购材料形成的"应付账款"金额＝82 500×70%=57 750（元）。因此，选项C正确。

名师点睛 直接材料预算的编制原理。

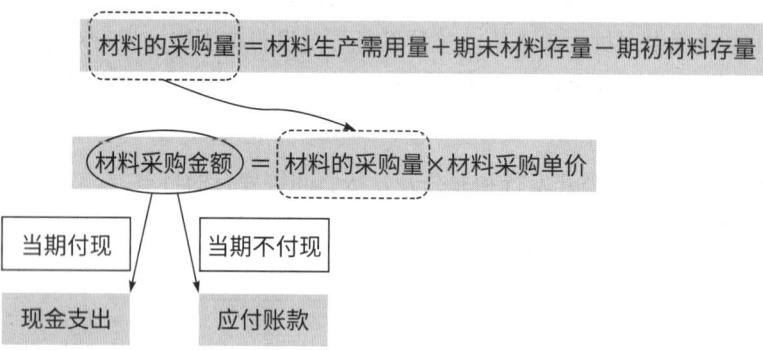

16. **答案** A **解析** 本题考查增量预算法与零基预算法的特点。

增量预算法是指以基期成本费用水平为基础，结合预算期业务量水平及有关降低成本的措施，通过调整有关费用项目而编制预算的方法；零基预算法不考虑以往会计期间所发生的费用项目或费用数额，一切以零为出发点。因此，选项A正确。

名师点睛 零基预算法和增量预算法的对比。

类型	增量预算法	零基预算法
特征	以历史期为基础	不以历史期为基础，**以零为起点**
优点	编制工作量小	（1）不受历史期活动的影响，能够**灵活应对内外环境的变化**，**更贴近预算期企业经济活动需要**； （2）有助于增加预算编制透明度，有利于进行预算控制
缺点	可能导致无法有效控制无效费用的开支，使得**不必要的开支合理化**，造成预算浪费	（1）预算编制**工作量较大、成本较高**； （2）预算编制的准确性受企业**管理水平**和相关**数据标准准确性**的影响较大

17. **答案** D **解析** 本题考查成本性态分析。

延期变动成本是在一定的业务量范围内有一个固定不变的基数，比如员工的基本工资，但是当业务量超过这个范围时，与业务量增长呈现正比例变动，比如加班薪酬。因此，选项D正确。

名师点睛 成本的分类。

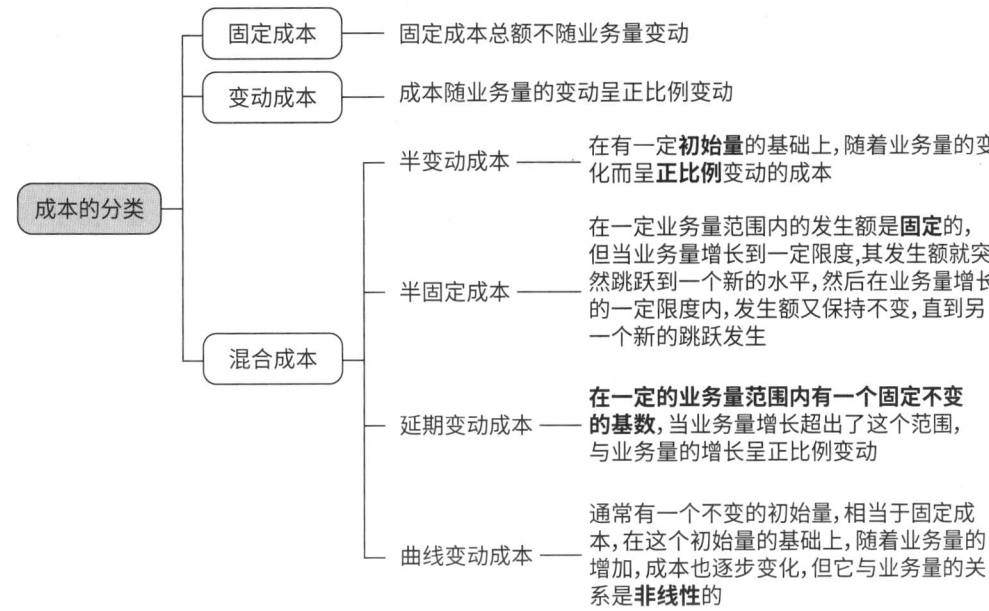

18. **答案** C **解析** 本题考查递延年金现值。

从第三年开始，是永续年金。因此，第三年年初时点的永续年金现值 $P=A/i=0.5/10\%=5$（元）。从第三年年初到第一年年初，折现期是 2 年。因此，该公司股利的现值 $=5\times$（P/F，10%，2）$=5\times 0.826\,4=4.13$（元）。因此，选项 C 正确。

19. **答案** D **解析** 本题考查企业财务管理目标理论。

因为每股收益等于归属于公司普通股股东的净利润与发行在外的普通股加权平均数的比值，是相对数指标，所以每股收益最大化与利润最大化相区别的地方就在于它反映了利润与投入资本的关系，选项 D 正确。

名师点睛 利润最大化和每股收益最大化的对比。

20. **答案** A **解析** 本题考查资本结构理论。

MM 理论认为，不考虑企业所得税，有无负债不改变企业的价值。因此企业价值不受资本结构的影响。而且，有负债企业的股权成本会随着负债程度的增大而增大。因此，选项 A 说法不正确，当选。

名师点睛 狭义范围来说，企业资本结构是指长期负债与股东权益的构成比例，由于权益资本是必备的基础资本，因此负债比例的多少决定企业的资本结构，由此引出 4 个资本结构理论。本考点属于纯理论内容，有些难以理解，考生只需要掌握重点内容即可。本考点的重点内容总结如下：

理论		企业价值	说明
MM理论	最初的MM理论（无税MM理论）	$V_{有债}=V_{无债}$	（1）资本结构不影响企业价值，不存在最优资本结构； （2）负债比例越大，股权资本成本越大
	修正的MM理论（有税MM理论）	$V_{有债}=V_{无债}+PV$（利息抵税）	（1）负债比例越大，企业价值越大； （2）负债比例越大，股权资本成本越大
权衡理论		$V_{有债}=V_{无债}+PV$（利息抵税）$-PV$（财务困境成本的现值）	需要权衡最佳资本结构
代理理论		$V_{有债}=V_{无债}+PV$（降低股权代理成本）$-PV$（增加债务代理成本）	需要权衡最佳资本结构
优序融资理论		由先到后：内部筹资→银行借款→发行债券→可转换债券→发行新股（**先内后外，先债后股**）	

【注意】最佳资本结构：一定条件下使企业平均资本成本最低、企业价值最大。

二、多选题

1. **答案** ACD **解析** 本题考查现金流量分析的收益质量分析指标。

现金营运指数小于1，说明一部分收益尚未取得现金，停留在实物或债权形态；也说明营运资金增加了，企业为取得同样的收益占用了更多的营运资金。

【重要提示】现金营运指数＝经营活动现金流量净额/经营所得现金，经营活动现金流量净额代表企业实际经营活动取得的现金，如果它小于1，说明有一部分收益还停留在存货、应收账款等经营项目中，还未变现，那么就需要投入更多的资金去运作（否则资金不够用），所以占用了更多的营运资金。营运资金＝流动资产－流动负债，流动负债＝有息流动负债＋无息流动负债，因此无息流动负债减少也会导致营运资金增加。因此，本题选项ACD正确。

名师点睛 收益质量分析指标主要是净收益营运指数和现金营运指数。这两个指标比较难理解，考生可以结合下图、下表加深理解。

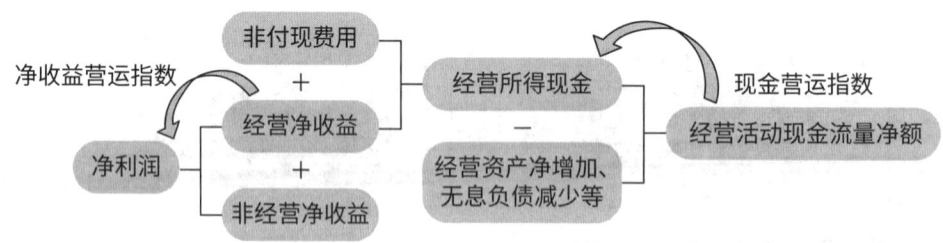

指标	计算公式	提示
净收益营运指数	净收益营运指数 = $\dfrac{经营净收益}{净利润}$ 其中：经营净收益 = 净利润 – 非经营净收益	净收益营运指数越小，非经营收益所占比重越大，收益质量越差
现金营运指数	现金营运指数 = $\dfrac{经营活动现金流量净额}{经营所得现金}$ 其中：经营所得现金 = 经营净收益 + 非付现费用	现金营运指数小于1，代表一部分收益未取得现金，是以实物或债权的形式存在，具有一定的变现风险；也说明了同样的收益占用了更多的营运资金，增加了取得收益的代价

2. **答案** ABC　**解析** 本题考查产品定价方法。

计划内丁产品单位固定成本 =60 000/1 500=40（元/件），计划内丁产品单位价格 =（40+210）×（1+20%）/（1-5%）=315.79（元/件）；追加生产 300 件丁产品增加的利润 =（260-210）× 300=15 000（元/件）；计划外丁产品单位价格 =210×（1+20%）/（1-5%）=265.26（元/件）；因为额外订单单价 260 元/件低于其按变动成本计算的价格 265.26 元/件，故不应接受这一额外订单。选项 ABC 正确，选项 D 错误。

名师点睛 计划外产品（额外订单）定价决策思路。

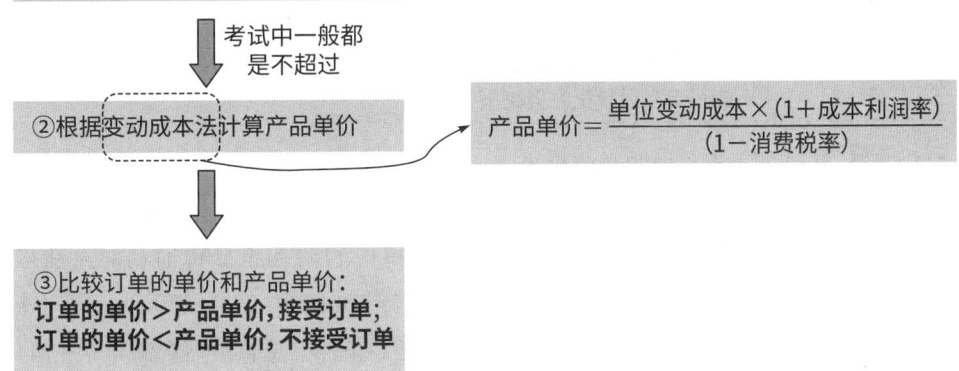

3. **答案** BCD　**解析** 本题考查变动制造费用成本差异的计算分析。

变动制造费用耗费差异是变动制造费用的实际分配率脱离标准分配率，按实际工时计算的差异。间接材料价格变化会导致实际分配率发生变化，从而影响变动制造费用耗费差异，所以选项 B 正确；间接人工工资调整会影响职工工作的积极性，影响实际工时，从而影响变动制造费用耗费差异，所以选项 C 正确；间接人工的人数过多也会影响实际工时，从而影响变动制造费用耗费差异，所以选项 D 正确。直接材料质量次、废品过多，会导致材料耗用量增加，影响直接材料的耗用量差异，所以选项 A 错误。

4. **答案** AB　**解析** 本题考查持有现金的动机。

交易性需求是指企业为了维持日常周转及正常商业活动所需持有的现金，选项 AB 正确。投机性需求是企业需要持有一定量的现金以抓住突然出现的获利机会，选项 C 错误。预防性需求是指企业需要持有一定量的现金，以应付突发事件，选项 D 错误。

名师点睛 持有现金的动机主要以客观题的形式考查，三种动机的含义和相关举例如下表所示。

动机	含义	举例
交易性需求	企业为了**维持日常周转及正常商业活动**所需持有的现金额	满足季节性需求、提供商业信用而持有现金
预防性需求	企业需要持有一定量的现金，以**应付突发事件**	避免客户违约导致企业突发性偿付而持有现金
投机性需求	企业为了**抓住突然出现的获利机会**而持有的现金	为在证券价格下跌时买入证券而持有现金

5. **答案** BC **解析** 本题考查现值指数。

现值指数大于1，说明项目可行，此时项目的投资收益率一定大于必要收益率，选项A正确。现值指数是未来现金净流量现值与原始投资额现值之比，选项B错误。现值指数是相对数指标，反映了投资效率，所以，现值指数指标可以用来评价原始投资额现值不同的独立投资方案，选项C错误。净现值＝未来现金净流量现值－原始投资额现值＞0时，说明未来现金净流量现值＞原始投资额现值，现值指数＝未来现金净流量现值/原始投资额现值＞1，选项D正确。因此，本题选项BC当选。

名师点睛 现值指数的重要考点。

项目	重要考点
计算公式	现值指数＝未来现金净流量现值/原始投资额现值 ＝（净现值＋原始投资额现值）/原始投资额现值
决策原则	现值指数≥1，方案可行，方案投资后的投资收益率≥必要收益率； 现值指数＜1，方案不可行，方案投资后的投资收益率＜必要收益率
适用范围	适用于原始投资额现值不同的独立投资方案； 不能用于互斥投资方案决策

6. **答案** AD **解析** 本题考查每股收益分析法。

由（$EBIT$－6 000×6%）×（1－25%）/（600+2 400/4）＝（$EBIT$－6 000×6%－2 400×8%）×（1－25%）/600，可得：$EBIT$＝744（万元），选项A正确。总息税前利润＝原息税前利润＋新增息税前利润＝500+新增息税前利润，选项B条件下总息税前利润＝500+244=744（万元），等于每股收益无差别点的息税前利润，两个方案无差别，选项B错误。选项C条件下总息税前利润=500+744=1 244（万元），选项D条件下总息税前利润=500+800=1 300（万元），均大于每股收益无差别点的息税前利润744万元，均应选择债券筹资方式，选项C错误，选项D正确。

7. **答案** BD **解析** 本题考查优先股。

普通股股东有公司管理权、收益分享权、股权转让权、优先认股权和剩余财产要求权。优先股股东所享有的权利包括优先股利分配权和优先剩余财产分配权。因此，本题选项BD正确。

名师点睛 优先股股东的权利和普通股股东的权利对比。

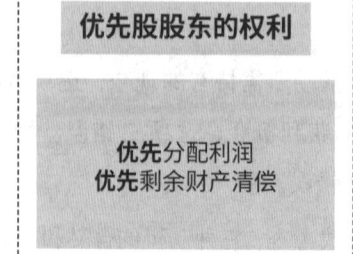 vs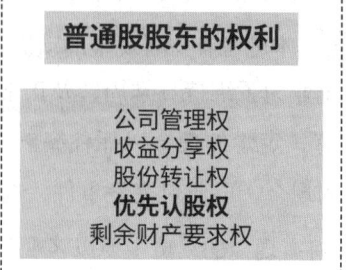

8. **答案** ABC **解析** 本题考查预计资产负债表的编制。

9月支付货款=7月货款×10%+8月货款×30%+9月货款×60%=20×10%＋25×30%＋30×60%=27.5（万元），10月初的应付账款=8月货款×（1-60%-30%）+9月货款×（1-60%）=25×（1-60%-30%）＋30×（1-60%）=14.5（万元），10月末的应付账款=9月货款×（1-60%-30%）+10月货款×（1-60%）=30×10%＋50×（1-60%）=23（万元）。因此，本题选项ABC正确。

9. **答案** ACD **解析** 本题考查资本资产定价模型。

资本资产定价模型的一个主要贡献是解释了风险收益率的决定因素和度量方法，风险收益率=β×（R_m-R_f），选项A正确。β系数代表了该项"资产或资产组合"的系统性风险，选项B错误。资本资产定价模型对任何公司、任何资产（包括资产组合）都是适合的；只要将该公司或资产的β系数代入模型中，就能得到该公司或资产的必要收益率，选项C正确。该模型只考虑了系统性风险，没有考虑非系统性风险，选项D正确。

名师点睛 资本资产定价模型的注意要点。

项目		说明
公式	$R=R_f+β×（R_m-R_f）$	
公式涉及的因素	β	该资产的系统性风险系数
	R_m	市场组合收益率、市场组合的必要收益率、平均风险的必要收益率
	R_m-R_f	（1）市场风险溢酬、市场组合（平均风险）的风险收益率、股票市场的风险收益率。（2）反映市场作为整体对风险的平均容忍程度（或厌恶程度）。市场整体对风险越是厌恶和回避，要求的补偿就越高，数值就越大
	$β×（R_m-R_f）$	某资产或资产组合的风险收益率。【提示】只考虑系统性风险，不考虑非系统风险
适用范围		资本资产定价模型对任何公司、任何资产（包括资产组合）都是适合的

10. **答案** CD **解析** 本题考查资产的风险及其衡量。

期望值与资产的风险无直接关系，不能用来衡量风险，选项A错误。期望值越小，方差的大小无法准确判断，因为方差不仅受期望值影响，还受事件自身的可能结果以及可能结果发生概率的影响，选项B错误。标准差率是一个相对指标，它以相对数反映决策方案的风险程度，既适用于期望值相同的决策方案，也适用于期望值不同的决策方案：标准差率越大，风险程度越大；标准差率越小，风险程度越小，选项C正确。标准差以绝对数衡量决策方案的风险，在期望值相同的情况下，标准差越大，风险程度越大；标准差越小，则风险程度越小，选项D正确。

三、判断题

1. **答案** √ **解析** 本题考查股利理论中的代理理论。

代理理论认为，股利政策是协调股东与管理者之间代理关系的一种约束机制。根据代理理论，在存在代理问题时，较多地派发现金股利至少有以下两点好处：一是可以在一定程度上抑制管理者过度地扩大投资或进行特权消费；二是较多地派发现金股利，减少了内部融资，导致企业进入资本市场寻求外部融资，从而经常接受资本市场的有效监督。高水平的股利支付政策有助于降低企业的代理成本，但同时也增加了企业的外部融资成本，理想的股利政策应当是使两种成本之和最小的股利政策。因此，本题表述正确。

名师点睛 股利分配理论是历年考查的重点，主要考查各种股利相关理论的观点。下表归纳了四种股利相关理论的观点，建议考生对比记忆。

理论	观点
"手中鸟"理论	投资者不愿将收益留在公司去承担未来投资风险，**偏好现金股利**
信号传递理论	**在信息不对称**情况下，公司通过股利政策向市场传递有关公司未来盈利的信息，从而影响公司股价 高股利 ⟶ 股价上升 ⟶ 公司价值升高
所得税差异理论	**由于对资本利得收益征收的税率通常低于对股利收益征收的税率**，且纳税时间上的差异使得资本利得收益比股利收益更有助于实现收益最大化目标 低股利 ⟶ 纳税少或递延纳税 ⟶ 有助于实现收益最大化
代理理论	股利的支付能够有效降低代理成本，有以下两个原因： （1）减少了管理者对自由现金流量的支配，可以抑制公司管理者的**过度投资或在职消费行为**。（2）支付较多股利会引起内部留存收益减少，从而增加了外部融资成本 高股利 ⟶ 代理成本下降 / 增加外部融资成本 ⤑ 理想的股利政策是使两种成本之和最小

2. **答案** ×　**解析** 本题考查作业成本管理。

作业消除主要是针对非增值作业而言的；作业减少是指降低作业的需求，包括对增值作业和非增值作业的需求。因此，本题表述错误。

名师点睛 作业成本管理中，区分增值作业和非增值作业之后，企业要尽量消除或减少非增值成本，最大化利用增值作业，以减少不必要的耗费，提升经营效率。进行成本节约的途径主要有四种，如下表所示。

途径	说明	举例
作业消除	**消除**非增值作业或不必要的作业，降低非增值成本	将原材料从仓库搬运到生产部门
作业选择	对能够达到相同目的的不同作业，**选取其中最佳方案**	不同销售策略下选择成本最低的销售策略
作业减少	以不断改进的方式**降低作业消耗的资源或时间**	减少整备次数
作业共享	利用**规模经济**来提高增值作业的效率	设计新产品时，充分利用现有其他产品使用的零件

3. **答案** ×　**解析** 本题考查应收账款的成本。
企业将资金投放于应收账款而放弃其他投资项目，就会丧失这些投资项目可能带来的收益，这属于应收账款的机会成本。因此，本题表述错误。

名师点睛 应收账款的成本主要有：机会成本、管理成本和坏账成本，详细的区分见下表。

类型	含义	计算公式（或举例）
机会成本	因投放于应收账款而放弃其他投资的收益	应收账款的机会成本＝应收账款占用资金 × 资本成本 ＝应收账款平均余额 × 变动成本率 × 资本成本 ＝日销售额 × 平均收现期 × 变动成本率 × 资本成本
管理成本	应收账款日常管理费用	一般是固定成本。 举例：调查顾客信用状况的费用、收集各种信息的费用、账簿的记录费用、收账费用、数据处理成本、相关管理人员成本和从第三方购买信用信息的成本等
坏账成本	可能无法收回应收账款而发生的损失	应收账款坏账成本＝赊销额 × 预计坏账损失率

4. **答案** √ **解析** 本题考查债券投资。

长期债券对市场利率的敏感性大于短期债券。在市场利率急剧下降时，债券期限越长，债券价值越偏离债券面值。因此，本题表述正确。

名师点睛 长期债券对市场利率的敏感性大于短期债券，可结合下图理解。

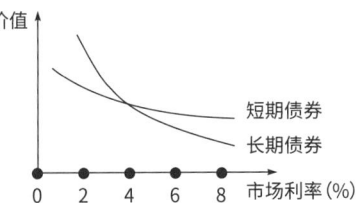

5. **答案** √ **解析** 本题考查年金净流量。

对于互斥投资项目，不需要看原始投资额是否相等，只需要看寿命期，而年金净流量法适用于寿命期不同的互斥方案决策。因此，本题表述正确。

6. **答案** √ **解析** 本题考查经营杠杆效应。

在息税前利润为正的前提下，经营杠杆系数最低为1，不会为负数；只要有固定性经营成本存在，经营杠杆系数总是大于1。因此，本题表述正确。

名师点睛 各类杠杆效应的形成原因及结果、公式和结论如下表所示：

类型	经营杠杆效应（DOL）	财务杠杆效应（DFL）	总杠杆效应（DTL）
形成原因及结果	**固定性经营成本**的存在⇒息税前利润变动率＞销量变动率	**固定性资本成本**（利息、优先股股利）的存在⇒每股收益变动率＞息税前利润变动率	固定性经营成本＋固定性资本成本的存在⇒每股收益变动率＞销量变动率
公式	（1）定义公式：$DOL=$ **息税前利润变动率/销量变动率** （2）计算公式：$DOL=$ **基期边际贡献/基期息税前利润** $=\dfrac{M_0}{M_0-F}=\dfrac{EBIT_0+F}{EBIT_0}$	（1）定义公式：$DFL=$ **每股收益变动率/息税前利润变动率** （2）计算公式：$DFL=$ **基期息税前利润/[基期息税前利润－利息－优先股股利/（1－T）]**	（1）定义公式：$DTL=$ **每股收益变动率/销量变动率** （2）计算公式：$DTL=$ **基期边际贡献/[基期息税前利润－利息－优先股股利/（1－T）]**
结论	固定性经营成本＞0，存在经营杠杆效应，$DOL>1$	固定性资本成本＞0，存在财务杠杆效应，$DFL>1$	固定性经营成本和固定性资本成本＞0，存在总杠杆效应，$DTL>1$

7. **答案** × **解析** 本题考查筹资的分类。

长期筹资的目的是形成和更新企业的生产和经营能力,扩大企业的生产经营规模,或为对外投资筹集资金。本题所述情形下,通常应采用长期筹资方式,如吸收直接投资、发行股票、发行债券、长期借款、租赁等。因此,本题表述错误。

名师点睛 根据所筹集资金的使用期限不同,筹资分为长期筹资和短期筹资,具体见下表。

类型	特点	筹资方式	筹资目的
长期筹资	一年以上	吸收直接投资、发行股票、发行债券、长期借款、租赁。 【注意】长期筹资可以是股权资金,也可以是债务资金	形成和更新企业的生产和经营能力,扩大企业的生产经营规模,或为对外投资筹集资金
短期筹资	一年以内	短期借款、商业信用、保理业务。 【注意】短期筹资基本是债务资金	用于企业的流动资产和资金日常周转

8. **答案** × **解析** 本题考查预算的分析与考核。

预算管理委员会应当监控、考核本单位的预算执行情况并向董事会报告,协调预算编制、预算调整及预算执行中的有关问题。因此,本题表述错误。

名师点睛 预算管理工作的组织。

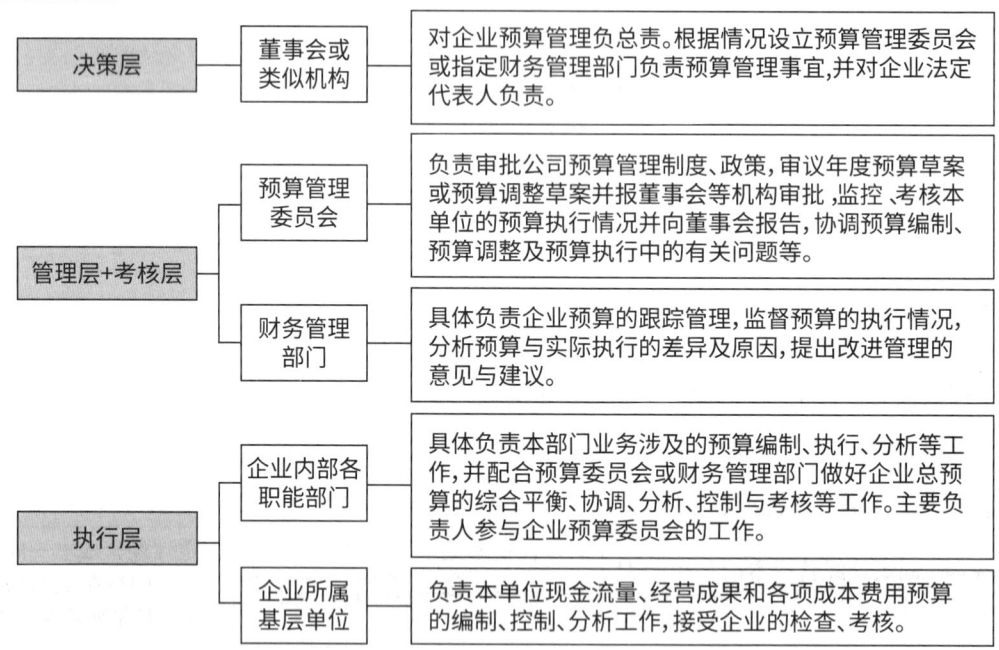

9. **答案** √ **解析** 本题考查资本资产定价模型。

必要收益率 = 纯粹利率 + 通货膨胀补偿率 + 风险收益率 =3%+2%+5%=10%。因此,本题表述正确。

10. **答案** × **解析** 本题考查金融环境。

资本市场的主要特点有:融资期限较长、资本借贷量大、收益较高,但流动性较弱、风险较大。因此,本题表述错误。

名师点睛 货币市场与资本市场的比较是高频考点。考生可以联系实际理解二者的特点,比如货币市场的运用场景是"支付宝",资本市场的运用场景是"股票市场"。二者的比较具体见下表。

方面	货币市场	资本市场
融资期限	短（一年以内）	长（一年以上）
融资目的	解决短期资金周转	解决长期投资性资本需要
资本借贷量	小	大
风险	小	大
收益	低	高

四、计算分析题

1. **答案**

（1）A 产品边际贡献率 =（20-6）/20×100%=70%；

B 产品边际贡献率 =（30-15）/30×100%=50%；

C 产品边际贡献率 =（20-8）/20×100%=60%。

（2）A 产品销售比重 =20×10 000/（20×10 000+30×20 000+20×10 000）×100%=20%；

B 产品销售比重 =30×20 000/（20×10 000+30×20 000+20×10 000）×100%=60%；

C 产品销售比重 =20×10 000/（20×10 000+30×20 000+20×10 000）×100%=20%；

综合边际贡献率 =20%×70%+60%×50%+20%×60%=56%；

综合盈亏平衡点销售额 =168 000/56%=300 000（元）。

（3）A、B、C 产品的销量比为 1∶2∶1；

联合单价 =20×1+30×2+20×1=100（元/千克）；

联合单位变动成本 =6×1+15×2+8×1=44（元/千克）；

联合盈亏平衡点销售量 =168 000/（100-44）=3 000（千克）；

综合盈亏平衡点销售额 =3 000×100=300 000（元）。

（4）边际贡献率由高到低排列是 A 产品、C 产品、B 产品。

A 产品补偿固定成本 =（20-6）×10 000=140 000（元）；

剩下的固定成本 28 000 元由 C 产品补偿。

因此 C 产品的盈亏平衡销售量 =28 000/（20-8）=2 333.33（千克），

C 产品的盈亏平衡销售额 =2 333.33×20=46 666.6（元）。

名师点睛 多种产品盈亏平衡分析主要有四种方法：加权平均法、联合单位法、分算法和主要产品法。主要产品法选择主要产品的相关资料进行本量利分析，视同单一品种进行分析。其他三种方法的注意要点如下：

（1）加权平均法。

项目	内容
应用前提	各产品销售额比例稳定

续表

项目	内容
关键指标	某种产品的销售额权重 = 该产品的销售额 / 各产品销售额总和 综合边际贡献率 = ∑（某种产品的销售额权重 × 该种产品的边际贡献率） = 各产品边际贡献总和 / 各产品销售额总和 【提示】权数是"销售额"，不是"销售量"
盈亏平衡分析	综合盈亏平衡点销售额 = 固定成本 / 综合边际贡献率 某产品盈亏平衡点销售额 = 综合盈亏平衡点销售额 × 该产品销售额权重

（2）联合单位法。

项目	内容
应用前提	各产品销售量比例稳定
含义	在确定各产品**产销实物量比例**基础上，将其**最小比例**作为一个联合单位，确定每一联合单位单价、单位变动成本，进行本量利分析
计算过程	（1）确定联合单位：各种产品产销实物量的最小比例。 （2）联合单价 = 一个联合单位的全部收入 联合单位变动成本 = 一个联合单位的全部变动成本 （3）联合盈亏平衡点销售量 = 固定成本总额 /（联合单价 - 联合单位变动成本） （4）某产品盈亏平衡点销售量 = 联合盈亏平衡点销售量 × 一个联合单位中包含的该产品数量 （5）某产品盈亏平衡点销售额 = 某产品盈亏平衡点销售量 × 单价

（3）分算法。

项目	内容
含义	将全部固定成本在各个产品之间分配
分配标准	各产品的边际贡献比重（最常见）
计算公式	某产品分配的固定成本 = 总固定成本 ×（某产品边际贡献 / 总边际贡献） 某产品的盈亏平衡点销售量 = 某产品分配的固定成本 /（单价 - 单位变动成本） 某产品的盈亏平衡点销售额 = 某产品的盈亏销售量 × 单价

2. **答案**

（1）①甲企业对 M 公司股票要求的必要收益率 = 4% + 2 ×（10%-4%）= 16%，

V = 0.25 ×（1 + 6%）/（16%-6%）= 2.65（元）；

②甲企业对 N 公司股票要求的必要收益率 = 4% + 1.5 ×（10%-4%）= 13%，

V = 0.6/13% = 4.62（元）；

③甲企业对 L 公司股票要求的必要收益率 = 4% + 1 ×（10%-4%）= 10%，

L 公司预期第 1 年的股利 = 0.2 ×（1 + 14%）= 0.23（元），

L 公司预期第 2 年的股利 = 0.23 ×（1 + 14%）= 0.26（元），

L 公司预期第 3 年的股利 = 0.26 ×（1 + 5%）= 0.27（元），

V = 0.23 ×（P/F, 10%, 1）+ 0.26 ×（P/F, 10%, 2）+ 0.27 ×（P/F, 10%, 3）+ [0.27 ×（1+2%）] /（10%-2%）×（P/F, 10%, 3）= 3.21（元）。

（2）M 公司股票价值（2.65 元）高于其市价（2.5 元），故 M 公司股票值得投资购买。

N 公司股票价值（4.62 元）低于其市价（7 元），L 公司股票价值（3.21 元）低于其市价（4 元），故 N 公司和 L 公司的股票都不值得投资购买。

名师点睛 股票估价模型。

类型	公式
零成长股票	$V_s=D/R_s$
固定成长股票	$V_s=D_0\times(1+g)/(R_s-g)=D_1/(R_s-g)$
阶段性增长股票	$V_s=$ 股利高速增长阶段现值+固定增长阶段现值 高速增长阶段：每期股利适用复利现值折现； 固定增长阶段：利用固定成长股票的公式计算出的价值还需折现到当前时点

决策原则：**股票价值＞购买价格**，值得购买

3. **答案**

（1）转换比率 =100/10=10。

（2）可节约的利息 =1 000×（10%-6%）×6/12=20（万元）。

（3）基本每股收益 =500/1 000=0.5（元/股）。

（4）假设可转换公司债券的持有人全部转股，所增加的净利润 =1 000×6%×6/12×（1-25%）=22.5（万元）。所增加的年加权平均普通股股数 =1 000/10×6/12=50（万股），增量股的每股收益 =22.5/50=0.45（元/股）。由于增量股的每股收益 0.45 元/股小于原每股收益 0.5 元/股，可转换债券具有稀释作用。

（5）稀释每股收益 =（500+22.5）/（1 000+50）=0.498（元/股）。

名师点睛 可转换债券涉及计算的考点相对集中，主要涉及以下几个方面。

项目	考点
转换比率的计算	转换比率 = 面值/转换价格
与普通债券利息的比较	例：可转换债券于 2023 年 7 月 1 日发行，因此需考虑时间权重（6/12），可节约的利息 = 总面值×（普通债券票面利率－可转换债券票面利率）×6/12
对每股收益的稀释影响	判断可转换债券是否有稀释作用，就看增量股每股收益与原每股收益的大小：若前者小于后者，说明具有稀释作用；反之，则没有稀释作用。 增量股每股收益 = 增加的净利润/增加的股数，增加的净利润为可转换债券当期已确认为费用的税后利息，增加的股数为假设可债转股后增加的加权平均股数。 稀释每股收益 =（原净利润+增加的净利润）/（原股数+增加的股数）

五、综合题

1. **答案**

（1）①融资总需求量 =［（10 000+30 000+60 000）-20 000］×10%+25 000=33 000（万元）；

②留存收益增加额 =10 000×20×（1+10%）×15%×50%=16 500（万元）；

③外部融资需求量 =33 000-16 500=16 500（万元）。

（2）①原始投资额 =25 000+2 000=27 000（万元）；

②第1—7年营业现金净流量 =［10 000×20×（1+10%）-12×10 000×（1+10%）-1 000］×（1-25%）+ 25 000/8×25%=66 031.25（万元）；

③第8年的现金净流量 =66 031.25+2 000=68 031.25（万元）；

④购置生产线项目的净现值 =-27 000+66 031.25×（P/A，10%，7）+68 031.25×（P/F，10%，8）= 326 203.12（万元）。

（3）①银行借款的资本成本 =6%×（1-25%）/（1-0.2%）=4.5%；

②发行普通股的资本成本 =0.8×（1+5%）/6+5%=19%；

③追加筹资的加权平均资本成本 =4.5%×50%+19%×50%=11.75%。

名师点睛 资本成本的计算。

（1）债务资本成本的计算。

模式	一般模式（不考虑货币时间价值）	贴现模式（考虑货币时间价值）
银行借款	$K_b=\dfrac{\text{年利率}\times(1-\text{所得税税率})}{(1-\text{手续费率})}$	债务筹资总额×（1-手续费率）=年税后利息×（P/A, K_b, n）+本金×（P/F, K_b, n）
公司债券	$K_b=\dfrac{\text{年利息}\times(1-\text{所得税税率})}{\text{债券筹资总额}\times(1-\text{手续费率})}$	

（2）股权资本成本的计算。

项目	计算公式
普通股	（1）股利增长模型（贴现模式）：$K_s=\dfrac{D_0\times(1+g)}{P_0\times(1-f)}=\dfrac{D_1}{P_0\times(1-f)}$
留存收益	（2）资本资产定价模型：$K_s=R_f+\beta(R_m-R_f)$ 【提示】留存收益不存在筹资费用，$f=0$
优先股	$K_s=\dfrac{\text{优先股股利}}{\text{优先股发行价格}\times(1-\text{筹资费用率})}$

（3）平均资本成本。

$$\text{平均资本成本}=\sum_{j=1}^{n}K_jW_j$$

2. **答案**

（1）①流动比率 =（1 200+4 000+2 300）/（1 500+1 000）=3；

②速动比率 =（1 200+4 000）/（1 500+1 000）=2.08；

③现金比率 =1 200/（1 500+1 000）=0.48；

④产权比率 =（1 500+1 000+2 500）/（4 000+3 500）=0.67。

（2）公司采用的是激进融资策略。

理由：波动性流动资产 =（1 200+4 000+2 300）-6 500=1 000（万元），短期资金来源 =1 500（万元），短期资金来源大于波动性流动资产。

（3）存货周转期 =360/（18 400/2 300）=45（天）；

应收账款周转期 =360/（28 800/4 000）=50（天）；

应付账款周转期 =1 000/40=25（天）；

现金周转期 =45+50-25=70（天）。

（4）增加的盈利 =28 800×10%×（1-60%）=1 152（万元）；

增加的应收账款应计利息 =28 800×(1+10%)×60%/360×60×15%-28 800×60%/360×50×15%= 115.2（万元）；

增加的税前损益 =1 152-115.2-150=886.8（万元）。

因为增加的税前损益大于 0，所以应放宽信用政策。

（5）放弃现金折扣的信用成本率 =1%/（1-1%）×360/（30-10）=18.18%；

银行借款的实际利率 =8%/（1-10%）×100%=8.89%；

丙公司不应该放弃现金折扣，因为放弃现金折扣的信用成本率大于银行借款的实际利率。

名师点睛1 流动资产融资策略的判断。

种类	含义		特点
	$A=$ 波动性流动资产 $B=$ 临时性负债	$C=$ 非流动资产 C_2+ 永久性流动资产 C_1 $D=$ 股东权益 D_3+ 长期负债 D_2+ 自发性流动负债 D_1	
期限匹配融资策略	$A=B$	$C=D$	风险、收益适中
激进融资策略	$A<B$	$C>D$	资本成本低，风险、收益均高
保守融资策略	$A>B$	$C<D$	资本成本高，风险、收益均低

名师点睛2 各类周转期的联系与区别。

项目	内容
内容	存货周转期：指从**收到原材料开始，到将原材料转化为产成品并销售为止**所需要的时间。 应收账款周转期：指从产品卖出后，**形成应收账款到收回现金**所需要的时间。 应付账款周转期：指从**购买原材料形成应付账款开始，直到偿还应付账款为止**所需要的时间。
计算公式	**经营周期 = 存货周转期 + 应收账款周转期** **现金周转期 = 经营周期 - 应付账款周转期 = 存货周转期 + 应收账款周转期 - 应付账款周转期** 其中： 存货周转期 = 存货平均余额 / 每天的**销货成本** =360/ 存货周转次数 =360/（营业成本 / 存货平均余额） 应收账款周转期 = 应收账款平均余额 / 每天的**销货收入** =360/ 应收账款周转次数 =360/（营业收入 / 应收账款平均余额） 应付账款周转期 = 应付账款平均余额 / 每天的**购货成本**
缩短现金周转期的措施	（1）加速生产和销售产品 ⟶ 缩短存货周转期； （2）加速应收账款的回收 ⟶ 缩短应收账款周转期； （3）减缓应付账款的支付 ⟶ 延长应付账款周转期

名师点睛3 信用政策决策分析。

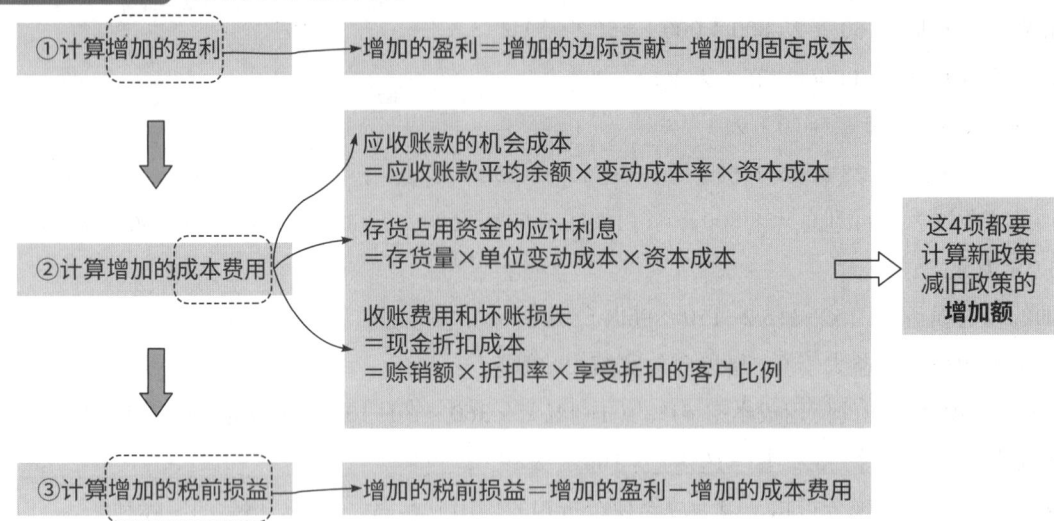